本书得到2018年度湖北省“荆楚卓越法律人才协同育人计划”
基金和湖北师范大学2019年人才引进科研启动基金的支持。

从山主管业到国家赋权

清末民国矿业权变迁

王小丹——著

法律出版社 LAW PRESS·CHINA
北京

图书在版编目(CIP)数据

从山主管业到国家赋权：清末民国矿业权变迁 / 王小丹著. -- 北京：法律出版社，2021

ISBN 978-7-5197-5689-5

Ⅰ. ①从… Ⅱ. ①王… Ⅲ. ①矿产权—法制史—中国—清后期—民国 Ⅳ. ①D922.622

中国版本图书馆 CIP 数据核字(2021)第 109156 号

从山主管业到国家赋权：清末民国矿业权变迁 **CONG SHANZHU GUANYE DAO GUOJIA FUQUAN：QINGMO MINGUO KUANGYEQUAN BIANQIAN**	王小丹 著	责任编辑 高 山 邓颖君 装帧设计 鲁 娟

出版发行 法律出版社
编辑统筹 学术·对外出版分社
责任校对 杨锦华 王沁陶
责任印制 陶 松
经　　销 新华书店

开本 A5
印张 13.25　**字数** 326 千
版本 2021 年 9 月第 1 版
印次 2021 年 9 月第 1 次印刷
印刷 三河市龙大印装有限公司

地址：北京市丰台区莲花池西里 7 号(100073)
网址：www.lawpress.com.cn
投稿邮箱：info@lawpress.com.cn
举报盗版邮箱：jbwq@lawpress.com.cn

销售电话：010-83938349
客服电话：010-83938350
咨询电话：010-63939796

书号：ISBN 978-7-5197-5689-5　**定价**：69.00 元

凡购买本社图书，如有印装错误，我社负责退换。电话：010-83938349

目录

导　论

一、研究缘由

在我国传统社会中，矿业主要用来满足造币及铸造农具的需求，在整个社会经济中的地位并不显著。鸦片战争之后，社会生产方式发生巨变，我国从农业社会逐渐转变为工业社会。此时，矿业成为中国近代工业发展的命脉，不但为工业提供能源和原料，而且为政府提供可观的税收，最终引领整个社会经济的发展，其地位尤为重要。作为中国近代"开眼看世界第一人"的魏源，通过比较历史上各朝开矿与禁矿政策之得失，曾指出"矿课开采之事可不行于雍正，断不可不行于今日"。①

发展矿业需要国家为其创造更为自由的市场，让资本和先进技术能够汇聚于矿产地。由此，矿商可以组织规模化、机械化的矿业生产。矿业经济发展的自由市场需求催生了传统矿业产权结构的变革。清末以降，矿业发展亟须专门的法律规范界定矿产勘探和

---

① （清）魏源：《军储篇三》，载沈云龙主编、（清）盛康辑：《近代中国史料丛刊》（第84辑：皇朝经世文编续编），台北，文海出版社1973年版，第6522页。

开采的权利,重新设置矿产资源的利益分配格局。为此,清末民国时期,历任政府先后颁布了百余部矿业法律,构建了我国近代矿业权制度。

清末以来,我国矿业从传统小窑土法采矿逐渐转变为机器化、规模化采掘。矿产资源产权及利益分配制度也随之变迁,由传统采矿权变为近代矿业权。矿业权实质上是一种利益分配,即谁能够在特定的矿地探矿、采矿,就能享受所采矿产品的利益。清中前期,国家按照土地所有权的不同归属,设置不同的采矿权。国家掌有官地的采矿权,矿商采矿由国家授权“给发司帖”;对于民众自有土地,除了国家垄断的矿种外,“悉听自行开采”,即地主管有采矿权。清末以降,为促进矿业发展,我国移植了西方矿业权规范,结合本国矿业国情,对矿产资源产权和采矿利益进行了重新分配。即国家成为矿产资源的所有人,矿地地主丧失了其矿地的采矿权,采矿者必须依法取得矿业权。

矿业权的确立与完善历经清末、北京政府时期和南京国民政府时期,承载了近代中国富国自强的梦想和普通民众谋求温饱的凡愿。这场变迁不仅是矿业法制的变革,更是矿业利益社会分配的革新。通过改变矿地地主对矿地采矿权的主宰,国家成为全国矿产资源的所有权人,转而将矿地授权于适格的矿商开采。这一转变将矿业权从土地所有权中抽离,剪除了传统矿业开采中矿地地主和土人对矿商的种种束缚,激励着矿商自由投资并最大限度提升矿地的使用效率。那么这一转变是如何发生的呢?是西学东渐下的摧枯拉朽,还是传统制度的自我更张?这些问题值得探究。

本书试图以探究清末民国矿业权发展的进程和缘由为视角,窥探中国近代法制变迁的鸿潮。笔者聚焦于“清末民国矿业权”,着重梳理其制度转变及实践层面的历史脉络,尝试解答移植于西方的矿业权规范如何与中国传统采矿权规则发生碰撞,而中国又如何根据本国的国情,不断进行调适与完善,使其内化为本国的矿业权规范。借用名家之言,这是一个以“西化”而实现“现代化”的过程,一个“看似西化而实则自我更张”的过程。的确,中国传统采矿权规则自我更新、不断生长,与西法不断交融,最终转变为矿业权规范。其间,历任中央政府、社会精英、矿业管理机关、矿商、矿地地主和矿区土人都是这场变迁中的推动者和参与者,他们共同构筑了中国近代矿业权制度,助推了中国近代矿业的发展。

引入西方矿业法律制度,中国传统因素必然逐渐渗透其中,特别是经济、政治和文化心理的逐渐转型,为规则的成活与显效提供了环境条件,于规则和制度的本土化进程中,最终达到秩序之外植而内生的蜕变。也正如张晋藩教授所见,中国法律近代化转型有两个发展趋向,一是使中国法律外倾西方化的“变”;二是使被引进和移植的法律内倾中国化的“不变”。[①] 因此,本研究也是主要关注这两个方面,试图厘清矿业权近代变迁中“变”与“不变”的内在机理。

从清代到民国,我国矿业法制历经了多个发展阶段,从传统矿业管理转变为近代矿业法制。其间,矿业立法百余部,成就斐然。矿业权是矿业法制最核心的内容。探究矿业权近代发展历程以及从采矿权到矿业权的变迁缘由是洞察我国矿产法律制度的应有之义。研究“清末民国矿业权变迁”还能够为探究当今我国矿产资源产权制度发展提供必要的“前见”。因此,梳理矿业权在近代中国不同历史阶段的运行状况,并分析其变迁的缘由及特点,具有一定的研究价值。

（一）理论价值

第一,研究清末民国矿业权变迁能够展现当时矿业权法律实践的

① 张晋藩:《“变”与“不变”:20 世纪上半期中国法律近代化转型的趋向问题》,载《史学月刊》2004 年第 7 期,第 5 页。

原貌,挖掘本土法治资源。长期以来,学术界对于近代矿业法制的研究往往侧重于当时矿业立法过程和矿业法律文本的研究。本研究力图克服这一局限。通过对大量的矿业权案例进行分析,笔者试图展现矿业权规范在实际案件中的具体适用情况,加强对我国近代矿业权实践和相关法律行为的理论研究,以期发现矿业权本土法治经验。我国不少学者认为我国近代矿业法律多抄袭自日本,缺乏本土的适用性。实际情况却恰恰相反。近代行政和司法机关为了确认和保护矿业权,不断地调适着矿业权规范与本土矿业传统的关系,强化了矿业权规范的本土适应性。

第二,研究清末民国矿业权变迁有助于分析国家法制统一与地方法制特殊之间的关系,探究国家、富矿地方、矿地地主、矿区土民和矿业权人之间利益的冲突与融合。近代以来,社会动荡,特别是民国时期,中央政府实际的控制范围是有限的。矿业法制也呈现出二元局面,中央矿业法律规范与地方矿业法律规范在矿业权的具体问题上常常出现不一致。本书不仅研究国家矿业法律,还考察地方矿业法律规范,通过对二者进行比较来剖析二者之间的关系。自古矿区附近的土民有"靠山吃山"私采矿产的习惯,那么他们的行为与经国家准许的矿业权之间关系是怎样的?如何处理民间习惯和制定法之间的抵牾?这些理论问题的深入研究与突破,对于把握和处理国家法制统一与地方法制特殊的互动关系,协调国家、富矿地方、矿地地主、矿区土民和矿业权人之间关系,将具有一定的理论和实践意义。

第三,清末民国矿业权法制构成近代行政法史的主要内容。从行政立法层面进行研究,立法者如何吸收西法又基于国情制定矿业权规范,针对矿业权法条疑问是如何进行解释的,其立法的特点及解释的技术也值得探讨。矿业权是经过国家行政许可而获得的权利,涉及公权力与私权利之间的平衡。在行政行为层面,近代矿业法对矿业权人的准入设置了哪些条件,矿业主管机关是如何核准和保护矿业权的,对这些问题的梳理既有利于我们了解当时的矿业许可状况,又为我们审视当今矿业法制提供参照。在行政救济层面,整理和研究清末民国矿业权纠纷案件及其处理机制,探究当时司法机关对矿业权规范所作的"法的续造",将有助于我们进一步开拓行政法史研究的新领域。

第四,研究清末民国矿业权变迁能够丰富已有的社会纠纷解决机制理论。分析近代矿业权纠纷多元的纠纷处理机制,有助于我们更好地理解近代中国矿业法律变迁的社会图景。到目前为止,有关近代矿业权纠纷解决机制的研究不多。所以,探索近代矿业权纠纷解决机制背后的历史渊源和所秉承的法律价值,必将丰富现有的社会纠纷解决机制理论。

(二)现实价值

矿业权纠纷是当今中国社会发展过程中的一个突出问题,常常引发人们对社会分配公平性的思考。富矿地区矿业权纠纷频频出现,影响着社会的和谐与稳定。如何构建公平合理的矿业权规范,理顺国家、富矿地区、矿区民众和矿业权人的利益关系,化解矿业权纠纷,是当前亟待解决的问题。这需要我们了解矿业法律制度的实际运行效果并及时地对矿业法制进行调适,以期构建较为完善的矿业法律制度。目前,国内外的学者注重研究中国当今矿业法制问题,但对我国近代矿业法制的研究却多囿于宏观立法层面,对近代矿业权实际运行状况的研究并不多见。

第一,本书研究清末民国矿业权的变迁过程,有助于了解矿业法制的经验与教训。清末民国矿业权研究,一方面可以帮助我们理解矿业法律制度的历史及其传承;另一方面可以让我们反思目前的矿业权规范是否实现了预期目标。民国时期为了规范矿业市场、促进矿业发展,中央和地方都制定了一些矿业权法律法规。国家机关在矿业权立法、矿业权执法和矿业权救济等不同层面都发挥了重要的作用,使纸上的

"矿业权",通过一个个案件不断确认和具体化,终于落地为现实层面的矿业权。这些分析与研究,对完善我国当前的矿业权法律制度有一定的现实意义。

第二,本研究有利于促进我国当代矿业权纠纷的解决。虽然近代矿业权纠纷解决机制与当时的社会背景是密不可分的,但是矿业经济关系总有很多相通之处,矿业法律制度也具有一定的历史承继性。民国时期许多矿业纠纷都是矿业机关依照法律规范和法律程序而化解的,缓和了涉事各方剑拔弩张的对抗局面,化解了矛盾,平息了争端。矿业机关在处理矿业权纠纷时,有时还注重事前预防,发布了一些技术规范作为法律规范的有力补充,这些技术规范也是值得研究的。

二、学术史回顾

从清末到民国,不同时期的政府先后颁布了百余种矿业法律规范,构建了我国近代矿业法制的基本框架。此间,矿业纠纷层出不穷,反映出传统采矿权安排与近代矿业权制度之间的抵牾。矿业权本身是矿业法律制度最核心的内容。因此,研究清末民国矿业权变迁,是洞察我国近代矿业法制不可或缺的内容。目前,学界专于清末民国矿业权变迁的研究尚不多见,只有一些相关的研究。这些研究大体上可以分为三个方面:清代矿业法制研究、民国时期矿业法制研究和民国时期矿业研究。

(一)关于清代矿业法制的研究

1. 清代矿业立法的研究

有学者从行政法的视角对晚清矿章进行了文本解读,探究其立法技术,梳理了矿章的行政法律规范,但未研究矿章的实施情况。[①]

---

① 王兰萍:《大清矿务章程之行政法解读》,载何勤华主编:《法律文化史研究》(第 4 卷),商务印书馆 2009 年版,第 118 ~ 155 页。

有些学者关注到了清末矿法的变迁过程。蒋朝常梳理了 1840 年至 1911 年中国矿业法规演进的脉络。[①] Shellen X. Wu 着眼于清王朝在世界舞台的地位，提出清末矿法变迁使得清王朝成为世界的一分子，即将控制矿业资源视作国家自身无可争辩的主权和责任。[②] 骆云概括了清末矿法立法体系之演进和矿政的变革，指出列强觊觎、财政危机、爱国运动及统治者觉醒助推了矿法变革。[③] 该研究止于文本，并未分析清末矿法的实施状况，却认为"清末矿法全盘西化，缺乏本土化"，该观点值得商榷。

有些学者关注到清代矿法的具体制度。在康纪田看来，清末法定的矿业用地制首选股份合作的方式值得继承。[④]《论晚清矿业用地制度的变革及其经验教训》一文主要介绍了矿业用地准入、范围及退出机制。[⑤] 李玉指出清廷希望以矿章来捍卫矿权，矿章中虽有规范限制洋商在华办矿，但最终效果不尽如人意。[⑥]

还有学者研究了清代矿业习惯与国家矿法之间的关系。何小平专门揭示了清代开矿与墓地的关系，指出清代早中期官矿和民矿均遵行"绕越墓地"的基本原则。"无碍坟墓"是官方衡量是否准许民众采矿

---

① 蒋朝常：《晚清时期中国近代矿业法规述评（1840～1911）》，载《中国矿业大学学报（社会科学版）》2009 年第 2 期，第 104～109 页。

② Shellen X. Wu, *Mining the Way to Wealth and Power: Late Qing Reform of Mining Law (1895－1911)*, 34 The International History Review, 581－599(2012).

③ 骆云、李文渊：《论晚清矿产资源法律制度变革》，载《北方论丛》2012 年第 6 期，第 150～154 页。

④ 康纪田：《矿业用地当继承清朝的股份合作制》，载《中国国土资源经济》2011 年第 5 期，第 16～19 页。

⑤ 骆云、李文渊、武永江：《论晚清矿业用地制度的变革及其经验教训》，载《干旱区资源与环境》2015 年第 2 期，第 33～37 页。

⑥ 李玉：《论晚清矿章关于办矿洋商的规定及其效果》，载《南京大学学报（哲学·人文科学·社会科学版）》2002 年第 4 期，第 123～129 页。

的标准之一，即采矿不能使坟地及邻近土地所有权消灭。至清末，坟地对采矿的阻滞影响力逐渐变小，清末矿章确立了这种转变。[①] 该研究启发后继的研究者，对清代矿法的研究不应囿于国家立法层面，还应关注民间矿业习惯，并厘清二者之间的关系。

2. 清代矿业政策的研究

学者们对清代矿业政策演变及原因的研究较多。韦庆远和鲁素梳理了清前期朝廷中矿业开采的争论，呈现出当时矿业政策的演变过程。[②] 杨余练论述了康雍时期矿业政策从禁到开的演变过程，揭示了官方禁矿的种种顾虑。[③] 高王凌指出康雍年间矿政虽严，但矿业一直有所发展，还从社会经济层面分析乾隆初期开放矿禁的原因在于铜斤紧缺和解决民众生计。[④] 王凯旋以道光朝为节点，将清代矿政分为两个时期，前期矿政消极，后期矿政积极开放，并指出二者差异正是专制主义在不同时期经济领域的投射。[⑤] 常建华发现康熙朝开矿政策不断地调控，禁而不死，较好地平衡了地方政府、民众及中央政权之间的关系。[⑥]

还有一些学者以特定地域为例，分析影响地方采矿开禁的因素。梁诸英等认为皖南地区崇尚风水，地方乡绅就开矿造成的风水之害和

---

① 何小平：《清代习惯法：墓地所有权研究》，人民出版社 2012 年版，第 222～234 页。

② 韦庆远、鲁素：《清代前期矿业政策的演变》（上），载《中国社会经济史研究》1983 年第 3 期，第 1～17 页。

③ 杨余练：《康雍时期矿业政策的演变》，载《社会科学辑刊》1983 年第 2 期，第 128～132 页。

④ 高王凌：《关于清代矿政的几个问题》，载《清史研究》1993 年第 1 期，第 20～22 页。

⑤ 王凯旋：《清代矿政述论》，载《辽宁大学学报（哲学社会科学版）》2000 年第 1 期，第 1～3 页。

⑥ 常建华：《康熙朝开矿问题新探》，载《史学月刊》2012 年第 6 期，第 34～44 页。

基层秩序的侵扰,多次请求政府禁矿,最终获得了政府支持。[①] 该研究呈现了政府、地方官、矿地乡绅和采矿者之间的复杂关系。贺喜提出乾隆年间郴桂矿政的频繁转变正是不同利益主体对“寻租”行为控制权的争夺。[②] 唐立宗聚焦于18世纪初期山东地区开矿事件,分析了该地民众、地方官员与中央政府不同的采矿态度,试图说明该地开矿的时代意义及影响。[③] 王晓飞和张朝阳通过对巴县档案中采矿纠纷的分析,发现风水并非是矿业开禁政策的决定性因素,官方更注重矿地民生和社会经济秩序。[④]

可见,学者们对于清代矿业法制的研究偏重于宏观层面的国家政策(如矿业开禁政策、矿业管理政策)和立法过程,而对微观层面清代采矿权的状况涉及不多。

(二)关于民国时期矿业法制的研究

针对民国时期矿业法制问题,学界已有一些研究,主要是从宏观层面对民国矿业立法的梳理和探寻收回矿权的历史意义,而针对矿业权实际运行的系统研究不多见。

1.民国时期矿业权概念和性质的研究

民国时期,学者们认为矿业权是经政府准许而取得的探矿或采矿的权利,明确区分矿业权与矿区土地所有权。在芸渠看来:“矿业权者,受政府准许探矿或采矿,其探矿或采矿土地区域为矿区,为《矿业条例》

---

① 梁诸英:《风水观念与基层秩序:对明清皖南禁矿事件的考察》,载《中国矿业大学学报(社会科学版)》2011年第4期,第103~108页。

② 贺喜:《乾隆时期矿政中的寻租角逐:以湘东南为例》,载《清史研究》2011年第2期,第56~64页。

③ 唐立宗:《采矿助饷:18世纪初期山东的开矿热潮与督矿调查》,载《思与言》第52卷第2期,台北,思与言杂志社2014年版,第1~61页。

④ 王晓飞、张朝阳:《利益、治安与风水:清代巴县档案中的采矿纠纷》,载《西华师范大学学报(哲学社会科学版)》2017年第5期,第21~27页。

第12条所载。矿商不必将矿区购买后,才有探采之权。非地面业主亦可取矿业优先权。地面业主初无因矿区而丧失其地面土地所有权之义务。故矿业权者,使用他人之土地时,应给予地主及关系人以相当之偿金。又地面业主不得因地面土地所有权之不丧失而可随意拒绝矿业权者之土地使用。"[①]刘揆一认为矿业权为政府许可的权利:"矿业权得自政府,矿区亦领自政府,原与地面业主无关。矿商必须用地面土地时,无论面积大小,均须与地面业主协商妥当,给予相当之偿金而后用之。如业主执意不允,或所商不协,则请政府断定,但不能强制。"[②]有学者认为矿产资源归国家所有,将矿业权界定为国家许可之权利,经呈请批准后取得。"《矿业条例》将地内矿产完全定为国家所有,与地面主权划分为二。矿业权的取得归属以呈请人之先后定之,无论官厅人民,均不得随意变更。"[③]还有学者将矿业权矿权视为物权。[④]

民国时期矿业权概念和性质的研究,以当时学者的研究尤胜。他们的研究偏重于解释矿业权法律规范,其中的法理阐释尤显不足。

2. 民国时期矿业法弊病和完善的研究

民国时期许多学者怀有矿业兴国的期望,纷纷指出矿业法颁行之后的种种弊病。有学者指出矿业法令运行十数年,军阀政客广取矿权,辗转买卖,使有诚意办矿者无矿可办;贪官污吏利用条例敲诈贿赂,让矿商经营艰难;土豪劣绅利用矿权与地面业主之界限难别,垄断矿业经营,为非作歹。[⑤] 康小民认为《矿业条例》对矿业权的界定与人民原有的

---

① 芸渠:《矿业权之解释》,载《矿业杂志》1917年第1卷第1期,第42~43页。

② 刘揆一:《修订矿法意见书》,载《法政杂志(上海)》1913年第3卷第3期,第19~22页。

③ 佚名:《矿业条例之研究》,载《农矿季刊(山西)》1929年第2期,第350~355页。

④ 佚名:《论矿业权之性质》,载《矿业联合会季刊》1923年第1期,第10~13页。

⑤ 佚名:《矿业法令问题》,载《矿业周报》1929年第1~24期,第46~47页。

观念不一致,山西土人将煤矿视作自己土地之副产,这成为《矿业条例》推行的障碍。国家赎回山西矿企后,并未归于山西公共产业,而是由国家所有,山西无法拿回本属自己的矿权。这揭示出地方政府与中央政府在矿业利益方面的抵牾。① 王平敏锐地指出《矿业条例》非经议会决议而公布,不是法律,而是行政法规。《矿业条例》的规定使土地之一部分(矿产)离土地而独立,国家无偿获得了矿产所有权,与《约法》(上位法)中保护人民的既得权(土地所有权)的规定相冲突。因此,《矿业条例》的规定无效。② 该学者以法理的逻辑分析,对《矿业条例》的效力提出质疑,是非常有见地的见解。这种观点催生之后矿业法立法程序的规范性——必须经过议会决议。学者对矿法第5条和第20条规定矿产所在地县市政府有矿业优先权颇有异议,呼吁加以完善。文中从各国矿法先例、县市政府自治机能、党义及矿业现状四个方面分析赋予矿产所在地县市政府有矿业优先权不合理。其立法目的在于赋予地方以特殊利益:转移矿税,分配红利,实际上对矿业发展有害。③

还有一些学者对完善矿业法提出了一些具体的修改意见。范柏年认为矿业法律应符合时代背景和国情,提出构建矿业权制度的12条原则。④ 这些原则比较全面,综合考虑了外国矿业法律的框架,考察了当时国内的矿业情形及凋敝的原因,对之后矿业法律的修改与完善颇具启示。中华矿学社认为当时中国较大矿业公司的探采之权,多为有政治势力的特殊阶级所有。如果中国矿业公司以所得矿业权招揽外国人

① 康小民:《论矿业条例与山西矿务之前途》,载《政法月刊》1921年第1期,第8~10页。

② 王平:《矿业条例观》,载《政法月刊》1921年第1期,第10~11页。

③ 史维新、孙昌克:《矿业法县市政府有矿业优先权平议》,载《矿冶》1930年第4卷第13期,第10~17页。

④ 范柏年:《吾国矿业法律,应如何规定,纔适合国情?》,载《矿业周报》1929年第1~24期,第64~71页。

合办，全赖外国投资，中国将丧失矿业主权。因此，该社呼吁将一切矿业收归政府经营，并就矿法修改提出矿业国营化的六个主张。[①] 从该文可窥见当时民间组织对矿法的关注及推助作用。《修改矿业条例之因果谈》一文认为仅为扩大税源而放任外国人投资我国的想法过于简单，不能轻易修改矿业条例中限制外国人自由投资我国矿业的条款。[②]《云南变更小矿条例》一文指出《矿业条例》限制太甚，资本不足者不能经营矿业，因此实业研究会拟定滇省小矿业条例，以资变通办理，而便利小资本家之开采。[③] 该文启示研究者关注民国时期矿业法制的非统一性，所研究的法律文本不能仅限于国家立法，还应包括地方矿业法规。

除了对当时矿业法律提出种种意见外，有的学者将眼光投向国外，积极介绍外国的矿业法律制度，如陈延龄所译的《各国矿律》，介绍了两种矿业权制度。[④] 陈氏介绍的是一些基本概念，未涉及更具体的矿业权法律规范。

3. 民国矿业权纠纷的个案研究

当代学者郭海芳和陈沙金以鹦鹉山钨矿案为例，揭示了民国时期国家与地方的矿业法规存在冲突，矿业行政优先考虑国家利益而不是矿业法律，社会各方普遍缺乏以行政诉讼处理矿业纠纷的法律意识。[⑤] 该文基于单个矿业权案的研究得出普遍性结论，难免有以偏概全之嫌。王守谦对福公司系列矿案进行了梳理，对其衍生的各种纷争以及纷争

---

① 范柏年、黄伯逵、王德森：《本社于对制定矿法之意见》，载《矿业周报》1928 年第 16 期，第 2 页。

② 佚名：《修改矿业条例之因果谈》，载《欧战实报》1915 年第 14 期，第 10 页。

③ 《云南变更小矿条例》，载《矿业》1922 年第 5 卷第 1 期，第 170 页。

④ 陈延龄译：《各国矿律》，载《实业杂志》1912 年第 6 期，第 36 ~ 39 页。

⑤ 郭海芳、陈沙金：《从鹦鹉山钨矿矿业权争端看民国初年宪政实践》，载《沈阳大学学报（社会科学版）》2013 年第 6 期，第 775 ~ 779 页。

背后的各方动因与面相详加分析。[①] 该书展现了矿业权纠纷的利益多元样态,且为矿业权纠纷处理之研究提供了一个具体的案例样本。《开滦煤矿矿权史料》一书再现了从开平煤矿到开滦煤矿的历史。[②] 此书的关注点在于开滦矿权(实为矿业主权)流转的历史过程,未涉及矿业权的实施状况。有学者指出近代矿企的成长不是单纯的技术或经济变革,国家政策和法律制度,地域矿商与官绅博弈,传统势力与近代资本竞争均为重要因素。[③] 这个结论启发了笔者在研究近代矿业权的变迁时,除了梳理国家矿业权规范的变迁外,还必须关注在一定地域范围内矿商与官方、与矿地土人之间的关系,关注传统矿业开采势力与矿业近代资本家的竞争关系。

4. 矿业管理机构的研究

民国学者半六认为,农矿部、建设委员会、工商部都管理着煤矿,似乎任何机关均可兼行矿政,这导致矿业行政职司无定,政出多门,让人迷惑。[④] 顾琅也有类似见解,"自辛亥革命以来,各省矿业行政管理机构由农商部而监督署而财政厅而实业厅,辗转递嬗,手续繁多。往年财实两厅对于矿业之准驳,事权不专,动多停滞"。[⑤] 顾琅建议在华北矿务发达省份酌情设置矿务专署,以及时处理矿业权呈请案和展开矿业调查。《中国近代煤炭史》介绍了近代矿业管理机构的沿革,[⑥]但未就矿业管理机构频繁变革对矿业行政的影响作出分析,其理论性不及前者。

---

① 王守谦:《煤炭与政治:晚晴民国福公司矿案件研究》,社会科学文献出版社 2009 年版。

② 熊性美、阎光华主编:《开滦煤矿矿权史料》,南开大学出版社 2004 年版。

③ 张侃:《晚清民初福建潘田铁矿开发的资本博弈与政治角力》,载武力主编:《产业与科技史研究》(第 2 辑),科学出版社 2017 年版,第 12 ~ 26 页。

④ 半六:《矿政系统》,载《矿业周报》1928 年第 14 期,第 1 页。

⑤ 顾琅:《北平设立矿务署》,载《矿冶》1928 年第 1 卷第 4 期,第 731 ~ 732 页。

⑥ 中国近代煤矿史编写组:《中国近代煤炭史》,煤炭工业出版社 1990 年版,第 224 ~ 228 页。

近年有些学者对民国时期特定的矿业管理机构进行了专门研究，将该方面的研究推向深入。有学者研究了矿务监督署对矿业发展的作用。[①] 有学者指出矿业司依照矿业法规范矿业领域的生产和经营活动，有效地推动矿业法制化进程。[②] 有学者关注了国民政府资源委员对特矿生产的促进作用。[③] 有学者发现，国民政府资源委员会在广西统制矿业时，重点强化了国营矿业及其机构的职能，对民营矿业也有间接影响。[④] 还有学者研究了民国时期矿业警察（矿场警察）的职能。[⑤] 我们可以从他们的研究中知悉某一特定矿业管理机关对矿业权实施的作用。然而，想要弄清矿业管理机关整体上对矿业权实施所起的作用则需要结合更多的史料，进行更全面的分析与研究。

5. 矿业主权意识的研究

民国时期学者们的矿业主权意识非常强，其研究具有鲜明的时代烙印。《收回开滦煤矿问题》一文指出煤产量惊人的开滦矿务局由英国人操持，严重影响中国的经济发展，应收回自办。[⑥] 文中的矿权是主权意义上国家对本国矿产资源的控制权。无独有偶，《中法修约中之采矿权问题》所述法国在云南省采矿权废除的争议，[⑦]归根结底仍是矿业主

---

① 王守谦、周舟：《民国初年的矿务监督署》，载《河南理工大学学报（社会科学版）》2015年第3期，第347～353页。

② 周舟：《南京国民政府实业部矿业司研究（1930—1937）》，河南师范大学2016年硕士学位论文，第69页。

③ 薛毅：《国民政府资源委员会研究》，社会科学文献出版社2005年版，第171～213页。

④ 唐凌：《论国民政府资源委员会在广西的矿业经营活动》，载《广西社会科学》1996年第5期，第79～84页。

⑤ 韩延龙等：《中国近代警察制度》，中国人民公安大学出版社1993年版。

⑥ 迂生：《收回开滦煤矿问题》，载《矿冶》1927年第1卷第1期，第214～219页。

⑦ 佚名：《中法修约中之采矿权问题》，载《矿业周报》1929年第25～48期，第162～163页。

权争议。章开沅[1]和祝慈寿[2]关注的都是中国与列强之间的矿权争议，即国家主权意义上的矿权。

6. 宏观层面民国矿业立法的研究

学界对民国时期矿业法方面的研究主要关注宏观层面的国家矿业立法。傅英分析了民国时期《矿业条例》和《矿业法》的主要内容和特征，将二者具体的法律制度进行了比较。[3] 该书为研究民国时期矿业法制提供了一些法律文本资料。这种基于法律文本的分析似乎成为民国矿业立法研究的范式，后来许多学者基本遵循了民国矿业法律文本研究的套路。[4] 他们缺乏对这一时期矿业权纠纷案例和矿业行政管理史料的研究，难以剖析民国矿业法在实践中的实际适用状况。例如，臧胜远简要介绍了清末和民国初期我国矿业法的制定背景及主要内容。[5] 此外，他的另一篇论文，梳理了我国矿业法的历史脉络。[6] 骆云主要运用晚清至民国时期所颁行的矿业法律文本，粗线条式地归纳出这一时期的矿业权、矿业用地、矿税、矿业外资、矿业监督制度的主要内容，并探究其经验教训与价值。[7] 该研究似乎忽视了文本中的"矿业法律制度"与法律实践中的"矿业法律制度"的差别，没有选用一个案例来分析

---

① 章开沅、林增平主编：《辛亥革命运动史稿》，中国人民大学出版社1988年版。

② 祝慈寿：《中国近代工业史》，重庆出版社1989年版。

③ 傅英主编：《中国矿业法制史》，中国大地出版社2001年版。

④ 曹晓凡、程伯仕、周黎：《矿业权制度的历史沿革》，载《资源环境与工程》2006年第4期，第487～489页；纪乃旺：《中华民国矿业法及其当代价值》，载《经济研究导刊》2011年第28期，第121～122页；孟子寻、李雪：《北洋政府时期中国矿业法规评述》，载《沧桑》2014年第4期，第48～50页。

⑤ 臧胜远：《中国矿产资源法规的历史发展沿革：清朝末年与民国初年的矿业法》，载《中国地质》1987年第8期，第5～6页。

⑥ 臧胜远：《中国矿产资源法规的历史发展沿革：封建时期中国的矿业发展特点》，载《中国地质》1987年第7期，第29～30页。

⑦ 骆云：《中国近代矿产资源法律制度研究》，法律出版社2015年版。

具体制度的实际运行状况，也未应用矿业管理机关审核矿业权、处理矿业纠纷的相关史料，难以进行更为深入的探讨。该学者所撰《论民国时期矿产资源法律制度的发展历程及其经验教训》和《晚清与民国时期矿业制度比较研究》，[①]其研究范畴仍属于纸面上的“矿业制度”，非针对当时社会实际运行的“矿业制度”研究。

有些研究仅仅限于对法律文本的解读，其研究结论值得商榷。《中国近代煤炭史》一书认为国民政府颁布的《矿业法》过分仿照外国矿业法，对内不审国情。[②] 在康纪田眼中，《矿业条例》和《矿业法》均使用“矿业权”，却没有对矿业权的内涵予以界定，“矿业权”概念适用时过于笼统。这两部法律将矿业权的性质设定为物权，而当时我国没有物权概念，因此，民国“矿业权”的规定是对日本法律的“消化不良”。[③] 然而，笔者通过对民国时期矿业法制史料的梳理，却发现当时的行政机关为推行矿业法进行了大量积极的工作，如对“矿业权”概念的解释与界定，较周全地考虑了本国国情，使矿业权逐渐实现了本土化。

还有学者对民国时期的矿业法作出了正面的评价。V. K. Ting 认为《矿业条例》取得了一些令人瞩目的成绩。国家第一次坚定地确立了它对所有矿产享有权利的观念，并禁止地主阻碍矿业的发展。由于严格遵行法律制度，矿业部门逐渐建立起一种公众管理的传统。矿业法第一次确立了一个合理的税率。该法是保护国家资源明智且重要的一

---

① 骆云、李文渊：《晚清与民国时期矿业制度比较研究》，载《青海民族大学学报（社会科学版）》2013 年第 4 期，第 124 ~ 129 页。

② 中国近代煤矿史编写组：《中国近代煤炭史》，煤炭工业出版社 1990 年版，第 233 ~ 245 页。

③ 康纪田：《矿业法论》，中国法制出版社 2011 年版，第 11 页。

种措施。[①] 徐建生注意到近代矿业立法宗旨的变迁,前清《矿务章程》偏重维护地主权的宗旨得以逆转,而表现出轻地主之权、重矿商利益与优先权的倾向。[②] 康纪田认为民国《矿场法》的立法目的、指导思想和基本原则值得继承。[③] 唐凌认为,从 1914 年至 1932 年矿业法规对矿产的勘探、开采、销售和管理等方面作了明确具体的规定,使我国矿业逐渐走上规范化和法制化的道路。[④] 该学者还在《论国民时期国民政府的矿业政策》一文中指出,当时矿业政策体现出一定的应急性、适用性和灵活性。[⑤] 该研究是基于宏观的统计数据得出的结论,矿业权在微观层面究竟运行得如何是一个值得继续研究的问题。

（三）民国时期矿业的研究

研究民国时期矿业的学者较多,且多为经济史、社会史学者在此领域深耕。

1. 对外资与矿业关系的研究

樋口弘指出日本从 1894 年以来在华矿业投资主要采取合办实业投资和对华企业贷款的间接投资形式。矿业投资是日本最重要的对华投资。[⑥] 美国学者郝延平关注了买办对近代矿业的投资,指出当外资和华资企业在筹集资金遇到严重困难时,买办筹集资本的作用是值得重

---

① V. K. Ting, *Mining Legislation and Development in China*, The North-China Daily News, 26 May 1917, at A 23.

② 徐建生:《民国时期经济政策的沿袭与变异(1912 ~ 1937)》,福建人民出版社 2006 年版,第 105 ~ 114 页。

③ 康纪田:《中华民国矿场安全与健康立法的价值》,载《行政与法》2010 年第 3 期,第 65 ~ 68 页。

④ 唐凌:《开发与掠夺:抗战时期的中国矿业》,广西师范大学出版社 2000 年版,第 2 页。

⑤ 唐凌:《论国民时期国民政府的矿业政策》,载张海鹏主编:《抗日战争研究》1993 年第 4 期,近代史研究杂志社 1993 年版,第 75 ~ 96 页。

⑥ [日]樋口弘:《日本对华投资》,北京编译社译,商务印书馆 1959 年版,第 113 ~ 121 页。

视的。[①] 外国研究者更注重外资对中国矿业的经济影响。

民国学者马寅初着重分析了民国矿业法律对外资的限制作用。[②] 蓝以琼一针见血地指出，近代以来，帝国主义在华银行以苛刻的条件放款，以便以高利贷的形式加以吞并，还使用军管理、委任经营和中日合办的方式掠夺矿业资源。[③] 隆武华对清末矿业借款性质的分析比较公允，认为列强激烈争夺中国矿产开采权，实际控制了中国的一些矿业；而列强对华的矿业借款则推动了中国矿业的近代化。[④] 中国学者对于矿业与外资关系的研究，多站在维护中国矿业主权的立场，重点分析外资对中国矿业主权的影响。

2. 对矿业产量进行的研究

许多经济史学者侧重于从宏观的视角研究近代中国矿业产量，以分析特定时期矿业发展的状况。鲍文熙以表格展示了中国当时的矿业储量与分布省份，统计了民国十五年（1926 年）至民国二十二年（1933 年）全国矿产的总额。[⑤] 由此，我们可以了解到这一时期中国矿业发展的概况。汪敬虞提出中国近代煤矿业的产生主要是适应洋务派官办军用工业和轮船航运的需要。[⑥] 后来学者对于近代矿业产生原因的研究

---

① ［美］郝延平：《十九世纪的中国买办：东西间桥梁》，李荣昌等译，上海社会科学院出版社 1989 年版，第 54～58 页。

② 马寅初：《马寅初全集》（第 8 卷），浙江人民出版社 1999 年版，第 333～344 页。

③ 蓝以琼编著：《揭开帝国主义在中国投资的黑幕》，上海人民出版社 1962 年版，第 76～78、95～99 页。

④ 隆武华：《外债两重性：引擎？桎梏？》，中国财政经济出版社 2001 年版，第 291～321 页。

⑤ 鲍文熙：《民元以来我国之矿业》，载银行学会编：《民国经济史》，台北，华文书局 1967 年版，第 281～294 页。

⑥ 汪敬虞：《中国资本主义的发展与不发展》，经济管理出版社 2007 年版，第 258～264 页。

多以此为基础。《中国矿业史》介绍了中国近代矿业沿革、特点、主要矿业企业和各时期的矿产量统计。①

还有学者专门考察了某一省份的矿产量或特定种类矿产的经营状况。《民国时期广东社会经济史》专章介绍了当时粤省各种矿产的产量及发展状况。② 袁为鹏归纳出中国近代煤炭、钢铁等重工业布局的主要特征,其研究的重点是煤炭、钢铁等矿业的空间分布情况。③

3. 对矿业发展原因的探究

有的学者剖析了影响中国近代矿业发展的种种原因。黄秉维描述了近代不同历史阶段矿业发展的整体情况。④ 朱楚辛分析了 20 世纪 30 年代中期中国煤矿业发展受阻,主要因为受世界经济危机的打击,"省自为政"使矿企的税捐负担很重,交通不济致煤炭运费高昂,此外还有日美排山倒海对中国倾销煤炭。⑤ 其中矿业管理之"省自为政"之描述,为后来研究者提供了一种新思路:民国时期矿业管理并未达到全国统一管理的理想状态,不同省份之间是有地区差异的。该研究启发研究者关注民国时期地方政府与中央政府对矿业管理的差异性,及二者之间的微妙关系。有的学者发现山西地区的票商投资矿业公司、召集股份并捐助机器,是促进近代中国矿业发展的重要因素。⑥ Charles H. Benre Jr. 等外国学者指出中国的工业化以政治安定为前提,法律的修订

① 朱训主编:《中国矿业史》,地质出版社 2010 年版。

② 张晓辉:《民国时期广东社会经济史》,广东人民出版社 2005 年版,第 133 ~ 150 页。

③ 袁为鹏:《聚集与扩散:中国近代工业布局》,上海财经大学出版社 2007 年版,第 13 ~ 42 页。

④ 黄秉维:《五十年来中国之工矿业》,载周开庆主编:《五十年来之中国经济》,台北,华文书局 1967 年版,第 157 ~ 184 页。

⑤ 朱楚辛:《中国煤矿和矿业会》,载《申报周刊》1936 年 6 月 14 日,第 3 版。

⑥ 史若民、牛白琳编著:《平、祁、太经济社会史料与研究》,山西古籍出版社 2002 年版。

对外国人投资中国矿业也具有深远影响。[①]

有的学者着重研究的某一地区矿业发展的原因。张晓辉认为影响广东矿业发展的主要因素有：历届政府缺少奖励与保护，省内政局不稳定，矿源调查不落实，资金及设备缺乏，交通不便等。[②] 刘兴豪则认为从民国元年到抗战迁徙，湖南矿业一度起伏不定，既有发展，又有倒退。前期的发展只是欧战带来的偶然机会；后期的缓进是各种合力作用的结果，如采掘技术的滞后，兵祸，管理不善，资金周转不灵等。[③]

可见，学者的研究似乎都没有特别留意矿业法制对矿业发展的影响。实际上作为社会重要制度的矿业法制，尤其是矿业权规范的运行状况对矿业发展的影响不可忽视。

4. 对某一种矿质矿业发展情况的研究

澳大利亚学者 Wright Tim 通过对 1895 年至 1937 年中国煤矿业史料和数据的分析，研究了中国近代矿业长期增长的决定因素。他注重分析煤矿业发展中的政治因素，指明与国家机构和个别官僚的关系常常是影响私人矿业企业成败的关键因素。[④] 该学者分析了许多影响煤矿业发展的因素，但是忽略了民国政府的矿业法令对矿业发展的影响，而法律制度因素在制度经济学分析中是不可或缺的。《当代中国的黄金工业》提出民国初期制定的矿业法规，对于推动黄金企业的发展起到

---

① Charles H. Benre Jr. 等：《中国之矿富》，载丁雨山译，《民主与科学》1945 年第 4 期，第 39 ~ 45 页。

② 张晓辉：《民国时期广东社会经济史》，广东人民出版社 2005 年版，第 133 ~ 150 页。

③ 刘兴豪：《1912 ~ 1937 年湖南经济现代化研究》，中国戏剧出版社 2008 年版，第 108 ~ 127 页。

④ Wright Tim, *Coal Mining in China's Economy and Society* (1895 - 1937), Cambridge, Cambridge University Press, 1984, p. 146 - 147.

了较大的作用。[①] 该观点具有一定的启发性,后续的研究者可以进一步分析民国矿业法与矿业发展之间的耦合关系。

5. 对矿业行政的研究

外国人通常认为中国的矿业行政限制了外国矿商在中国发展矿业。英国矿业协会会员科灵斯认为中国内地条约禁止外国人杂居,导致外国人难以来华勘探并投资矿业。《矿业条例》反对外国人呈请开矿。中国的法律与治外法权二者同时使用,导致矿业法制不统一。政府用行政手段对矿业加以限制,即经营矿业者、探矿者及矿务监督官皆须负担非必要之义务,且矿务监督官滥用权限,徒滋纷扰。[②] 科灵斯之论主要是为外国人来华开矿寻求中国矿法上的生存空间,因此对中国矿业行政的评价有失公允。日本学者吉田定熊在《西安矿业所十年史》中指出日本在西安的炭矿事业受到中国排日运动的冲击,还受到中国矿业条例中对外国资本投资矿业限制之压制。实业部还撤销了某些日系矿区的矿业权。[③]

中国学者不光提出当时矿业行政的问题所在,还试图给予一些完善的建议。《部省争持益华铁矿管理权》一文介绍了农矿部与安徽省政府就逆煤矿管理权之冲突事件。[④] 这个事件揭示出中央政府与地方政府在矿业利益方面的冲突,进一步反映出矿法对矿业管理权限界定不清。

① 当代中国的黄金工业编委会编:《中国古近代黄金史稿:〈当代中国的黄金工业〉(附录)》,冶金工业出版社 1989 年版,第 144 ~ 159 页。

② [英]科灵斯:《论中国之矿业行政》,章锡琛译,载《东方杂志》1916 年第 13 卷第 12 期,第 16 ~ 18 页。

③ [日]吉田定雄编纂:《西安矿业所十年史》,满洲炭矿株式会社西安矿业所昭和 17 年(1942 年)版。

④ 《部省争持益华铁矿管理权》,载《矿业周报》1929 年第 1 ~ 24 期,第 112 页。

达夫指出矿业行政官署的职责范围过于广泛。当时担负矿业行政重大责任者多为无科学识及矿业经验之人，难以开展工作。矿业行政改革首在改组行政官署，应详细审查其职员履历，非深具矿业学识及经验者，概当免职，更任专业人士。勘矿委员的任命非常重要，必须选择具有矿学知识且周知社会情况者充任。[①] 勃盦与之所见略同，提出专门实业必须让专门人才主持。矿业行政董其事者最好具有矿业学识、有眼光和充分的经验，不能由政客、官僚或武人充任。[②]

综上所述，国内外不同时代的学者在近代中国矿业法制研究领域取得了一些成绩，但专著和论文数量不多，该领域尚处于基础研究阶段。就总体而言，近代中国矿业法制研究尚有以下不足：

首先，学界对近代中国矿业法制史的研究多从宏观层面描述矿业立法的历史过程或评价不同时期的法律文本，作纯制度方面的研究；对清代到民国时期矿业法制的实际运行状况及变迁过程缺乏探讨，遑论对近代矿业权变迁进行研究。此外，学者们所研究的矿业法文本多局限于中央矿业立法，如《大清矿务章程》《矿业条例》《矿业法》及施行细则等，却忽视了地方颁行的矿业法律规范，如《广西省呈请矿业权章程》《辽东矿业开采与保管暂行办法》《江西省政府建设厅暂行矿业简章》《山西省矿业法》《个旧办矿条规》，遗漏了近代矿业法制之地方层面。

其次，从研究的资料来看，研究者很少选用矿业契约和民国时期政府公报及矿业期刊中的史料。门头沟煤窑契约与巴县档案中煤山佃约未在近代矿业法制研究中得到应有的重视。另外，研究民国矿业法制的学者忽视了民国政府公报中大量关于矿业权管理与核准、矿业纠纷

---

① 达夫：《矿业行政改革论》，载《矿业杂志》1918 年第 2 卷第 3 期，第 52～55 页。

② 勃盦：《矿业行政人员不宜以矿业出身者充任耶：湖南官营矿业之怪现状》，载《矿业》1921 年第 4 卷第 2 期，第 16～17 页。

和矿业诉讼史料的搜集与分析。

此外，有些研究仅仅限于对近代某一部矿业法进行文本解读，并未对当时矿业法实施的社会背景、不同区域适用矿业法律法规的具体情况（涵盖中央立法和地方立法）、矿业权争议案件处理等方面进行考证与分析，某些研究结论值得商榷。

三、概念界定

概念既是探究某一特定法律制度的根基，又是确定研究范围的基点。因此，有必要厘清几个基本概念。

（一）清中前期的采矿权

有学者提出，不能断言在清末以前我国没有探矿权和采矿权的概念，而是相关概念在古代社会并非是不可或缺的。[①] 的确，清代虽没有如今的矿业权概念，但是民众显然认为在民地采矿必须获得山主的同意才能进行，将采矿视为一种资格。当时虽然没有现代意义上的矿业权概念及制度，但存在“山主支配自己土地采矿资格”的观念。在矿产丰富的地区，山主常常将自己的土地租与他人采矿，双方订立契约。在矿业契约中，常见“开挖”“取炭”“取矿”“挖炭”“开挖生理”“做窑”等词汇，用以描述矿商的采矿权利。因此，不能认为中国自古无矿业权概念，因此不存在相关制度。从矿业权的实质意义“采矿资格及对所采矿产品的占有与支配”来看，中国古代有与之近似的“采矿权”的观念及实践。

在清中前期，民众的采矿权主要分为两种。一种是对于官山和官地的开采。这种采矿权经国家许可或解禁，符合资格的开采人（一般为

① 苏迅、张慧君：《我国探矿权采矿权发展简史》，载《资源·环境·产业：中国地质矿产经济学会2003年学术年会论文集》，中国大地出版社2003年版，第502页。

矿地土人）依照国家政令，在特定的矿区内开采矿产，其所获得的矿产品由国家强制收购。采矿权人持有官方所颁照票采矿，获得的矿产品不能自由买卖，通常由国家强制收购，还必须按时交纳课金。这种采矿权缺乏稳定性，除了矿洞枯竭、矿洞透水无法开采等情况，采矿权人随时还可能被官方的一纸禁令剥夺采矿资格。

另一种是对民地的开采，由矿地山主自行开采。《房山县志》曾对这种采矿权进行过归纳："矿业权，由习惯言之，一曰山主，即由山主许可投资于矿业，仅有收租权利者也。二曰工本，即由山主许可投资于劳力而取得矿权任其开采与转移者也。三曰私查，即由工本许可而开采定有年限者也。"①可见，当时的采矿权与矿地土地业权是一体的，山主可以在自己的矿地上自行开采；也可以在他人出资后，由山主转让采矿权；还可以山主出地，矿商出资，合作开采。除了国家垄断的矿种外，官方通常对于民地的采矿权干涉不多。官方主要是针对其开采所得矿产品征收一定的赋税，如果出现了不宜开采的情形，如关系龙脉风水、关系社会安定、矿脉枯竭，则实行封禁。这与民国时期的矿业权不同，后者必须向国家矿业主管机关申请并获准。当时采矿权是土地业权一种权能，即在矿地采矿的资格。

（二）清末"矿业权"与民国矿业权

清末，矿业规范中常常有"矿权"、"采掘权"、"采矿特权"（通常为外国矿商所攫取）、"开掘之权"、"勘探权"与"开采权"、"探权"与"采权"等词汇。"矿权"在清末是个模糊的概念，在不同的语境中，有时指列强采矿特权，有时具体指某一矿区的矿业权。例如，朱鼎忱在《日俄在东三省矿业权》中用"矿业权"指涉日俄与中国签订的不平等条约，所

---

① 高书官等：《房山县志》卷5《实业》，冯庆澜修，民国十七年（1928年）铅印本，第39页。

获在中国特定区域的矿山的采掘权。[①] 该权利并非日俄依照中国矿业法法定程序申请而获得的，而是通过不平等条约条款而获得的；它也并非“一矿一权”，而是划定一定范围区域进行矿业采掘；它几乎不受中国矿务机关管理，仅需缴纳较低税率的矿产税和矿区税。因而，该“矿业权”不是矿业法中的矿业权，而是抽象意义上的矿业主权。日俄的“东三省矿业权”，其基础是中国国家主权沦丧，实质是经济侵略，使用“矿权”一词更为精准，表示主权部分丧失后列强对中国特定区域矿业资源的支配与处分。《南滿洲ニ於ケル帝國ノ鑛業權》介绍了近代日本攫取中国矿业权的几种途径，一是通过日俄战争，以“继承”的方式取得的矿业权；二是通过日中协约取得的矿业权；三是通过特种条约中的契约条款获得的矿业合办权；四是通过日中协约获得的矿业合办权。[②] 该书冠冕堂皇地以“寻求日本在华矿业权的法律上依据”为目的，其实质却是日本侵害中国矿业主权的明证。该书所用的“矿业权”概念，也应置换成“矿权”。

“勘探权”与“开采权”、“探权”与“采权”概念的一并出现，反映出传统采矿权的概念逐渐向西方“矿业权”概念靠拢。这一时期，概念的混用反映出过渡期采矿权与矿业权新旧观念的交错。

现代矿业权，是指符合资格的开采人依照有关法律规定的条件和程序，在特定的矿区和工作区内勘探、开采矿产资源，从而获得矿产品的权利。[③] 矿业权包含探矿权和采矿权。探矿权是指权利人依法派遣技术人员在一定的地域内，用勘测技术和设备获取该地矿产分布、矿产

---

① 朱鼎忱：《日俄在东三省矿业权》，载《矿冶》1927 年第 1 卷第 1 期，第 204 ~ 213 页。

② ［日］南满洲铁道株式会社矿业部矿务课编：《南滿洲ニ於ケル帝國ノ鑛業權》，南满洲铁道株式会社矿业部矿务课大正三年(1914 年)版。

③ 于海涌、丁南主编：《民法物权》，中山大学出版社 2002 年版，第 171 页。

含量等信息的权利。探矿是采矿的前期准备。采矿权是指权利人依法在获得批准的矿区内采掘矿产,并出售矿产品的权利。

民国时期,矿业权被定义为“矿业上之试掘权及采掘权也”。矿业权所有人,取得某一寻址区内之矿权后,即成为单一性之物权,不能分割与他人。[①] 民国学者管欧依据《矿业法》,将矿业权解释为:“探矿采矿及其附属事业,为矿业。探矿权采矿权均为矿业权。我国领域之矿,均为国有,非依矿业法取得矿业权不得探采,矿业权视为物权,除该法有特别规定外,准用关于不动产诸法律之规定。”[②]可见,民国时期的矿业权包括探矿权和采矿权。当时,全国范围内的矿产均属于国有。矿业权是一种行政许可,即适格的矿商经国家准许而获得的在特定区域土地上勘矿和采矿的权利。

另外,近代矿业法中对于外国人或公司开采我国矿产的具体规定及运行,如公司章程和案例是本书的研究对象,而作为主权的矿权,即外国人在华整体性矿业特权或侵占特定矿区的行为不是本书的研究对象。

（三）山主管业

山主即地主。本书多处用“山主”的概念而不是“地主”的概念,是因为矿产多在深山之中,属于山主土地的一部分。另外,清代矿业契约中,管有矿地的一方多写作“山主”。从作为矿地业主的身份而言,“山主”与“地主”并没有什么区别。

“管业”即为一种名分,有这种名分的人就是“业主”。就土地而言,“管业”是指对某一土地能够长期收益,具有一定程度的排他性和对

① 陈稼轩编:《实用商业辞典》,商务印书馆 1935 年版,第 1177 ~ 1178 页。

② 管欧:《行政法各论》,商务印书馆 1936 年版,第 175 页。

抗力。[①] 本书中将"山主管业"用以描述清代山主对自己名下土地中矿产"管业",除了自己可以开采或还可以租给他人开采,能从矿地长期受益。换言之,矿商从山主处获得的采矿资格正是山主管业的一种体现,山主决定了"谁有权从自己的土地里采矿"。

四、研究思路

本书研究清末民国矿业权变迁,不仅选取了当时民间的采矿权规则、国家矿业立法、矿业权行政执法及矿业权纠纷处理等方面的文献,还搜集了当时地方矿业立法、矿业权论文及矿业发展状况等方面的文献。对不同历史阶段国家矿业规范、矿业权行政执法及司法判决进行研究,我们可以发现矿业规范的实际运行状况,还可以发现从采矿权变迁到矿业权的社会基础和脉络,以及不同地区适用全国矿业权规范的差异性。在此基础上,本书对清末民国矿业权进行研究,探究传统采矿权是如何转变为近代矿业权的。本书亦将探究,移植于西方的矿业权规范是如何与中国本土矿业传统发生冲突与碰撞,而中国又是如何将其内化,使其逐渐生长,最终形成中国近代矿业权制度的。

本书研究清末民国矿业权,不得不对矿业权变迁过程进行历史阶段的划分。民国时人丁文江曾将中国近代矿业史分为三个阶段。第一阶段官矿时代,从光绪初年至甲午。第二阶段外资时代,甲午至民国初年。第三阶段民矿时代,自民国开始。这三个时期,虽情势各异,但其界限相重叠。[②] 这种分期主要是根据矿业公司所有制的不同而作出。而研究近代矿业权变迁,不论从历史时空的连续性还是从问题意识的

---

① [日]森田成满:《清代中国土地法研究》,牛杰译,法律出版社 2012 年版,第 24 页。

② 陈真、姚洛编:《中国近代工业史资料》(第 1 辑:民族资本创办和经营的工业),生活·读书·新知三联书店 1957 年版,第 209~210 页。

连贯性来看，似乎都不能罔顾前矿业权时代即清中前期采矿权的探究。另外，清末以降，不同时期的政府设置了不同的立法机关，矿业管理行政机关及处理矿业权纠纷的司法机关，矿业权的运行也与特定历史阶段的社会背景息息相关。鉴于此，本书将矿业权变迁过程划分为四个阶段：第一阶段为清中前期采矿权的规定与实践；第二阶段为清末矿业权的初设与实践；第三阶段为北京政府时期矿业权的形成与实践；第四阶段为南京国民政府时期矿业权的发展与实践。

本书分为导论、主体（第一章至第五章）和结论三部分。研究思路如下：

首先，研究清中前期采矿权的规定与实践，以揭示我国传统矿业产权规则及特点。在梳理清中前期采矿开禁之争的基础上，分析清廷对矿业开发与管理重点考量的利益因素。结合清代以前矿业政策的历史沿革，归纳出传统采矿权与近代矿业权的相同点与不同点。以清代中前期矿业二分为逻辑论证起点，先勾勒出当时官营矿业的准入规定及实践；再以巴县煤山出佃约和门头沟合伙采煤煤窑合同为例，分析民营矿业中山主向矿商出让采矿权的机理；最后，揭示出这一时期矿业纠纷处理的局限。

其次，依托清末《矿务档》，对清末矿业权规范的初设与实践进行分析。基于历史背景的考察，分析矿业发展的时代需求，可以了解制定矿业权规范的社会需求。通过梳理《矿务档》中清末矿业立法的主要脉络，试图厘清清廷所制定矿业权条款的最初样态。《矿务档》中多份华洋办矿章程和合同是经过中国官方与外方多回合谈判而形成的矿业权规范。对这些章程和合同进行比较研究，发现矿业权期限、矿地地主地权、排他性采矿权、保护矿地先经开采者权益及雇佣矿地土人等条款的内容是逐渐演进的，并慢慢地接近西方矿法标准。这些章程和合同的不断发展，有的可视为是清末矿章的前期准备，有的又可视为清末矿章的真切实践,最终影响着我国矿业权规则的生成。

再次,基于矿业权立法、行政执法和司法的考察,对北京政府时期矿业权形成与实践进行分析。当时政府财政困难,将兴办矿业作为开源途径。政府还设立了专门的矿业机构加强对矿业的管理。在军阀割据的动荡时局下,矿业发展受到严重影响。这一时期的《政府公报》和多种矿业杂志所载内容反映出矿业立法已形成矿业权的基本框架,试图分离土地所有权与矿业权,明确对矿业权的保护。农商部的行政解释不仅补充了矿业权规范的内容,还加强了其适用性。行政执法时注重对矿商与土人关系进行法制化引导。司法机关的典型判决力图将矿业权从地主土地所有权中抽离,扭转民众"地矿一体"的固有观念,明确矿业权的具体规则,强化"矿业权法定"。

复次,对国民政府时期矿业权立法、行政和司法的发展状况进行考察。此间,实业部、经济部先后的行政解释优化了矿业权规范,促进了其精细化和适用性。矿业主管机关继续推进矿业权执法,在矿业权审核时,侧重于排除地主干扰,进一步实现矿业权与土地所有权的分离;在矿业权保护层面,重点打击私采与盗采,一定程度上回应了矿业权人的保护请求;在处理矿业权纠纷时兼顾采矿利益与矿地民生,尽量弥合矿业权人和矿地土人之间的关系。行政法院对矿业权案件的判决深化了矿业权的确权与保护。

最后,综合四个阶段矿业权的发展状况,探寻矿业权变迁的原因、规律和特点。借用制度经济学中的制度变迁理论,从中国社会内部原因入手,试图分析矿业权近代变迁的成因。通过梳理四个阶段矿业权变迁的脉络,提炼出近代矿业权变迁的规律。结合相关史料,概括近代矿业权变迁的特点。

第一章　清中前期采矿权的规定与实践

清中前期,矿产在整个社会中的经济作用有限。统治者非但不重视矿业,还忌惮"矿徒之患";直至康乾时期,矿业才有所发展。清廷针对不同地区的采矿呈请,发布了不同的采矿权规定,缺乏统一的规范。巴县煤山出佃约和门头沟煤窑合同反映出矿地山主管有自己矿地的采矿权。民众在追逐矿利的过程中采矿权纷争迭出,主要有矿商与矿地土人的纠纷、矿商与矿地山主的纠纷以及矿地土人私采地界纠纷。

第一节　传统采矿管理的历史沿革

在传统社会中,历代统治者重农轻商,对矿业的商业价值不够重视。矿产品主要是为了满足国家造币和官方铸造器具,矿业被政府作为"禁业"。清代以前矿业管理以禁为主,时开时禁,政策摇摆,矿业难以长期持续地发展。官方垄断金、银、铜、铁、锡等造币金属的开采,唐以降才逐渐允许民众采矿。另外,清代以前专门且详备的矿业法规不多见,民众的采矿权缺乏法律保护。

一、清代以前采矿管理的特点

(一)采矿政策以禁为主,开禁无常

秦朝,国家允许民间采矿,但是对矿业征收重税。秦始皇时期,“巴寡妇清,其先得丹穴,而擅其利数世,家亦不訾”。[①] 蜀地寡妇清经营着采掘丹砂的生意,赚了不少钱。这表明当时国家允许民众可以自主从事矿业生产。但国家亦对矿业征以重税,其税金数倍于前代。秦朝“又颛川泽之利,管山林之饶……田租口赋,盐铁之利,二十倍于古”。[②]

汉代矿业政策极不稳定,时开时禁。汉初,国家矿业政策稍有宽弛,使得民众有机会从事采矿。文帝七年(公元前 173 年),为了应对旱灾和蝗灾,文帝“令诸侯无入贡,弛山泽”。颜师古认为:“弛,解也。解而不禁,与众庶同其利。”[③]文帝初年,为应对自然灾害引发的经济困境,国家不禁止民众采矿,以便让民众与国家共享采矿利益。然而汉武帝时期,“盐铁”均由官方专营,禁止民间采矿,一改之前鼓励民间采矿的态度。时至魏武末年,国家对民间采矿间有弛禁。汉元帝时,大臣贡禹奏请禁止民众开采珠玉金银各矿。他认为,多一人开采,则少一人耕种;开矿有碍风水,破坏植被;且农民倘若知道采矿可以伪造货币,则不事农耕。[④] 贡禹基于“农本”思维,偏颇地认为采矿必然有害农业。可见,统治阶层囿于“以农为本”的思维定式,对采矿可能引发的危害顾虑

---

① (西汉)司马迁:《史记·货殖列传》,中华书局 1982 年版,第 3260 页。

② (汉)班固:《汉书》卷二四上《志第四上·食货》,(唐)颜师古注,中州古籍出版社 1991 年版,第 195 页。

③ (汉)班固:《汉书》卷四《帝纪第四·文帝》,(唐)颜师古注,中州古籍出版社 1991 年版,第 22 页。

④ 王宠佑:《中国矿业历史》,载《东方杂志》1919 年第 16 卷第 5 期,第 164 页。

重重。

唐代,国家严格控制银矿开采,以禁为主。宪宗初年,国家大范围地禁开银矿,对于之前已经开的银矿,停办了四十处。元和初,天下银冶废者四十。开成元年(836 年),增银冶二。[①] 当时官方只允许开铜矿,因为铜可以铸币,而认为银矿对于国家和人民均无甚用处。“天下有银之山必有铜。唯银无益于人,五岭以北,采银一两者流他州,官吏论罪。”[②]如果有人私采银矿一两,则将处以流刑,可见私采银矿的刑罚极重。不仅如此,民众私采银矿还会连带地方官受处罚。元和三年六月(808 年),唐宪宗诏“天下银坑,不得私采”。[③] 这意味着当时银矿全部由官方开采,民众无权私采。然而,因铜矿有限,缺乏铸币原料,市场上开始使用钞票,这造成币制混乱。随后,国家又不得不重新准许开采银矿。以上材料反映出唐代银矿开采政策同样也是反复无常。

从山东登莱二州金矿之开禁,亦可窥见宋代采矿政策反复无常。宋仁宗初年,山东登州莱州开办了两处金矿,得金数千两。仁宗本打算奖赏开矿官吏及工人,宰相王曾却提出,如果国家奖赏开矿,则“背本趋末者众”,今后无人务农。不久以后,这两处金矿均被封禁。没过几年,登莱二州民众遭遇饥荒,国家再次批准开采金矿。天圣九年(1031 年),这两地金矿产量可观,仁宗奖励了采矿官员。随后,国家又突然下令封禁金矿。而后,因该地收成不好,国家又再次批准采矿。[④]

明代的采矿政策同样飘忽不定。除了经济因素,“矿徒之患”也是影响采矿开禁政策的重要因素。1507 年至 1606 年间,明政府所经营的

---

① (宋)欧阳修、宋祁:《新唐书 · 志第四十四 · 食货四》,中华书局 1975 年版,第 1383 页。

② (宋)欧阳修、宋祁:《新唐书 · 志第四十四 · 食货四》,中华书局 1975 年版,第 1389 页。

③ (后晋)刘昫等:《旧唐书 · 本纪第十四 · 宪宗上》,中华书局 1975 年版,第 425 ~ 426 页。

④ 参见梁太济、包伟民:《宋史食货志补正》,杭州大学出版社 1994 年版,第 745 ~ 746 页。

官矿在山西、云南、福建等地大肆开采。这引起了民矿经营者与矿地地主的不满。民矿经营者的武装自卫队与官方不断发生武装冲突，被官方视为“矿匪”。最终，因为忌惮“矿徒之患”，政府全面禁矿。[①] 成化十五年(1479 年)，山贼刘陈在广丰平洋坑，“凿山烧灰，妄言银矿之利，诱煽闽贼，聚近万人。采凿既无所得，遂抢掠居民，焚荡室庐，杀伤官军”。[②] “五台奸人张守清，招亡命三千余人，擅开银矿”。[③] 可见，明代违法私采的矿徒不仅人数众多，而且还常常勾结外地流窜逃犯打家劫舍，对抗官军。这些矿徒在浙西、闽北、赣东、山东、河南、山西等地酿成多起民变，[④]严重影响统治秩序，成为统治者的心腹大患。有时，统治者个人阴晴不定的性格也会直接影响矿业政策。譬如神宗有一天因自己生病，忽然下令在全国范围内免收矿税。后来，他病愈之后，又下令照旧征收矿税。王宠佑就此评价，“终明之世，全国矿业忽开忽禁，业矿者多受亏累”。[⑤]

（二）官方垄断采矿，间或民采

秦汉至南北朝时期，官方垄断采矿。秦朝在少府下设置了铁官，矿业官营。汉代设中央矿业管理机构大司农主管采矿和冶金，设水都尉主管采铜、铸钱和铜器制造。[⑥] 汉兴之始，国家将盐铁视为大利，收归国

---

① 陶希圣：《矿的史略：明朝的采金狂》，载《矿业周报》1935 年第 328 期，第 256 页。

② (清)王恩溥修，(清)李树藩纂：《上饶县志》(卷六～一四)《卷一二·武事志》，南昌文化服务站 1960 年版，第 3 页。

③ (清)张廷玉等：《明史》(卷二二九～二三三)《卷二三三·列传·张贞观》，湖北崇文书局光绪三年(1877 年)版，第 10 页。

④ 胡寄馨：《明代的矿贼与盐盗》，载《社会科学(福建永安)》1947 年第 3 卷第 12 期，第 80 页。

⑤ 王宠佑：《中国矿业历史》，载《东方杂志》1919 年第 16 卷第 5 期，第 167 页。

⑥ 滕显间：《中国历代经济管理反思》，海洋出版社 1988 年版，第 51～53 页。

有,施行官方专营。①

隋唐时期,官方垄断经营采矿的局面逐渐出现了松动。隋政府大力开采铜矿,以供铸币之需。当时国家垄断采矿权,民众在官营的矿场中以服徭役的方式采矿。唐代,政府掌管着金、银、铜、铁、锡、铅、矾、水银、丹砂等矿的开采权,但是允许民间自由开采,矿商只须根据矿产量纳税。② 唐德宗时户部侍郎韩洄曾建议,“山泽之利宜归王者”。他将采矿利益视为皇帝的私人财富,采矿政策也以官方开采为主,先官后民。《唐六典》载:“凡州界内有出铜、铁处,官未采者,听百姓私采。若铸得铜及白蜡,官为市取;如欲折充课役,亦听之。其四边,无问公私不得置铁冶及采铜。自余山川薮泽之利,公私共之。”③这一记载展现了唐代采矿管理的基本政策。在州界范围内开采铜、铁矿,遵循先官后民的原则,官方未采者,民众才能开采。民众开采所得矿产必须卖给官方,或者折抵课役。这表明当时铜铁矿以官采为主,民众采矿为补充,不论官采还是民采,所有的矿产品均由官方控制。边州地区一律禁止官民开采铜、铁矿。这是为了防止在官方力量较薄弱的州与州交界地带采矿对社会治安造成冲击。唐宪宗元和四年(809 年),令敕文:“五岭已北,所有银坑,依前任百姓开采,禁见钱出岭。”④根据该令,之前民众开采的银矿可以继续开采,但民众不得用所采银矿私铸钱币。又有,《旧唐书·职官志》载:“凡天下出铜铁州府,听人私采,官收其税。”⑤由此,出

① 王菱菱:《宋代矿冶业研究》,河北大学出版社 2005 年版,第 227 页。

② 祝慈寿:《中国古代工业史》,学林出版社 1988 年版,第 364 页。

③ (唐)李林甫等:《唐六典》,陈仲夫点校,中华书局 1992 年版,第 749 页。

④ (后晋)刘昫等:《旧唐书》卷四八《志第二十八·食货上》,中华书局 1975 年版,第 2102 页。

⑤ (后晋)刘昫等:《旧唐书》卷四四《志第二十四·职官三》,中华书局 1975 年版,第 1894 页。

产铜矿或铁矿地区的民众可以采矿，但必须向官方缴纳矿税。

宋代，国家对于煤矿任人采掘不加干涉；对于其他金属矿产则以专门机构管理，并实施坑冶制度。宋政府在矿产储量丰富且矿区广阔的地域设置“监”作为独立的矿区管理机构。监以下直属有坑、冶，或为务、冶；坑统属冶，或务统属冶，监统属务。矿山面积如果不大，则设置独立的冶或坑、场。① 宋太宗时曾经规定，地主对其土地中的金银等矿有优先开采的权利。“应地主如少人工淘取，许私下商量地步断租赁与人。”②即地主如果缺乏采矿的资金和人手，可将土地租与他人开采。如果地主既不自己开采，又不许人开采，“即委知州差人淘沙得金，不计多少，立纳官，更不支钱”。③ 地主不论自采或将矿地租与他人开采，所得矿产必须全部卖给国家（熙宁以后改为二八抽分制），严禁私卖。

宋代，政府对民众采矿实行严格管理。为了控制铸币，太宗即位后下令“凡小山之出铜者悉禁民采，并以给官铸焉”。④ 由此，铜矿由官方垄断开采，民众禁止开采。神宗熙宁八年（1075 年），“令近坑冶坊郭村并淘采烹炼人，并相为保；保内及于坑冶有犯，知而不纠或停盗不觉者，论如保甲法”。⑤ 当时民众采铜矿时必须相互担保，保证采矿时不犯事。可见，当时对于造币原料控制极严，禁止民众自由开采。

宋代官营的矿场由政府掌握，坑户（相当于是包工头）无独立经营权，只能根据交给官府矿产数量的多少而得钱。民营矿场经营不易，矿商途经哗徒陷害诬告，官方追究其法律责任，矿商含冤获罪，则其矿场

① 漆侠：《漆侠全集》（第 4 卷），河北大学出版社 2009 年版，第 570 页。

② （清）徐松：《宋会要辑稿 · 食货三四之一四》，中华书局 1957 年版，第 5395 页。

③ （清）徐松：《宋会要辑稿 · 食货三四之一四》，中华书局 1957 年版，第 5395 页。

④ （元）脱脱：《宋史》（第 13 册）卷一八〇《志第一百三十三 · 食货二下 · 钱币》，中华书局 1977 年版，第 4376 ~ 4377 页。

⑤ 参见梁太济、包伟民：《宋史食货志补正》，杭州大学出版社 1994 年版，第 746 页。

失陷。这反映出民营矿商开采权益难以获得保护，极容易被官方控制或者“化私为公”，矿业权益难以实现。“信之铅山……间有出备工本为官开浚。元佃之家已施工力，及自用财本起创，未享其利，而哗徒胁检踏，官吏方且如追重囚，黥配估籍，冤无所诉，此坑冶所以失陷。”①

明代，矿业分为官营和民营，民矿的发展严重受阻。民矿有两类：一类是政府招商承办，即在政府监督管理下商民开采并纳课，其发展有限；另一类是商民呈领执照开采并缴税，发展相对较好。② 然而，矿禁甚严，矿课繁重，官方强制召买矿产物料，乱摊派和海禁等诸多因素，影响着民矿的发展壮大。③ 宣德十年（1435 年）英宗下诏：“各处山场园林湖池坑冶及花果树木等件原系民业，曾经官府采取，见有人看守及禁约者，自今听民采取，不许禁约，其看守内外官员人等各回原职役。”④自此矿业开禁，这意味着山主自有矿山可以自行开采。

（三）专门矿业法规不多

我国采矿管理规范最早为《周礼·地官》所载：“卝人掌金玉锡石之地，而为之厉禁以守之。若以时取之，则物其地图而授之，巡其禁令。”⑤这说明周代已经设有专职“卝人”对矿业进行管理。卝人职掌矿产地，为矿地设置界限，以禁令加以守护。如果按时采矿，卝人则选好开采地，并绘制矿图交给开采者。开采期间，卝人还在矿地巡查，以防止有人违反禁令。民国时人认为，“周礼卝人，尚金玉锡石之属，择地授图，

---

① 白寿彝总主编：《中国通史》（第 7 卷：中古时代　五代辽宋夏金时期）（上册），上海人民出版社 2004 年版，第 547～548 页。

② 黄启臣：《明代钢铁生产的发展》，载《学术论坛》1979 年第 2 期，第 68～70 页。

③ 祝慈寿：《中国古代工业史》，学林出版社 1988 年版，第 651 页。

④ （明）孙继宗等：《明英宗实录》卷二，台北，“中研院历史语言研究所”1962 年版，第 47～48 页。

⑤ 《周礼》，崔记维校点，辽宁教育出版社 2000 年版，第 36 页。

对于用人行政，分类分界，记录较详，实已立今日划区设权注册给照之标准”。[①] 这种评价未免过誉，因为周礼中对卝人的记载寥寥数字，未见矿地划区、设权、注册、给照的具体规则，难以与民国时期矿业权规范比肩。

元世祖至元四年（1267 年）颁布的《矿业条画》是我国较早的矿业法律文本。其第 4 条对采矿进行规范，无论官办还是民营，“诸色洞冶，采打矿炭，大石甜工，照依旧例施行”。[②] 凡有合法采矿手续的矿洞，“其经行地面，所在官司及各处军民诸色人等，并不得遮当（挡），如违，申覆制国用使司究问施行”。[③] 这意味着采矿应依法进行，具有合法身份的采矿者受国家保护，官员和矿地其他民众不得骚扰。

我国古代为政者大多奉行重农抑商政策。各代因袭传统，造成矿业不振。尽管采矿能够让国家获得丰厚的财政收入，还能够为矿地民众提供基本的生计，但是国家并未积极鼓励矿业长期持续地发展。即使在少数鼓励发展矿业的时期，国家的采矿政策也不稳定，时开时禁，矿业难以持续发展。国家只是试图以基本矿产的生产来满足官方需求，如造币和器具铸造。古代主要矿业多属官办，在清代以前，政府采矿管理的重点在于维护社会秩序的稳定。如果某地采矿被指责破坏了风水，官方就会封禁矿洞，禁止开采。此外，多数矿区在人烟稀少的山林地带，如若外地流民聚集到矿地采矿，则被官方视为社会潜在的不安定因素——“矿徒”。这些“矿徒”往往会遭到矿地地方官的驱逐。[④] 各

---

① 中央党部国民经济计划委员会主编：《十年来之中国经济建设（1927～1937）》（上篇），中央党部国民经济计划委员会 1937 年版，第 48 页。

② 吴晓煜：《矿业史事杂俎》，齐鲁书社 2003 年版，第 304 页。

③ 吴晓煜：《矿业史事杂俎》，齐鲁书社 2003 年版，第 304 页。

④ 参见［美］孟泽思：《清代森林与土地管理》，赵珍译，中国人民大学出版社 2009 年版，第 187 页。

朝对各地矿山的管理，或是举以赐臣民，或是权属官营，或是官民合营，或是民采官收，大多缺乏详备的矿业规范来规制与保护采矿权。

二、清中前期采矿的开禁之争

清初，社会秩序尚未完全安定，国家基本上全面封禁矿山，只允许个别采矿事例。[①] 鉴于明末的“矿徒之乱”，清初统治者担心民间发展矿业将会危及统治，多次颁布采矿禁令。这种矿业封禁政策直至康乾时期才有所松动。随着社会经济的发展，清廷不得不改变对民间采矿的态度：由最初的严厉禁止，到稍后的模棱两可，而后有条件地允许商民采矿，最终鼓励民间采矿。[②] 此间，统治阶层中不断涌现采矿开禁政策的争论，在各种利益诉求的交锋中，形成了一些代表性的观点。

（一）滋养穷民与矿徒为患

清中前期，滋养穷民与矿徒为患是采矿开禁之争的焦点之一。康熙朝有富豪以重金谋求官员在朝堂建言开禁。康熙帝曾询问大臣李光地的意见，李光地认为：“开矿以食饥民，无不可。请著令许土著贫民人持一铫以往，而越境者诛，则奸人不致屯聚山泽以酿乱。”议遂定。[③] 康熙帝采纳了他的意见。该意见为清中前期矿业政策确定了基调：第一，为了让贫困的老百姓糊口，国家可以准许其开矿；第二，仅允许矿地土著贫民扛着锄头采矿，严禁外地人越境到矿地采矿；第三，没有外地人越境采矿，则矿地土著不会聚集矿徒，酿成事患。

康熙四十三年（1704 年）《安徽巡抚刘光美奏陈开采山场利弊事

① 常建华：《康熙朝开矿问题新探》，载《史学月刊》2012 年第 6 期。

② 祝慈寿：《中国古代工业史》，学林出版社 1988 年版，第 809 ~ 810 页。

③ 中国人民大学清史研究所、档案系中国政治制度史教研室合编：《清代的矿业》（上册），中华书局 1983 年版，第 7 页。

折》,反映了当时有些官员在权衡是否允许开矿时,首先考虑的是地方治安。在刘光美眼中,采矿危害地方治安。其一,外来豪棍充商,募带丁徒,人数众多。采矿所聚集的众多矿丁为“赤身游手无籍之辈”,而且矿商又是外来豪棍,这些因素致使采矿伴生着治安隐患。其二,矿商四处采矿,与本地居民容易发生冲突。矿商采矿时,常常因为毁坏禾苗树木,或危及田舍坟墓而与当地居民纠纷不断。其三,该地土地狭窄,矿苗不丰,采矿得不偿失。其四,本地人重风水地脉,往往因坟穴讦告不休,甚至斗伤人命,开矿者无处不挖会加剧这种矛盾。刘光美又列举了两个本地采矿的实例。一例是异民(外地人)薛岩呈请开采铅山,全县百姓群起,议论纷纷。两年后,薛商却没能采出铅矿。这足以说明外来矿商采矿与本地居民之间矛盾尖锐。另一例是裴永绪在户部呈请开采多处矿地,却未指明确切州县地址,在尚未明确矿砂储备量时,该商却夸下海口,日后可供课饷万计。对于此等“不法经营”,康熙帝批示简明,态度坚决,认为开矿弊大于利,断然不可行,也不必再讨论了。[①]

康熙五十一年(1712 年),将军管源奏称:“广东惠潮广韶等府所属山场一带,俱系深箐严险,且界连福建、江西、湖南、广西,向有奸徒潜匿盗矿。……此等劫盗不过仍系矿徒流劫之旧习。”[②]该奏折中反映出在广东惠潮广韶等地矿区匪徒常常打家劫舍。这些匪徒是之前矿厂的矿工。当矿厂被封禁后,矿工们无以为生,多次流窜抢劫,官方难以查获。在管源看来,这些劫盗流窜多地多次作案,正是他们作为矿工采矿时遗留下来的惯习。以上奏者的逻辑看来,广东矿厂多则矿丁就多,日后矿

① 中国第一历史档案馆编:《康熙朝汉文朱批奏折汇编》(第 1 册),档案出版社 1984 年版,第 113 ~ 115 页。

② 中国第一历史档案馆编:《康熙朝汉文朱批奏折汇编》(第 4 册),档案出版社 1985 年版,第 343 ~ 346 页。

丁沦为匪徒终将为害一方。

雍正二年(1724年),两广总督孔毓珣奏称:“广东田少人多,穷民无以资生。铅锡等矿原系自然之利,所以资养穷民。臣愚以为弃之可惜,不如择无碍民间田地庐墓、出产铅锡之山场招商开采。俾附近穷民可藉工作养生,并堪抽收课饷,系有益无损。”雍正帝则认为断不可在广东省开矿。他指出,之前粤省开矿曾聚集多人,以致盗贼渐起,而永行封禁。养民之道在于劝农务本,若舍本逐末鼓励民众开矿,则各省游手无赖之徒望风而至,那么将导致聚众藏奸于广东省的恶果。[①] 可见,地方官比较注重广东当地经济的实际情况,一方面田少人多,穷民难以为生;另一方面铅锡等矿资源丰富,可以让附近穷民开采藉以生活。雍正帝则忧虑广东曾经因采矿聚众出现过盗贼之患,断然禁止开矿。因此,最高统治者极为担心矿厂经多年采掘后矿产枯竭,遗留下来的众多矿徒将成为流匪。由于粤省曾出现过矿徒为匪的问题,这种忧虑并非空穴来风。

雍正五年(1727年),湖南巡抚布兰泰疏奏开矿事宜。雍正帝以朱笔批:“开采一事,目前不无小利,人聚众多为害甚巨。从来矿徒率皆五方匪类乌合于深山穷谷之中,逐此末利,今聚之甚易,将来散之甚难也。至于利之在公在私尚属细事。尔果欲尽忠,盖何必以利为言,岂不闻有一利必有一害。尔当权其利与害之轻重大小而行之耳。”[②]皇帝认为开矿之利于公于私都是细事。开矿则不得不招收大量矿徒。这些矿徒多为流民,采矿时聚集于深山穷谷中。召集这些矿徒很容易,但将其遣散

---

① (清)席裕福:《皇朝政典类纂》卷一三三《矿政三·开采事例》,台北,成文出版社1969年版,第1520页。

② (清)席裕福:《皇朝政典类纂》卷一三三《矿政三·开采事例》,台北,成文出版社1969年版,第1522页。

却很困难,他们极易成为酿成地方事端的隐患。开矿之利较之矿徒之患微不足道。他教导大臣们要权衡开矿之利弊得失,谨慎为之。而地方大员多为地方民生问题考虑,认为开矿能够滋养穷民,以济贫瘠土地乏产的不足。

广西提督田畯提出,开矿不能严令禁止。开矿者逐利而来,利尽则散,不如因势利导。国家可以准许民众合法采矿,并加强矿业生产监督,譬如派遣廉洁且有能力的文员驻矿厂管理,以弁兵弹压矿厂突发事件,规范矿业税收等。最终矿厂的矿苗枯竭,则作为逐利之徒的开矿者自然会离开。[①] 这种提议实际上为清季的矿业发展提出了一种较合理的策略——禁不如导,国家一方面允许民众依法采矿,另一方面加强对矿业的监督与管理。

(二)坚守土人开矿与分化外来矿徒

山东巡抚李树德上奏,山东淄川县开煤井人俞斌臣采煤时发现煤矿伴生有铅矿砂线,临朐县开煤井人刘商等挖煤时掘出银矿。县级官员亲自查验后发现,这两处属于高品位的铅矿和银矿。康熙对此批示:"铅矿且停,银矿再斟酌。果然十两内得三钱银,算得好矿。俗语云,一山有矿,千山有苗,真苗难遇。"[②]该批示反映出康熙本人采矿观念的转变,他不再以有害治安风水而完全禁止民众采矿,转而重视矿区矿产质量的好坏,考虑所采之矿是否为富矿,是否值得开采。此时康熙帝开始重视采矿的经济效益。

之后,多位地方大员奏请开矿以滋养穷民。为防止矿徒为患,他们

---

① (清)席裕福:《皇朝政典类纂》卷一三三《矿政三·开采事例》,台北,成文出版社 1969 年版,第 1522 页。

② 中国第一历史档案馆编:《康熙朝汉文朱批奏折汇编》(第 8 册),档案出版社 1985 年版,第 584~586 页。

建议“以本地之民开本地之矿”。陈宏谋指出广信府铜塘山久经封闭，是将于民生有用之物置之无用。听民为业资生，则开之实为有益。将此山永远封禁，弃为废壤，未免因噎废食。他还呼吁开采广信府玉山县之广平山，在该山采矿并无妨碍村庄坟墓之处。本地民众先后在该山开挖了五硐，俱有矿砂，面加煎试，银铅夹杂，实有成效。在该山采矿是“以天地自然之利，为民生衣食之资，所养穷民不少”。为预防矿徒作乱，他建言：“慎选本地殷实良民为峒头，招募本地民夫开采。以本地之民开本地之厂。”①在陈宏谋眼中，采矿是以地利来滋养本地民众的好事，为预防外来流民沦为矿徒作乱，以“本地之民开本地之矿”实为良策。

在人口激增的压力之下，地方官奏请开采本地矿山以滋养小民。雍正十二年（1734 年），广东总督鄂弥达奏请开采粤东地区矿山，可以上裕国课，下养穷黎。他指出粤东地区山多田少，生齿日庶，生计倍艰。经调查，他发现惠潮肇韶等地矿山甚多。鄂弥达认为这些矿山“原系天生之宝以资小民之生”，可以好好开采利用。鉴于朝廷常以开矿聚集矿徒，容易滋生事端为由而禁采，他提出了三个防范矿徒之患的措施。第一，确保矿商为本地人。地方官在本省地方招殷实商民，令其出具家道殷实印结，让其自备资本开采。第二，加强对矿厂的监管。地方官专门委派廉正之员巡查矿厂。第三，矿工必须提供保结，保证其是本地人。“召募人夫，各州县官查朴实穷民取具户邻保结，编立保甲，填明户口住址，连名互结。”②简言之，弥达奏也主张“以本地人开本地矿”，加强官

① （清）席裕福：《皇朝政典类纂》卷一三三《矿政三 · 开采事例》，台北，成文出版社 1969 年版，第 1521 ~ 1522 页。

② （清）席裕福：《皇朝政典类纂》卷一三三《矿政三 · 开采事例》，台北，成文出版社 1969 年版，第 1522 ~ 1523 页。

方对矿商和矿工的监管。

雍正十五年(1737年),钦差礼科给事中徐杞人奏报广东官员化解外来矿徒问题的一些有效举措。其一,张贴告示劝导民众务农本,严禁采矿。其二,官方多次拿获矿徒,惩罚采矿者。其三,以皇帝谕旨耐心开导民众,使之知晓禁矿原因。其四,严令近矿村民不得容留接济矿匪米油,且让村民连环出结稽查,不得越境充募匡扶。其五,盘诘矿夫,使得二百多名外地矿夫逃回原籍。其六,清查可供贫民开垦的田地,令本地人开垦。雍正皇帝非常赞成这些做法。[①] 广东官员处理矿徒的立场仍是"以本地人开本地矿",对外来矿徒施以教化、盘查和打击等多种手段。

乾隆初期,江宁知府沈孟坚阐述了禁止外地人刘芳开矿采煤的五点理由。其一,窑厂多在深山,开采地孟泽嘴坟冢甚多,不宜开采。其二,按照国家法律,只允许"本地人采本地矿",本地人与本地利益休戚相关,不致于滥采。刘芳为外地无赖,依法不能在此采矿。其三,一旦煤矿动工开挖,则容易损伤坟墓和民宅的地基。其四,本地民众信风水,外地人采矿挖掘,本地人便认为其采掘有伤地脉,必然引发纠纷。其五,窑厂所召集的矿徒,多为亡命之徒,日后有作乱之患。[②] 可见,当时有些官员比较保守,试图避免因采矿而对当地社会治安造成危害,尤其忌讳外地人来矿地办矿采矿。

显而易见,清中前期的统治者与地方大员对矿业之开禁政策常常持有不同的立场。在皇帝眼中,开矿之利只是细事,而开矿所聚集的矿

---

① 参见中国第一历史档案编:《雍正朝汉文朱批奏折汇编》(第22册),江苏古籍出版社1986年版,第584~585页。

② 祁守华、钟晓钟编:《中国地方志煤炭史料选辑》,煤炭工业出版社1990年版,第203页。

徒多为外地流民，不乏匪类，往往聚易散难，容易酿成事端，绝不能轻易准许采矿。地方大员多从地方民生考虑，认为开矿能够滋养穷民，以济贫瘠土地乏产的不足。地方官员注重对矿山的实地考察，多数认为开矿对田地庐墓无害，还提出了“以本地之民开本地之矿”等预防矿徒流弊的种种办法。君臣的分歧在于，皇帝偏重于政治秩序的稳定，而地方大员的政绩多出于其辖区民生，不得不考虑以发展矿业来改善民生。

（三）破坏风水与经济发展

中国古人素有风水观念，在坟冢附近的采掘常被视为危害风水的行为。官方会因“有碍风水”而封禁矿厂。例如，抚顺当地一直有土人偶尔采煤，作为家庭燃料。至乾隆年间，由于该地与清皇陵相距不远，有害风水，清廷严禁民众开采。[①] 道光年间，蓬莱县立《禁开煤窑告示碑》，申明该县环海负山，地势狭窄，村落紧凑，坟墓重叠，如果允许采煤则与庐墓、城池、风水攸关。该县将对违禁采矿者依律究办。[②]

民以食为天。民众对破坏风水的忧虑有时会让位于对富足生活的追求。这时，风水就不是采矿首要考虑的因素了。康熙五十八年（1719年），地主高应禄“祖坟地下有盈库窑一座，座落门头口龙王庙后沟被，自无工本开做，今同中见人王应林说合，情愿会到众家出本开做”。[③] 据此合同，地主高应禄并未顾忌盈库窑在自己的祖坟地附近而不宜动土，却将该窑与人合伙开办。雍正二年（1724年），地主孟绍统和孟维统“因涮涮湖祖遗坟地内欲新做地兴窑一座，奈自己无力，令【今】凭中见

① 虞和寅：《奉天抚顺煤矿报告》，农商部矿政司1926年版，第18页。

② （清）葛元昶、张本纂，（清）王文焘修：《重修蓬莱县志》卷一三《艺文志中·碑铭》，道光十九年（1839年）刻本，第10页。

③ 首都博物馆编：《窑契与经济合同文书》“第28号合同”，中华书局2014年版，第216页。

人李凤说合，情愿会到康海、张国英、王钰三人出本开做”。[①] 孟氏两兄弟的地兴窑在祖遗坟地内，也是交与合伙出资人一起开做。这两个合同中的地主很有意思，在祖遗坟地兴窑采矿，似乎完全不担心采掘会破坏自家风水。可见，民众对财富的追逐冲淡了传统的风水观念。康熙雍正时期生齿日繁，而耕地有限，做窑采煤成为民众维持生计的一种重要途径。即使是有关风水龙脉的“祖遗坟地”也未必能阻碍人们做窑采煤的营生。正如有学者研究巴县矿业纠纷后指出，影响该地采矿的决定性因素不是风水，而是经济利益和社会秩序。[②]

《清史稿》载：“清初鉴于明代竞言矿利，中使四出，暴敛病民，于是听民采取，输税于官，皆有常率。若有碍禁山风水，民田庐墓，及聚众扰民，或岁歉谷踊，辄用封禁。”[③]据此描述，清初坑冶业以明末之矿乱为鉴，吸取了重税伤民的教训，鼓励民众采矿。“听民采取，输税于官，皆有常率”实际上是对清初统治者矿业管理政策的溢美之词。从清代中前期君臣间往来的奏折来看，统治阶层对矿业开禁政策的争论异常激烈，对发展矿业怀着犹豫不决的心态，所推行的政策是时开时禁。

第二节　清中前期采矿权的规定

清初政权甫定，统治者对采矿呈请非常谨慎，不轻易批准。统治者

---

① 首都博物馆编：《窑契与经济合同文书》“第 30 号合同”，中华书局 2014 年版，第 216 页。

② 王晓飞、张朝阳：《利益、治安与风水：清代巴县档案中的采矿纠纷》，载《西华师范大学学报》2017 年第 5 期，第 21 ~ 27 页。

③ 赵尔巽等：《清史稿》（第 13 册）《志九十九 · 食货五 · 矿政》，中华书局 1976 年版，第 3664 页。

对官矿施行“非急需者不开”的政策,对民矿则放宽限制与监督。当时清廷对煤等供生活消费的矿产,施行宽松的采矿政策;但对货币、兵器铸造原料金银铜铅铁等矿产,严格控制开采。[①] 金银铜铅锌锡等贵金属矿和硝黄矿为国家专门开采,民间不得自由开采。煤、铁之类的矿产与国民经济关系不大,被视为“农余之附产”。[②] 因此,对于煤矿、铁矿的开采之权,当时大半由矿地地主操之。[③] 清廷针对不同地区的采矿呈请,出台了不同的采矿规定。这些规定在清代《会典》《户部则例》《吏部则例》《工部则例》《大清律例》中均有记载,勾勒出清代采矿权的不同层面。

一、采矿准入的资格

清中前期,矿业发展水平不高,国家尚未颁布统一的矿业法规。国家针对各地不同情况,先后出台了有关采矿准入资格的一些规定。

顺治康熙年间,山东临朐招远、山西应州、陕西临潼及云南等地银矿开采,以及贵州水银开采均是一事一呈请,官方针对不同情况予以准驳,缺乏统一规范。[④]

康熙十八年(1679 年),国家颁行针对特定矿种“铜铅矿”的采矿准入规定。《康熙会典》载:“十八年覆准,产铜铅处,任民采取,征税二分,按季造报,八分听民发卖。……先尽地主报名开采,地主无力,许本州

① 段渝主编:《治蜀要览》,巴蜀书社 2007 年版,第 190 页。

② 陈真、姚洛编:《中国近代工业史资料》(第 1 辑:民族资本创办和经营的工业),生活·读书·新知三联书店 1957 年版,第 209 页。

③ 陈真、姚洛编:《中国近代工业史资料》(第 1 辑:民族资本创办和经营的工业),生活·读书·新知三联书店 1957 年版,第 222 页。

④ 《大清五朝会典》(第 1 册)《康熙会典》卷三五《户部十九·金银诸课》,线装书局 2006 年版,第 446 页。

县民采取,雇募临近州县匠役。如别州县人越境采取,及衙役搅扰,俱照光棍例分别首从治罪。有坟墓处,不许采取。倘有不便,督抚题明停止。"[①]这个采矿准入规定仅针对特定矿种"铜铅矿",缺乏适用于各种矿产的普遍性。国家允许民众开采铜和铅这两种矿,对开采者征税,并对采矿准入资格予以限定。首先,界定了具有优先采矿资格的主体——矿地地主。"先尽地主报名开采"即地主具有优先采矿的权利。这是尊重地主土地业权的重要表现。其次,限定采矿主体的籍贯——本州县民。当地主无力开采时,准许本州县民采取,禁止别州县人越境采取。在审核矿商资格时,官方主要考察矿商的籍贯,准许矿地本地人开采,禁止外地人开采。再次,挖矿的"匠役"只能雇佣招募邻近州县人。违反者,以光棍例治罪。最后,限定禁采区——有坟墓处不许采取。这反映出时人的风水观念对采矿颇有影响。督抚认为采矿对地方造成某些"不便"时,可以报请停止采矿。

康熙五十二年(1713 年),大学士与九卿会议议定了针对"各省所有之矿"的采矿准入资格规定:"凡各省所有之矿,本处无业贫民,私行采取者,各该地方官,查明姓名注册,令其开采。仍令各该管官不时稽查,毋致生事,妄行不法。其外省之人,不许开采,并严禁本处豪强富户设厂。"[②]这个规定适用于"各省所有之矿",具有普遍性。其对采矿准入资格的限定主要有以下几点。第一,本地无业贫民可以采矿,应由地方官查明其姓名,并进行注册。这表明国家准许矿地民众开矿的主要目的在于养民,使贫民得以为生。第二,只准许本地人开采本地矿,不

---

① 《大清五朝会典》(第 1 册)《康熙会典》卷三五《户部十九 · 金银诸课》,线装书局 2006 年版,第 446 页。

② 《大清五朝会典》(第 4 册)《雍正会典》卷五三《户部三十一 · 矿课》,线装书局 2006 年版,第 810 ~ 811 页。

许外省之人开采。官方认为如果矿地聚集大量来自外地的矿徒将会造成地方治安隐患。第三,严禁矿地本地豪强富户开办矿厂采矿。富豪“设厂开矿”实质是大规模采矿,官方不鼓励富豪“设厂开矿”主要是为了防止富豪们通过开矿聚集更多的财富,财多可能势众,容易危及统治秩序。第四,要求地方官必须经常稽查矿厂,防止开矿者违法滋事。同年,国家规定对于各省一直未开采的矿业,仍禁止开采。对于矿地本地穷民已经开采的矿厂可以继续开采。但是外省人来矿地采矿或矿地本地富户采矿,将受到重罚。[①]

归纳之,清初国家设定的采矿准入资格条件有三:一是采矿者为矿区本地人。这是为了防止流民沦为矿徒后四处流窜,影响社会安定。二是采矿者必须为穷民,因为穷民采矿仅仅为了温饱,由于缺乏资本和开采器械,其采矿规模小(有时就是一筐或一担),对社会秩序的影响也不大。三是国家准许开采的矿厂必须是一直在开采的旧矿,这种限定不但限制了开采者的数量,而且由于旧矿是已开数年且仍未遭官方封禁之矿,这意味着旧矿已经经过多年的利益权衡,不容易滋生新的矛盾。

雍正年间,官方对采矿准入资格的限制逐渐放松。官方不再严格限定矿区本地贫民开采,而是采取更为务实的做法,“雇觅本地殷实商民开采”。官方允许先由矿地本地人试办,如果矿产储备丰富,则批准其开采。国家鼓励矿区富民开矿的目的在于国家能获得可观的税收。“(雍正)四年,覆准,威宁府属忙步沟,产有矿苗,先委员采试,如果苗盛,雇觅本地殷实商民开采,按季造报,二八抽课,其余官收官买,就近

① 黄海云:《清代广西汉文化传播研究》,民族出版社 2009 年版,第 97 页。

拨允沾益局，以供鼓铸。[①]”“（雍正）五年，覆准。大定州猴子厂，硐老砂竭，另有水城等矿，煎试有效。许其开采。另该抚据实抽收，造册提报。”[②]

清中期，国家采矿准入规范仍遵行“本地人采本地矿”。“承商鸠工必用土著，辨奸良。四方客民走集者，禁争讼滋事者，禁以牧令。丞卒掌其戒令，戍之弁兵，以防奸侫。其经理之不善者，论如法。”[③]这意味着承办矿业的矿商和矿工必须是矿地本地土著。为了防止流民四窜扰乱社会秩序，官方严格禁止外地人来矿地开矿。地方武备加强对矿厂的巡逻，以防止奸侫。

二、采矿权的凭证

清中期，社会经济发展较快，新的法律关系随之产生，法律修纂也紧密进行。充分反映社会经济发展的《户部则例》前后经过了十多次编修。同治四年（1865 年）的《钦定户部则例》是其中颇具代表性且较为成熟的一次修例。该《则例》由乾隆四十一年（1776 年）至咸丰元年（1851 年）先后 13 次奏请纂辑成书[④]，涵盖了清中期时段，其中涉及采矿权的内容恰好可以提供另一种研究文本。《户部则例》将采矿规范归于“征课”的子目下，表明此时采矿权尚未形成独立的制度，国家允许民众采矿的主要目的是征税。采矿人在官地采矿，必须以纳税的方式获

① 《大清五朝会典》（第 4 册）《雍正会典》卷五三《户部三十一 · 矿课》，线装书局 2006 年版，第 812 页。

② 《大清五朝会典》（第 4 册）《雍正会典》卷五三《户部三十一 · 矿课》，线装书局 2006 年版，第 812 页。

③ 《大清五朝会典》（第 10 册）《乾隆会典》卷一七《户部十 · 杂赋》，线装书局 2006 年版，第 130 ~ 131 页。

④ （清）承启、英杰等：《钦定户部则例》（第 1 册），台北，成文出版社 1968 年版，卷首奏折。

得采矿权凭证，否则视为“私采”，将受严惩。

（一）官地采矿者持照票开采

金厂课长所持有的照票既是采矿权的凭证，又是合法出售矿产品的凭证。金厂的中层管理者为课长，每50个挖金人中产生一名课长，专门管理稽查客民（挖金人）。“各金厂设立课长，就挖金人内择其熟悉老成者充当。每五十名挖金民人，设立课长一名，约束客民，稽查出入。”①尽管统治阶层三令五申地限制外地人流入矿地开矿，而官方实际上难以绝对遏制大量外地人聚集于矿地。该条表明在矿地采金的矿工有不少是外地人（客民），因此矿厂设立多名课长专门监管。挖金人没有照票便不能采矿，更不能卖矿产品。官方依照私金对无照票的挖金人治罪。

照票可看作采矿者的集体采矿权证，每50人共同持有一个执照。挖金人凭此执照合法采矿，缴纳课金后可以合法出售矿产品。金厂每课长一名，领客民50名发给照票。每客民一名，月交课金叁分于月底令课长汇齐交纳。② 每月交课之后，令课长等匠所得余金呈验给票方准售卖，如无照票即照私金治罪。并晓谕铺户人等将所买之金亦呈明给票听其售卖，如不呈名者，亦照私金治罪。③ 陕西省哈布塔海哈拉山等处开采金砂，每票一张，以50人为一票，日抽课金贰钱伍分。每课金壹两外抽散金叁分，以为厂费。④

① （清）承启、英杰等：《钦定户部则例》（第7册）卷四二《关税五·金厂征课》，台北，成文出版社1968年版，第3018页。

② （清）承启、英杰等：《钦定户部则例》（第7册）卷四二《关税五·金厂征课》，台北，成文出版社1968年版，第3018页。

③ （清）承启、英杰等：《钦定户部则例》（第7册）卷四二《关税五·金厂征课》，台北，成文出版社1968年版，第3019页。

④ （清）承启、英杰等：《钦定户部则例》（第7册）卷四二《关税五·金厂征课》，台北，成文出版社1968年版，第3026页。

另外,金厂也存在散夫,即持个人照票采矿的临时矿工。一些金厂里,有厂员(长时工)和散夫(临时工)两种矿工。厂中夫头管理厂员,负责收缴厂员的逐日课金,夫头所持照票是这 50 名厂员采矿权的集体凭证。金厂发给散夫腰牌和照票,其中腰牌是金厂工作证,照票是散夫个人的采矿凭证。采金人夫以 50 名设立夫头一名,责令承总夫头给予照票,散夫给予腰牌照票,由安西周填钤印交。厂员给发其腰牌,即由厂员制造逐日课金,责成夫头收缴。滋事舞弊,令夫头禀官逐;如有怠惰误课,着落夫头赔完。[①] 照票不仅是纳课的凭证,还是矿产品合法出厂的凭证。各夫每月交课之后,所得余金,夫头呈验,厂员给票,方准出售。其票由安西州编号钤印,交厂员给发,厂员按月造册,移州以备稽查。如无照票即属私金拏获严究。[②] 矿夫若出售没有照票的矿产品,则属于私金,将被官府拿获严究。以纳税凭证来证明采矿行为的合法性,表明国家此时并不重视采矿行为的申请与准入环节,仅以采矿者纳税与否作为合法采矿权的唯一评判标准。

陕西南山铁厂的采矿执照,由地方官查明矿商姓名籍贯,取具甘结,加具印结后发给矿商。该采矿执照直接与税金相联系,每一张执照,每年纳课银十两。“陕西南山铁厂令商民自出资本募工开挖。由地方官查明该商人姓名籍贯,取具甘结,加具印结详明藩司,发给执照方准开采。”[③]如果矿产储量有限,矿商自愿歇业,可以向官方缴照后停止采矿。这说明该矿照的采矿期限是不确定的,矿商可以自愿停止。民

① (清)承启、英杰等:《钦定户部则例》(第 7 册)卷四二《关税五 · 金厂征课》,台北,成文出版社 1968 年版,第 3020 ~ 3021 页。

② (清)承启、英杰等:《钦定户部则例》(第 7 册)卷四二《关税五 · 金厂征课》,台北,成文出版社 1968 年版,第 3024 页。

③ (清)承启、英杰等:《钦定户部则例》(第 7 册)卷四二《关税五 · 金厂征课》,台北,成文出版社 1968 年版,第 3045 ~ 3046 页。

众若没有执照，私自采掘铁矿，矿洞会被官方封禁，采矿者照例治罪。另外，官方对铁矿产品的出售限制严格，只能卖与民用，禁止卖给匪徒私制军器。

乾隆时期，开采五湖嘴煤矿的矿商“各由户部领龙票一份，每份五张，照章每票准开一洞，洞五人，外二内三，限制极严”。[①] 矿商持有户部所颁发的一份龙票，可以开采一口矿洞。一份龙票只允许五个矿工在矿洞采掘，洞外两个矿工，洞里三个矿工。可见，龙票主要限定采矿矿洞数量和矿工人数。通过颁发龙票，官方严格控制采矿的规模，并不鼓励大规模开采。龙票适用于在官地采矿的矿商，是其采矿权凭证。

当时官方有意引导采矿者在划定的矿区范围内采矿，禁止擅自越界采矿。千佛洞等处的金厂，“令厂员勘定界址，挖沟记认，按界刨采。倘日久砂空，令夫头禀明，另行拨地立界采挖，如有私越，厂员立即究报”。[②] 该金厂勘定采矿界址后挖沟作为矿界标记。金厂矿夫只能在矿界内采金，不得私自越界开采滋事。如果金厂矿苗日渐枯竭，则由夫头禀告地方官。地方官另外拨地，金厂重新立界采挖。可见，此时采金是在官方准许区域内的采掘行为，采矿者不得擅自越界采矿。当矿苗枯竭时，官方将另外拨地给金厂开采。

官方批准采矿权时对开采期限未予以明确规定，通常至该窑矿产枯竭为止，如在文书中表述“煤尽山空”。“顺天府属宛平房山二线入官煤窑、宛平县山县一窑房九窑，每窑岁纳课银陆拾两，由该二线批解部

① 张素等：《复县志略·第三十八·五湖嘴矿产沿革略》，程廷恒修，台北，成文出版社1969年版，第505页。

② （清）承启、英杰等：《钦定户部则例》（第7册）卷四二《关税五·金厂征课》，台北，成文出版社1968年版，第3023～3024页。

库交收,煤尽窑空,报明封闭。”[1]该地煤矿的税金是按照窑口的数量征收,每窑每年纳课银60两。按期如数纳税是矿商取得采矿权后应尽的义务。当煤炭枯竭,煤窑无法出煤时,矿商则须向地方官报明,封闭煤窑。可见,当时的采矿权期限是不确定的,至煤窑不能够产煤为止。另外,有时矿地民众或地方官认为采矿“有碍风水”,也常常会奏请封禁矿洞。官方批准后,会立即封禁矿洞,则该窑之前取得的开采权随之消灭。即使采矿者取得了采矿凭证,其采矿权期限也不确定,随时有被官方取消采矿权的可能。

简言之,对于官地,采矿者必须向官方呈请照票,持照开采,无照采矿便是私采。地方官查明采矿者的姓名籍贯,并取具甘结后,才会将照票发给开采者。该采矿票照取得后,采矿者每年须向官方缴纳一定的税金。官方对照票的开采期限未明确规定,通常矿产枯竭时终止采矿权。

(二)民地悉听地主自采

国家按照土地所有权的不同归属,设置了不同的采矿权。对于内地官山,矿商获得国家“给发司帖”后才获得采矿权。对于民众自有土地,“悉听自行开采”,即矿地地主有采矿权。

乾隆五年(1740年),直隶督抚下令:凡是产煤的地区,只要不危害城池龙脉,不危害古代帝王圣贤陵墓,不妨碍交通,一概由民众自行开采,以供其烧水做饭。采矿必须按国家规定缴税。[2] 这意味着煤矿矿地地主只要不在禁矿区采矿,并照例完税,即享有自己矿地的采矿权。可

① (清)承启、英杰等:《钦定户部则例》(第7册)卷四二《关税五·金厂征课》,台北,成文出版社1968年版,第3051页。

② 魏林:《艰难的蜕变:中国近代商人资本向产业资的转化》,华夏出版社2009年版,第54页。

见,当时国家的采煤政策比较宽松,承认地主对自己矿地的具有采矿权,“悉听自行开采”。

山东巡抚阿尔泰上奏采煤办法:“今议于产煤之处,每窑立一窑户,民地以地主为窑户,其官山官地以领帖输税之人为窑户,照当税之例领帖办税。凡有雇用人夫必须用本籍之人,取具地邻等各结,无许外方人等充冒,致生事端。”乾隆四年(1739 年),山东省济南等府按此办法开挖煤窑。[①] 山东产煤地区按照窑口设立窑户(采矿权人),“每窑立一窑户”。这虽与后来按照划定的矿区来设置矿业权有区别,但实际上也是“一矿一权”。不难看出,山东地区是依照国家采矿准入的两个基本原则“官山领贴与民地地主自开”和“本地人开本地矿”来贯彻执行的。为保证采矿的矿工均为本地人,官方要求矿工必须由地邻等出具甘结。

乾隆五年(1740 年)五月初七,云南总督庆复和云南巡抚张允上奏,云南地区交通不便,柴薪价高,该省产煤处向来由民众自行开采,采煤以为家用燃料,采煤较多或可在市集上出售。当地土人按照各自的管业地界采挖零星煤炭,将煤炭看作是土地所产花息。当地没有出现采矿聚众滋事之弊。官方对云南煤矿也不曾征税。[②] 云南地方官将该地区煤矿看作土地业主的财富。该地民众零星自行开采煤炭,并未设厂聚众采掘。因此,国家不加干涉,“听民自行开采”“无须领照”,也不收矿税。

三、采矿权的限制

(一)矿种限制

从康熙朝开始,国家颁布了一些零散的单矿种采矿规定,尚未构成

---

① 祁守华、钟晓钟编:《中国地方志煤炭史料选辑》,煤炭工业出版社 1990 年版,第 270 页。

② 祁守华、钟晓钟编:《中国地方志煤炭史料选辑》,煤炭工业出版社 1990 年版,第 544 页。

系统化的矿业规范。对于金、银、铜等贵金属矿产,国家禁止民众开采,只能由国家专办。民间能够开采的矿产主要是煤矿。至乾隆朝,官方才逐渐放开开采金银的禁令,但民众采掘金属矿产必须经官方审批。官方对采矿权的核准权是基于皇权的权威。皇权对全国土地具有一定的支配权,"普天之下,莫非王土"。

至乾隆时期,官方专门对"矿"的概念进行了界定,"其藏于山岩土石之中者曰矿"。统治阶层逐渐认识到采矿的必要性,采矿为"器用所必须",使"小民以资生计",让"国家获得矿课"。此时,官方允许采矿的地域范围更为广泛,允许开采的矿产种类也更为丰富了。广西、云南、贵州等省份出产黄金、白金、赤金、锡、铅、铁、水银、丹砂、雄黄等矿。山西、四川、广东等省份产赤金、锡、铅、铁。湖南出产赤金、锡、铅、铁、水银、丹砂、雄黄,皆召商试采。[①] 矿苗旺盛则官方准许开采,矿苗枯竭时官方封闭矿硐。

针对不同的矿种,国家采取了松紧不同的政策,对于稀有的贵金属黄金,禁止开采;而对于常见的普通矿种如铁、煤、黑矾等矿,允许开采。"(雍正五年)又覆准,将辽阳州所属之黄罗峪等处,并开原县所属之打金厂等处,一切矿厂,严行封闭,永远不许开采。仍严饬各该管地方文武官弁,不时稽查,如有偷刨,即行拿究。至西柳塘和连寨等处所开铁、煤、黑矾等矿,仍照常挖刨。"[②]

国家绝对禁止民众开采硝黄矿,该矿只能由官方开采。硝黄矿是制造火药的主要原料,涉及国防安全,其采办受严格控制。官用硝黄按

---

① 《大清五朝会典》(第 10 册)《乾隆会典》卷十七《户部十 · 杂赋》,线装书局 2006 年版,第 130 页。

② 《大清五朝会典》(第 4 册)《雍正会典》卷五三《户部三十一 · 矿课》,线装书局 2006 年版,第 812 ~ 813 页。

限定期限采办。“所有营用硝磺，派员前赴产地采办，俱各按程途远近勒定期限，如有迟逾，照运送铜铅之例，核其违限日期，分别议处。”①民用硝黄必须取得地方官出具印票后采买。采办硝黄依照运输路途的远近来限定期限，不得延迟，违限议处。各省匠铺需用硝黄，报地方官，获得印票后赴产地购买，采购数量严格控制，不得多买、私贩和夹带。“其各省匠铺需用硝磺由各铺户将所需数目多寡据实报明地方官，即令于各铺户中自行公举一二人，有府详抱藩司填入印票给发，该府转给领票之人自赴产地购买，或邻近州县需用甚少，情愿嘱托领票之人代买亦令并入票印，准其携带。”②

官方对硝黄矿实行定额开采，采足后即行封闭矿洞。硝黄快用完时，再行开采。“云南各州县采煎硝磺每次采硝四十万斤，磺十五万斤，采足后即行封闭。俟将届用完，再行开采。”③又如黔省各营卫根据所需的硝黄矿数量定期采办。办足即封闭矿洞。三年后再次需要硝黄时，再照数开采。地方官严格防范民众“私挖盗卖”，年底还须向部提交甘结保证无“私采偷漏”。“黔省各营卫所需硝斤三年采办一次，每次采办硝二十八万五千八百余斤，煎熬运局办足，即行封闭。俟各营卫领买将完，再照三年之数开采，仍严饬该地方官加意防范，无许私挖盗卖，年底取具并无私采偷漏印甘各节送部备查。”④粤省硝黄矿官督商办，按照固定的需求量开采，采足即行封闭矿洞。地方官严格稽查，将销售数目于

---

① 故宫博物院编：《钦定工部则例三种》（第1册）卷二九《军需》，海南出版社2000年版，第154页。

② 故宫博物院编：《钦定工部则例三种》（第1册）卷二九《军需》，海南出版社2000年版，第154页。

③ 故宫博物院编：《钦定工部则例三种》（第1册）卷二九《军需》，海南出版社2000年版，第155页。

④ 故宫博物院编：《钦定工部则例三种》（第1册）卷二九《军需》，海南出版社2000年版，第158页。

年底造册,并出具"并无偷漏私售印结"送部备查。"广东通省各营及铺匠需用硫黄于英德县属猫耳峡等处召商挖采,解局支应。每次采办九十万斤足数,即行封闭,用完奏明开采。严饬地方官实力稽查,销售数目年底造册,送部取具并无偷漏私售印结备查。"[①]又如河南和福建两省烧炼硫黄,仅仅生产当年所需的硫黄,足额即行封闭矿洞。[②] 为了防止民众私采,国家派地方官严格稽查。官方对于硝黄矿的开采,仅限于足用,完全没有扩大再生产的打算。

乾隆年间,《盛京各属遇有开采煤窑令》明令规定:"(采煤时)倘遇铅磺等项即行题请封闭。如该商等影射原奏山场名目,越界私挖以致违碍风水庐墓,私采铅磺等弊,照例题封治罪。"[③]该令表明国家严控铅磺矿,对于已经获批的煤山,如果挖出铅磺矿,则必须报请封闭。

总之,民众呈请采矿权时,其所采矿种受严格限制,稀有的贵金属矿和硝黄矿禁止开采。另外,矿商采煤时越界私挖,以致"违碍风水庐墓",官方也会封山禁采。可见,除了对特定矿质禁止开采外,国家还对采矿权进行了地域限制。

(二)地域限制:禁采区

长兴县出产煤,该县煤窑依据矿山性质不同,将官山和民地分别管理。"长邑煤窑在合溪南、北两山,宕户出资呈报开采,其无关碍城池龙脉及民间坟墓等处,听从民便,以地主为宕户,官地、官山则以领贴输税

① 故宫博物院编:《钦定工部则例三种》(第1册)卷二九《军需》,海南出版社2000年版,第160页。

② 故宫博物院编:《钦定工部则例三种》(第1册)卷二九《军需》,海南出版社2000年版,第161~162页。

③ 故宫博物院编:《钦定工部则例三种》(第1册)卷一一一《煤窑》,海南出版社2000年版,第413页。

之人为宕户。”[①]可见，乾隆年间，长兴县的矿地只要不涉及城池龙脉和民间坟墓等禁采地域，均可由民众出资呈报开采。该县凡属于民地的煤矿，矿地地主享有采矿权；属于官地、官山的煤矿，则向政府领贴输税之人，即缴纳矿税领取矿照的人具有采矿权。

清中期，国家明确规定“禁采区”。“深山穷谷，资斧不能继及，近民墓宅田地，均不开采。”[②]其一，禁止在深山穷谷间资金和开采器具难以到达的地方开矿。官方担心采矿汇集众多矿丁，在官府不容易监管的极偏僻之地，容易发展成一股与官方对抗的势力，若矿丁沦为矿匪将会为害一方。其二，禁止在民众墓宅田地附近开矿，除了保护民众的风水观念外，也是为了预防因采矿造成邻近地域的纠纷。

《大清律例·户律》“钱法”条载：“有坟墓处所不许采取。如有不得铜、铅及不便采取之处，该督抚题名停止其采取。”[③]开采铜铅的地域限制有二，一是坟墓处所不许开采。二是采无所得或不便采取之处停止开采。

简言之，清中期国家规定的禁采区有以下几类：第一类，禁止在深山穷谷间资金和开采器具难以到达的地方开矿；第二类，禁止在民墓宅田附近开矿；第三类，禁止在采无所得或不便采取处采矿。无论是官地还是民地，其采矿权均受到以上几类禁采区的地域限制。

四、违规采矿的行为

官方对“私采”和“外地矿徒越境采矿”这两类违规采矿行为进行

---

① 祁守华、钟晓钟编：《中国地方志煤炭史料选辑》，煤炭工业出版社 1990 年版，第 219 ~ 222 页。

② 《大清五朝会典》（第 10 册）《乾隆会典》卷一七《户部十·杂赋》，线装书局 2006 年版，第 130 页。

③ 《大清律例》，田涛、郑秦点校，法律出版社 1999 年版，第 216 ~ 217 页。

了监督与规制。乾隆六年(1741 年),大臣提出开办张家口外之土木路等处煤窑的办法。[①] 按照该办法,一方面,煤窑开采必须呈请部照,不得"私采"。"招募土著殷实商人"为矿商,"给发部票,准其认充窑头,并移咨兵部给发出口照票防范出入"。部票是采矿权凭证,而出口照票是矿产出售许可证。另一方面,官方要求采矿者为本地人,禁止"外地矿徒越境采矿",措施有三。第一,查明矿商的籍贯,确保矿商必须是矿地本地人。第二,确认矿商具有殷实的采矿资金。第三,为防止外地商人介入矿地滋生事端,官方要求矿商必须出具甘结,保证矿商为本地人且合法采矿。这种规范的本质是承认本地人享有本地矿产的采矿权,"靠山吃山"。"开采人工必须查明本地方来历之人方许雇用,亦不许外来之人充当",防止外地流民进入矿地,聚集后危害本地安宁。

(一)私采

采矿者依法应向官方呈请采矿执照,持照开采。矿商无照私自采矿的行为,为私采。《大清律例》有专条对私采予以定罪量刑。

《大清律例·户律》"私矾"条,"凡私煎矾货卖者,同私盐法论罪。凡产矾之所,额设矾课,系官主典,给有文凭执照,然后许卖"。[②] 沈之奇道出矾矿利润不丰却受官方监管的缘由:"非专为征其课程,盖天地自然之利,若不设禁,而听民自取,则争夺之端无已时矣。"[③]他认识到矿产虽是自然之利,但采矿行为受到国家监管。民众必须取得官方所发执照后才能采矿,若放任民众随意采矿,则民众因争夺矿利,容易滋生纠纷。"私矾"条对于采炼矾矿私自出售者,以私盐法论罪。该条要求采

① 祁守华、钟晓钟编:《中国地方志煤炭史料选辑》,煤炭工业出版社 1990 年版,第 48~49 页。

② 《大清律例》,田涛、郑秦点校,法律出版社 1999 年版,第 259 页。

③ (清)沈之奇:《大清律辑注》(上),怀效锋、李俊点校,法律出版社 2000 年版,第 358 页。

炼矾矿者必须持有官方所出文凭执照。

《大清律例·刑律》“盗田野谷麦”条有惩治私采的规定。“凡盗掘金、银、铜、锡、水银等矿砂……俱计赃，准窃盗论。”①为何私自采掘金银等贵金属矿砂的行为被认作“窃盗”？沈之奇揭示了私采为“窃盗”的缘由：“凡产矿之山，俱经官封禁，非奉旨不得开采，故有采者，即谓之盗。”并指出私采与普通盗窃的不同：“（矿产属于）天地自然之利，虽有封禁，（私采矿产）终与盗取于人者不同也。”②这意味着通常国家对矿山实行封禁，民众若要开采金、银、铜、锡、水银等贵金属，必须经过官方批准后，“奉旨”而采，否则准窃盗论。另外，在沈氏看来，矿产属于天地自然之利，似乎将其归于“无主物”，由此认为私采虽然准窃盗论，但与“盗取于人者”性质不同。沈氏并未指明这些矿产究竟归属于何人所有。该条将私采定为“窃盗”，不是因为偷了某矿产所有者的矿砂，而是因为私自采矿违反国家采矿禁令。

当时，国家偏重于对私采金、银、铜、锡、水银等贵金属的行为进行规制。私采的定罪量刑主要考虑私采者盗掘矿产的数量，被捉获的地点（是矿洞还是其他地点），私采人数多寡（是否为30人以上），首犯还是从犯，初犯还是再犯等因素。该条规定聚众私采者予以重罚，是因为“此等亡命，聚于山洞，恐致谋为不轨，故特峻其法”。③

（二）外地矿徒越境采矿

窑户（采矿权人）有责任查明在本窑工作之人的姓名和籍贯。“西山一带开采煤窑，令宛平县县丞移驻门头沟弹压。凡赴窑工作之人，先

---

① 《大清律例》，田涛、郑秦点校，法律出版社1999年版，第397页。

② （清）沈之奇：《大清律辑注》（上），怀效锋、李俊点校，法律出版社2000年版，第603页。

③ （清）沈之奇：《大清律辑注》（上），怀效锋、李俊点校，法律出版社2000年版，第603页。

由窑户等查明姓名、籍贯造册，稽查并严禁连夏锅火工。”[①]宛平县县丞有责任监督煤窑内的治安，调查煤窑内是否有殴毙人命，窑户私埋病毙之人等情形，对于锅火恶习和牙行巧立名目进行行内垄断的行为一并监督。

官方督促山主招募矿地土著良民采矿。山主在采矿申请中必须填明采矿的实际人数、山主本人姓名、年貌和籍贯，还须出具“无隐匿奸商匪类”甘结。这些措施都是尽可能保证矿商和矿工都是本地人，没有外来的游民开矿。“设炉开采铁斤处所，一切采砂锤铁人夫责令山主雇觅土著良民，眼同保邻户收填明实在人数，并在姓名、年貌、籍贯，出具并无隐匿奸商匪类甘结，报明该地方官详齐，督抚存案。”[②]这反映出官方将铁矿所在矿山山主作为该矿的采矿权人。“本地矿由本地人开”源于是官方维持良好地方治安，防止流民聚集作乱的思维。

《大清律例·户律》“钱法”条专门规定了对于造币金属铜与铅的开采规范。“其各州、县产铜、铅之山，令地主报名采取，地主无力开采，听本州、县报名采取。州、县无匠役，许于邻近州、县雇募。该州、县自行稽查。”[③]对于各地产铜、铅之山，地主优先报名开采，这是尊重地主业权的重要体现。当地主无力开采时，可以由州县报名开采。另外，矿丁必须来自矿地本州、县，除了本地矿丁不足可以从邻近州县雇募矿工外，别州、县民人不得伙聚越境开采，聚集30人以上者，依法严惩。

为确保矿工为矿地土人，“盗田野谷麦”条还有惩治“山主勾引矿徒”的规定。“产矿山场，山主违禁勾引矿徒潜行偷挖者，照矿徒之例，以为首论。若系约练勾引接济伙同分利者，照引领私盐律，杖九十、徒

---

① 《钦定吏部则例》卷之二三《户·关市》，台北，成文出版社1966年版，第291页。

② 《钦定吏部则例》卷之二三《户·关市》，台北，成文出版社1966年版，第291～292页。

③ 《大清律例》，田涛、郑秦点校，法律出版社1999年版，第216～217页。

二年半，得财者，计赃，准窃盗从重论。”[①]可见，矿地山主不得雇佣外地人采矿，一旦事发将面临重罚。

地方官肩负督察矿地“外地矿徒越境采矿”的责任，监督不力的官员依法治罪。

各省永远封禁之矿，应照旧严禁外，其例所不禁之矿，现有本处无产穷民借获微利以养赡生命者，该地方官查明姓名注册，令其开采，仍不时稽查，毋致生事不法。如有外省矿徒前来聚集开采及本处富户设厂霸占开采，该官知情隐匿不行严拏者革职。[②]从该规定看，官方对各省采矿呈请之审核遵循旧例，即原来被官方下令永远封禁的矿，照旧严禁。原来允许开采的矿山，现将采矿者的身份严格限定为“本地无产穷民”。这些穷民以采矿的微利来讨生活，地方官查明其姓名注册，允许其开采。官方对于外省矿徒前来矿地聚集采矿和本地富户恃强凌弱，则严令禁止。

为贯彻国家采矿权规定，地方官定期派员巡查矿厂，对“私采”和“外地矿徒越境采矿”加强监管。正值炼铁厂采矿旺季（冬季），“县属地方辽阔，恐有增添私设隐匿不报之厂”，巴县正堂派役到县境内矿厂巡查，“查明各铁厂曾否增添私设，并各矿厂炭厂有无窝匪藏奸等弊”。[③]一是查明是否有新增的私设铁厂，未照例报官纳课；二是检查各矿厂炭厂有无窝藏匪徒的情形。可见，地方官派员巡查具有双重目的，既要防止私设铁厂漏税，又要预防矿厂窝藏匪徒作乱。县衙役还协同当地的约保，充分利用约保熟悉环境、了解民风的优势，一起进行矿厂调查。

---

① 《大清律例》，田涛、郑秦点校，法律出版社1999年版，第397～398页。

② 《钦定吏部则例》卷二二《户·钱法》，台北，成文出版社1966年版，第290页。

③ 四川省档案局（馆）编：《清代四川巴县衙门咸丰朝档案选编》（第5册），上海古籍出版社2011年版，第120页。

这也可以看出清代矿业监管充分利用了地方自治组织，注重实效。应该说这种巡查能够帮助地方官及时了解本地的矿业情况。

咸丰四年(1854 年)十月初一，巴县正堂再次派役到县境内巡查。书役在大河一带仔细查访“上年设立大小炉座之处”。20 日之后，该役禀明“所有设立炉座里甲姓名理合开单”。① 即查明所有设立炉座里甲姓名与开单是一致的，没有私自增设的铁厂。

除了关注是否有私设的矿厂，差役还试图弄清各矿厂的工程进度情况。咸丰五年(1855 年)十一月二十六日，书役许慎征等禀明当年巡查的基本情况。“大河一带地方，查有黄万镒、石福泰、刘中孚、邓桂丰、李咸宜、江合兴六处现在收拾炉座将要架厢。惟谢合兴、张金怀、江玉兴尚未定妥所有。饬查缘由，理合开单。”②

咸丰六年(1856 年)十二月初四，书役舒奇峰等禀明当年巡查矿厂的基本情况。“大河一带地方查有黄吉胜、李咸宜、刘中孚、石福太、谢合兴、石品益六处现在收拾炉座，将要架厢。其有上年设立炉座之邓桂丰、江合兴、张金怀尚未定妥。所有饬查缘由理合呈单。”③

咸丰九年(1859 年)十一月十一日，书役朋焕然等禀明当年巡查的基本情况。“大河一带地方查有郭源兴、杨□□、郭和顺、□□章和石品益、刘全盛、彭国相、杨天发、张文质、谢合兴、张三台、黄镒泰永兴、黄裕兴共五处现在修整炉座，将要架厢。其有上年设炉之石福泰、王合顺尚

---

① 四川省档案局(馆)编：《清代四川巴县衙门咸丰朝档案选编》(第 5 册)，上海古籍出版社 2011 年版，第 320～321 页。

② 四川省档案局(馆)编：《清代四川巴县衙门咸丰朝档案选编》(第 5 册)，上海古籍出版社 2011 年版，第 441 页。

③ 四川省档案局(馆)编：《清代四川巴县衙门咸丰朝档案选编》(第 5 册)，上海古籍出版社 2011 年版，第 519 页。

未定妥，所有饬查缘由理合开单。”①

以上材料说明咸丰初年巴县地方官经常在冬季派遣差役到铁厂巡查，一是为了摸清铁厂开设情况，检查是否有私自开厂，与呈单不符的情况；二是检查各铁厂是否有窝藏匪徒的不法情形。不难发现，巴县正堂派役巡查各铁厂，是为了防止私开的铁厂漏税和预防矿徒在铁厂作乱。

综上所述，清中前期国家审批采矿权时中，首先考虑在某地采矿是否对社会秩序造成不良影响，其次才会考虑矿产资源对国家财政的积极作用。根据土地所有权性质的不同，国家对官地采矿和民地采矿分别管理。民众在官地开矿必须向官方呈请，经过纳税而获得照票，持票开矿。对于民地，除了国家垄断的矿种和禁采区外，山主有采矿权，山主采矿所雇矿工必须为本地人，并出具“无隐匿奸商匪类”甘结。当时尚未有“矿产资源稀缺有限，过度开发可能导致枯竭，因而需要设立行政许可”的观念。值得注意的是，民众的采矿权还受到国家采矿规定中的矿种限制和地域限制。

在我国传统社会中，国家以禁止采矿为原则，以鼓励采矿为例外。这种采矿权与近代矿业权的相同点表现在以下几个方面。其一，民众开采矿产必须经过政府许可或解禁。在古代，窑户（采矿权人）获得准许后，以人工挖掘的方式采矿。在近代，矿业权人获得国家授予的矿业权之后可以进行大规模的开采。其二，开采人必须符合一定的资格。在传统社会中，窑户和矿工必须经官方验明为矿地土人而非外来流民。而近代矿商呈请矿业权也必须满足法定的要件，如提供保结等。其三，开采人必须定期如数向国家缴纳课税。其四，开采行为受均政府监管。古代政府偏重于对采矿外部性行为的监管，防止矿徒危害矿区土人的

① 四川省档案局（馆）编：《清代四川巴县衙门咸丰朝档案选编》（第5册），上海古籍出版社2011年版，第715页。

利益，如毁坏农田水利或庐墓，并处理矿商与土人之间武力冲突。近代政府的监管更为全面，不仅监管采矿外部性行为，还监管开采行为本身是否符合法律规定。

传统社会采矿权与近代矿业权的不同点，主要表现在两个方面。其一，古代采矿权，其权益的表现不突出。采矿更大意义上只是为了充盈国库，获得必要的矿物，以及征收矿税。传统社会中采矿权的设置主要是考虑国家利益和富矿地方利益，官方对采矿权人的利益保护非常少。而近代随着矿业权规范的颁行，矿业权人采矿权益受到官方的一定保护。其二，古代人们的采矿技术水平不高，主要依靠经验丰富者发现矿脉，继而采掘，探矿寓于采矿的过程之中。因此，古代没有萌生单独的探矿权，也没有探矿权与采矿权的区分。近代，探矿成为一种专门的技术，其对采矿意义非凡。人们非常重视对矿产种类、矿产品质及矿产分布位置的勘探，专门将探矿设置为一种独立的权利。近代矿业权由此分为探矿权和采矿权。

第三节　契约中的采矿权

“官有政法，民从私约。”中国传统社会中，民间契约构建并维护着民间经济秩序。有时粗线条式的国家法律规范让特定领域的某些法律关系难以厘清，这时民间契约中一些约定俗成规则的效力不容小觑。中国传统民间矿业契约中，较为常见的是煤山契约。[①] 例如，山西省中

① 清中期官方几乎垄断了金、银、铜、铅、水银等贵金属矿的开采，民间开采较少，故民间金属矿采矿契约较少。从采炼技术与工本来看，开采煤炭比采炼金属矿要更容易，民间采煤比采炼金属更多，也是煤山契约较多的原因。

阳县民众租开煤窑时有使用狗牙文约的习惯,[①]山西高平县民众开凿煤窑有使用兴窑合同的习惯,[②]河南义马县也有煤窑立契的民俗。[③] 此外,四川巴县地区的煤山出佃约和门头沟合伙采煤煤窑合同不仅数量多,而且内容丰富,代表了煤山租佃和合伙采煤这两种采矿权形式。这些煤山契约是矿业领域中煤炭开采、经营实践活动的产物,更是民间采矿权的重要规范。

一、煤山出佃

清前期政府逐渐放开采矿,到了中期,民间采矿活跃起来。作为矿业资源丰富的四川地区,巴县档案中蕴含着大量的煤矿开采经营契约。巴县煤山佃约呈现出“私约”对于采矿权的确认、保护、转让和处分具有不可忽视的作用。

(一)煤山出佃约的基本内容

巴县煤山出佃约中一方为煤山山主,另一方为佃矿商。煤山出佃约由山主签发,交予佃矿商收执,作为其在山主矿地采矿的凭据。煤山出佃约可视为山主签发的采矿权凭证。这些煤山出佃约大多未交代成契的理由,一些出佃约中仅表明成契的目的是“将煤山佃与矿商开挖煤炭生理”。山主与佃矿商以多位中人为见证,山主将自己土地的采矿权租佃给佃矿商,通常约定“矿竭山空”时煤山出佃约的效力终止,佃矿商的采矿权也随之终止。山主仅仅佃出矿产开采权,矿地的地面业权仍归山主。煤山出佃约的基本内容包括采矿权的范围、山价银的支付、山

① 南京国民政府司法行政部编:《民事习惯调查报告录》(下册),胡旭晟、夏新华、李交发点校,中国政法大学出版社 2000 年版,第 488 页。

② 南京国民政府司法行政部编:《民事习惯调查报告录》(下册),胡旭晟、夏新华、李交发点校,中国政法大学出版社 2000 年版,第 490 ~ 491 页。

③ 戴景琥主编:《义马民俗志》,中州古籍出版社 1991 年版,第 2 页。

主和佃矿商各自的权利义务。[①]

李志彩出佃约

立出放煤洞山人李志彩弟兄。

今凭众放到杨友山、李洪足二人名下，地名滥泥沟煤炭内外二连，其界左抵李姓，右抵杨姓，后抵韩姓，前抵田沟为界。当日凭众议定，山价银九五色五十两正，彼日现收银五两，下余之银，进山开挖见炭交足。自放之后，任杨李二姓开挖，煤尽出山，志彩弟兄不得另放别人。倘有窑上酒后滋事，一并有杨姓承执【值】，不与山主相干。此系二家心甘情愿，其中并无勉强等弊。今恐无凭，立出放煤洞山约一纸为据。

放写二约各执合同

凭证　畲宽读

　　　李正坤

　　　李俊儒

　　　杨正光笔

嘉庆四年九月二十八日　立出放煤洞山人李志彩　李志远[②]

该约的内容与杨有山佃约相完全吻合。[③] 不难看出，杨有山、李洪足租佃山主李志彩弟兄名下滥泥沟煤洞订立契约，每方各执一约。两

---

① 此处对煤山出佃约要件的分析，参考了《中国传统民事契约成立的要件》一文。李祝环：《中国传统民事契约成立的要件》，载《政法论坛（中国政法大学学报）》1997 年第 6 期，第 116 ~ 122 页。

② 四川省档案馆、四川大学历史系主编：《清代乾嘉道巴县档案选编》，四川大学出版社 1989 年版，第 257 页。

③ 四川省档案馆、四川大学历史系主编：《清代乾嘉道巴县档案选编》，四川大学出版社 1989 年版，第 257 ~ 258 页。

张契约的主要内容大体一致,仅仅是互换立约人,凭证略有不同。从这两份相互映照的契约,我们可以发现:

第一,契约明确界定了采矿四至范围和山价银。该契不仅对出佃煤洞的名称及四至予以澄清,明确了采矿范围;还详细说明山价银的支付方式。山价银并非一次性交足,“山价银九五色五十两正,彼日现收银五两”。从“现收银”占总山价银 1/10 的比例来看,“现收银”相当于是订金。“下余之银,进山开挖见炭交足”,即挖出炭后再交足山价银的尾款,这种支付方式降低了佃矿商的风险,不至于让佃矿商以高价租佃一座没有煤矿的空山。

第二,明确佃约双方的权利与义务。自出佃之后,“煤尽出山”之前佃矿商李杨二姓有权在该煤洞开挖,山主不得另外出佃于他人。煤窑经营管理中的事务,一律由佃矿商中的杨姓负责,不与山主相干。契约中未约定确切的开采期限,仅笼统地约定“煤尽出山”。这种不确切的采矿期限,日后可能滋生纠纷。“煤尽或不尽”,有时依赖于采煤技术和开采器械,甚至是采矿者的运气。有时采矿遇到了透水或塌陷封洞,原先煤洞就无法继续开挖了,可看作“煤尽”。如此一来,山主与佃矿商可能会因各自所持不同的“煤尽”标准而产生纠葛。

第三,第三方“凭证”的参与。煤山出佃约交易的金额较大,历时比较长,交易双方均存在一定的风险。多位“凭证”的参与可对交易的执行起到一定的保证作用。

第四,两契约未写明成契的理由,但声明双方是自愿交易。“二家心甘情愿,其中并无勉强。”

在《犹洪顺佃约》[①]中,除了约定矿地四至和佃银外,还清晰地划分

① 四川省档案馆、四川大学历史系主编:《清代乾嘉道巴县档案选编》,四川大学出版社 1989 年版,第 302 页。

了山主和佃矿商责任范围。佃矿商负责矿厂生产经营的责任,“炉堂非端口舌,不得问及地主”。地主负责矿地有关事宜,“地主之事亦不得问及厂中”。特别约定,除非佃矿商“犹洪顺不煽”,山主不可随意撤佃。“不煽”推测是指佃矿商煽动矿工惹是生非,有不当的行为。这时山主才可将矿地另佃他人。

刘昕杰曾指出,佃作为传统中国社会中的一项重要的土地制度,系佃户支付对价取得不动产的使用权。[①] 巴县煤山佃约所“佃”的是山主煤矿洞的开采权。山主可以将煤洞出佃与他人开采,是其作为煤洞业主享有采矿权的一种证明。佃矿商不仅获得矿洞使用权(开采煤矿),更重要的是获得收益权(出售采得的煤炭)。然而,煤矿洞的使用及收益与一般土地的使用与收益不完全相同。在煤山租佃交易时,交易双方对煤矿洞的煤炭储量都是不知情的。双方对交易重要信息的这种无知可能带来两种情况:一是煤矿洞中煤炭储量不丰,能够开采出的煤炭量有限,而佃矿商所出的山价银过高,佃商有亏本之虞;二是煤矿洞中煤储量丰富,煤炭开采源源不绝,佃矿商长期持约开采,而山主认为之前的山价银过低,意图单方撤佃。因此,双方在对煤矿洞的煤炭储量均不知情时,其交易存在一定的风险。

(二)采矿权依附于土地业权

一些煤山出佃约中约定“土地扫卖”,任买方“开挖”“取炭”“取矿”,采矿权随之转移。这证明当时采矿权是附着于土地业权的。土地业权的转移后,该地的采矿权也随之转移到新土地业主手中。

---

① 刘昕杰:《民国民法中的佃传统制度的现代法律实践:以新繁县民国司法档案为佐证》,载《南京大学法律评论》2010年第1期,第69页。

根据《文必法等包承无事约》,[1]卖方将土地扫卖之后,这块土地归买方"永远管业招耕"以及"护蓄开挖耕种"。卖方及其亲属不得再对该块土地业权提出异议,惹是生非。由此可见,采矿权随着这块土地的完全卖出,一起转移到新土地业主手中。这也证明了对民地而言,采矿权依附于山主土地业权。此时,"开挖"只是业主使用土地的方式之一,即民地采矿权包含于山主土地业权中。无独有偶,下面一则土地扫卖约呈现出土地业权涵盖的丰富内容,其中一项就包括采矿权。

《赵财元扫卖约》写道:"立出扫卖荒山土块,并坟山内空地、山内炭矿、阴阳二宅、石工等项,界内柴林竹木,凭中证文必发、李长发、邱成祥等引说,扫土出卖与彭孔阶名下子孙永远管理招耕,任其彭姓护蓄、开挖、耕种、取炭、取矿。"[2]该地扫卖是土地业权的完全转移。该约不厌其烦地对土地业权所含权能一一枚举:修迁阴阳二宅、护蓄、开挖、耕种、取炭、取矿。"取炭"和"取矿"随该地扫卖而转移,这证明了地主对于自己的土地具有采矿权。

(三)地下煤炭采矿权的独立出佃

在这百余份煤山出佃约中,有几份出佃约反映出山主将地下煤炭采矿权独立出佃。这不仅勾勒出当时民间土地业权的空间分层情况,更重要的是表明山主已经将采矿权从土地业权中抽离而单独出佃。采矿权的独立出佃为日后矿业权的诞生奠定了基础,因为矿业权诞生的表现之一就是实现地矿分离,即土地所有权与采矿权是分离的。

---

① 四川省档案馆、四川大学历史系主编:《清代乾嘉道巴县档案选编》,四川大学出版社1989年版,第270~271页。

② 四川省档案馆、四川大学历史系主编:《清代乾嘉道巴县档案选编》,四川大学出版社1989年版,第271页。

《杨仕英出佃约》[①]对佃商权利义务的约定较为清晰:出佃之后,土地由刘姓佃矿商“护蓄”,“所取通风,听其自便出炭”。也就是说,佃矿商取得了矿洞的开采权,可以在矿地上挖掘通风口及堆积所采出的煤炭。但是佃矿商不得侵掠、损害矿山上的田禾、土产、竹木和水果。这表明山主佃出的是土地的煤炭采掘权,不涉及该片土地地上所产物产的业权。凭借该煤炭窑出佃约,佃矿商只能在矿地采炭,山主仍持有矿地地上田产业权。这份契约也证明了山主从空间上将土地业权进行了分割,分为地面田产业权与地下采矿权。煤炭窑口出佃约仅是将地下采矿权出佃,山主保留了地面田产业权。通过对土地业权的空间分割,山主实现了土地价值的增殖。关于矿地业权归属的明确约定,一定程度上也避免了地上种植与地下采矿的相互僭越。

《刘元海出佃约》[②]比较特别。山主不允许佃矿商在山主的地界内“开洞出炭起房”,而要求佃矿商从别姓外山凿洞,暗挖山主消水坑煤山地下的煤炭。山主的这种要求,应是为了避免佃矿商在采矿时对山主土地地面业权的危害(因采矿而造成山主无法进行地面种植),故只准从别处挖掘。这份佃约再次证明嘉庆年间山主的土地地面业权与地下煤炭业权是可以分割的,地下煤炭业权可以作为一种独立的业权单独出佃。

《夏洪顺佃约》[③]对佃矿商约定了诸多义务,不难发现山主在该约中具有优势地位。第一,佃矿商开采出炭的窑口是锁定的,只能是原先开

① 四川省档案馆、四川大学历史系主编:《清代乾嘉道巴县档案选编》,四川大学出版社1989年版,第258页。

② 四川省档案馆、四川大学历史系主编:《清代乾嘉道巴县档案选编》,四川大学出版社1989年版,第259页。

③ 四川省档案馆、四川大学历史系主编:《清代乾嘉道巴县档案选编》,四川大学出版社1989年版,第260~261页。

挖的窑口,不许另开窑口。第二,佃矿商不得在采矿时损害矿地地面上的田禾。第三,窑口内所占田地,每年认谷四斗,作为使用所占田地的补偿金。第四,佃矿商必须按照约定的时间足额交纳山价。第五,佃矿商对于炭洞远近竹木不得私自砍伐,若违反则加倍赔还。该约反映出山主出租的是特定窑口的开采权,而窑口地面和物产均不包含在内。这一契约再次证明,嘉庆年间就已经出现地下煤炭采矿权与地面土地业权之分离。

咸丰年间,一份《巴县县衙为龙光甫周泽路等买卖炭业纠纷事录状》[①]也明确区分"阴界煤炭"与"阳界山土",这说明了煤炭采掘权与土地业权分离并非个例。道光二十五年(1845 年),周德洋将石屋山阴界煤炭大小数连并正连卖与龙复兴开采(不包括独连背连煤炭),价银二十六两。之后,周德洋将独连背连煤炭卖与胡协太。咸丰三年(1853 年),龙复兴将所买周德洋阴界煤炭并龙元升界内之炭转卖给龙光甫,价银八十两。龙光甫在阴界地内开凿矿硐,花费工本三千余两,尚未挖得煤炭。之后,周德洋之子周泽路把阳界山土卖与龙光甫,立有请约。不料周泽路的伯爷周德渊夺买该地(应是基于族亲的先买权),意欲争占阴界煤炭。经审讯后,龙光甫表示自己只是开采所买的阴界煤炭,未曾争占周德源的阳界地面。有趣的是,山主将土地分为阴界煤炭(地下部分)与阳界山土分别卖给不同的人,实际上将煤炭开采权与土地耕种权分离了。

从以上几则史料不难发现,清代土地业权不是一个平面空间的概念,而是一个立体分层空间的概念。这意味着土地分为地面业权和地下业权。一块矿地,其山主不光可以对土地地表按照土地四至的界址

① 四川省档案局(馆)编:《清代四川巴县衙门咸丰朝档案选编》(第 7 册),上海古籍出版社 2011 年版,第 277 ~ 283 页。

管业,同样能够对该地地下空间的采掘管业。因此,矿地出现了阳界山土和阴界煤炭的空间分层,可由不同业主支配。空间上地面土地耕种权与地下煤炭采掘权的分离,为后世矿业权从土地所有权中抽离奠定了基础。诚然,这种地上与地下的划分比较粗略,主要是依照土地用途来区分,对土地分层的标准、范围和深度等方面并未作进一步的界定。依当代学者之见,同一土地使用权赋予不同的空间范围设定不同的土地使用权,其价值可由市场调整,不仅不影响权利的一致性,还是一种对土地和空间进行充分利用的方式。[①] 因此,清中期出现的矿地地下采矿权与地面业权之分离,有利于充分利用土地。

（四）采矿权范围重上下空间维度

巴县煤山佃约中,有的明确约定了煤山四至的范围,有的未约定煤山四至,[②]还有的虽未约定四至,却侧重于约定采矿范围的上下空间维度。

《左仕先放矿山约》[③]约定,佃矿商谢元发可对左氏兄弟名下的矿地进行开采,"上挖齐草皮,下挖齐海底,朝张姓山上下挖走"。其采矿范围侧重于约定土地的上下空间维度,可在地面到地心的范围内开采,未约定矿山的具体四至。这是因为矿山是立体的,山丘连绵起伏,呈现出不规则形状,难以用土地四围丈量的方法来确定四至范围,只能用"上挖齐草皮,下挖齐海底"表示采掘范围是属于某山主矿山草皮以下的

① 王燕霞:《土地分层利用中的法律问题研究》,载《河北法学》2012 年第 7 期,第 103 页。

② 王云红曾提出传统土地都是熟人间的交易,某一契约中土地四至不明确甚至空缺,并不影响双方对于标的的认知,因为人们对土地范围有共识,心中明确土地边界。这应该也可以解释一些煤山佃约中煤山四至不明的情况。参见王云红:《传统契约文书与中国人的契约观念》,载《学术探索》2017 年第 5 期,第 101 页。

③ 四川省档案馆、四川大学历史系主编:《清代乾嘉道巴县档案选编》,四川大学出版社 1989 年版,第 301 页。

空间。

《黄玉顺佃约》[①]对煤山范围的约定比较模糊："上有凤眼。"此处"凤眼"应该为"风眼"，即煤窑通风口。"下出煤荒、出外磊之地，系是主客凭中脚踏手指之数，一并在内。"这表明煤炭山堆积杂物和堆积煤炭的范围，均由佃矿商、山主和中人以脚踏、手指的方式确定，但并未像普通耕地一样以四至来确定范围。一般耕地面积较小，经过丈量确定四至，耕地交易时以四至确定土地范围比较清楚。而通常煤炭矿山矿产蕴藏的地点难以确定，通常是整座矿山出佃，所涉地域范围较广，且为不规则区域，难以用四至确定范围。在该约中，以主客凭中脚踏手指的方式表明煤炭山的范围，年深日久容易因采矿范围引发争议。

《僧明山出佃约》[②]中对煤山的范围未明四至，仅仅列出地名，却着重指出采煤的上下维度"上齐草坪，下齐海底"，表明采煤的范围是草坪以下，至至海底，即垂直至地心的空间。

《伍天元等出放约》[③]约定佃矿商万德成采矿的范围为上下维度，"码门上挖起草皮，下挖起海底"。这意味着全山地面以下的部分，佃矿商均可采矿。矿山是一个立体的区域，不易用四至来表示其采矿范围，因此空间上以地面向下至地心来表示采矿的范围。山主对地面以上的土壤可能还有其他的安排，不在佃矿商的采矿范围内。

《陈履寿佃约》[④]将煤山界限约定为"上抵罗姓，下抵阳宅中堂直下

① 四川省档案馆、四川大学历史系主编：《清代乾嘉道巴县档案选编》，四川大学出版社1989年版，第267页。

② 四川省档案馆、四川大学历史系主编：《清代乾嘉道巴县档案选编》，四川大学出版社1989年版，第270页。

③ 四川省档案馆、四川大学历史系主编：《清代乾嘉道巴县档案选编》，四川大学出版社1989年版，第273页。

④ 四川省档案馆、四川大学历史系主编：《清代乾嘉道巴县档案选编》，四川大学出版社1989年版，第273页。

为界”,即从地面往下的垂直土层。该约同样没有约定采矿东西南北四至的范围。通常业主的土地凭证中都注有土地四至。这一炭山出佃大约是在村内人的范围内交易,人们对土地的边界范围比较清楚,因此该约中没有特别规定。另外,炭山的范围是立体的,只能由曲线圈围,而无法用类似于普通土地的四至来表示。

民国时期,人们以精确的矿图和矿地标识来确定采矿的范围。而清中期煤山出佃约中仅仅约定地面垂直向下的粗略采掘范围,对于矿地地面上的空间范围未予以精确界定,容易引发争议。采矿并非是从地面垂直向下挖掘,地面下的矿井蜿蜒曲折。若两矿山毗连,矿商在地面下采掘时,可能会出现两矿矿井交汇,容易引发矿产归属的纷争。

(五)定额租约下的双方风险

从整体上看,在矿地归山主管业的情况下,巴县山主与佃矿商之间所约定的煤山出佃约是定额租约,即以现金和实物形式(成品煤炭)作为矿地地租。这种定额租约的交易费用(谈判费用和交易费用的总和)较低。[①] 这是因为矿地租金为固定金额,在契约有效期内(通常双方约定“炭尽还山”),山主与佃矿商之间不再就租金进行多回合议价,谈判费用只是初次签订契约时的费用,相对较低。租金为一次性缴纳,或按月或按年缴纳,执行费用也相对较低。在这种定额租约中,佃矿商承担了矿业开采的大部分风险。[②] 按照契约的约定,是否能够挖出煤炭,能挖出多少煤炭以及煤炭的好坏都与山主无关。因此,矿地煤炭的储量、

① 参见张五常:《交易费用、风险规避与合约安排的选择》,载[美]罗纳德·H.科斯等:《财产权利与制度变迁:产权学派与新制度学派译文集》,刘守英等译,格致出版社、上海三联书店、上海人民出版社2014年版,第103页。

② 参见张五常:《交易费用、风险规避与合约安排的选择》,载[美]罗纳德·H.科斯等:《财产权利与制度变迁:产权学派与新制度学派译文集》,刘守英等译,格致出版社、上海三联书店、上海人民出版社2014年版,第104页。

丰度和品质之风险都是由佃矿商承担。在采掘的过程中，煤矿透水、塌陷等风险也由佃矿商承担。煤矿经营中的纠纷风险，也与山主无关，仍由佃矿商处理。矿地出租之后，无论盈亏，山主都可以无风险地坐收一定的租金。这种定额租约对山主而言是旱涝保收的买卖。

在另一方面，定额租约下山主也有一定的风险。如果山主对自己矿地矿产储量估错误计，可能造成约定的租金过低。而且在契约有效期内，山主不能再将矿地租给出价更高的其他矿商，那么将影响山主获利。当然，矿地通常为山主祖业，山主对自己土地的情况更为了解，因此矿地被过低估价的概率不大。但是，一旦山主真的发现出佃矿地的矿产储量非常丰富，佃矿商开采获利特别多时，山主可能就不再满足于原定租金，转而会使用一些伎俩逼迫佃矿商退佃。

在矿山定额租约下，山主的风险小且收益相对稳定，佃矿商风险较高且收益不确定。因此，这种租约可能会让一些潜在的矿商对矿业投资望而却步，不利于矿业的规模化生产。

二、以地作股

除了四川地区矿商租佃山主矿地而取得采矿权的形式外，北京门头沟煤窑合同呈现出矿商取得采矿权的另一种形式，即“矿商出资，地主出地”①两方合伙开采。这时，矿商出资后获得在地主矿地采矿的资格，凭借出资股份来分享红利。地主以地作股，参与矿商采矿经营，按照股份数额获得红利。清代门头沟地区的一百多份煤窑合同为我们勾勒出该地采矿经营权的大致情形。

① 门头沟合伙采煤煤窑合同中通常情况是地主与窑主为同一人，极少出现地主与窑主为不同人的情形。

门头沟煤窑合同主要规定了地主和矿商[①]的权利义务。由于绝大多数合同中，地主即是窑主，笔者主要以地主窑主合一的情况分析其权利义务。[②] 矿商作为煤窑合同最重要的出资者和经营者，以出资作股与地主合伙开采煤矿，并负责处理煤窑矿厂内的纠纷。这时矿地地主的采矿权并未发生转移。矿商出资、地主出矿地，矿商在地主的参与下采矿。门头沟煤窑合同中的地主是煤业开采的局内人，与巴县煤山出佃约中的山主作为煤业开采的局外人不同。地主对煤窑管业，当然享有煤窑的开采权，这也是其与矿商合作的筹码。

（一）地主矿商合伙采矿概况

煤炭开采是一种风险大、成本高的生意。不仅投资采矿的成本巨大，在开采煤炭的过程中还可能会遇到透水、瓦斯泄漏、矿难、矿脉枯竭和国家突然封禁等风险，经营者常常会面临倾家荡产的困境。许多煤窑地主自己无力开做，于是召集出工本者一起合伙经营，既纾解了资金不足又分担了经营风险。门头沟煤窑合同，主要的当事人为地主和出工本者（矿商）。该地煤窑投资经营模式通常为地主出窑，经中人说和，吸引一些出工本者作为合伙人，以煤窑合同书面约定各自挖煤日分份额，共同经营，分享红利。其他合伙人的参与，增加了煤窑地主的资金供给，且减少了做窑的风险。门头沟煤窑合同中常见“煤出之日，见利按日分均分”。这种预定明示了合伙人风险共担，且激励着合伙人通力合作，力争见到成效——“出煤”。

有些地主自己不但出窑，而且也付出一定的资本，但其资本一般在

① 合约中，地主与矿商常合称为合伙做窑合同人，有时又被称为批做窑合同人、会做窑合同人、会本做窑合同人。

② 当地主和窑主为不同主体时，合同主体仍以地主为主。地主有日分、特殊红利窑主占有独立的日分，并保证矿地不存在业权争议。而窑主仅召集矿商出资采矿，享有日分。

总投资额中所占比例不高。地主资金不足时，主要是吸引矿商投资煤窑，一起合伙开采经营。正如下面合同所示。

康熙八年（1669年）高应明等伙做兴盛窑、德胜窑合同

立伙做窑合同人高应明、（高应）第，有白园坡本身地内煤窑两座：兴盛窑、德盛窑。其窑按一百十五日为则。内有范闻赵抱做七十日，地主十五日，应明、（应）第抱做叁拾日。因为无本，凭中人傅之源说合，会同刘中兴除本开十日，高应捷出本开十日，高应明、高应第、高鼎新出本开十日。恐后无凭，立此合伙窑合同，一样四张，各收一张存照。

康熙八年九月二十二日

立合伙做窑合同人：高鼎新 +、高应明 +、刘中兴（画押）、高应捷（画押）、高应第 +

中人：傅之渊 +

左侧对缝字一行：立伙做窑合同一样四张

白园坡兴德二胜窑合同[①]

在这份煤窑合同中，地主高应明和高应第资金不足，凭中人说合，筹集到刘中兴、高应捷等人的资本，并与高鼎新合着付出一定资本，合伙开办煤窑。在这个合伙关系中，窑主既出窑又出了一定的资金，因此窑主的红利份额中，不仅包含了作为窑主的三十日分，还包括了作为出工本者的合股十日分。从这份煤窑合伙人的身份来看，多为窑主的族亲，只有一个外姓人刘中兴。可见，家族的亲缘关系是该合同合伙人相互信任，密切合作的基础。

在煤窑合同中专门列有煤窑地主红利日分。地主享受到的利益相

① 首都博物馆编：《窑契与经济合同文书》，中华书局2014年版，第209页。

当于是地租。地主决定谁有权在自己某一块土地上开矿,即决定谁享有采矿权。通常煤窑出工本合伙者是地主召集的。特殊情况下,窑主和地主是不同的人,由窑主召集出工本合伙者,一起合伙开办煤窑。

在《康熙九年(1670年)高应捷等批伙做胁肢窑合同》[①]中,窑主是高应捷,地主是孙起龙,窑主联合多位矿商出资开做祖遗煤窑。当时,资本是支持煤窑开采的最重要的因素。为鼓励矿商积极投资,合同中约定"煤出之日,先完工本,得利按日均开"。当煤窑挖出煤炭时,首先支付出资者的工本,然后照各人日分给予红利。这种约定是为了让矿商的投资尽快回笼,减少其投资风险。

窑主与地主合伙开办煤窑,不吸收其他合伙人,这类合同比较少见。《康熙九年(1670年)姜维垣等伙做桃树窑合同》[②]是一个特例。窑主出窑,地主出地,共同出资,每人各出资本50%。笔者推测,该煤窑为地主与窑主二人合伙,不吸收其他合伙人,其主要因素一是煤窑不大,所需要的出资不多;二是地主和窑主自身均有一定的资本,足以支持开采。反之,当煤窑较大,开采所需资本较多时,仅凭借地主和窑主自身的资本不足以开采,就不得不召集其他矿商合伙开办了。

(二)矿商采矿经营的权利和义务

1.矿商的权利

(1)在地主煤窑采矿的权利

煤窑合同中约定,矿商出工本后开做煤窑。这表明矿商们筹集到足够的资本后,即可在与之合伙的地主煤窑中采矿。矿商和地主都是合伙做窑合同人,矿商在地主煤窑中采矿可视为地主自采,因此对采矿地域范围及采矿期限的约定就不是那么重要了。这意味这只要

---

① 首都博物馆编:《窑契与经济合同文书》,中华书局2014年版,第209~210页。

② 首都博物馆编:《窑契与经济合同文书》,中华书局2014年版,第210页。

矿商与地主的合伙关系存在，矿商就可以较自由地在地主煤窑中采矿。在门头沟的这百余份煤窑合同中，少见对采矿范围和采矿期限的约定。

(2)见炭后，按照各自日分获得红利

煤窑合同中约定了地主和矿商红利分配的“则”，各方享有自己的日分。例如静明寺大与窑规定：“按肆拾伍日为则。内有地主明详、性还开伍日，张、王二宅开贰拾肆日，孙、马二宅出本开拾陆日。其窑煤出之日，先除完新工本，后除王久工本拾千零三百文，除完之日，见利照则均分。”①通常煤窑办有成效出产煤炭时，首先支付矿商先前付出的工本，剩下的红利按照“则”所约定的各矿商日分分配。获利的先后顺序，“煤出之日，先面完新工本，然后见利均分”。② 又如第19号合同约定“煤出之日，先完新工本，然后见利，按分均分”。③ 开煤窑是一种风险高、所需资本巨大的投资项目。开做煤窑工本不足时，合同约定“优先偿还新工本”，以降低新合伙人的风险，来吸引新合伙人注资。

(3)煤窑经营权

煤窑的日常开销，由所有合伙人共同商议，共同决定。“窑上设立官铺，所有利息按分均分。窑内用稍子，官买官用。所有驮子钱入官公用。”④煤窑的人事权，也由所有合伙人共同商议，共同决定。如第100号合同约定，“如若窑上铺利，亦按股分均分，窑上用人，公请公用，不许

---

① 首都博物馆编：《窑契与经济合同文书》“第2号合同”，中华书局2014年版，第209页。

② 首都博物馆编：《窑契与经济合同文书》“第18号合同”，中华书局2014年版，第213页。

③ 首都博物馆编：《窑契与经济合同文书》“第19号合同”，中华书局2014年版，第213页。

④ 首都博物馆编：《窑契与经济合同文书》“第55号合同”，中华书局2014年版，第223页。

私自安请”。[①] 又有“窑上用人,公请公用,不许自专”,[②]还有“窑上办事人等,务须大家商酌,公请公用,不准私行专主”。[③]

2. 矿商的义务

(1)共同出资筹备开采

经中人的说合,矿商出资,地主出矿地煤窑,合伙开矿。如地主李久玉的水港窑,年深日久,无人开采。后来经中人说合,魏京和杜春两矿商同意与地主合伙开做该窑。“其窑按百廿日为则。地主旧窑地分开七十日,魏京出工本开廿五日,杜春出本开廿五日,共计百廿日。”[④]又如,地主与矿商合伙开做静明寺大与窑,矿商王从廉出旧工本拾千零三百文,后来因工本不足,又吸纳了孙、马二宅出本伙做。[⑤] 因资本不足,该窑先后有两批矿商出资采煤。

(2)日分不得擅自转卖他人

煤窑合伙人的日分只能在本窑伙内转让,矿商不能私自将自己的日分私下赠与伙外其他人。第104号合同约定,“此伙山场之内净许本窑伙开采,不许小批人等情,如有小批送人等情,他人执此合同为废纸无用”。[⑥] 这意味着伙外他人持有该窑伙合同时,该合同同废纸一样无

---

① 首都博物馆编:《窑契与经济合同文书》“第100号合同”,中华书局2014年版,第236~237页。

② 首都博物馆编:《窑契与经济合同文书》“第111号合同”,中华书局2014年版,第240页。

③ 首都博物馆编:《窑契与经济合同文书》“第117号合同”,中华书局2014年版,第242~243页。

④ 首都博物馆编:《窑契与经济合同文书》“第16号合同”,中华书局2014年版,第212页。

⑤ 首都博物馆编:《窑契与经济合同文书》“第2号合同”,中华书局2014年版,第209页。

⑥ 首都博物馆编:《窑契与经济合同文书》“第104号合同”,中华书局2014年版,第238页。

效。第105号合同约定“此合同不许小批外卖，如若小批外会等情，作为废纸”。[①] 煤窑合伙人的日分不能卖给伙外其他人。矿商们伙做煤窑，本身是基于相互的信任。如果合伙人将自己的日分转让或赠与伙外人士，则难以保证新入伙的矿商与原来的合伙人能够合作无间。

(3)资金不足时煤窑退还地主

矿商必须保证采矿时资金充足。有时候工本不足，原伙矿商会吸收新矿商入伙补充投资。有的煤窑合同中甚至约定“如若工本不接，将窑退回”。[②] 又有规定：“自批之后，如所会工本不敷适用，共同措借或转会收煤均可。倘有从前伙窑合同，以及小批并旧分股分一应大碍小不清等事，均不与开新分人相干，均有安显中一面承管。”[③]这主要是保障矿地地主的利益。如果矿商们合伙采矿的工本不足，则可能导致煤窑无法顺利开采，长此以往则矿地闲置，矿地地主所持的日分难以兑现。而约定“资金不足时煤窑退还地主”，则地主可重新召集矿商合伙采矿。

矿商除了以上义务外，还负责煤窑经营中的治安管理，并承担着采矿中的赔偿责任。另外，矿商还必须如约支付地主的日分和特殊红利。

（三）地主采矿经营的权利和义务

1. 地主的权利

(1)分得日分权

通常，做窑合同中约定煤窑开采见炭后，先支付矿商们的工本，然后按照“则”分配窑业日分。地主能够享受到合同约定专属地主的窑业

---

① 首都博物馆编：《窑契与经济合同文书》“第105号合同”，中华书局2014年版，第238页。

② 首都博物馆编：《窑契与经济合同文书》“第53号合同”，中华书局2014年版，第222页。

③ 首都博物馆编：《窑契与经济合同文书》“第70号合同”，中华书局2014年版，第227页。

日分,享受一定份额的收益。

(2)特殊红利权

许多煤窑合同中还约定地主有"衣煤扫厂"的特殊红利,即煤窑中的表层煤炭和采煤扫出的煤渣归地主所有。并非每份煤窑合同中的地主都有此种权利。因而,笔者推测地主能否争取到这种特殊红利权取决于以下几个方面。其一,矿商出工本的总额与地主煤窑市场估价之间的比例。煤窑的市场估价与矿商所出工本金额越接近,意味着地主"以地作股"对煤窑开采的贡献度越大,地主越可能得到"衣煤扫厂"的特殊红利。其二,地主煤窑在市场上的紧俏程度。若多位矿商均对某一地主煤窑的有投资热情,竞争激烈,地主会选择出价更高的矿商,即除了给予地主日分之外,还给予地主"衣煤扫厂"的特殊红利。其三,地主自身谈判议价能力的强弱。

有时煤窑地主分得"衣煤土末扫厂",特殊利权比较多。例如:"衣煤土末,各项名字钱与卖块子,厂内土末俱随山主。拉占工衣煤二锨,火煤一锨,衣煤山主收用。火煤新业分用。"[①]又如:"煤出之日,言定山主得山煤一拉筐。……卖煤之时,驮子钱山主收去,荆笆稍子山主所卖。"[②]"出煤之后,单班煤一筐俱归山主承受,卖煤之后,有张山主随山费用。"[③]同治十年(1871 年)的第 114 号合同规定:"言明卖煤之后,有张山主随山费用,内有罗山主三成。有罗山主煤昼夜两筐。勿论卖砂

---

① 首都博物馆编:《窑契与经济合同文书》"第 74 号合同",中华书局 2014 年版,第 228 ~ 229 页。

② 首都博物馆编:《窑契与经济合同文书》"第 88 号合同",中华书局 2014 年版,第 233 页。

③ 首都博物馆编:《窑契与经济合同文书》"第 105 号合同",中华书局 2014 年版,第 238 页。

末、炸子【砟子】、大煤、黑煤，每骡驮钱拾文，张、罗二山主均取。”[①]该款对山主的特殊红利权规定得非常细致，应该是煤炭开采量比较大，盈利丰厚，地主不满足于自己的日分，想获得更多的红利，与煤窑合伙人讨价还价的结果。

有时地主特殊利权比较少。“其衣煤，按拾弍股之内送与新业人叁股。土末俱随地主。”[②]“其衣煤归为地分窑分用”，[③]即衣煤归地主所得。有时地主只能分得一定比例的煤渣分红。“卖黑末子，每头驿钱十文，此驮子钱罗守福（地主）取六成，四成归于新业。”[④]有时，煤渣子还得刨去一定的工本费用，再归地主。如“山主驮儿钱，除买稍子、租厂道、下余山主收去”[⑤]，又如“窑上驮子钱，除买稍子、扒道铺、水钱，下有余钱，山主收去，不与新业人相干”。[⑥]

地主的日分和特殊红利还可以卖给其他人。如《乾隆五十四年（公元1789年）梁永成卖南井眼加井门窑窑业文约》中，“今将赵家地内南井眼加井门窑一座，其地分衣煤土末小甫煤按三分卖一分”。[⑦] 地主“以

---

① 首都博物馆编：《窑契与经济合同文书》“第114号合同”，中华书局2014年版，第241页。

② 首都博物馆编：《窑契与经济合同文书》“第73号合同”，中华书局2014年版，第232页。

③ 首都博物馆编：《窑契与经济合同文书》“第98号合同”，中华书局2014年版，第236页。

④ 首都博物馆编：《窑契与经济合同文书》“第86号合同”，中华书局2014年版，第232～233页。

⑤ 首都博物馆编：《窑契与经济合同文书》“第103号合同”，中华书局2014年版，第237～238页。

⑥ 首都博物馆编：《窑契与经济合同文书》“第122号合同”，中华书局2014年版，第244～245页。

⑦ 首都博物馆编：《窑契与经济合同文书》“第56号合同”，中华书局2014年版，第223页。

窑作股”而获得的日分和“衣煤扫厂”特殊红利可视作一种独立的业权。

2. 地主的义务

(1)提供煤窑以供开采。通常地主仅提供自己的煤窑让矿商开采，即“以地作股”。还有一种比较特殊的情况，地主除了出地，还支出一定的工本，成为“出工本者”中的一员。在《康熙九年(1670年)高应捷等伙做白草地窑合同》合同中，地主高应捷“本身地内有白草地窑一座”，后来他召集众家出本开做，“高应捷出本开十五日”①。可见，高应捷身兼窑主、地主和出工本者三种角色。

下面合同的内容来看，地主提供煤窑让他人开采煤炭，并不影响自身在该地亩上耕作的权利，即同一块矿地的开采权与耕作权是分离的。这反映出时人有将采矿作为一种独立权益的意识。

道光十四年(1834年)安成玉等伙同顺窑山场地分合同

立伙山场地分合仝人安成玉、张希彦有安家滩西南大渠沟，东至岩根，西至本沟，南至张希彦，北至安成玉通顺煤窑。仝中人言明，此窑日后山场第分窑业得利。案【按】一家一半平分，收用承业。从此日后地亩安成玉耕种。窑上有利，安、张二人平分。此系两家情愿，各无异说，立伙合同，一样二张，各收一张，永远为证。

道光拾四年四月初日

立批伙合同人：安成玉＋、张希彦＋

代笔人：张明书

头张　　　　　　　　中见人：柳兴魁＋、龚有直

① 首都博物馆编：《窑契与经济合同文书》，中华书局2014年版，第210页。

右侧对缝字一行：立伙山场地分合同一样二张各收壹张为证[①]

此合同很有意思，约定地主安成玉可以继续在与张希彦合伙开做的通顺煤窑地亩上种地，还约定日后若开通顺煤窑，安、张二人平分采煤之利。这表明，地主仅是提供煤窑供合伙人开采，而煤窑所在矿地仍归地主管业，该地亩的耕作权仍在地主手中。煤窑开采权的独立交易，证明地主对土地权利进行了空间上分割，分为地上耕作权与地下采矿权。这一点与巴县煤山出佃约不谋而合。这也证明了地下采矿权从土地业权中的抽离，并非是个例，在不同地区的煤山契约中均有表现。

（2）保证采矿时矿地无业权争议。大多煤窑合同约定，如果“山场不明”或“地分不明”，由地主负责处理。清代，家族对族人的地权转移有一定的支配权，主要表现为某人处分其地产时，其族亲具有先买权。地契中往往会写明“先问房亲人等”，如俱各不愿承买时，土地才能卖出族外。[②] 在门头沟煤窑合同中，地主煤窑多为“祖遗”，有时可能会出现地主亲族人等征讨、扯皮的情况。地主比较了解矿地及煤窑的各种来龙去脉，因此出工本者希望由地主“一面承管”，全权负责矿地煤窑的业权争议。“倘有亲族人等争竞，有地主焦广荣一面承管。”[③]“厂地道分不明，自有山主一面承管，不与新业相干。”[④]此外，煤窑采煤时发生相邻权纠纷，也是由地主负责。如“至走道吃水，有人阻挡，有开窑人

① 首都博物馆编：《窑契与经济合同文书》“第 85 号合同”，中华书局 2014 年版，第 232 页。

② 王日根：《清代地权转移中的非经济因素》，载《中国经济史研究》1996 年第 2 期，第 66 页。

③ 首都博物馆编：《窑契与经济合同文书》“第 106 号合同”，中华书局 2014 年版，第 238～239 页。

④ 首都博物馆编：《窑契与经济合同文书》“第 88 号合同”，中华书局 2014 年版，第 233 页。

山主承管”。[①] “倘有其族人等争竞，与道路不明者，有山主一面承管。”[②]契约中约定矿地业权纠葛均由山主“一面承管”，主要是为保障矿商在地主矿地煤窑的排他性采矿权。

(3)煤窑不能另批他人开采。门头沟地区晚近的煤窑合伙合同中，出现了限制地主将煤窑另批他人的约定。例如，第88号合同中约定，“自批之后，土谷坡根地内（煤窑所在地）不许山主外批外会”。[③] 这意味着地主依合同约定提供矿地及煤窑，不得将该矿地煤窑提供给合伙人之外的矿商开做，也不得与其他矿商合伙采矿。第90号合同中注明，“当面言明本地界内永远不许山主外批另会”。[④] 这种约定，主要是为了限制地主擅自将矿地煤窑收回，与出价更高的其他矿商合作，导致之前合伙的矿商在投资了大量资本之后，却血本无归。这反映出道光年间矿商之间形成了更为激烈的竞争关系。不同的矿商争抢着与地主合伙开采。最先与地主合伙的矿商担心新的出资者给予地主更高的报价（更高的地主日分和更多的利权），当地主经不起利益的诱惑时就可能撤销原先的合伙，转而与新的高报价出资者合伙采矿。在合同中约定“永远不许山主旧业外批另会”，限制了地主撤销原合伙合同转而与其他矿商合伙。例如，第91号合同强调“地界内只许本窑开新业人挖

① 首都博物馆编：《窑契与经济合同文书》“第102号合同”，中华书局2014年版，第237页。

② 首都博物馆编：《窑契与经济合同文书》“第125号合同”，中华书局2014年版，第245页。

③ 首都博物馆编：《窑契与经济合同文书》“第85号合同”，中华书局2014年版，第233页。

④ 首都博物馆编：《窑契与经济合同文书》“第90号合同”，中华书局2014年版，第233～234页。

采，永远不许山主旧业外批另会。”[①]又如第98号合同约定“此山场地内不准另批别姓开采”，[②]第99号合同约定“地界内只许本窑开新业人挖采，永远不许山主旧业外批另会”。[③]

（四）风险共担利益共享的分成合约

门头沟地区的煤窑合同多为地主与矿商的合伙契约。从经济意义上看，属于双方风险共担、利益共享的分成合约。表面上，煤窑分成合约似乎比煤山定额租约的交易费用更高。这是由于在煤窑分成合约中地主、矿商各自的投资和分配煤炭日分都是由双方共同决定的，不似煤山定额租约中由山主单方决定矿地租金。而且煤窑分成合约的分成是基于煤矿的实际产量，地主必须弄清煤窑的产量，因此这种分成合约的谈判与执行更为复杂。然而，煤窑分成合约之所以得到了地主和矿商的青睐，是因为该契约分散了采矿风险，让地主与矿商共担风险。无论煤窑是否为富矿，双方都按照自己的日分获得利益。地主不享受无风险的租金，且由于其承受了一定的经营风险，地主日分获益可能远高于煤山定额租约。而对于矿商而言，没有了固定地租的负担，其经营矿业的成本有所降低，所承担的风险也大大降低。矿商不用担心如果开采量不大时却要向地主支付高额的矿地租金。如果开采量较大，则矿商和地主按照约定的日分比例分享利益。正如张五常所言，如果分散风险所带来的收益可以补偿高交易费用，则地主与矿商就会选择分成合

① 首都博物馆编:《窑契与经济合同文书》“第91号合同”，中华书局2014年版，第234页。

② 首都博物馆编:《窑契与经济合同文书》“第98号合同”，中华书局2014年版，第236页。

③ 首都博物馆编:《窑契与经济合同文书》“第99号合同”，中华书局2014年版，第236页。

约而不是定额租约。[①]

煤窑分成合约具有煤山定额租约所缺乏的优势。其一，矿商与地主风险共担，则矿商采矿的风险大大降低。如此一来，潜在的投资者乐于投资矿业，且投资的资金也会相对较多。其二，矿商与地主按照日分比例共享利益，则双方都会积极地为煤窑开采与经营而努力。地主的获利不再是固定的矿地租金，而是与煤窑经营状况密切相关的日分，他们不会轻易为更高的地价而撤销合同，让矿商的出资血本无归。相反，煤窑分成合约还约定了地主有负责处理矿地地权纠纷的义务，地主会积极地协调矿商与矿地土人之间的关系，以利于采矿的正常进行，获得更多的日分收益。其三，矿商与地主双方协商后约定的权利义务更为明确，煤窑开采时能够容纳更复杂的经营合伙关系，例如，引入新合伙人入伙弥补先前资本的不足。该地一些煤窑合同中也出现了不同阶段的合伙人。[②] 这样，开采经营的资本能够不断注入，对于矿业的发展壮大无疑是非常有利的。

门头沟地区常见的煤窑采掘模式为，地主拥有祖遗煤窑，经中人说合与出工本者合伙开做。地主与窑主不是同一人的合同中，窑主占据较少的日分份额，出工本者占据主要日分份额，地主占据较多的日分份额。有的煤窑合同虽然未将地主明确列为做窑合同人，但是仍注明地主可分得比例不低的日分。可见，此时采矿权是煤窑（或煤地）所有人的权利。矿商出资采煤，他们必须尊重矿地地主的土地业权。这个时期民地采矿权并非由申请人向国家呈请而获得，而是作为煤窑及煤窑

① 参见张五常：《交易费用、风险规避与合约安排的选择》，载［美］罗纳德·H. 科斯等：《财产权利与制度变迁：产权学派与新制度学派译文集》，刘守英等译，格致出版社、上海三联书店、上海人民出版社 2014 年版，第 103 页。

② 首都博物馆编：《窑契与经济合同文书》“第 14 号合同”，中华书局 2014 年版，第 211 页。

所在土地的所有人当然具有的权利。矿商出资作股与地主合伙而取得采矿权。

此外，这些煤窑合同中大多未约定明确的合同期限和违约责任。在漫长的时间里，门头沟煤窑合同均未约定合同的期限，直到同治十年(1871年)才出现合同期限的约定。“言明一租三年为满，如若做不到三年之时，将窑内桶【通】道交回，不许拆毁，亦不准另租别人。自同治拾年九月廿七日至十三年九月廿七日为满。以后此字据以为废纸。”①同治十三年(1874年)王庆瑞租义兴窑抽分字据中约定，“自同治拾叁年九月拾弍日起，至同治拾捌年五月初一日止，以后此字据以为费【废】纸无用，将窑交回，再说再议”。② 在这些合同中，明确约定违约责任的合同也不多见。

矿商开矿时，直接让地主参与享受一定份额的红利，风险共担，利益共享，那么地主就不会成为开矿的障碍。此时煤炭采矿权从整体上说是基于土地业权和煤窑业权的衍生物，还不是一种独立的权利形式。国家对民地煤矿开采干涉不多，由窑主自主决定自主开采，或伙同他人投资，地主分享地利。矿地地主能够得到土地使用金或土地出让金。而在后世，当矿业成为国家特许的权利之后，矿区地主窑主的这种权利实际被国家所攫取。国家不但剥夺了地主对于自己矿地的采矿权，而且获得许可矿业权的登记费和可观的矿业税收。因此，清季之后常常可以见到经国家许可的矿业权人与地主之间的矛盾难以平复。

---

① 首都博物馆编:《窑契与经济合同文书》“第115号合同”，中华书局2014年版，第241～242页。

② 首都博物馆编:《窑契与经济合同文书》“第119号合同”，中华书局2014年版，第243～244页。

第四节 清中前期采矿权纠纷

清中前期,国家逐渐放开矿业开采,民间采矿得到了一定的发展。民众在追逐矿利的过程中各类纷争迭出,主要有矿商与矿地土人的纠纷,矿商与矿地山主的纠纷,矿地土人私采地界纠纷。由于国家尚未颁布统一的采矿权规范,而民间矿业契约通常缺乏对采矿期限、采矿范围和违约责任的约定,当采矿权纠纷诉诸官府时,官方缺乏明确的规则予以裁决。

一、矿商与矿地土人的纠纷

矿地土人即便不是矿地业主,但他们却与矿地具有天然的地缘联系。而矿商以非矿地业主的身份,通过租佃或出资作股的方式取得采矿权,从矿地取利。矿地土人与矿商常常因采矿风水、地邻、招引外地矿徒采矿等问题发生纠纷。

(一)采矿被矿地土人勒索

官方允许民间开矿,但限于"本地人采本地矿",即矿商和矿工必须都是矿地本地人。[①] 矿商及其所雇佣矿工的籍贯受到官方严格监管。有时矿地土人会以矿商及其所雇矿工为外地人为由,对矿商进行勒索。

乾隆四十二年(1777 年),四川人史荣芳租佃本地缙云寺煤洞采煤。史蓉芳采矿时遇到隔甲乡约李从俭向其敲诈。李从俭声称,史商倘若不如数交出三千钱,就不让其继续在该地采煤。后来,史荣芳拒不

① "本地人"的概念并无统一的标准,通常是指"矿地同州县人",有时是指"矿地本省人"。

出钱。李从俭敲诈不成，反而诬陷史荣芳是流棍（外地人），称史商所采之矿洞为旧日被封禁之洞，其采矿时纠集了众多外地矿徒。史商随后被官府票差传唤。而后，史荣芳呈递诉状为自己辩白，申明自己是矿地本地农民，安分守己，并说明采矿所雇佣担炭矿工都是周围耕民，他们运炭回家烧火做饭，根本就不是匪党。同日，史商所佃矿地山主僧念三也呈上诉状，不但证明矿商史荣芳是本地载册粮民（本地人），还证明史商所雇矿工是四乡农民（附近农民），并非流匪。①

由于官方要求办矿者和所雇用的矿工都只能是矿地本地人，挖矿者的籍贯（是本地耕民还是外地流民）及人数成为地方矿业监管的重点。矿商在矿地采矿，矿地土人常常利用地缘优势敲诈矿商，阻碍其采矿。在该案中，史蓉芳即便是矿地本地人，仍遭到隔甲乡约李从俭的敲诈及缠讼。那么，外地矿商从矿地采矿获利，让矿地土人分外眼红，遭到矿地土人的敲诈和缠讼就不难理解了。

（二）采矿风水地邻纠纷

嘉庆十四年（1809 年），冯巄均与余琏合伙租下鄱阳县史二的矿地，并雇佣了奉新县人王三连等在该矿地采煤。后来，矿地土人徐庭辉、徐彩等上山砍柴时，发现王三连等在封禁的史二地内采煤，上前阻拦，阻拦未果后双方争斗。王三连受重伤后死亡。该矿地附近"均系村居坟墓"，因而该地原本属于官方禁止采矿地。经查明，矿商冯巄均租地采煤，为了捞回前期采煤的工本，在该地被官方封禁后冯商仍邀余琏入伙采煤。这说明矿商冯巄均知晓矿地邻近村居坟墓属于禁采地。虽官方明令禁止开采，冯商利欲熏心却继续采煤。而矿地土人发现冯商违规采矿后，为防止其采矿破坏风水而出手阻拦，双方发生冲突。双方

① 参见四川省档案馆、四川大学历史系主编：《清代乾嘉道巴县档案选编》，四川大学出版社 1989 年版，第 278 页。

的打斗最终导致矿工王三连重伤致死。[1] 可见，矿商租地采矿时，若矿地邻近村居坟墓，则矿地土人会因“有碍风水”而极力阻拦，双方械斗异常惨烈。矿商是为了逐利，而矿地土人则是认为坟墓风水不可遭到破坏，双方的矛盾难以调和。矿商认为自己花钱租地，又付出工本，有权采矿。而矿地土人则认为坟地风水不可侵犯，坟地附近不可挖掘。最后，官方虽然追究了各方的罪责，却难以对该矿地作出合适的安排——既不影响附近坟墓又可以让矿商采矿获利，只好将该地封禁了事。可见，此时矿商的采矿权益往往被迫让位于矿地土人的利益，其采矿权难以获得保障。

二、矿商与矿地山主的纠纷

（一）矿地退佃纠纷：取消采矿权

矿地佃出之后，山主与佃矿商之间常常出现退佃纠纷。有时山主出尔反尔，将矿地一地两佃；或是佃矿商未如约支付山价，山主要求退佃；又或是山主见佃矿商采矿获利丰厚而眼红，着意撤佃意图以更高山价佃与他人或撤佃后由自己开做。

陈正发佃得僧寂映将寺业煤洞，如约交付山租后开矿。后来，附近民人刘俊山屡次唆使寂映退佃，却找不到正当理由。道光四年（1824年）四月初四，刘俊山假意向陈商的雇工卖树，却借机指控该木系陈商偷砍寂映之树。等到官方派票差时，陈商才知道事情的真相，陈商所买刘俊山之树，是从寂映处偷偷砍伐所得。[2] 推测刘俊山与僧寂映之间应

---

① 杜家骥编：《嘉庆朝刑科题本社会史料辑刊》（第 3 册），天津古籍出版社 2008 年版，第 1208 ~ 1209 页。

② 四川省档案馆、四川大学历史系主编：《清代乾嘉道巴县档案选编》，四川大学出版社 1989 年版，第 281 页。

该有勾结。为了逼迫陈商退佃,山主设下“陈商盗树”的圈套。这从侧面也反映出煤山佃约对于采矿期限约定不明,又缺乏撤销契约的正当途径,山主想单方面撤佃时不得其法而不得不出此下策。

在另一案中,山主将自己的淘金地一地两佃。先佃矿商雷春亭已经为采矿付出了一定的工本,不甘山主退佃。该纠纷经过邻居调解,咸丰四年(1854 年)山主与先佃矿商雷春亭达成和解文约,即《不得异言事文约》。[①] 该案的争执因山主汪警齐将淘金地一地两佃所引起。佃矿商雷春亭在佃得汪警齐淘金地后立即开工,雇用工匠、置办采矿器械花费“银数十金”。之后,汪警齐却说该淘沙地被汪姓的族长佃给了张万顺,要求佃矿商雷春亭揭还佃约,领取押山银,终止淘金地租佃。可是,雷商觉得自己已经花去不少工本,却一无所获,如此退佃是让自己血本无归,不愿山主终止租佃契约。山主和矿商双方均起诉,控诉对方逞凶殴打自己。佃约的中人朱广积等为三方作出了调解协议,三方和解,终止了诉讼。其一,由山主汪警齐退还当文银(押金)四十两,雷春亭的开采器具转让给张万顺,由张万顺贴补佃商雷春亭的损失六十两。其二,衙门费用由张万顺承担。笔者推测是张氏淘金获利丰厚,因而由其承担。其三,调解之后,雷姓及其伙内人不得干涉张万顺淘金。汪雷佃约的中人是该佃约的见证人,了解山主与佃矿商租佃关系的实情。当双方撕破脸对簿公堂时,中人有居中调解处理纠纷的责任。在该案中,中人所主持的调解比较公允,由于后来的佃矿商张万顺是主要的获利者,于是让其弥补了先佃矿商雷春亭的工本费用损失,并承担诉讼费用。三方均认可了中人的调解方案,平息了纷争。

咸丰八年(1858 年),山主钱国梁告发佃矿商阙兴发等其炭山挖

---

① 四川省档案局(馆)编:《清代四川巴县衙门咸丰朝档案选编》(第 6 册),上海古籍出版社 2011 年版,第 465 ~ 466 页。

矿，却拖着不付佃炭山山价。不仅如此，佃矿商阙兴发等“常窝歹人在境，聚赌私宰，索扰生非”。山主担忧佃矿商可能酿成大祸，于是将其告发。[①] 从表面上看，该禀状是山主追讨佃商炭山山价，而实质上却是山主想要撤佃。不难发现“常窝歹人在境，聚赌私宰、索扰生非”的笼统说辞中并未指明佃矿商采矿的具体罪状。聚赌私宰是矿厂中常见的情形，并不是什么严重的罪状。禀状的说辞倒是极可能让地方官因担心地方治安而将佃矿商驱逐。如果山主真想讨要山价，根本不会有这样一套说辞，仅是讨要山价一个诉求就足够了。因此，山主的真正目的可能就是撤佃。兴许之前山主想单方撤佃，佃商不允。山主不得不智取——提起一个诉讼，状告佃矿商聚众窝匪，在当地滋扰生非。而矿商采矿聚集匪徒恰恰是朝廷三令五申严令禁止的事项。收到诉状后，地方官出于安定社会秩序的考虑，多半会立案，按山主的诉求判令矿商退佃。由此，山主可能会损失一些山价银，但是可能会有更大的收获——收回矿洞后由自己挖掘，或者再次将矿洞高价佃给其他矿商。咸丰四年(1854 年)，山主刘廷桂以“窝留匪类”和“私造武器”为由控告佃矿商李四元等一案，情况类似。山主刘廷桂控诉李四元等租佃其炭洞，“以打造铁啄、灯架为名，实则制造枪矛”，雇用工匠三百余人“良莠难分”，霸占该炭洞却不退佃。[②] 可见，山主的最终目的在于让佃矿商退佃，诉讼只是手段。

有时矿地来自祖遗，亲族之间因矿地相邻，采矿时也容易滋生矛盾。道光年间，张正鳌弟兄将自己土地中的两股矿地卖给张正河之父。

① 四川省档案局(馆)编:《清代四川巴县衙门咸丰朝档案选编》(第 15 册)，上海古籍出版社 2011 年版，第 586 ~ 587 页。

② 四川省档案局(馆)编:《清代四川巴县衙门咸丰朝档案选编》(第 15 册)，上海古籍出版社 2011 年版，第 262 页。

由于后来买卖双方亲历者均有人辞世,使该土地交易的实情变得模糊。之后张正河认为自己是在父业内开挖煤洞,却被矿地前主的后人敲诈,接着被指控其开挖煤洞破坏风水,惊扰其先人坟冢。邻居为张正河证明开矿并无惊扰坟冢之实。另外,张正鳌弟兄祖坟也不在北成叔侄所卖的土地内。[①] 谁是土地的业主,谁就具有在这块土地的采矿资格。由于此时采矿资格与土地密不可分,土地的原业主和新业主之间就开矿资格总是争议不断,即使在张姓宗族内部也是如此。有时在土地交易前,交易双方对土地是否埋藏有矿产是不清楚的。而矿藏丰富的土地具有比普通土地更高的价格。一旦新业主发现土地中富含矿藏并开采后,土地原业主觉得交易不公平,于是想弥补差价。而原业主索补差价不成时,可能借故控告新业主,想夺回自己的矿地及采矿权。因此,采矿权附着于土地业权中让土地原业主承担了一定的交易风险。土地原业主在不知土地富含矿藏时,以普通地价出让土地,若干年后新土地业主发现该地矿藏并采掘时,土地原业主顿觉吃亏。

（二）矿地地租纠纷

因年代久远,有时山主与佃矿商双方对矿地地租认识不一,也容易引发纠纷。佃矿商犹顺达曾佃曾德凤炭山,押佃银二十二两。咸丰九年(1859年)租佃期满,佃矿商向山主的儿子曾甲(山主已去世)辞佃。结果,曾甲不仅未退还押佃银,还突然将炭山卖给陈伯宣开挖。佃矿商犹顺达的五间厂房被拆毁,而陈伯宣却继续挖矿获利。曾甲仍旧不退押佃银给犹顺达。后来原证(中人)周大荣从中调解,提出陈伯宣买业

① 四川省档案馆、四川大学历史系主编:《清代乾嘉道巴县档案选编》,四川大学出版社1989年版,第282页。

理应清佃。结果陈伯宣完全不予理会，反而逞凶扭打。[①] 该案中，中人对纠纷三方的调停以失败而告终。不过似乎佃矿商追讨押佃银的对象错了，不该是后来的买主陈伯宣，而是原山主之子曾甲。因为原炭山佃约的双方为佃矿商犹顺达和山主曾德凤，退佃理应找山主的继承人曾甲负责。至于陈伯宣与曾甲的瑕疵买卖与佃矿商犹顺达无关。由于退还押佃银的对象错误，中人基于这种错误认识致调停失败，并不令人感到意外。这个案件反映出，炭山佃约所经时间久远，山主去世之后炭山又被转卖，佃矿商仅凭借私人间的佃约为凭据，其押佃银有落空之虞。

李万顺与凌万和的矿地租金案较为复杂。咸丰四年（1854 年），凌万和佃得何永万矿山，随后将该矿山顶给（转包）李万顺采矿。李万顺与凌万和立有顶约，并出顶价银三十六两。且李万顺有从何永万投佃，立有放山约，出押佃钱三钏。而后凌万和却与何童喜（何永万之子）串通再立佃矿山约。凌万和开始在该山采矿。由此，李万顺不仅顶价银和押佃钱两失，还损失采矿工本银二百余两。于是，李万顺到县衙起诉。县正堂却批“顶佃细故姑着凭证清理，毋追逐真讼”，驳回了诉状。[②] 巴县县正堂的态度耐人寻味。该县正堂认为，佃商与山主之间的矿山顶佃属于民间细故，姑且以凭证就可以解决纠纷，不必提起诉讼。但是当事人为什么不选择成本较低的由凭证主持的调解来解决纠纷呢？让凭证（中人）处理，由于中人可能与矿山有地缘关系，与两造有亲缘关系，缺乏权威，两造中的任何一方随时都可能认为凭证（中人）对采矿纠纷的处理不公而不接受处理结果。因此，纠纷双方其实是倾向于由地

① 四川省档案局（馆）编：《清代四川巴县衙门咸丰朝档案选编》（第 15 册），上海古籍出版社 2011 年版，第 137 ~ 138 页。

② 四川省档案局（馆）编：《清代四川巴县衙门咸丰朝档案选编》（第 15 册），上海古籍出版社 2011 年版，第 627 ~ 628 页。

方政府(县正堂)来秉公处理采矿纠纷的。由于这类纠纷往往涉及的山价金额不菲,对于本地民间秩序睦邻关系也会造成一定的影响。

三、矿地土人私采地界纠纷

当时国家没有设置专门部门对矿界和矿种进行勘测。民地采矿并不需要向官方呈请而获得采矿资格,开采比较随意,容易出现越界开采。例如,在河南汲县:“土人开采,或占地十亩八亩为一家,甚或一亩半亦成立一矿。见煤后锤凿相闻,此矿与彼矿遂而相见,互相责以越界。于是在上者刀枪火炮相争逐,在下者以柴烟相熏炙。官禁之不能止,重租税以挫辱之,倾家破产相随属,亲友之罹此厄者众矣。”因此,“争夺斗杀以为常,官府胥役勒索规费亦无艺,各县皆然”。[①] 河南汲县矿区土人开采无序,开采者常常指责邻近开采者越界,造成采矿权纠纷不断发生。官方发布的禁令也难以遏制,官方对采矿课以重税,使经营矿业者遭受重挫。矿业经营者随之破产倾家,亲友跟着受难。各县因矿业纠纷而引发的斗杀比比皆是,官府胥役还常常敲诈勒索。江西瑞州府上高县,“山多童,不资樵,采爨煤者十之七,往往因取煤构讼”。[②]

乾隆五十八年(1793年),牛威远的告状[③]反映了这类土人私采地界纠纷。牛威远山业与张绍先山业连界,以大山岭直下为界。牛威远的山业在大山岭的右边。百十余年来,牛威远山业与张绍先山业边界都没有纷争。九月二十四日,赵显贵与其侄赵秀海借口落实张绍先的山业,率领十余人越过界限手执棍棒,到刘威远炭洞,恶狠狠地阻止牛

---

① 王锡彤:《抑斋自述》,郑永福、吕美颐点注,河南大学出版社2001年版,第115页。

② (清)冯兰森等纂修:《重修上高县志》卷四《风俗》,清同治九年(1870年)刻本。

③ 四川省档案馆、四川大学历史系主编:《清代乾嘉道巴县档案选编》,四川大学出版社1989年版,第279页。

威远采矿。赵氏叔侄还到牛威远侄儿家中逞凶,拆毁房屋。后来牛威远请界邻唐公盛和尹元先出面理论,而对方气焰嚣张,并不买账。无可奈何之下,牛威远只得向官方起诉赵氏叔侄等越界霸占自己的煤矿,又逞凶拆毁房屋,请求查清案情,以保护自己的山业。

从该案可以看出,第一,矿洞山业的边界缺乏官方的勘验与测量,多为民间私约约定。各山主在私家佃约中约定其煤洞的界限。牛威远山业南界与张绍先山业连界,以大山岭直下为界,缺乏精确的测点和范围界定。虽经百十年相安无事,但一方突然侵越霸占矿地,山主对自己山业的保护比较困难。第二,"经界邻唐公盛,尹元先等向理",诉诸中间人调解矿界纠纷,因肇事方的强势而归于无效。这也反映出私力救济的局限——纠纷双方都愿意接受才有效,一方不接受则无效。第三,山主最后向官方提起诉讼,请求依靠公力来解决纠纷,保护自己的山业。这说明了民间契约上约定的边界,有时并不可靠,难以形成对采矿权人的有力保护。第四,私力救济的失效,让山主不得不向官方求助。然而,由于官方缺乏采矿权登记制度,官方在认定山主和明确矿地界限时,其判断的标准又充满不确定性,这实际上容易让真正的权利人丧失权利。

有时,山主业内炭洞数目众多且相互毗连,当山主将不同的炭洞放佃与不同矿商,却被佃矿商控以"重佃",如陈学翰一案。[①] 嘉庆二十三年(1818 年),山主陈学翰强调"德良捆买蚁等山业挖炭系在山脚,仕海所佃系在山顶,界限攸分,并非重佃"。山主管业之山有多个炭洞,矿洞的界限划分比较模糊"德良捆买蚁等山业挖炭系在山脚,仕海所佃系在山顶"。那么山脚和山顶的分界在何处?哪些矿洞属于山脚?哪些矿

① 四川省档案馆、四川大学历史系主编:《清代乾嘉道巴县档案选编》,四川大学出版社 1989 年版,第 280 页。

洞属于山顶？佃矿商在采矿时都希望尽可能攫取更大范围的矿利，认为只有自己有权开采山主陈学翰的矿洞。由于采矿权界限约定不明，缺乏一矿一权的明晰划分，山主陈学翰被佃矿商反咬一口，被控告重佃。

有时，炭山的边界是山主自己标识的。正如，道光六年（1826年）黄正新供状所述“小的业内矿山，小的叔父插有点边界在内”。[①] 这说明当时有的炭山边界是山主自己标识的。山主自己标识边界，让矿地邻近边界更容易发生争议与冲突。可见，缺乏官方对矿地的测量和登记，而民间私约对矿界地理位置又常常界定不清，容易引发这类纠纷。

清代，山主与矿商矿地开采交易的执行在相当程度上依靠双方信守，虽然可能也受到国家司法效力的影响。司法本身是有成本的，加之当时矿地业权的界定在国家法层面并不明确，因此主要依靠矿地执行弹性较大的民间组织来维持，如乡老调解。但是这种调解一旦被某一方所挑战或不予理会，则不得不动用正式而繁难的司法程序。当然更糟糕的情况是双方直接发生暴力冲突，甚至出现人员伤亡，最终契约中所约定的矿地开采交易之执行宣告失败。

综上所述，清中前期社会经济仍是以农为本，矿业仅在一些省份的零星地区展开，其经济影响力对整个国家有限。国家对矿业的关注主要在于收取赋税和预防“矿徒之患”。小农经济分布式的个体小生产者，难以组织大规模生产。在矿业领域也具有类似情形。除了官矿生产规模稍大外，民间多为矿地周围零星的小窑小矿生产。当时大多数民营矿业生产规模小，投入的资本和人工不多，采矿量也不大。加之当时的探矿技术和采掘技术水平不高，矿商采矿的实际获利并不多。从

---

① 四川省档案馆、四川大学历史系主编：《清代乾嘉道巴县档案选编》，四川大学出版社1989年版，第282页。

巴县煤山佃约和门头沟煤窑合同来看,当时矿商与矿地山主所约定的矿地租金少则数百文,多则百余银两,但很少有超过千两白银的。这从侧面反映出当时的矿产开采量有限,矿商获利不多。

在矿业发展相对较好的地区,如四川巴县和北京门头沟地区,民众通过契约约定采矿权的取得、转让及消灭,在私力无法解决矿业纠纷时他们才会诉诸官方处理。这些矿业契约不仅是山主与矿商双方个性化的合约,更是一种程序化的契约。从契约中不难发现采矿权交易的一些惯例,如山主日分、山主负责矿地业权纠纷等。在这些地区,山主将自己土地租与他人开采并获得收益,即山主支配自己土地的采矿权是被普遍接受的。正如彭凯翔所言,"业主对其产业所实际施加的支配,倘若为社会所一般接受或成为民间的惯例,从而无须借助法律强制即得以相当程度的保障,就都具有产权的意义——至少在较宽泛的经济学意义上"。①

通常山主对自己土地中采矿资格能够进行支配,但是在特殊情况下国家法令会对其采矿权进行限制,主要有两个方面。一是国家禁止民众开采特殊矿种,如贵金属矿、硝黄矿等。这些矿种即使是蕴藏在山主自己的土地中,山主也不得自行开采,只能由官方采办。二是国家禁止民众在可能影响龙脉风水和坟冢的地区采矿。例如,某地矿山的开采可能影响到附近的坟冢,本地绅民可能会呈请地方官封禁矿山。地方官实地勘查后,如认为情况实属,则会告示封禁矿山,禁止"山场山主"偷采。这类情况大多是因事而限制采矿权,总体上为数不多。

清中前期,矿业经营者与矿地山主间的利益关系较为简单,多由双

---

① 彭凯翔:《清代司法实践中的产权制度:若干评议》,载《经济资料译丛》2016 年第 3 期,第 84 页。

方以私约约定各自的利益与责任，国家对民营的煤铁采矿干涉不多。这一时期国家并未颁布专门的矿业法律来规范矿业产权。国家仅仅在统治阶层利益最大化的目标范围内促进和界定有效率的产权，除此之外，既无力也无心进行必要的制度安排。①

① 程念祺：《国家力量与中国经济的历史变迁》，新星出版社2006年版，第8页。

第二章　清末矿业权的初设与实践

在传统社会中，政府重视造币金属的开采，而对于盐和铁，只关注最终的产品，对其生产过程则漠不关心，采矿环节仍由矿商们掌控。除了国家垄断的矿种和禁采区，地主对其土地享有从空中到地下最深处的所有权，采矿权包含于土地所有权中。[①] 清中前期，清廷沿袭了传统矿业政策，在保障社会安定的前提下有条件地准许民间采矿。当时国家没有制定出统一的矿业法，其矿业政策以个案为基础，即针对一个矿业呈请案实施一种矿业政策。清末，列强对清廷施加压力，要求获得在中国划定区域开矿和建造铁路的权利。缺乏正式的矿业法律成为清廷的一个严重问题。

清末矿业发展迅速，这一时期也是我国矿业权制度的初创时期。在混乱的时局之下，国内矿业出现了一些新变化。战争刺激着军用工业对煤铁的需求，战败赔款加剧了国家财政对巨额矿税的渴求。咸丰朝到光绪朝，官办和民办矿业发展势头很快。列强入侵

---

① Shellen X. Wu, *Mining the Way to Wealth and Power: Late Qing Reform of Mining Law* (1895 - 1911), 34 The International History Review, 584(2012).

中国后,先后以不平等条约获得了许多地域的采矿专办权,严重威胁着中国的矿业主权。中国有识之士开始“开眼看世界”,注意到西方国家和日本矿业之迅猛发展,由此开始借鉴西方矿业法律制度。清末矿业权的初设与实践也是中国社会近代转型的应有之义。

第一节 清末矿业权创立的背景

鸦片战争之后,列强要求割地赔款加剧了清廷的财政危机。认识到中西国力悬殊,社会精英们呼吁经世致用,办矿兴国。列强借不平等条约攫取了大量矿地,破坏了中国的矿业主权。洋务派军用和民用工业催生了中国近代矿业的萌发。甲午战争前是中国近代新式煤矿的兴起与矿业官办、官督商办的时期。1895 年至 1911 年,列强大肆攫取在华采矿权,纷纷投资设立新式煤矿,这是外资矿业发展时期。同时,清廷鼓励本国资本投资矿业,兴起收回利权运动,这一时期也是民营煤矿业兴起的时期。

一、办矿开源的财政渴求

清末,不平等条约索取的巨额赔款让清廷不堪重负。此外,为了镇压各地人民起义和抵抗列强侵略,清廷耗费了巨额军费,导致财政赤字,国库亏空。仅鸦片战争就耗费 1000 多万两白银,中法战争耗银 3000 余万两,英法联军侵华、中日甲午战争和 1900 年的八国联军侵华战争合计耗资不低于 1 亿多两白银。[①] 多种财政重负迫使清廷必须广开利源以维持基本运转。

① 孙翊刚、李渭清编:《中国财政史》,中国广播电视大学出版社 1984 年版,第 245 页。

当时不单是国家财政困难,地方同样是穷困不堪,民不聊生。云南省山多田少,耕作不易;且交通不便,商业艰难;加之数年战乱的影响,此地民众生活非常窘迫。光绪三年四月十三日(1877 年 5 月 25 日),大臣刘长佑呈上奏折,建议朝廷准许云南民众开矿,以纾民困。“滇省远居天末,山多田少,稼穑艰难,舟车不通,百物昂贵……军兴二十余年,人民凋敝,厂地荆榛。欲举办而无资,遂生计之日迴。而滇民之疾苦,愈不堪问矣。野无五谷之繁殖,市鲜百货之贸迁。村郭萧条,人烟零落,穷乡僻处,几无生聚之欢。即都会要区,绝少中人之产。甚至资生无路,迫而为走险之谋,往往因微薄之资,遂蹈杀身之祸……居今日而为滇计,惟有因地制宜,开财之源,力兴矿场,兼筹鼓铸,为救时之急务也。”①官员认识到云南交通不便,耕作不易,人丁不兴,为穷乡僻壤。该地不少穷苦百姓为生计不得不铤而走险。刘长佑认为,云南只有因地制宜,兴办矿厂,充分开发本地丰富的矿业资源才能改善民生。

清廷将向列强赔款的款项摊派到地方各省,让地方不堪重负,不得不以办矿来“开源”。1902 年 4 月 9 日,闽浙总督许应骙指出:“此次约赔款摊派各省,数至一千八百余万之多,期至三十九年之久。中国物力凋敝,商务疲滞……闽之贫瘠,力难支持……为今之际,非挽回利源,不足利国,而挽回利源之法,当以开矿为第一要义。”②在他看来,矿丁都是华人,开矿可以让许多贫民进矿厂工作,得以糊口。而矿区附近各厂做

---

① “中研院近代史研究所”编:《矿务档》六,台北,“中研院近代史研究所”1960 年版,第 3171～3174 页。《矿务档》一共分为八册,矿务档一:一般矿政、直隶;矿务档二:山东;矿务档三:山西、河南、甘肃、江苏、浙江;矿务档四:安徽、江西、湖北、湖南;矿务档五:四川、福建、广东、广西;矿务档六:云南、贵州、奉天;矿务档七:吉林、黑龙江;矿务档八:新疆、库伦。为避免冗繁,后文中引用均以册数表示,不再标识所涉省份。

② “中研院近代史研究所”编:《矿务档》(第 5 册),台北,“中研院近代史研究所”1960 年版,第 2981 页。

生意的人,也可以沾得一些利益。此外,允许闽省办矿,国家能够获得矿业股份和矿税。因此,开矿对于国计民生均有裨益。

光绪二十一年(1895 年),吉林将军在奏折中提出,近年各将军和督抚奉旨广开矿产,认真办理,渐见成效。大臣们的条陈上奏,多以开矿为要旨。这实在是“时艰币绌,非多开矿产,无以浚利源,亦非速收成效,无以济急用”。① 清末地方大员已经认识到国家财政困难,国库不丰,只有兴办矿业才能迅速地为国家累积财富。

然而,中国人的风水观念常常会阻碍采矿的进行。1895 年,日本人 Kimio Nishizawa 在中国一个矿业公司担任顾问。该矿业公司地处偏远地带。当地人素有风水观念,多次阻止该矿业公司开采银矿。Kimio Nishizawa 发现当地人迷信“风水”,他们坚信采矿将会打搅已逝祖先的灵魂,地下挖掘将引起先人们和其他神灵的愤怒。因此,当地人反对矿业公司在他们的土地上采矿。更糟糕的是,这种迷信观念不仅在乡村野夫中流行,还存在于朝廷的位高权重者之中。后来,地方官领着一班人马封禁了这个刚刚开办的银矿。②

清中前期,国家审批矿业开采时通常会勘察矿地,考度采矿是否有碍龙脉风水。时至清末,在谋求温饱的民生压力之下,力主开矿者不再囿于风水之说。1896 年 9 月 16 日南洋大臣刘坤一在奏折中感叹:“临源县之梅哩土司及附于梅哩之木哩地方,产金最多,而入地不深,取之最易。但恃有入贡额数,不许外人往采。该土司每年只采三日,采时亦

① “中研院近代史研究所”编:《矿务档》(第 7 册),台北,“中研院近代史研究所”1960 年版,第 4037 页。

② Kimio Nishizawa, *Mines in the Yangtze Valley*, *China*, *Journal of the Royal Society of Arts*58, 1910, p.935 – 936.

不过百数十人,绝不多采。盖泥于风水之说。"①刘坤一言辞间对拘泥于风水而畏于采矿的土司充满了遗憾,因为此地恰好是金矿资源丰富且容易开采的地区。

东三省是清王室的发祥地,一直被视为龙脉所在。清中前期由于该区域关系龙脉风水,整个东三省均禁止采矿。至清末,国库不丰,军饷不足。这块"龙脉之地"也破冰开采了。1897 年奉天东北银铅矿务大臣上奏称:"窃维利国首在富强,而富强以开采为急务……木耳山南光头一带,矿铁并生,统计各地势,均与禁山相距遥远,或三四百里,至八九百里不等,其与永陵龙脉无关,且系僻壤荒山,与民间庐墓田园,全无妨碍。若得及时兴办,不惟有裨奉天一省,而军饷之供,度支之裕,可以计日而待。"②该大臣以采矿为富国强国的急务,提出木耳山南光头一带,与禁山和永陵龙脉距离很远,且与民间庐墓田园无碍,建议尽快兴办矿业。办矿之后不仅可以充裕财政收入,还可以提供军饷。随后,东三省一些远离永陵的地区逐渐开禁,开始采矿。这样一来,关系龙脉风水的禁采区域,由整个东三省缩小至永陵附近。

官方大力鼓励民众办矿,不再以呈请矿地"有害风水"为由禁止采矿。1901 年四川矿务局所拟《四川矿务现办章程》第 4 条规定:"凡以前藉案封禁厂硐,准各原主原佃或租或买,或咨开,到局领照,州县出示,开办缴饷。但无侵占别人庐墓,即不犯禁,如有劣绅地棍,控碍远处风水,诡名呈控者,严斥。纠匪滋闹者,重究。免至延讼从扰贻累。其在寺业公产官山开矿,分别纳租升科,议就余利,酌提公用善举经费,如

① "中研院近代史研究所"编:《矿务档》(第 6 册),台北,"中研院近代史研究所"1960 年版,第 3207 页。

② "中研院近代史研究所"编:《矿务档》(第 6 册),台北,"中研院近代史研究所"1960 年版,第 3398 ~ 3399 页。

建学堂之款,以息争端。”①该条表明了官方鼓励办矿的倾向。第一,民众呈请在以前曾被封禁的厂硐采矿,将得到官方批准。第二,矿地土人中,以破坏“远处风水”为由指控矿商的劣绅地棍和纠匪滋闹者,严格究办。第三,只要矿商所呈请的矿地并未侵占他人庐墓,就不属于犯禁,予以准许。第四,矿商呈请原属寺业公产官山开矿的,除了纳税外,采矿余利还得抽出一部分用于矿地公益,如建造学堂,以平息矿商和矿地土人之间的争端。该条呈现一个重要的转变,官方判断是否禁止开矿的标准从模糊不清的“有害风水”转变为矿商采矿对他人庐墓的实际侵害。另外,“有害风水”的空间距离不能无限延伸。矿地土人对矿商提出采矿破坏“远处风水”的指控,官方不予支持。

二、兴矿强国的社会呼声

清末国家贫弱,社会精英将兴矿视作富国强民之道。魏源曾指出:“有矿之地不惟利足以实边,且力足捍外侮,何反畏其生内患? 从来但有饥寒之盗贼,岂有富足之盗贼乎? 且铜铁铅锡煤炭硝磺诸场何一不聚众者?”②魏源清楚地认识到采矿不光利于巩固边防,抵御外侮;还有能够使民众丰衣足食,安居乐业。在薛福成眼中,中国矿产丰饶,以军队开矿有六利:第一,雇佣“营勇”(军队士兵)开矿,能省去一半的军费;第二,开矿可以操练“勇丁”,使之葆有朴勇之气;第三,屯兵于穷乡僻壤之地开采,可以震慑苗蛮和土匪;第四,军费最初可以作为开矿的本钱,以解决商民无本开采之困;第五,兴办矿务需要运输和采炼方面

① “中研院近代史研究所”编:《矿务档》(第5册),台北,“中研院近代史研究所”1960年版,第2573页。

② (清)魏源:《军储篇三》,载沈云龙主编、(清)盛康辑:《近代中国史料丛刊》(第84辑)《皇朝经世文编续编》,台北,文海出版社1973年版,第6513~6514页。

的工匠,正好为小民提供谋生之道;第六,中国有自产矿务则进口矿产就会较少,不出十年便有余利。该矿屯之策可以寓富于强。①

北洋大臣李鸿章也将开矿视为强国之策。他于光绪七年(1881年)呈《直隶开平煤矿办有成效疏》,云:"窃惟田地自然之利,乃民生日用之资。泰西各国,以矿学为本图,遂能争雄竞胜。英之立国,在海中三岛,物产非甚丰盈,而岁出煤铁甚旺,富强遂甲天下。中国金银煤铁各矿,胜于西洋诸国。只以风气未开,菁华闷而不发,利源之涸,日甚一日。复岁出巨款,购用他国煤铁,实为漏卮之一大宗。"②李鸿章与外国人接触较多,认为西方列强兴矿强国,英国凭矿富甲天下,中国也应该效仿,好好利用本国丰富的矿产资源,大开利源。

然而,有些相对保守的大臣却认为开矿利大于弊,应予禁止。这说明当时朝中大臣针对是否兴办矿业的争论非常激烈。光绪七年,礼部右侍郎祁世长却疾呼矿厂开采滋生诸多流弊。"若出产较多,则采办愈力。利之所在,人必争先。地方谋利之徒,必多方搜觅,呈报局员。局员以获利为能,将竭力图维,禀请大吏,此厂衰敛,彼厂效尤。一处经营,他处仿照,愈推愈广,将无穷期。且此采办民夫,半除无业游手,小厂动以百计,大厂何以千名。地为畿辅奥区,又与陵山要隘不甚相远。收此百千犷悍之众,聚则为我徒役,散则为害闾阎。金厂匪徒,前车可鉴。而民间坟茔,动造平毁,州县狱讼,转益繁多,犹弊之显见者也。"③这是统治阶层的惯性思维,如果允许民众开采矿产必然在矿地聚集大

① (清)薛福成:《矿屯议》,载沈云龙主编、(清)盛康辑:《近代中国史料丛刊》(第84辑)《皇朝经世文编续编》,台北,文海出版社1973年版,第6525~6527页

② (清)李鸿章:《直隶开平煤矿办有成效疏》,载沈云龙主编、(清)盛康辑:《近代中国史料丛刊》(第84辑)《皇朝经世文编续编》,台北,文海出版社1973年版,第6533页。

③ (清)祁世长:《矿厂开采恐滋流弊疏》,载沈云龙主编、(清)盛康辑:《近代中国史料丛刊》(第84辑)《皇朝经世文编续编》,台北,文海出版社1973年版,第6539页。

量矿徒,人多则容易酿成矿徒之患,造成社会不安定。另外,开采可能会毁坏矿地坟茔,造成纠纷迭出。然而,国家贫弱的局面让清末统治者不得不跳出传统的窠臼,以兴办矿业来开辟利源。

精英阶层已经关注到西方的矿务和矿律,有意仿照西方来发展中国矿业。譬如,陈其璋奏请仿照西方国家矿务,在中国各省开矿。“铁路既兴,宜广矿利以裕度支。圣鉴事,窃以周官理财列卝人之职,汉史地志详铜铁之官。诚以有国利赖农桑之外厥惟矿利为大。近年已屡经督抚奏请开采……英美两国矿产至旺,又四国日记称俄人设矿学、矿律以经理其事税入之数,例取什一。各国征收矿税之法,皆可仿行此矿务之有益于饷项也。大约办理之法边塞窑地可采筹洋伙议之言,就近调集兵营,以资开采,至腹地繁区可仿照西洋公司之例集股兴办,商股如不足,以官款济之,十年之后,美利无穷。居今日而策富强计,便于此者。”[①]陈其璋指出,我国自西周起就有采矿的传统。西方列强均兴办矿业,俄国不仅设有矿学和矿例,还设有十一矿税制度。我国也可以仿照西方矿务,分以边塞和腹地,以不同策略来办矿。

不仅官僚阶层认识到开采的迫切性,民族资本家更是极力倡导兴办矿业。郑观应曾撰一篇《开矿》长文,提出开矿于公于私都有利,是促进国家富强的急务。“五金之产,天地之利。居今日而策富强,开矿诚为急务矣。夫金银所以利财用,铅铁所以造军械,铜锡所以备器用,硫磺所以制火药,石炭所以运轮轴。皆宇宙间不可一日以或少之物,初不能与之与天,必采之于地,则矿务之兴有益于公私上下者,非浅鲜也。”他敏锐地指出中国矿务不兴,利源未开的两个原因,一是官吏索取贿赂,官员如果未拿到贿赂则以种种理由搪塞、拒绝矿商开矿呈请,或称

---

① (清)陈其璋:《奏请各省开矿折》,载(清)麦仲华辑:《皇朝经世文新编》卷 8“矿政”,上海书局 1901 年石印版,第 3 页。

“舆情未洽”,或称“势多窒碍,恐致扰民”;二是迷信于风水之说,让呈请开矿者无功折返。他还以日本和欧洲为例,驳斥风水根本就是无稽之谈。“日本不讲风水,国祚永久,一姓相承数千年。”“欧洲不讲风水,富强甲于五洲,其商民有坐拥多赀富至二三百兆者。”[①]

有的社会精英虽然鼓励开矿,但态度比较谨慎小心。《开矿须防漏卮说》载:“今为富国计,开矿其急务也。然中国向来不以开矿为急务。而国不患贫者,风俗敦厚,人民简朴而又无外邦强敌夺其利故也。道咸以后,国家多故,度支遂绌,而贪墨吏之由损纳入官者,又复剥削侵蚀豪夺强取。为将本求利计而国于是乎贫然。”[②]该文认同开矿是富国的急务。在道光咸丰朝之后,国家贫弱,贪官污吏对矿业巧取豪夺,采矿并未能改变国家贫弱的状态。这实际上是呼吁国家必须整顿吏治,务必使官吏清廉,如此一来,矿业才能不受贪官污吏的危害而促进国家富强。而《禁开矿事》一文从另一方面指出,开矿若监管不当容易滋生匪患。“《礼》曰货恶其弃于地。今若明知有矿而不开,独非弃货于地耶。若云思患而与防之,凡开矿者必详定章程,勿稍疏忽以致变生意外,如是则得矣。禁云乎哉?”[③]持该论者比较理性,认为要充分利用矿产资源,并强调办矿时必须制定详细而合适的章程,进行规范管理,以避免各种风险和意外。如果先制定开矿章程,然后依此办矿,则不必禁矿。可见,社会精英已经认识到国家矿业法律规范对于矿业健康发展的重要性。这也反映出近代矿业发展对矿业法律制度的内在需求。

---

① (清)郑观应:《矿政上下》,载(清)陈忠倚辑:《皇朝经世文三编》卷66~70,上海书局1901年石印版。

② (清)佚名:《开矿须防漏卮说》,载(清)邵之棠辑:《皇朝经世文统编》卷87~89“考工部三·矿务”,上海宝善斋1901年版。

③ (清)佚名:《禁开矿事》,载(清)邵之棠辑:《皇朝经世文统编》卷87~89“考工部三·矿务”,上海宝善斋1901年版。

三、矿权外泄的主权危机

1840 年鸦片战争后，列强觊觎着中国丰富的矿产资源，纷纷在中外谈判草约中提出在华采矿的要求。它们各自派出本国矿师在中国多地探矿，勘测矿产分布及矿产品质。列强起先要求中方聘用外国矿师探矿并租买外国采矿机器；之后要求中方与外国矿商合办矿企在华采矿，再到要求中国划定其势力范围，允许外国矿商在势力范围内开矿，最终要求中国按列强矿法制定矿章，以促进外国在华的矿业发展。

民国学者龚骏认为我国开矿权之丧失，始于光绪二十年（1894 年）2 月 14 日清廷与德国签订的《中德胶澳租界条约》。其第 2 条第 4 款规定："于所开各道铁路附近之处，相距三十里内，如胶北县在潍县、博山县等处，胶沂胶南路在沂州府莱芜县等处，允准开挖煤斤等项，及须办工程各事，亦可德商华商合股卡才，其矿务章程亦另行妥议。"由此，德国获得了山东铁路附近三十里内煤矿的采矿权。由于采矿之地在铁路沿线附近，以铁路运输，矿产能够源源不绝地运至国外。从此之后，列强攫取在华开矿权，大有排山倒海之势。时任英国首相萨利斯伯资甚至将中德 1898 年之战争称为"矿权之战"。[①]

实际上，还有些掠夺中国矿权的不平等条约出台更早。如 1869 年中英新定条约规定，英商可经中方酌定两三处开采煤矿，而后中方定为句容、乐平和基隆三地。另外，该约还规定中方可以"雇佣洋人帮工及租买机器"。[②] 该约首次明确规定外国人享有在华开矿权。值得庆幸的是，这个条约最终没有被中方批准，未能生效。又如 1895 年中法订立

---

① 龚骏编：《中国新工业史发展大纲》，商务印书馆 1933 年版，第 53 页。

② 王铁崖编：《中外旧约章汇编》（第 1 册），生活 · 读书 · 新知三联书店 1957 年版，第 309、312 页。

商务专条规定,“中国将来在云南、广西、广东开矿时,可先向法国厂商及矿师人员商办”。[①] 由此,云、桂、粤三省开矿优先权被法国所获。中国人在自己的国土上采矿,反而要与法国矿商和矿师“商办”,这是中国矿业主权开始沦丧的突出表现。

1898 年英国福公司凭借《中德胶澳租界条约》获得在晋省 60 年的开矿权。而后,该公司又攫取了河南、河北地区的采矿权。于庚子之乱,英国还强占了开平煤矿。

1902 年《中英续订商行行船条约》第 9 款规定,中国应尽快(签约一年内)参酌英国、印度等国现行矿务章程,对自身的矿务章程加以修订,以期一方面有利于维护中国主权,另一方面有利于外资投资在华矿业。[②] 英国以签订不平等条约为手段,干涉中国矿务章程的制定,试图让中国矿务章程的立法模式向英国矿法靠拢,从而更有利于外国资本在华进行矿业投资。可见,中国近代矿业的发展及矿业法规的制定,均有列强裹挟牵引的因素。

外商凭借采矿特权在华肆意掠夺,让清末矿务愈加纷乱。当时,国家未能统一采矿权的审核标准,“各省办理矿务未能划一”。有的华洋商人开矿擅自订立合同,未经中国商部核准,导致矿业纠纷。1903 年,清廷下令,嗣后华洋商人订立合同,请办矿产,必须将所订合同提交商部审核。[③] 各地对采矿权审核标准不一,使采矿权的确认与保护极为困难,且中外合办矿务极易引发外交冲突。这些乱象都有待于国家对矿

① 王铁崖编:《中外旧约章汇编》(第 1 册),生活·读书·新知三联书店 1957 年版,第 623 页。

② 王铁崖编:《中外旧约章汇编》(第 2 册),生活·读书·新知三联书店 1959 年版,第 108 页。

③ 上海商务印书馆编译所编纂:《大清新法令(1901 ~ 1911)》(点校本)(第 4 卷),洪佳期等点校,商务印书馆 2011 年版,第 318 页。

业发展进行统一规制,颁行矿业法律规范。

清末,不少商民将自己管有的矿地私自卖给外国人,危害着中国的矿业主权。1905 年,商部指出外国发展矿业时,其民众殚精竭虑地限制采矿权限,保卫本国国土及主权,不容他国丝毫侵犯。而中国商民不懂国土和主权的重要性,往往贪取眼前小利,将矿山或矿地售于外国人,流弊甚多。商部奏请将私售矿地于外人的商民及相关人员予以治罪的提议得到了批准。①

在矿权外泄的主权危机下,中国为了振兴本国矿业,限制外方对我国矿业的吞噬,制定本国的矿业法律成为当务之急。

四、军民工业的产业驱动

近代以前,我国民众皆用土法采煤,煤炭主要用于家庭烹煮。而后,“及轮舶渐兴,需煤始亟,新式之煤矿业遂应运而生。其后因敷设铁路,铸造钢铁,煤之用途,日广一日,是以踵起继兴,遍于全国”。② 这表明在传统社会中,整个社会的矿产需求不高,采掘的矿产产量有限。清末,军用和民用工业逐渐发展起来,矿产的社会需求急剧提高。正如学者所言,中国近代采掘业的诞生并非来源于市场的驱动。清王朝专制统治下,市场导向的采掘业所承担的制度成本十分高昂,无法获得合适的成长空间。中国近代采掘业实际上是洋务派军用工业的衍生物。③近代采矿业诞生的驱动力来自洋务派军用和民用工业。

鸦片战争以后,我国社会对煤铁的需求快速增长。国门打开后,开

① 上海商务印书馆编译所编纂:《大清新法令(1901～1911)》(点校本)(第 4 卷),洪佳期等点校,商务印书馆 2011 年版,第 321～322 页。

② 汪胡桢:《中国煤矿业小史》,载《河海月刊》1921 年 3 卷第 6 期,第 47 页。

③ 中国经济发展史编写组:《中国经济发展史(1849～1949)》(第 2 卷),上海财经大学出版社 2016 年版,第 730 页。

放的通商口岸不断增加,各国来华轮船日渐增多。轮船航运需要消耗大量的煤炭,远程进口的煤炭难以满足需求,需要中国本土提供充足的煤炭燃料。外商和华商所开设的各种工厂对煤炭也有着旺盛的需求。与此同时,清廷的洋务工厂也迫切需要大量稳定的煤炭供给来源。[①] 光绪四年(1878 年),清廷筹办的开平矿务局成为新式煤矿业之嚆矢。[②]

清末由于列强的入侵,清廷不得不调整以农为主的经济结构,逐渐开始走上工业化的发展道路。洋务运动兴起后,军用和民用工业迫切需要矿业迅速发展以提供工业动力和原料。当时直隶总督李鸿章和船政大臣沈保桢奏请开采煤铁以济军需,获准后,开始试办直隶磁州和福建台湾等处矿业。光绪八年(1882 年),两江总督左宗棠奏北洋筹办防务,造船及各省机器轮船所需煤铁,最为大宗,请开办江苏利国驿煤铁。之后因修筑铁路,将煤铁视为当务之急,于是全国多地开始兴办煤铁矿。[③] 可见,清廷在筹备国防时,将煤铁开采作为急务。有了江苏利国驿煤铁矿厂的垂范,全国多地纷纷效仿兴办煤铁矿业。

清中前期,除了户部和工部设局管理收铜铸造外,朝廷并未设置专门掌管开发矿业的机关。时至清末,这一缺憾终有改变。光绪二十四年(1898 年)六月,清廷设置了铁路矿务总局管理矿业。而后考虑到矿业的重要性,清廷于光绪二十六年(1900 年)特设商部,矿业隶属于商部之工务司。后来,商部改为农工商部,其工务司下设有工务和矿务两科。此外,各省设置矿政调查局及矿务议员,以管理矿务。

清末,中国自给自足的自然经济受到外界的冲击,与世界经济的联

① 中国经济发展史编写组:《中国经济发展史(1849~1949)》(第 2 卷),上海财经大学出版社 2016 年版,第 718~719 页。

② 汪胡桢:《中国煤矿业小史》,载《河海月刊》1921 年 3 卷第 6 期,第 47 页。

③ 赵尔巽等:《清史稿》(第 13 册)《志九十九 · 食货五 · 矿政》,中华书局 1976 年版,第 3667 页。

系越来越密切。中国开始发展军用和民用工业，社会对煤铁的需求陡增。之前民间小矿小窑式的采矿，已经无法满足社会经济对矿产的需求，而机器化、规模化的矿业开采需要有效地利用矿地并投入充足的资金。

规模化矿业开采的社会需求引发了一系列问题。矿地经济价值急遽上升后，其稀缺性开始显现。如何高效地使用矿地？如何对采矿进行有效的控制与监管？如何合理分配不同主体间的矿业利益？成了摆在统治者面前的亟待解决的难题。原先山主管业的小矿产权模式将被更自由、更集约化的国家授予矿业权模式所取代。大规模采矿的社会需求导致矿产价值的增加，诱导社会必须更明确地界定矿地开采资格。作为民营矿业发展最活跃的因素，矿商希望能摆脱传统矿业生产的种种障碍：国家严禁矿商在户籍地外采矿经营，山主居奇不轻易出租或出售矿地，矿地土人骚扰影响矿厂正常生产，采矿资格随意被地方或中央政府取消。矿商们进一步提出保护其采矿权益的诉求，这就不得不变革传统矿业权利结构。

清末，支持矿业发展的民间资本力量不足，矿业发展主要依靠官方投资和外商投资。在此期间，列强通过不平等条约不但攫取了中国多地采矿权，而且还千方百计向中国矿业注资，侵占矿业利益。此时，由于矿业资本不断扩充，小矿小窑式的矿业逐渐被大型矿业公司所取代。机器化、规模化的矿业公司经营模式远比小矿小窑式的经营模式复杂得多，需要制定更有效的法律规范引导矿业健康发展。因此，制定矿业法律以明确采矿资格被提上国家立法议程。

五、变法修律的时代需求

光绪二十七年(1901 年)六月初五日，刘坤一和张之洞呈《遵旨筹议变法谨拟采用西法十一条折》。[①] 该折第六条揭示了制定路矿章程的紧迫性与必要性。中国矿产丰富但矿业未兴，铁路运输发展迟滞。这两宗利益为外国所觊觎。近年来，外商纷纷来华投资，乘中国缺乏路矿法律且不了解外国国情，而侵占中国路权和矿权。列强不仅攘夺在华势力范围，还叫嚣利益均沾。外国公司在华侵占了广大区域，却迟迟不兴工办矿。法国、德国、英国和意大利在云贵、山东、山西、河南等省定有路矿合同章程，引发了不少华洋纠纷。之后，中国各省利权将被列强瓜分，难以自主发展矿业。洋人在华办路矿事务，不受中国地方官约束，任意欺压中国老百姓，流弊甚多。中国不但丧失了利权，而且对洋人也难以管制。一旦民众不堪洋人欺凌，双方容易滋生事端。因此，外商建议清廷寻觅著名律师借鉴外国路矿法律，秉公制定好本国的路矿划一章程。路矿画一章程制定好之后，一则明确路权和矿权的界址、资本和期限，二则国家可以据此享受路矿之利，三则地方官对路矿事务管理有法可依。推行该章程，不仅让华洋商人利益均沾，限制洋人对中国的侵害；还可以保护平民，减少纷争。

清末矿章匆匆出台是为了让外商在华采矿有法可依，防止矿权外泄。1902 年，南洋大臣刘岘帅奏："当今本法大宗没入将矿务律例急行订定，添入大清律例内。俾外人如欲开矿必须遵守中国律例方可。非然者既无定律可援，势必至既许一国而别国又将群援利益均沾之一法也。"[②]

制定矿务章程初期，国家要求各省按地方旧例呈请矿业。另外，外方始终干涉着中国矿务，求中国修改矿章中矿税税率。前政务处

---

① (清)刘坤一、张之洞：《江楚会奏变法三折·变法第三折》，光绪辛丑年(1901 年)两湖书院刊本，第 20 页。

② 佚名：《议订矿律》，载《联勤学术研究季刊》1902 年第 17 期，第 50 页。

所订矿务章程经张燕谋侍郎申驳，政务处即拟重行修改。日前特传旨著各省将军督抚，各照地方旧例拟定章程，交矿务局参考办理，不必泥定所订新章云。又济南府德领事近照会张中丞谓，现行之矿务章程税率太重，请酌减数成。[①] 这是考虑矿务新章恐与中国当时矿务国情不符，因此颁行初期仍照地方旧例拟定章程，办理矿务，而不必拘泥于新章。

在列强攘夺我国矿权的乱局之下，清廷要员忧虑本国大量利权外泄，民众饱受欺凌，国家丧失矿业主权，于是呼吁制定本国路矿章程。可见，列强对中国矿权的侵害，成为近代矿业法律诞生的催化剂。清廷希望能以路矿章程作为抵御列强经济侵略的盾牌。

第二节　清末矿业权的草创

甲午之后，列强加强了对中国的经济侵略，矿产成为列强蚕食的重点。面临多地矿权外溢，清廷认识到迫切需要发展矿业并保护矿权。[②] 为了限制外商对我国矿业的掠夺，大力保护和鼓励华商自主办矿，清廷吸收西法先后颁布了多部矿务章程。这些矿务章程是我国近代矿业权制度的早期探索。

一、设置采矿权的最初尝试

不少学者将 1898 年《矿务铁路公共章程二十二条》作为我国近代

---

① 佚名：《议订矿律》，载《联勤学术研究季刊》1902 年第 17 期，第 50 页。

② 吴春梅等：《近代淮河流域经济开发史》，科学出版社 2010 年版，第 274 页。

矿业法律制度的开端。[①] 事实上，在1898年以前，清廷曾对设置采矿权有过更早的尝试。

咸丰三年(1853年)的《开矿章程》大致勾勒出采矿权的基本框架。光绪十年(1884年)七月初一，为使办矿更有成效，有官员建议依照咸丰三年议定的《开矿章程》办矿。该章程不但立法详明，而且从前开办矿务也曾参照适用过。“各商于认矿厂之始，光行呈验资本。试采矿硐之地，如系官地，则报官开采；若系民地，则每开一硐，酌给民人地价银两。一月无效，即行封闭，地归本主。如矿苗大旺，令商人报官，再行验资给照，承证开采。再议加地价，居民不得抑勒，商人亦不许藉端侵害。如厂旺人多，则令其五十人连环互结，尤必本地籍贯，审音查明，方准入厂，不得招留外省无藉游民。倘有不法，许管厂商人，送官究治，若容隐或另生他弊，惟该管厂商人是问。”[②]

该开矿章程呈现出当时采矿权的基本框架。第一，矿商呈请开矿时，国家首先验证其资本。第二，试采矿地时根据矿地业权的不同，官地须报官开采，民地则由矿商给山主地价试采。矿商试采一个月，开采无效则将矿地归还原山本主。若试采一个月后发现矿苗大旺，则矿商必须报官。经官方验资，发给采照，矿商持采照开采。第三，要求矿地山主与矿商必须公平商议地价，山主不得敲诈勒索，矿商也不得无端侵害矿地。第四，矿商所雇佣的矿丁必须是本地人，以每50人为基本单位相互担保。矿商必须考察矿丁是否为本地口音，判断是否为本地人，

① 参见臧胜远：《中国矿产资源法规的历史发展沿革：清朝末年与民国初年的矿业法》，载《中国地质》1987年第9期，第5页；李柏林、李英龙、李文瑶：《采矿权制度概况》，载《金属矿山》2002年第3期，第5页；曹晓凡、程伯仕、周黎：《矿业权制度的历史沿革》，载《资源环境与工程》2006年第4期，第488页。

② “中研院近代史研究所”编：《矿务档》(第1册)，台北，“中研院近代史研究所”1960年版，第9页。

禁止雇佣外省无籍游民。第五,矿商有义务将矿厂内不法案件送官究治。概括之,矿商经过试采,若发现矿产储量丰富即报官验资,在获得官方矿照后方可开采。矿商使用民地采矿,其地价须公平商议。矿商只能雇佣本地人为矿丁。矿商还有责任对本矿厂的治安进行监督与管理。

光绪二十二年(1896 年)九月二十九日,北京门头沟地区颁行的《整顿煤窑新章》是较早的地方性采矿权规范(见表 2 - 1)。这反映出,在国家矿章制定之前,一些地区曾尝试颁行采矿权规范,体现出“采矿权必须向官方呈请”的意识。

表 2 - 1 《整顿煤窑新章》的主要内容*

条目序号	条目内容	基本内涵
3	门头沟等佐杂衙门书役,先即由州县行知,以后不准该衙门发给谕单,擅令窑户开采,倘仍故违,一经查出,即行撤参。	采矿权由州县准许,门头沟衙役无权以谕单准许。
4	各商民人等有在民地内新开煤窑者,必先邀同山主,携带契据,报明本管州县衙门,查勘确实。如果并无妨碍弊混,方准发给执照开采,由该州县随时详明本衙门立案。	民地采矿,矿商邀山主,携契据呈请开采权。
5	各商民人等,如有集资伙开新窑者,由该州县讯明集资人名及如何分利,如何章程,详填执照之内。每人各给执照一张。以后如或改业,不愿合伙,只准呈明州县,将执照卖与他人承办。由买主取具同伙并无弊混保结,将旧照缴销,换给新照。不准将执照当押钱文,致启争端。违者均各惩处治罪。其有指窑借贷者,另以钱债断理。	矿照内填明章程内容,采矿权变更时经官方换新照,禁止将矿照典当。

续表

条目序号	条目内容	基本内涵
9	从前窑户,有工部给发执照开采者,此次毋庸再领州县执照,亦不准将执照当押钱文,以杜弊端。	工部所发矿照继续有效。
10	以上息讼转饬,应饬州县刊刷多张,分发歌谣,俾众周知。并遇各窑户请领执照时,将转饬一张粘连执照之作,骑缝用印。庶无窑户有所遵循。其有未尽事宜,仍由各州县随时酌议详办。	州县刊发息讼单粘贴于矿照中。

* "中研院近代史研究所"编:《矿务档》(第1册),台北,"中研院近代史研究所"1960年版,第399~402页。

《整顿煤窑新章》某些内容与后来国家矿章的一些主要规范有相似之处,例如限定采矿权由官方(由州县)准许,民地采矿权凭借矿商与山主间契据呈请,采矿权变更遵循换照程序等。下面的一则窑照反映出《整顿煤窑新章》已成为北京门头沟地区认定采矿权的法律规范。

窑照一则

钦加员外郎衔即补顺天府督粮厅署理宛平县正堂加十级记录二十次刘

为发县照事。案据民人张殿栋呈报在山主杜稳祖遗自置门头沟内魏家沟西坡山场地内,自备工本,买到马九朝地库煤窑,今更字号天利煤窑一座。实系并无违碍道路庐墓庙宇房舍之处,遵治宪堂断。公同山主杜稳呈验红契投具呈结请照前来。除批示并遵照整顿煤窑新章,详请尹县立案外,合行发给县照,准其试采为此照给该窑户张殿栋收执,以杜影射私开。该窑户于领照后,亦不得藉词取巧别开窑业,以后亦不得藉此取巧另开窑业,以及押借银钱,滋生事端。如敢故违,定干追照严究不贷。毋违此照。须至照者。

计开

窑户张殿栋，年五十三岁，身中面黄，有须，系山东招远县民。

并粘抄整顿煤窑新章一纸。

右照给窑户张殿栋收执。

光绪二十二年九月二十九日。[①]

从该窑照中，可以看出以下几点。第一，该县在审核采矿权呈请时，会考察是否该窑开采后会有碍道路、庐墓、庙宇和房舍。第二，呈请人张殿栋必须与矿地山主将矿地红契交县呈验。第三，呈请人取得该县所发窑照后，意味着可以合法采矿，与“私采”以示区别。第四，窑照不得抵押，也不得另开窑业。第五，该窑照注明了窑户张殿栋的年龄、身材、面色特征及籍贯。这应该是为了防止窑照被他人冒用而对窑户的基本信息进行备注。

未有国家矿务章程前，各地对采矿权的审核比较混乱。光绪二十二年（1896年）八月十二日，北洋大臣王文韶呈上一份采矿呈请。“伏查我朝五金之矿，听民开采，官征其税，载在会典，而铁之为用，尤为大宗……”[②]该呈请书有1500余字。清末矿务章程尚未制定之前，官方尚未对采矿权法定要件进行明确界定。呈请采矿权者总是撰写冗长的呈请书，将开采所呈请矿地的利弊缘由等琐碎内容一一呈现。矿商力图以冗长的呈请书说服游移不定的当局作出准予开矿的决定。呈请书冗长而烦琐，对于矿商的采矿能力及采矿条件未并未重点说明，却关注一

① “中研院近代史研究所”编：《矿务档》（第1册），台北，“中研院近代史研究所”1960年版，第399页。

② “中研院近代史研究所”编：《矿务档》（第1册），台北，“中研院近代史研究所”1960年版，第367~369页。

些不重要的枝节。这时，官方决定是否准许开矿，主要是考虑政治利益，而不是审核呈请者是否具备开矿资金、技术和信用。

浙江试用县丞邹瑞龄请求试办开采门头沟煤矿呈文则大不相同。该呈文特别说明资金、技术人员（矿师）、矿地租用、及报效（抽盈余中的二成报效国家）等事项。[①]这意味着该地区对采矿权的审核关注呈请者资金是否充足、是否雇佣了技术人员，呈请者与矿地山主是否就矿地租用达成协议及报效的比例。可见，由于缺乏统一的国家规范，矿商即使递交了采矿呈请，也难以预料结果，官方是否批准其采矿是不确定的。

二、国家矿章设置的采矿权条款

（一）《矿务铁路公共章程二十二条》采矿权条款

光绪二十四年（1898 年）九月初十，大臣胡燏芬条陈矿路事宜折内，反映了清廷制定《矿务铁路公共章程二十二条》（以下简称《二十二条》）的初衷。该《二十二条》是为了矿务铁路事务能够办理得宜，利于民生。官员制定草案的态度非常谨慎，认为该法不可偏失，否则将造成奸商垄断而绅商退缩的局面。该《二十二条》主要涉及遴派公司，严核股本，示洋股之限制，保华商之利权，及用人购地，选匠鸠供，征收税课，稽查出入等方面。立法者选取了中外矿业立法成式中的一些内容，经反复斟酌，编纂而成。[②]

该《二十二条》立法目的之一就是限制外资对我国矿业的渗透。由于矿权大量外泄，清廷一直忧虑外国资本对我国矿业的渗透，希冀《二

① “中研院近代史研究所”编：《矿务档》（第 1 册），台北，“中研院近代史研究所”1960 年版，第 382 页。

② “中研院近代史研究所”编：《矿务档》（第 1 册），台北，“中研院近代史研究所”1960 年版，第 33 页。

十二条》能够限制外资在中国采矿。光绪二十四年九月二十八日李征庸提出，《二十二条》应着重商办，建议以华洋各半或洋七华三的比例来限制借洋债和集洋股。“立法者，既已大段完好；行法者，再于小处弥缝，自无流弊。时至今日，既不能深闭固拒，及于早分利平权，勿待被迫挟而后予人，转失去我国自主之权利。而独有进者，一国专擅，不如利益均沾之可息争也。”①在他看来，路矿章程是原则性的规定，具体实施时需要从微小处谨慎规制。当时中国贫弱，无法完全排斥列强攫取我国矿利，只能在矿业立法中对华洋出资比例予以限制，化被动为主动，不致于失去矿业主权。他的主张比较开明，提出与其放任某一国外商在中国采矿，不如让各国利益均沾，避免厚此薄彼而引发纷争。

立法者认识到学习西方矿法的重要性，制定国内矿章时有意模仿西方矿法的内容。矿务铁路总局认为自身筹办矿务事宜责任重大，必须博采各国现行矿务铁路两项章程，以资考证。英国属地最广。制定中国矿路章程时，尤其需要对英国属地澳大利亚及南洋海门各属矿路章程参互考证，如《查勘矿务大臣之禀》、《英议院颁行之铁矿章程》、《各国矿务条例撮要》、法比两国之矿税册全书等。②

光绪二十四年十月初六日，由矿务铁路总局主稿，会同总理各国事务衙门，呈上《二十二条》。从结构上看，《二十二条》没有划分章节，法条也没有标明序号，法条条目不够严谨。从内容上看，该章程将矿务规范与铁路规范杂糅在一起，不够成熟。该《二十二条》设置采矿权的内容主要有以下几个方面。

① “中研院近代史研究所”编：《矿务档》（第5册），台北，“中研院近代史研究所”1960年版，第2577页。

② “中研院近代史研究所”编：《矿务档》（第1册），台北，“中研院近代史研究所”1960年版，第93页。

第一,以法律规范确立呈请采矿权者的资格。采矿权者必须为人正直,家资殷实,其籍贯经地方官核查无疑。“各省绅商有递呈该省地方官,请办矿路事宜者,该地方官先查其人,如果公正可靠、家资殷实,其所请办,无背奏定章程,即咨报总局核夺办理,不得率行批注。其有在总局递呈者,亦必咨查该绅原籍地方官,确实无疑,以杜招摇等弊。”① 官方对于采矿权呈请者侧重考查其人品、资本及籍贯三个要素。而在这三个要素中只有籍贯要素是地方官可以真切核实的。该条未明确规定呈请者人品和资本的标准,因此地方官对这两个要素的核查容易出现偏差。

清末采矿权者的资格与清中前期采矿准入资格相比,有三个显著变化。其一,考察呈请者人品是新增的因素;其二,要求地方官考察呈请者的籍贯“无疑”,但是并未限定该呈请者必须是矿地本地人;其三,明确要求呈请者资本殷实。这些变化反映出清末采矿的新趋势——更大规模的矿厂需要更充足的资本,因此仅允许矿地穷民呈请采矿权变得不现实了。由于矿业发展的内在需求,仅限“本地人采本地矿”无法满足资本与矿地的优化配置,采矿权呈请者不再局限于矿地本地人。为了确保呈请采矿权者是真心实意打算办矿的矿商而非招摇撞骗者,该章程要求地方官考察呈请者的人品是否“公正可靠”。若呈请者人品卑劣,只想将采矿权高价转手并非实意办矿则可能导致矿地闲置,甚至出现将矿权拱手让与洋人的情况。

第二,明示矿商在呈请的矿地采矿不得干扰民生。“矿路公司勘定某处必经之地,应由地方官先谕,俾众周知,不得故意抗玩。至公司买

---

① “中研院近代史研究所”编:《矿务档》(第1册),台北,“中研院近代史研究所”1960年版,第46页。

地遇有庐墓所在，务当设法绕越，以顺民情而免争执，不得勉强抑勒。”[①]路矿公司所勘定的用地，由地方官发公告，广而告之。这样，矿地民众就不能故意阻挠路矿公司采矿。另外，公司所买矿地必须设法绕越当地民众庐墓所在，不影响当地民生，以避免与矿地土人发生纠纷。

第三，严格限制呈请采矿权者资本中外股和外资的比例。“集股以多得华股为主。无论如何兴办，统估全工用款若干。必须先有己资及已集华股十分之三，以为基础，方准招集洋股或借用洋款。如一无己资及华股，专集洋股与借洋款者，概不准行。”[②]矿业公司集股应以多得华股为主，已有出资中华股已占有十分之三以上，才能准许该公司招集洋股或借用洋款。如果该公司华股未占到十分之三以上，全是外股或出资全系借洋款，则官方不予核准采矿权。

第四，矿地地方官对采矿权纠纷有治安管理权和司法管辖权。“各省凡有矿路地方，必有借重地方官之处。如有地主阻挠工役聚众等事，一经公司呈报该地方官，即为晓谕弹压，毋得推诿，尤应严禁胥役讹索情弊。如不切实保护，准公司呈诉总局，查实奏参。”[③]国家对矿路管理依靠地方官的监管。当矿地地主阻挠矿务公司采矿时，地方官接到公司呈报后，应发布公告维持秩序，必要时进行弹压，以实现切实保护。另外，地方官还应对胥役加强监督，严禁其讹诈勒索矿务公司。如果地方官对矿务公司保护不力，该公司向总局呈诉，则地方官应受到惩罚。这意味着官方开始保护获得采矿权的矿务公司，帮助其排除地主的无

① “中研院近代史研究所”编：《矿务档》（第1册），台北，“中研院近代史研究所”1960年版，第46页。

② “中研院近代史研究所”编：《矿务档》（第1册），台北，“中研院近代史研究所”1960年版，第46页。

③ “中研院近代史研究所”编：《矿务档》（第1册），台北，“中研院近代史研究所”1960年版，第48页。

理滋扰。这是在"山主管业"时期看不到的新现象。

此外，地方官处理矿务公司纠纷时，必须公平断案。"凡公司彼此争利，或他事有碍公司利权者，应就近由地方官持平判断，免致两伤。或因判断不公，准禀由总局详细核办，以示保护。如系华洋商彼此争执，应由两造各请公正人理论判断。倘实判断不服，准其另邀局外人秉公调处，两国国家不必干预。"[①]当地方官处理矿业纠纷不公时，由矿务总局最终处理。对于华洋矿商纠纷，由两方各自选派公正人处理。对处理的结果不服时，两方可以另外邀请局外人居中调处，两国国家不能干预。

（二）《矿务章程十九条》采矿权条款

在大臣们眼中，虽然中国矿产资源很丰富，但开采成效不尽如人意。当时清廷国库空虚，难以筹措开矿经费，国家兴办矿业不得不借助民间矿商们的力量。有的商人深知开矿见效慢，裹足观望。然而，奸诈嗜利之徒却以一纸呈请书申请采矿，希望借此办矿得利。官方如果禁止贪利者办矿，则需要出示一些理由来驳斥其呈请；如果允许他们办矿，将会招致更多的贪利之徒效仿。甚至还有一些贪利者勾结外商办矿，使我国矿业利权严重丧失。光绪二十八年（1902 年），大臣们提出："为今之计，惟明定画一章程，使人人晓然与厚生利用，但能上下交益。国家固无所私，无论华洋各商，皆可照章承办。其有违背定章，任意要索者，仍应坚持驳阻，杜绝弊混，即所以鼓舞商情。"[②]也就是说，国家制定统一矿务章程后公之于众，才能使得华洋各商遵照法律规范呈请采

---

① "中研院近代史研究所"编：《矿务档》（第 1 册），台北，"中研院近代史研究所"1960 年版，第 48 页。

② "中研院近代史研究所"编：《矿务档》（第 1 册），台北，"中研院近代史研究所"1960 年版，第 87 页。

矿权,以杜绝不法采矿而振兴矿业。鉴于此,大臣们拟出《矿务章程十九条》。该章程剔除了铁路规范,开创了矿务专门立法的先例。该章程涉及矿地权利的民事保护、涉外矿务的法律管辖、溯及效力等法律概念,呈现出明显的近代法色彩。

《矿务章程十九条》(1902年)所涉采矿权的主要内容有:

第一,矿地地主有否决采矿权之权,但应服从国家的安排。“该处地主原有不从之权,须有原禀之人,向其先行说明,商定价银,报明立案,不得私行交易。倘该地关系国家必须开办之故,其地主虽有不从之权,亦应听国家之意,有官公平发给地价,任凭开办。”[①]矿商呈请采矿权首先应向矿地地主说明情况,与之商定矿地地价。随后,矿商应向国家矿务部门呈请采矿权,禁止与矿地地主私下交易。如果该矿地属于国家必须开办的矿地,矿地地主对采矿权之否决无效,由官方公平拟定矿地地价,准许矿商开办。

第二,矿产地亩应公平给价,民地则照市值购买,官地则令补价承租。地主不愿出佃矿地者,可将矿地入股。“矿产地亩,民地则照市值购买,官地则令补价承租。惟民地虽购买过户执业,仍须照中国原定田则,完纳钱厘,以付赋额,至各矿所用地段,只准足敷盖各厂各用为限,不得多占。”[②]矿业用地照例完税纳厘,矿厂使用矿业用地时以足用为限,不得多占。“公司购用地亩,自应公平给价,不得强占抑勒。亦不得抬价居奇,并不准以有碍风水藉词阻挠。该地主不愿领价,愿入股份,

① “中研院近代史研究所”编:《矿务档》(第1册),台北,“中研院近代史研究所”1960年版,第88页。

② “中研院近代史研究所”编:《矿务档》(第1册),台北,“中研院近代史研究所”1960年版,第89页。

即按照原值，给予股为凭。”①

第三，探矿不得影响当地田舍坟墓，有碍者应设法绕越，无法绕越时，矿业公司应给予充分的补偿。“采验矿苗，应须打□遇有田舍坟墓所在，设法绕越，如实在无法绕越，应商明业主，由公司优给赀费，以便迁移。”②

可见，《矿务章程十九条》设置的采矿权较注重保护矿地地主的权益。其一，尊重地主的土地业权。国家审核矿商的采矿权呈请时，矿地地主具有否决权。矿商呈请开矿，应首先向该矿地地主说明情况，并与之商定地价，再向官方报明立案。当地主不许矿商采矿而国家认为某一矿地必须开采，则由官方公平确定地价，这时矿商可以采矿。其二，矿商可以购买、承租或以地入股的方式获得矿地。矿商对于民有矿地必须按照市场价购买，对于官有矿地必须出资承租。地主获得国家所定的公平地价，地主不愿将矿地出租或出卖时，也可以选择将地入股。其三，探矿遇到田舍或坟墓应绕越，实在无法绕越的，应与业主商明，由矿商支付优厚的迁移费用。立法者考虑到当时地主对矿地仍有实际的控制力。矿商虽从官方获得采矿权，却不得不事先获得地主的首肯。这些条款让地主可以选择矿地的出让方式并获得公平的矿地地价。这种设置不但使地主获得了矿地公平地价，其基本收益得到保护，而且还保证矿地土人的生产生活不受采矿的影响，国家授之矿商以开采权的阻力也会相应地减少。

---

① “中研院近代史研究所”编：《矿务档》（第1册），台北，“中研院近代史研究所”1960年版，第89页。

② “中研院近代史研究所”编：《矿务档》（第1册），台北，“中研院近代史研究所”1960年版，第89页。

三、矿业权条款的雏形

（一）《矿务暂行章程三十八条》设置最早的矿业权

清末,矿务成为国家要政。光绪帝指派刘坤一、张之洞研习西方矿章,妥善制定本国矿务章程。光绪二十八年(1902 年)上谕揭示了矿务章程的立法目的,“务期通行无弊,以保利权而昭慎重”。① 遏止矿权的外泄是清末矿章的重要使命。

光绪二十九年(1903 年)五月,张之洞奉命拟议矿务新章。他查阅了清廷与英美所订商约,发现这些商约皆载明矿务新章颁行后,如准开矿者,均须照新章办理。这意味着清廷可以通过制定矿务新章来改变我国矿业受制于外商的困厄。因此,矿务新章中采矿权的设置非常重要,关系到中国长远的矿业利益。张之洞认为,只有熟悉考究各国现行矿务章程的人,才能制定出矿务新章。他专门让外国头等矿师布鲁特购办书籍,拟写矿律。光绪三十一年(1905 年)三月,布鲁特拟就矿律五十九款,又补遗三款;矿章九十一条,又补遗一条。张之洞考虑布鲁特虽然深谙矿学,但是其对中国国情不够了解。在得到布鲁特所定矿章的翻译本后,张之洞即令布鲁特赴鄂省,以备随时咨询。② 可见,张之洞在制定矿务新章时注重吸收外国专家编纂规范,汲取了西方矿法的一些精华。

光绪二十九年十月,刘坤一和张之洞奉旨采择各国矿章,详加参酌。光绪三十年(1904 年)二月初一,刘坤一奏明该章程的立法背景。

---

① 《公牍:本部具奏遵旨核议矿务章程缮具清册折》,载《商务官报》1907 年第 23 期,第 5 页。

② “中研院近代史研究所”编:《矿务档》(第 3 册),台北,“中研院近代史研究所”1960 年版,第 1542 页。

清末办矿的风气大开之后,矿商们纷纷申请办矿,亟须国家颁行统一的矿法来审准采矿权。只有制定出新矿务章程,官方审核涉外采矿呈请才能有法可依。负责起草矿章的大臣参照先前的矿务章程,在制定《矿务暂行章程三十八条》时进行了一些修改和增补。①

矿业权与采矿权的区别表现在以下几个方面。第一,矿业权意味着地矿分离,矿地地主不当然具有矿业权。第二,矿业权法定,其权利获得必须经过国家准许。第三,矿业权包括探矿权与采矿权。传统采矿权采取"探采一体"模式,未单独设立探矿权。据此,笔者认为《矿务暂行章程三十八条》设置了我国近代最早的矿业权。其矿业权的相关条款内容如表2-2所示。

表2-2　《矿务暂行章程三十八条》设置的矿业权

法条序号	内容	所涉事项
2	凡并请办矿,应由本部发给执照为凭,未经发照以前,不得举办。今将执照分为二等,一为探矿执照,一为开矿执照。	采矿法定,探采分离
3	矿地无论系产何种矿质,必须为国家官地,方能发给执照。若系有主之地,则须与该地主商允地价,或愿作股分,报明立案,方准禀请给照。如该矿地为国家必须开采之处,应由官公道给价购买,地主不应抗违。	无论是官地还是民地,采矿必须经过国家准许,发给执照

① "中研院近代史研究所"编:《矿务档》(第1册),台北,"中研院近代史研究所"1960年版,第100~101页。

续表

法条序号	内容	所涉事项
4	无论中国商民承办或华洋商合办,如欲请领采矿执照或开矿执照者,应照下列各款,详细禀明本部,或禀由该省地方督抚,听候确查于地方情形有无窒碍,并有无违背定章,由部酌核准驳,各款列后。 一、禀内须载明请办人之姓名,并何省何县,或一人,或数人的,系自办并不转售他人。 二、华洋商合股者,应声明该洋商系何国人,占有洋股实数若干。 三、禀内须将所指矿地四至远近带下若干方里,合计若干亩,绘图贴说,以补查核。 四、禀办人系采掘何种矿产,应开列清楚。	呈请采矿执照的法定要件
5	请办之矿地,不得逾三十方里,其地须彼此连属,且长处不得逾阔处四倍。遇有坟墓所在,其打钻掘开,须设法绕越,万不能绕越者,应行请给迁埋之赀。	限制采矿矿地面积
6	禀办之矿地,如有人禀准在先,或系公家应用要地,均不能给予执照,由本部查明批驳。	采矿呈请优先权
7	以下为探矿:凡请领探矿执照,领照后,非遽准其开采,但许在照内所指之地,就其浮面探验苗线,不得过于深邃,亦不得过于广阔。	界定探矿
8	探矿执照以一年为期,期满如实未探竣,应具禀呈明,查无虚诳,准予展限。至多展至一年为度。	探矿期限
11	如矿地实为他人私产,未向地主商允,朦准给领探矿执照,任意勘探者,已经地主告发,应计所失,照价赔偿。	所呈矿地为民地应经地主允许
30	开矿执照以三十年为期。如欲禀请展限,须与期满六个月前,呈候本部核断。除该矿地为国家另有要需,不准再展,应行酌估津贴收回外,其准予展期换照者,照费如前照纳。	采矿期限

续表

法条序号	内容	所涉事项
31	领照人业准予照内所领地界开采矿产。惟该地界内，如有他人物业及他人已有之利益，则应将此处划开，不入界内，并应于请领开矿照时禀明，俾注明照内，以免争执。若一时朦准，经人控诉，查实议罚。	采矿严守所领矿地地界
37	凡发给探矿执照，应由领照人缴呈注明殷实行号报单担承银五千两，开矿执照担承银一万两。此项保银，系担承领照人遵守照内及部章所载各款，违者罚令充公。	领取矿照须提供保银

《矿务暂行章程三十八条》设置了矿业权的主要内容：

第一，明确矿业权法定和探采分离。无论是官地还是民地，矿商采矿必须向农商部呈请，经准许后凭借执照采矿。矿地地主不得违抗国家准许矿商所开之矿地。另外，矿业执照分为探矿执照和采矿执照两种，矿商根据其探矿或采矿之目的分别呈请。

第二，明列呈请矿业权的法定要件，包括呈请人基本信息及保证，洋股来源及比例，矿图和拟采掘矿产的种类。其一，官方除了要求呈请人提供姓名、籍贯、人数等基本信息外，还要求其承诺“系自办并不转售他人”。该章程不再严格控制呈请人必须为矿地本地人，但注重其是实意办矿，而非倒卖矿业权。其二，官方严密监管华洋合股办矿，掌握外商国籍及出资比例等重要信息。这主要是为了遏制洋商攫取我国矿利所采取的措施。其三，呈请书中必须附有明确四至和矿地面积的矿图。其四，呈请书须注明所呈请矿质种类。这是受到西法矿业权规范的影响，为设置“一矿一权”奠定基础。

第三，确立矿业权之优先权，一为时间优先，二为公家优先。矿商呈请矿业权时，若有他人禀准在先，或是公家应用要地，则其矿业权不予批准。

第四，明定探矿期限、采矿期限和延展期。探矿期限为一年，至多延展一年。采矿期限为30年，期满前6个月呈请展限。

在仿照西方矿法设置矿业权时，立法者还顾及"矿地地主管有矿地"的国情，对地主的权益作出了一定的安排。例如，第3条和第11条规定，若呈请矿地系民地，矿商须与地主商允地价。若未经地主允许，朦准给领探矿执照，任意探矿造成地主损失的矿商，照价赔偿地主损失。鉴于此，"矿业权法定"将受到地主允准的限制。

（二）《大清矿务章程》初成矿业权

1906年，农工商部委派张之洞和伍廷芳等草拟正式矿务章程。伍廷芳先是参酌了英、美、德、法、比、西等国矿章译本，随后又参考了日本矿章。《大清矿务章程》于1907年颁布。① 该章程结构上分为正章和附章，正章之下分章，每个条款都有标题，突破了之前《矿务章程十九条》无章节条目之局限，初具近代矿业法的立法技术和体例。该矿务正章吸收了多部外国矿章的精华，所设置的矿业权规范初具成果。

该矿章设置矿业权的主要内容有：

第一，矿地依据空间分层划分权利，明确区分矿地业权、矿产资源所有权和矿业权，如图2-1所示。该矿章将矿地分为地面和地腹。地面权利，即矿地业权，主要指业主在地面浅层耕种、筑造及实施其他土工的权利，不含采矿权利。矿商可以凭借开矿执照采矿，不受地面业主和他人干扰，其但没有地面业权。地腹权利，即矿产资源所有权，指在地面第一层之下，至无限制深处开采矿产的权利。按照各国通例，"地腹皆为国家所有，凡五金之苗及一切贵重矿质，非官不得开采，业主民

① 中国近代煤矿史编写组：《中国近代煤炭史》，煤炭工业出版社1990年版，第237页。

人不能沾地腹之利”。[1] 矿产资源所有权归国家，据此国家授予适格的矿商的矿业权。至此，国家获得了授予矿业权的权力。地主仅保有矿地地面权利，丧失了采矿权。任何人必须依法呈请，获得矿业权后才能开采。从立法层面，采矿权逐渐由“山主管业”转变为“国家赋权”。

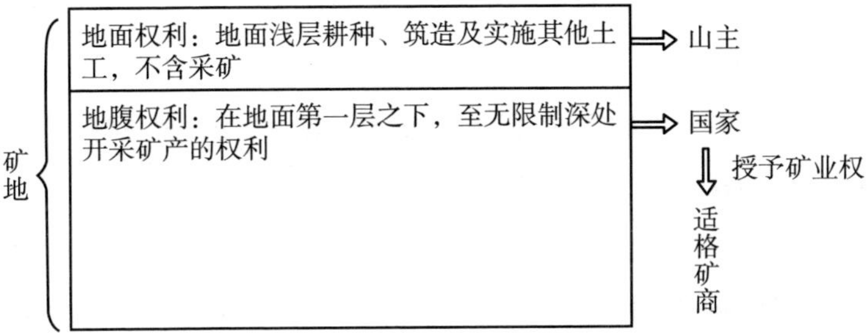

图 2－1　矿地权利划分示意

第二，确定“首先具禀之人”获得勘矿执照，限定勘矿期限及面积。最先呈请勘矿权者才有可能获得勘矿权，这是“矿业权之优先权”原则的突出体现。勘矿权以一年为期，可以延展。为催促矿商积极行使勘矿权，该章程规定矿商获得勘矿权后，在两个月内必须派矿师勘矿，否则不准延展勘矿期限。每张勘矿执照所准许勘矿范围不得超过一百方中里。[2]

第三，明确处理矿商与矿地地主地价争议的办法。矿商与所采矿地地主就地价问题常常难以达成协议，该章程第 39 条专门规定了商议地价的办法。其一，由双方各派一位估计人代为估计，10 日内交地方查核。若估计不一，则地方官派一估计人 10 日内公断。最后官方综合各

① “中研院近代史研究所”编：《矿务档》（第 1 册），台北，“中研院近代史研究所”1960 年版，第 118～119 页。

② “中研院近代史研究所”编：《矿务档》（第 1 册），台北，“中研院近代史研究所”1960 年版，第 122 页。

估价人意见，确定地价。其二，若地主经官方告知10日内不派估计人，则由官方派一估计人公平估计，不公则受罚。其三，地主不明时，地方官代派一估计人，若与官方估计人估计不一，则地方官断定山价，日后交由应得之地主。其四，估计人考虑山价时，应考虑三个要素，即估计地价、估计该地所受之损失及第42条所载应为之事。[①] 矿地地价通常是矿商与矿地地主矛盾的焦点。该条所呈现出的处理办法介入了官方因素，以官方指导价的方式，促进双方达成地价协议，避免地主因对地价不满而阻碍矿商采矿。

光绪三十三年(1907年)五月二十八日，张之洞上奏"恳请早定矿务章程，以保利权而杜滋蔓"，这反映出当时社会对矿业法规的需求非常迫切。"查比年以来，鄂湘矿务之案甚多，臣固矿章未定，无从批示。于是商民有未奉批不敢开矿者，有土客争开，致成阋讼者；亦有恃矿章未定，私自挖运，致多中外纠葛者；或洋商冒称华商，或华商假托洋商，必致愈久愈难办理。且外人涎矿利者，皆恃部议未定，枝节横生。"[②]张之洞指出近年来，鄂湘两省所呈请的矿务案件非常多，由于矿章未定，他难以定夺矿案之准驳。民间有不少矿商未获官方批准而不敢开矿。有的矿地土人与外来矿商争着开矿而打官司。还有矿商趁着矿章未定私自开采运输矿产而导致中外纠葛。有洋商冒称华商采矿，也有华商假托洋商采矿的。时间拖得越久，官方就越难处理这些纠纷。另外，外国觊觎中国矿利之人横生枝节，都是因中国未议定矿章而肆无忌惮。

---

① "中研院近代史研究所"编：《矿务档》(第1册)，台北，"中研院近代史研究所"1960年版，第148～149页。

② "中研院近代史研究所"编：《矿务档》(第1册)，台北，"中研院近代史研究所"1960年版，第166～167页。

立法者对该章程的立法成果颇为满意。“暨于华洋商办矿一切限制防闲之法,条理至为周密,而尤注意于中国主权、华民生计、地方治理。”①

《清史稿》认为该章程开创了中国矿法之先河,评价其“区别地面地腹,厘定矿界矿税,分析地股银股,暨华洋商,限制至周”。② 这实为溢美之词。该章程对于矿业权的构建只能算是初成,哪里算得上是“至周”。例如,这部法律虽标自诩以保护和鼓励矿业为目的,但是某些条款却与之背道而驰。该章程第18款规定,采矿的利润“业主(地面业主)应得十成之二五,国家酌提十成之二五,矿商应得十成之五”。这样一来,矿地地主与国家共获得采矿利润的一半,矿商投入巨资并承担各种风险却只能得到采矿利润的一半。这种利益分配格局显然不公平,容易挫伤矿商采矿的积极性。此外,该章程第11条规定,矿商想要在民地开矿,其呈请矿照必须先取得矿地地主的同意。由此,矿地土人可以“有害风水”的理由阻挠采矿,地痞土棍可以乘机勒索,这会导致矿商裹足不前。③

1907年《大清矿务章程》矿业权立法的特点表现在以下几个方面。

第一,矿业权立法采用的是属地主义。凡是打算办矿的矿商,对于所呈请矿地的地价、地股分红等事项必须先取得其地主的同意,才能顺利进行。因此,矿地地主对于矿业权的影响较大,而政府的准驳之权反而居其次。矿商与矿地地主之间如果协商不成,地主时而阻挠采矿,则

① 《公牍:本部具奏遵旨核议矿务章程缮具清册折》,载《商务官报》1907年第23期,第6页。

② 赵尔巽等撰:《清史稿》(第13册)《志九十九·食货五·矿政》,中华书局1976年版,第3672页。

③ 陈真、姚洛编:《中国近代工业史资料》(第1辑:民族资本创办和经营的工业),生活·读书·新知三联书店1957年版,第222页。

造成种种纠纷难以解决。虞和寅认为清末矿章中矿业权采用属地主义,矿业容易为少数人垄断,不像采取国有主义,人人有探矿采矿的机会。[①] 然而,属地主义在当时却是难以避免的立法模式。由于矿业权刚从土地所有权中抽离,很难排除矿地地主对矿商采矿的影响。如果当时矿章完全排除了矿地地主的“同意之权”,矿商即使取得了国家的许可,但在矿地采矿仍可能会受到地主及土人的骚扰,更容易酿成矿业权纠纷。

第二,确立矿产资源所有权归属于国家。当代有学者认为,清末发展矿业需要矿产资源,而当时矿地不允许自由交易,旧制度下矿产所有权混乱且矿产转让十分困难。为此,清廷制定了矿章,规定矿产所有权归属于国家,并明确矿业权法定原则。[②] 该观点值得斟酌。因为有清一代,民地采矿大多以民间矿业契约约定,地主掌有自己土地地下矿产的所有权,官方除了收税和禁止特殊矿种的开采,并未对地主的矿产所有权过多干涉。而地主常常将地下矿产开采权租佃与他人,或以地作股,合伙开采。这时,矿产的所有权是明确的,就是归该地的地主所有,采矿权之转让也是自由的。问题在于,清末国家经济发展亟需大规模机器化的采矿,这种小地主小窑主与矿商之间的议价效率低且成本过高,不利于矿业的发展。立法将矿产所有权从一个个小地主手中抽出全部归于国家所有,这样方便矿商以更小成本更高效率来获得矿业开采权,不必再与地主进行价格拉锯战。地主可以得到矿地使用费的补偿,国家则可以从大规模的矿业开采中抽取更多的矿税。

第三,当时官员认为该章程严密精详,不能完全与我国的矿业国情

---

① 虞和寅:《矿业法草案大纲》,载《矿冶》1928 年第 2 卷第 6 期,第 117 ~ 118 页。

② 苏迅、张慧君:《我国探矿权采矿权发展简史》,载《资源 · 环境 · 产业:中国地质矿产经济学会 2003 年学术年会论文集》,中国大地出版社 2003 年版,第 502 页。

相符。地方矿务官员对该章程之推行有着非常清醒的认识，认为不可操之过急，而应循序渐进。槟榔屿领事梁廷芳曾指出："《大清矿务章程》严密精详，范围不过，当与在洋熟悉矿务各资本家，详细斟酌，商与祖国矿务。佥云当兹矿业幼稚时代，若遽绳以严密章程，愚民何知？势必不肯弃宽大而就严密。倘蒙俯念商情，予以通融办理之法。逮民情归向，然后渐就范围。其于振兴矿务之道，几庶便宜。"[①]在他看来，当时矿业刚起步，执行矿业章程的规条时不宜过于严格，应对矿商办矿予以通融，引导其逐渐遵法守法。民众对《大清矿务章程》的认知与接受有一个渐进的过程，如果试图严格执行该章程条款，民众一时间难以接受，则容易规避该章程。

1908 年清廷决定在推行《大清矿务章程》时"酌量变通"。副都统李国杰认为该章程条理精密，"将来矿务兴盛当可实行无弊，惟现在有不能不稍予通融以去商人疑虑者"。兴办矿务主要是鼓励矿商出资采矿，特别是鼓励归国华侨办矿。该章程对矿商限制过多，则会让其不敢投资矿业。因此，官方决定对该章程予以变通"与商民多资利益，于公家并无妨损，亦不至别滋事端之处，即斟酌损益量予变通，以顺商情而资鼓舞"。[②] 可见，官员们推行矿章的态度比较务实。他们深知不能完全拘泥于矿章的规条，必要时需要对规条"酌量变通"，逐渐引导民众遵法守法，最终激励矿商办矿、振兴矿业。

综上所述，清廷既镜鉴西法，又考虑本国矿业实际，先后颁布了多部矿业章程，使矿业权规范从照搬移植到逐渐形成与本国国情相洽的

---

① 《专件：振兴矿务刍言（节录槟榔屿领事梁廷芳报告）》，载《商务官报》1906 年第 9 期，第 34 页。

② 上海商务印书馆编译所编纂：《大清新法令（1901～1911）》（点校本）（第 4 卷），洪佳期等点校，商务印书馆 2011 年版，第 383～384 页。

框架。这些矿业章程解除了民众采矿的多种限制，限制了外资在华采矿，构筑了本国最初的矿业权框架，为之后的矿业权构建提供了宝贵的经验。

第三节　从《矿务档》看清末矿业权实践

《矿务档》是根据总理衙门及外务部档案中有关矿务部分，合编影印而成，包括《清档》"各省矿务档"和《海防档》"矿务部分"。该档涉及清末二十二省矿务，包括诏谕、奏疏、函札、照会、咨文、合同、节略等，囊括同治四年（1865 年）至宣统三年（1911 年）各省矿务案件及文件。[①]该档内容丰富、翔实，全面地反映了清末矿务情况。因此，本节将以《矿务档》中的史料来探究清末矿业权的实践。

当时不少洋商投资中国矿业，与华商合办矿务。《矿务档》中多份华洋办矿章程和华商办矿合同，是经多方交涉、谈判所形成的规范。清廷对华洋合资办矿监管较严格，审核矿业权呈请时除了审核法定要件外，还仔细查核华洋商合办矿务合同条款。例如，光绪三十二年（1906 年），外务部与商部审阅华洋合办霍家地等处金矿原订合同后，对其中三个条款提出详细的修改意见，要求矿商重新厘定。[②] 华洋商合办矿务合同条款之实践推动了矿业权规范的本土化。西方矿业权理念通过华洋合办矿务中的中西交涉逐渐渗透于中华大地，冲蚀着中国传统的采

① "中研院近代史研究所"编：《矿务档》（第 1 册），台北，"中研院近代史研究所"1960 年版，例言第 1 ~ 2 页。

② 《公牍：外务部商部议复华洋商合办矿务合同折》，载《商务官报》1906 年第 11 期，第 14 ~ 16 页。

矿权观念。

一、明确矿业权期限

明确界定期限是矿业权不同于传统采矿权的一个特点。矿业权期限包括探矿期限、采矿期限和开工的期限。较早的采矿合同和矿务公司章程中对于矿业权期限的约定并不一致,有长有短。

(一)探矿期限

不同的采矿合同中,矿商所获得的探矿期限长短不一。光绪二十七年(1901 年),《宣城煤矿公司与日商土仓煤矿合同》第 12 款规定“此合同签押后,六个月之内,土仓即可打钻探矿,绘图估价,俟详细报章图说价单由公司呈送盛大臣查核”。[①] 该合同约定,矿商土仓可在签押 6 个月内“打钻探矿”,即探矿期为 6 个月。1903 年,商务总局与英商伊德订立约据,准勘验怀宁、宿松、太湖、东流、繁昌、婺源、泾县 7 处矿产,声明以 14 个月为率,过期作废。如限内勘明矿质,尚须另订详细合同,咨部给照,始能开办。商务总局后来又与与义公司代表人锡呢都订立勘验寿州、凤台、定远、巢县 4 处合同,也以 14 个月为限,声明限满勘验未竣,即作为废纸,未经限满之先勘明,应另订详细合同,详咨给照,始能开办。[②] 当时商务总局与英国矿商所订的合同,将探矿权的期限限定为 14 个月,期满权利终止,若采矿则须另订合同,获得矿照后才能开办。此时,国家矿章尚未规定探矿期限,实践中采矿合同探矿期限的长短由中外双方博弈而定。

---

① “中研院近代史研究所”编:《矿务档》(第 4 册),台北,“中研院近代史研究所”1960 年版,第 2098 页。

② “中研院近代史研究所”编:《矿务档》(第 4 册),台北,“中研院近代史研究所”1960 年版,第 2055 页。

（二）采矿期限

起初，华洋采矿合同中约定的采矿期限“以每矿开办之日为始”，容易产生采矿期限无限后延之弊端。光绪二十三年九月三十日（1897 年 10 月 25 日），北京福公司与晋丰公司签订了采矿合同，第 5 款约定“办矿之期，限办六十年，以每矿开办之日为始，限满矿场与一切机器皆归抚宪收回，无须给结与福公司分文偿补”。晋丰公司将该合同禀奉山西巡抚部院，得到批准。[①]“以每矿开办之日为始”即以矿商在每一矿场开工之日作为采矿期限的起算点。这反映出采矿期限条款之约定很不成熟。倘若矿业权人一再拖延，并不开工，则 60 年期限可无限后延，将造成矿产资源闲置，对矿业权的其他申请人而言也不公平。“限满矿场与一切机器皆归抚宪收回，无须给结与福公司分文偿补”则暴露出国家对矿业权人的压榨。国家通过授予矿业权不仅获得矿税和报效的收入，还得到了办矿期满之后的矿场与一切机器。矿业权人的权利仅为 60 年内的采矿经营权，开采期满后其生产资料被国家白白剥夺。这反映出当时的矿业权还不是一种常态的权利，权利人只能从国家矿业管理的夹缝中求得一杯羹。

当时，列强从中国攫取多处矿权，中国矿业多由华洋合资所办。民间士绅阶层担心矿利外泄，认为 60 年的采矿期过长，民众也不赞成 60 年采矿期限。1898 年山西举人和地方官担心山西地区矿务利权旁落，认为办矿以 60 年为期，矿利已被挖尽，只剩下空空的矿洞与破旧的器具，毫无用处。再则，以 60 年为期，具体办矿的官员可能已经隔世，办矿好坏已经与该官员没有利害关系了。官员办矿时可能不会尽心且难以追究其责任。矿地一质 60 年，不仅阻碍民矿发展，还使本地土民面

① “中研院近代史研究所”编：《矿务档》（第 3 册），台北，“中研院近代史研究所”1960 年版，第 1385 页。

临矿商强买矿地的窘境,如此之长的采矿期容易失去民心。[①]

官员随后意识到确定采矿期限起算点的重要性。1898 年山西巡抚岑春煊指出《山西矿务局与福公司原订合同》中“六十年期限”意思含混,应明确界定。该合同未确定 60 年采矿期限是从立约时起算,还是从办矿时起算。他认为,该合同所批准的平盂潞泽等处地面广阔,所开矿地不止一处,如果某处矿厂 60 年期满,而别处矿厂期限未满,即必须先将期满的矿地交还,不得借口矿期总体上未满,而最终超过期限。[②]宣统元年闰三月(1909 年 2 月 25 日)河南地方官与福公司代表订立议单,第 7 款约定“所订六十年期,附议定以签立合同之日,即西历一千八百九十八年算起”。[③] 在这份协议里已经明确规定开采期限从签订合同之日起算。

之后,有些地区的华洋矿务合办章程将采矿期限缩短为 50 年,从“开办之日”起算。光绪二十五年(1899 年)三月初五,四川矿务局设立华益公司招商会同外国公司订立《四川矿务华洋合办章程》,其第 18 条约定:“凡会同公司所开各矿,从开办日起,每厂以五十年为限。已经限满,不问盈亏,即以全场机器料件,及房屋道路,凡在该厂出本项下置办产业,全行报效中国国家,不求给价。届时由川省矿务局呈报北京总局及川省大宪,派员验收,其原由华公司租出地基,仍归原主管守。”[④]又如,光绪二十五年六月初四日,四川矿务总局设立保富公司、招商福安

① “中研院近代史研究所”编:《矿务档》(第 1 册),台北,“中研院近代史研究所”1960 年版,第 1398 ~ 1401 页。

② “中研院近代史研究所”编:《矿务档》(第 3 册),台北,“中研院近代史研究所”1960 年版,第 1414 页。

③ “中研院近代史研究所”编:《矿务档》(第 3 册),台北,“中研院近代史研究所”1960 年版,第 1633 页。

④ “中研院近代史研究所”编:《矿务档》(第 5 册),台北,“中研院近代史研究所”1960 年版,第 2588 页。

公司与法国驻渝领事哈士订立《四川矿务华洋合办章程》，其第9条约定“福安公司所办之矿地，以五十年为限，限满之后，所有矿地厂房机器一切皆归保富公司管理”。[①]该合同约定矿地以50年为限，即该地的采矿期限为50年。

有的合同中采用传统的“煤尽山空”作为开采终止的期限，但明确限定最长期限不得超过50年。光绪二十七年(1901年)《宣城煤矿公司与日商土仓煤矿合同》第11款约定：“合办之期限，以取尽矿地之煤苗为止，但不得逾五十年之期。如五十年期满而此矿仍复开采，则须从新再订第六款所言之国课。”[②]从该条款约定的采矿期限来看，比传统煤山契约所定“煤尽山空”的期限更为明确，且较之60年的采矿期限有所缩短，是对60年过长期限的一种修正。

有的合同约定的采矿期限非常长，长至85年，甚至100年。1902年安徽商务总局布政司汤寿铭与英商凯男爵约翰所定开矿合同第13条约定：“该公司所开各矿地方，以一百年为限。限满之后，即将所有各矿房屋基地机器材料等，一切全行报效，交商务总局管理。”[③]中国矿业主权的沦丧后，给予外商的采矿期往往非常漫长。对中国矿业而言，洋商在华采矿是一种洗劫式的开采。同年云贵矿务大臣与法国总领事官弥乐石议定《云南隆兴矿务公司章程》，第21款规定：“章程从画押日起，以八十五年为期限，期限届满，所有已开之矿，无论新旧，及成效如何，均连同公司名下之田地房屋器具铁路，并水陆各道等，概由公司经

① “中研院近代史研究所”编：《矿务档》(第5册)，台北，“中研院近代史研究所”1960年版，第2688页。

② “中研院近代史研究所”编：《矿务档》(第4册)，台北，“中研院近代史研究所”1960年版，第2098页。

③ “中研院近代史研究所”编：《矿务档》(第4册)，台北，“中研院近代史研究所”1960年版，第2110页。

理人移交云南大吏,无庸给价。”[①]该款规定采矿期从章程画押日起算,以85年为期限,不得延展。有的合同采矿期以60年为限,但允许延展25年,最长可达85年。如1902年《隆兴公司承办云南矿务章程》第21款:“此章程从画押日期,以六十年为期限。期限届满,所有已开之矿,无论新旧,及成效如何,均连同公司名下之田地房屋器具铁路并水陆各道等。概由公司经理人移交云南大吏,无庸给价。倘限满后矿务兴旺,公司愿意接办,中国可允准展限,所展至多不得过二十五年。”[②]采矿期限60年、85年、60年展限25年、100年、50年等不同的规定,反映出在国家矿业法律规范不甚完备时,开矿期限是中方与外方通过不断谈判,在利益拉锯战中议定的,因此没有统一的标准。但是对于过长的采矿权,中国官方和民众均表示过异议。

有的合同条款规定采矿期限可以展限,有的则规定不得展限。另外,各合同对采矿期限起算也不统一,有的从开工日起算,有的从批定合同之日起算。光绪二十八年(1902年)八月二十四日《四川和成公司办理煤油矿务合同》第10款约定:“和呈公司所开之矿,自开工日起,限五十年为期。如期满后,经矿师查勘,还能有益可采,和成公司与保富公司商议,彼此均能获利,方可接办。”[③]《四川华英合办煤油煤炭锑砂章程》第18条约定:“凡普济公司所开各矿,从开办之日起,每厂以五十年为限,一经限满,不问盈亏,所有矿地厂房及其料件一切皆归保富公司

① “中研院近代史研究所”编:《矿务档》(第6册),台北,“中研院近代史研究所”1960年版,第3236页。

② “中研院近代史研究所”编:《矿务档》(第6册),台北,“中研院近代史研究所”1960年版,第3249~3250页。

③ “中研院近代史研究所”编:《矿务档》(第5册),台北,“中研院近代史研究所”1960年版,第2725页。

管理，届时详报总局，报效国家不求给价。”[①]光绪二十九年(1903年)正月十四《四川华英合办金类矿产章程》第13条约定：“会蜀公司自批定合同之日起，每厂以六十年为限，限内均照现订章程办理，限外无论股本已否提清，所有矿地房厂及其一切，皆由保富公司管理，呈缴矿务局，报效中国国家。倘限满后，矿务兴旺，公司愿意接办，中国可允展现，所展至多不得过二十五年。”[②]

从我国采矿期限演进过程来看，起初60年期，间或出现100年期、85年期、60年展限25年期，最后发展到相对固定的50年期。在这个过程中，充满华洋官商各方的博弈与磋商，基本符合矿商与国家各自的经济利益，最终形成较为固定的期限。

（三）开工的期限

清末，矿务合同和矿务章程中通常规定矿商必须在一定的期限内开工，否则合同作废，矿商将失去采矿权。限定“开办期限”是中方收回外泄矿权的一种重要手段。1902年云贵总督、云南巡抚及矿务大臣与云南公司所派之总办法国总领事官弥乐石议定《云南隆兴矿务公司章程》，其第2款约定：“凡矿山奏准开办后，倘三年之内，公司未能开工，应将矿山及租券交滇官归业主”。[③] 该章程开工期限为三年，三年内不开工，则矿商丧失采矿权。又如，光绪二十九年(1903年)《四川华英合办金类矿产章程》第5条“会蜀公司应于三年期内报明所指境内究有何项金类矿产，在于何方，宽广稽核，现时拟开何处，将开何处……倘逾此

① “中研院近代史研究所”编：《矿务档》(第5册)，台北，“中研院近代史研究所”1960年版，第2757页。

② “中研院近代史研究所”编：《矿务档》(第5册)，台北，“中研院近代史研究所”1960年版，第2834页。

③ “中研院近代史研究所”编：《矿务档》(第6册)，台北，“中研院近代史研究所”1960年版，第3232页。

限，未能开办，合同作废”。[①]

当时中国已经开始推行探矿后限期呈报采矿的做法，对于超期不呈报采矿的矿商，废除合同，停止其采矿。例如，光绪二十八年（1902年）八月二十四日《四川和成公司办理煤油矿务合同》第2款：“如巴万两县经矿师履勘后，实无油矿，或不足开采，准该公司在川省另择两处，勘定后，立即兴工开办。其另择之限，除意外不测等情不计外，从北京外务部批准，移文至法京交华利总公司，认允刊报之日始，以一年为限。自批准至刊报，不得逾五个月之限，倘逾十七个月限期，仍不开工，合同作为废纸。”[②]该合同催促矿商在勘定矿地后马上开办，鉴于不可抗力等情形，将开工期限宽限为17个月。至光绪三十年（1904年）正月，17个月的开工期限届满，和成公司既未勘地，又未禀请展限。按照商部奏定矿章“探矿以一年为限，期满如实未架竣，应具禀呈查明无虚诳，准予展限，至多展至一年为度”。至光绪三十二年（1906年）八月初一，四川总督奏报和成公司已经超出开工期限而迟迟不开工，合同失效。又如，福安福成两公司自光绪二十五年（1899年）订立合同后，迭请展限，延至光绪三十年十月最后展限期满仍未开工，也未再请展限，已经超期，合同应作废。随后，商部发文宣布三个公司合同作废。[③]

从安徽铜官山案，英商摩赓四川开矿合同案等重大矿案的处理中，可以窥探清末采矿开工期限之确定历程。

---

① “中研院近代史研究所”编：《矿务档》（第5册），台北，“中研院近代史研究所”1960年版，第2831页。

② “中研院近代史研究所”编：《矿务档》（第5册），台北，“中研院近代史研究所”1960年版，第2723页。

③ “中研院近代史研究所”编：《矿务档》（第5册），台北，“中研院近代史研究所”1960年版，第2739～2742页。

1. 超期废约的多方角力：安徽铜官山案

安徽铜陵县铜官山矿务经外务部与英商订立合同，开办以12个月为期限。合同第5条载，自奏准签字之日起，限12个月，如逾期不开，即将合同作废。以奏准之日起，即自光绪三十年（1904年）四月二十二日起，至三十一年（1905年）四月二十二日为止。[①] 该公司在12个月期限内毫无举动，直至三十一年五月初二，才将矿地地图送交商务局。商务局以违约逾限为由，严词驳回该公司矿业权的呈请，并发还地图。该公司强辩开工期限应以西历计算，该合同自1904年6月5日起，365天后就是1905年6月4日（光绪三十一年五月初二）。该公司坚持认为自己送地图之时，才是西历期限限满之日。中方认为该公司仅仅呈送矿图，既没有将开洞盖厂挖沟处所逐一注明于矿图，并呈报商务总局查验；又没有备款购买或租用矿地，未完成原合同第四条中的动工准备。鉴于此，光绪三十一年十二月二十四日，多位中央和地方官吏联名呈请，恳请将安徽铜官山矿英商矿约作废，以保利权[②]。光绪三十二年（1906年）正月十七，安徽巡抚与英使磋商铜官山矿事，对方坚持不肯废约。安徽巡抚限令该公司两个月内照约开办，如逾限即行作废。[③] 可见，安徽地方官的态度过于软弱，一再被英方牵制，拖延开工期限。同月二十二日，皖省绅士们坚决表示决不宽限，矿约应立即作废。他们根据法理提出："查约载逾限不开，即行作废。部章亦无限后请展之条，该商肆意狡渎，已逾半年，若再延展，即与部章有妨。该商转由所借口，贻

---

① "中研院近代史研究所"编：《矿务档》（第4册），台北，"中研院近代史研究所"1960年版，第2143页。

② "中研院近代史研究所"编：《矿务档》（第4册），台北，"中研院近代史研究所"1960年版，第2133～2135页。

③ "中研院近代史研究所"编：《矿务档》（第4册），台北，"中研院近代史研究所"1960年版，第2136页。

患必多。伏望大部始终成全,坚持作废。全皖幸甚,皖绅公叩。”[①]随后,安徽地方官感觉压力重重,不敢重拂民情,担心酿成民愤,向王爷请示该如何办理。同年正月二十五皖省留日学生呈电官方,“铜官矿约屡逾期,乞拒展限”。[②] 正月二十九,铜陵绅民再次向外务部施压,提出铜官山矿约早就应该作废了。英国人麦奎限到铜官山肆意恣虐,当地人恨之入骨,乡绅也忧虑生计,这种情况勉强过了半年,现在情况万分迫急。铜陵绅民希望外务部尽快废铜官山和约,赶走麦奎离山,不要继续宽限期限而致酿成重案。[③]

英方、中方外务部、朝中众多大臣、安徽地方官、安徽乡绅及安徽民众多方角力,争议焦点就是矿商开工期限可否延展和超期不开工的后果。朝中众大臣认为,铜官山矿既由中国授权开采,则应适用中国历法计算开工期限。即使以西方历法计算期限,该矿商也未有开办之举。开工期限不可一再延展,主要原因在于:其一,外务部与英商在商订官铜山矿务和同时,已经预先考虑到特殊情况,对展限进行了严格规制,若允许展限则是自违其说;其二,该案应以合同为依据,否则中国之后的外交会有更多损失;其三,不能以该案开“一再展限”的恶例。[④] 皖省绅民的目的是通过这个超期违约的事实,废除与英商之间的开采合约,保护中国的矿业主权,避免矿利外流。

安徽铜官山一案,英方、中方外务部、朝中众多大臣、安徽地方官、

① “中研院近代史研究所”编:《矿务档》(第 4 册),台北,“中研院近代史研究所”1960 年版,第 2136 页。

② “中研院近代史研究所”编:《矿务档》(第 4 册),台北,“中研院近代史研究所”1960 年版,第 2136 页。

③ “中研院近代史研究所”编:《矿务档》(第 4 册),台北,“中研院近代史研究所”1960 年版,第 2138 页。

④ “中研院近代史研究所”编:《矿务档》(第 4 册),台北,“中研院近代史研究所”1960 年版,第 2143 ~ 2147 页。

安徽乡绅及安徽民众多方已经意识到明确采矿开工期限的重要性，开工期限适用的历法、开工期限是否可以延展及超期不开工的后果等事项均应在采矿合同中予以规定。

2."开办标准"的争执与澄清：英商摩赓四川开矿合同案

"在指定期限内是否开办"是官方核准采矿权的一个重要标准。那么何为"开办"？这也直接影响到是否超期，合同是否继续有效，是否能呈请获得开采权。中方与外方似乎对"何为开办"的问题颇有争议。英商摩赓合同一案，中方与英方就"开办标准"数度争执，最终使得"开办"标准基本得以澄清。

光绪二十四年(1898年)十二月英商摩赓与中方订立开矿合同。按照合同约定"三个月后开办"，然而拖延了一年该公司毫无动作。光绪二十六年(1900年)春，矿商摩赓虽已派甲矿师到四川，却早已超过第40款"六个月之限"。中方提出矿商摩赓迟迟不开办，该开矿合同应予作废。

英商摩赓辩解，其所聘矿师光绪二十五年(1899年)正月初就已经到四川了，并且当时川督及该省大吏出示认明矿师之来意，并派员保护矿师至矿地，并未提出"超期不开办"一说。矿师已经带人众在麻哈金矿，至光绪二十六年(1900年)七月十六日，一直在该矿工作。后来因拳匪之乱，矿师不得已离川避祸。光绪二十九年(1903年)间，英方打算与中方商议变通合同之际，中方忽然提出合同作废，英商摩赓希望能获得赔偿。英商摩赓于光绪三十三年(1907年)正月十八通过英国驻华大使向中方发出照会。[①] 一周后，中方积极反击，提出："开采矿务，自应由是在工作，方能作为开办之据。不能以随便遣派一二矿师略一查

① "中研院近代史研究所"编：《矿务档》(第5册)，台北，"中研院近代史研究所"1960年版，第2875页。

勘,即称为已尽合同所载开办义务。”以中方之见,派一两位矿师在矿地查勘,不足以认定为“已经开办”。“已经开采”必须是矿商在矿地进行了确实的工作。而该公司自订立合同后始终无实在工作。光绪二十九年(1903 年)变通的合同未经中方核准,不能援以为据。[①]

同年五月,英方再次向中方提出照会,英商摩赓已经花费巨款,并两次派矿师带人赴川矿,待了半年多时间,并非中方所述“定立合同后始终无实在工作”。[②] 同年七月中方照会,四川总督已经查明英方矿师两次赴川但始终未曾勘出一矿,指定一地,也绝无打钻试办等事。[③] 中方以英国矿师探矿无功,也并无钻掘试办之举,驳斥英方“派矿师探矿即为开工”之论。

随后,英方回应,派出矿师就是“开办”。四川地方辽远,矿师在六个月内根本无法明确勘出矿产,指明矿地。英方还提出中英两方对“开办”之理解完全不同。[④] 四川总督提出“开掘必有地段,采冶必用机器”,该商只有指明所掘之硐在何处,所用机器安置何处和运输路径,才能证明其已经“开办”。英商矿师赴川勘矿,始终未能择定一矿,指定一地,不能认定为“开办”。[⑤] 英方又提供摩赓日记所载矿师赴川勘矿之始

① “中研院近代史研究所”编:《矿务档》(第 5 册),台北,“中研院近代史研究所”1960 年版,第 2877 ~ 2878 页。

② “中研院近代史研究所”编:《矿务档》(第 5 册),台北,“中研院近代史研究所”1960 年版,第 2878 ~ 2879 页。

③ “中研院近代史研究所”编:《矿务档》(第 5 册),台北,“中研院近代史研究所”1960 年版,第 2880 页。

④ “中研院近代史研究所”编:《矿务档》(第 5 册),台北,“中研院近代史研究所”1960 年版,第 2881 页。

⑤ “中研院近代史研究所”编:《矿务档》(第 5 册),台北,“中研院近代史研究所”1960 年版,第 2883 ~ 2884 页。

末，试图作为“开办”证据。[①] 中方回应，“所谓开办者，系购地开工之谓。并非仅举一矿师入其境内，即可谓为开办矿务”。由此，中方将之前认定矿厂开办的要素增补为“购地”和“开工”。

光绪三十年（1904年）四月二十日，四川总督明确提出衡量“开办”的两个要素，一是所购矿地的地契。原因在于开工必先购地，购地必然立有地契。如果未购买矿地，那么矿商开工无从谈起。而在本案中英矿商摩赓没有矿地地契。二是职局所发执照。商人倘若领地办矿，必先请领职局所发之执照。该商既然未领有执照，即属于无凭开办。[②] 中方外务部进一步阐释，开办是指领取执照、购买矿地地基和缴纳公费。英商摩赓不仅未指出矿地的位置，更没有呈明矿务局代购矿地，按月缴费，亦没有准开凭据，不能看作已经开办。[③]

清末矿章中未详细阐明何为“开办”，中方与矿商之间往往就“开办期限”颇有争议。在英商摩赓合同一案，中方与英方就“开办标准”数度争执，最终使得“开办”标准基本得以澄清。另外，限定“开办期限”是中方收回外泄矿权的一种重要手段。1905年外务部与法使订约，允许法国大东公司开采福建建宁、邵武和汀州三府矿产，以两年为期，期满不开该约作废。大东公司在两年内并未开工。福建民众致电外务部“勿再展限，以救前失”，恳请收回闽省矿权。[④] 可见，清末矿业权的实践也促进了矿业权法律规范的本土化。

---

① “中研院近代史研究所”编：《矿务档》（第5册），台北，“中研院近代史研究所”1960年版，第2887页。

② “中研院近代史研究所”编：《矿务档》（第5册），台北，“中研院近代史研究所”1960年版，第2896页。

③ “中研院近代史研究所”编：《矿务档》（第5册），台北，“中研院近代史研究所”1960年版，第2904页。

④ 佚名：《闽请收回矿权》，载《顺天时报》1907年11月27日第1732期，第7版。

设置合适的探矿期和采矿期是激励矿业发展的一个重要的因素。探矿期期限一般较短。探矿意味着风险,矿商在某一矿区采掘时,所探到矿产的丰度是不一样的,有时遇到富矿,有时颗粒无收。为鼓励矿商积极探矿,矿业合同中赋予矿商在探矿期内采掘矿产且免税的权利。矿商会倾向于尽早探出矿产层的位置,以尽快获利。在探矿期权利人采掘矿产不用交税。为了不让国家流失过多税款,并平衡其他未获得探矿权矿商的利益,这个“免税期”不能过长。

采矿期限一般比较长。通常矿业生产周期较长。矿产大多深埋地下,矿业从投资开采到矿产品出售,往往需要数年的时间。矿商采矿时不得不投入大量的资金、采掘机器、技术人员和人工,开采出富矿需要花费一定的时间。若采矿期限太短,所采出矿产数量不多,还得缴纳矿产税,则收益不大。短期的采矿期限让矿商的获利不多,缺乏安全感,抑制矿商呈请采矿权的积极性。反之,如果采矿权期限较长,则矿商所得矿产收益减去矿税和开采成本(技术成本和机器成本多为一次性投入成本,开采的时间越长,则每年平均耗费的成本就越低)后剩余较多,矿商的收益就大,他们就乐于呈请采矿权。

但采矿期限也不宜约定非常长的期限。不设极长采矿期限(如100年),主要是为了使得矿商潜在的竞争者们有机会投资该矿地,或者说提高矿地的利用率,而不至于让矿地在极长时间都固定在某一矿商的生产经营管理之下。当矿商从国家矿业主管部门处呈请获得采矿权,双方可能对彼此的信用缺乏足够的了解。比如矿商获得采矿权后可能持地久久不动工开采,或居奇转卖于其他矿商采矿。国家这一方可能因政权更迭而不承认前政府所授予的采矿权,或者政府随意将矿商手中的采矿权收回。因此,在采矿期限内,任何一方的违约都可能导致在执行过程中要付出更大的努力,比如国家如果撤销矿商的采矿权,那么矿商只能通过呈情、诉讼等途径让矿业主管部门维持自己的采矿权。

采矿权的撤销或维持都需要支付成本。相对于较短的采矿权期限，较长的采矿期限让权利人采矿获利时间更长，从而可以对冲这些成本。[①]

清末探矿期限、采矿期限及开工期限演进时，“涉外”也是个不可忽视的因素。清中前期，官地采矿由官方颁发票照决定采矿期限，或因矿脉枯竭停止或因“有碍风水”而停止；民地采矿由山主决定采矿期限，国家不过多干涉。由于近代矿业主权的沦丧，清末华洋办矿章程中，矿业权人多为外商，采矿期限特别长。清廷、矿地地方官及矿地民众不情愿任外商长期在华采矿，在中外交涉中想方设法限制或试图尽早结束其权利。清末探矿期限、采矿期限及开工期限之演进也是对不平等条约约定外国在华长期采矿特权的抗争与修正。

二、缩小地主矿地地权

清中期，除了国家垄断的特殊矿种外，地主管有自己的矿地，支配自己矿地的采矿权。在民地采矿，矿商必须经过该矿地地主准许，要么租佃或购买矿地获得采矿权，要么出资与地主合伙采矿。清末矿章规定矿产资源所有权归属于国家，由此国家掌有采矿权之许可权柄，矿地地主无权私授采矿权，只能取得矿地的公平地价。矿商在矿地采矿必须先行告知地主，对于地主及土人房屋坟墓等造成的损害必须赔偿，且必须以公平价格租用或购买矿地以便开采。清末，矿地地主有先行被告知权、损害赔偿权和取得公平矿地地价权。

（一）地主无权私授采矿权

多地地方官不认可洋商与矿地地主私下采矿协议的效力，声明采

① 参见张五常：《交易费用、风险规避与合约安排的选择》，载[美]罗纳德·H.科斯等：《财产权利与制度变迁：产权学派与新制度学派译文集》，刘守英等译，格致出版社、上海三联书店、上海人民出版社2014年版，第113～114页。

矿许可权属于国家,矿地地主无权私授。

1904年5月17日,德国矿商礼和亨达利洋行曾在兴国州龙角山和房县保康南漳竹山取得矿地山主凭据,与华商合办矿务。湖广总督派人查验后发现,德商所持矿地凭据之"山主"是无赖奸民冒充的,真正的山主并不知情。湖广总督严正声明:"查各国矿务,无论官地民地,均归国家管理,民间不得私自相授受。至腹地之矿产,尤非地面业主所得自专其利。凡有产矿之地,非经国家查明批准,给予执照,即地面业主亦不得私与他人订立合同。各国通例皆然。"①这个批示澄清了中国矿地开采许可权归国家,采矿执照经国家查明批准后授予。矿地山主无权私自授予他人开采权。地面业主对于其地腹的矿产没有业权,不得私下与他人签订合同。这个批示宣告地主没有矿业采矿权之批准权。这对于列强绕过中国政府审批,私下与矿地地主交易的不法行径是一种警示。

1904年6月12日,湖南巡抚声称湘省从来未收到过礼和洋行与华商或山主议定的办矿呈请书。德商礼和洋行与矿地山主私下议定合办采矿,并未遵照矿务章程呈请探矿执照和采矿执照。对此不法洋矿商,湖南巡抚严正声明:"历来洋商与华人合办矿务,皆系禀回地方官查明无碍,奏明交由外务部或总理衙门批准,定立合同,始能照准。断无一二乡民私相授受即可作为议定之事。"②这重申了采矿权许可的权柄归属于国家,矿地地主无权私授他人。

1908年云贵总督针对临安公司向闽立松父子私买矿地案,指明矿

---

① "中研院近代史研究所"编:《矿务档》(第4册),台北,"中研院近代史研究所"1960年版,第2508页。

② "中研院近代史研究所"编:《矿务档》(第4册),台北,"中研院近代史研究所"1960年版,第2515~2517页。

地权利二分,地面权利归地主,地腹权利归属国家,办矿必须向国家呈请勘矿执照和开矿执照。“照得大陆地产,分别地面地腹,地面之产,为人民所分有;其地腹矿产之类,属在国家。此五洲通例,中国虽未尝明定限制,而允开采矿质,必须呈明官家,亦与五洲通例相符。一自各国通商以来,争矿之案迭出,历经各省疆臣奏奉谕旨,不准民间私行售卖。今日复经大部订行通章,凡有欲承采各矿者,无论主为华人洋人,租户公司,未办之先,须请勘矿执照;将办之际,亦请开矿执照;既办之后,又有各执条例限制遵守。”①

地方政府不仅禁止矿地地主将矿地出售于外国人,还禁止将矿砂出售于外国人。1909 年直隶州蒙自县县令曾发出禁令,禁止民众将矿地矿砂售与外人。“中国奏定矿章,凡勘矿开矿均须请领部照。倘有民间私将矿产卖与外人者,查明除矿地充公外,并将该业主照盗卖律治罪。定章何等森严。凡我绅商士庶,均应仰体此意,共保利权。”②为了保护本国的矿业利益,该县对于私自将矿产卖与外国人的人予以严惩,不但将其矿地充公,而且业主也依盗卖律治罪。

实践中洋商常与矿地山主私下达成协议,洋商据此认为自己已取得矿地的矿业权。然而,此时中国已颁行矿章,矿章将矿产资源所有权收归国家,矿地山主无权将矿地私租或私售于外商。趁此机会,国家以“矿务归国家管理为各国通例”为由,排除了山主私自对矿地采矿权的批准。从道义上说,矿地山主将中国之土地让与外国人是不正当的行为。这时,国家继续迈进,囊括了早先矿地山主许可矿地采矿权的

---

① “中研院近代史研究所”编:《矿务档》(第 6 册),台北,“中研院近代史研究所”1960 年版,第 3288 页。

② “中研院近代史研究所”编:《矿务档》(第 6 册),台北,“中研院近代史研究所”1960 年版,第 3312 ~ 3313 页。

权柄。

（二）地主获公平地价，禁止以风水干涉矿商购地

光绪二十四年（1898 年）四月初二，《山西矿务局与福公司原订合同》第 1 条规定："……（矿地）如系民产，向业主议明，或租或买公平给价。如系官产，应照该处田则，加倍纳赋。"①其第 5 条规定："……若定办一矿，有占民地，必须会同地方官或向地主租用，或备价购买，秉公定价，务使两不受亏，方昭公允。所开矿地，无论或租或买，但遇有坟茔祠墓必须设法绕越，毋得发掘。"②可见，福公司所开矿地若属于民地，则须与地主商议，以租或买的方式，让地主获得公平地价。采矿遇到坟茔祠墓必须设法绕越，这是对矿地民众风水、家族和宗教观念的尊重，深层原因恐怕是为了避免矿商与土人之间的纠纷。同年《豫丰公司与福公司议订河南开矿制铁以及转运各色矿产章程》中的第 1 条和第 5 条也有同样的内容。③

矿商须先行与地主议成矿地地价，然后向官方呈请探采。光绪二十九年（1903 年）《安徽绅商与英商面议合办矿务大略章程稿》第 4 条规定："（安利矿务公司）本公司开办时，先派矿师分赴长江南北内地，周历查验，遇有合宜之矿产，即与业主议价租置，先立草约，俟总局委董会查划界，立契成交后，再行酌议开采。"④该公司在探矿时遇到适合的矿地，即与业主先议价将矿地租下，订立草约。待矿务总局董委会查勘划

① "中研院近代史研究所"编：《矿务档》（第 3 册），台北，"中研院近代史研究所"1960 年版，第 1415～1416 页。

② "中研院近代史研究所"编：《矿务档》（第 3 册），台北，"中研院近代史研究所"1960 年版，第 1416 页。

③ "中研院近代史研究所"编：《矿务档》（第 3 册），台北，"中研院近代史研究所"1960 年版，第 1630～1631 页。

④ "中研院近代史研究所"编：《矿务档》（第 4 册），台北，"中研院近代史研究所"1960 年版，第 2040 页。

界，立契成交后，再行商议开采。即矿商在开采前必须先取得地主的同意，并将其矿地租下。换言之，未租到地主的矿地，矿商无法呈请开采权。

矿商与地主之间就地价难以达成一致时，由矿地地方官出面公平代购。宣统元年闰三月（1909 年 2 月 25 日）河南地方官与福公司签订细化采矿合同之协议，其第 6 款规定："福公司需用界内民地，向章由地方官公平代购。惟见煤以来，各地主多不愿贱卖，现议定按照原合同第五条租地办法。凡不愿卖绝之地，分别地底地面，每年给以售价若何，仍归地方官询明地主持平定价。"[①]矿商福公司所用矿地，向来由矿地地方官公平代购。只是自从福公司开采煤矿初见成效后，各矿地地主认为福公司所出购地地价过低，不愿卖出矿地。该条款就是为了解决这个问题而作的变通。当地主不愿贱卖矿地时，由地方官问明地主，按照地底和地面，即根据矿地开采或占用的不同用途，持平定价。随后，河南交涉局委员杨守敬与福公司先后商订《见煤办法十二条》，参照法理及中国矿章，对第 6 款提出不同的见解。"查部定矿章地面地腹及缴租提红等事，业主均有应享之权利。此条规定，尽有部章可遵，何得更订不完全之契约，致滋两歧，仍于原章程之不利于福公司者，则变更之，或划削之，惟恐不尽。而于原章程之利于福公司者，则扩充之，且保持之，惟恐不利，抑又何也。"[②]显然，当时官员认识到国家矿章中针对地面、地腹的缴租提红已经有业主应享权利之规定，不必再以契约约定地主红利，否则将导致契约与法律规范相悖。这是官方要求矿商在签订采

① "中研院近代史研究所"编：《矿务档》（第 3 册），台北，"中研院近代史研究所"1960 年版，第 1728 页。

② "中研院近代史研究所"编：《矿务档》（第 3 册），台北，"中研院近代史研究所"1960 年版，第 1735 页。

矿合同时,优先适用国家矿业法律规范的明证。

地主不愿意接受地价时,还可以以地作股。1902 年安徽商务总局布政司汤寿铭与英商凯约翰男爵依据矿务新章,妥定开矿合同,其第 15 条约定:"公司所应用地亩,或租或购,自应公平给价,不得强占抑勒,亦不得抬价居奇,并不准以有碍风水,藉此阻挠。如寔有关碍,该公司应和平妥商,价给迁移资赀,或设法绕越,以期融洽,不得勉强。如该地主不愿领价,愿入股份,即按照原价给予股票为凭。"①

矿商合法购地受保护。矿商采矿若有碍矿地周围坟墓庙宇屋宇,业主可持地不让,但不得以风水之说阻挠买地。1901 年《宣城煤矿公司与日商土仓煤矿合同》第 18 款规定:"城煤矿之矿地或通路桥梁等,如有碍四周坟墓祠庙屋宇,其业主不愿让出,毋得勉强。但地主亦不得藉风水之说,以阻挠买地之事。"②第一,矿业开采地或使用地,若有碍四周坟墓祠庙屋宇,所涉业主可自主决定是否让出土地。第二,地主不得以风水之说,阻挠买地。概括之,地主持地不让的正当理由是地主可能因采矿受到的损害必须是真实存在的,不能是捕风捉影之风水说辞。

矿商合法购买矿地时,如果遇到土人以风水之说阻挠采矿,则矿商可以请求地方官予以保护。光绪二十八年(1902 年)浙江矿务宝昌公司与惠工公司订立合同章程第 5 条规定:"……每定办一矿所用地亩,必须会同地方官向业主租用,或借价购买,秉公定价,务使两不受亏,方昭公允,在矿地无论或租或买,遇有坟茔祠宇,必须设法绕越,毋得发掘,倘开挖隧道于地面无碍。而土棍有意阻挠,以山背龙脉风水之说,

① "中研院近代史研究所"编:《矿务档》(第 4 册),台北,"中研院近代史研究所"1960 年版,第 2110~2111 页。

② "中研院近代史研究所"编:《矿务档》(第 4 册),台北,"中研院近代史研究所"1960 年版,第 2099 页。

摇惑愚民，宝昌公司自应呈请地方官严办。”①矿商在矿地内开采，地上及地下均可开采，地方官应实力保护其不受土人地棍以风水阻碍开采。比如，光绪二十五年（1899年）《四川矿务华洋合办章程》第9条规定：“……惟井硐内开采能到之处，阴面与阳面无碍，不准地棍藉碍风水阻抗，应请地方官实力保护。但会同公司亦不得以试办无成，借口阻碍，索赔贻累。”②

地主不得私售矿地，也不得将矿地居奇。光绪三十二年（1906年）《安徽全省矿务总局开办章程》第4款矿地第2节规定：“所勘办之矿，若系民地，查出后，即有本总局给予执照一纸，以为由此矿产之处，嗣后即不得私售与人。将来开办此矿，即将执照缴销，按矿地之大小酌给地价，或不愿收受地价，即按地价作为股本，俟开采后照股分利。设遇有坟墓所在，又系万难绕越之区，则应遵部章办理，不得执风水之说，任意居奇。”③总局勘办的矿地若是民地，则给予地主矿地执照以证明为矿产之地，不得私售。这种做法降低了地主与矿商双方的交易成本，能够保证交易的土地确系矿地。将来矿商开办此矿时，地主可以收受地价或按地价作股待开采后分利。矿地中如有坟墓，且无法绕越，应按照部章办理，地主不得以风水为由肆意居奇。官方引导民众以矿业法规来处理矿地中的坟墓难题，并限制地主肆意索价，为矿商开矿尽量扫清障碍。该章程第六节又规定：“凡自有矿地，无力开采，为本总局未经勘出者，应准该地主自行禀报本总局勘办，按亩给价，不愿领价者，亦得照数

① “中研院近代史研究所”编：《矿务档》（第3册），台北，“中研院近代史研究所”1960年版，第1978页。

② “中研院近代史研究所”编：《矿务档》（第5册），台北，“中研院近代史研究所”1960年版，第2586页。

③ “中研院近代史研究所”编：《矿务档》（第4册），台北，“中研院近代史研究所”1960年版，第2062页。

入股。"[①]这是承认地主对自有矿地拥有开采权。若无力开办则将地让与总局,按亩给地价或照数入股。

（三）地主矿地地权对采矿权的限制

对于民地,虽然采矿权不再由矿地地主主宰,但矿商行使采矿权时在一些层面上仍受地主矿地地权的限制。

当时授予采矿权时未明确矿地使用面积,因此矿商采矿权是有限的:矿地占有以"足用"为准;地主仍可在矿地地面耕稼居住;地主不愿迁徙时,矿商使用矿地必须设法绕越。1903年《华英商合办云南东昭两府属地矿产章程二十二条》第7条作出具体规定:"华昌公司勘定矿产,绘图贴说,指明地段,呈报地方官,转报矿务局,查验合式。得有允开凭据,始行交与公司承办。其地以足敷掘井盖厂为限,不得多占,公司不得自向商民迳行租买,永为业主,免多交涉不清。至开采之地,如因无利停办,或有利已取,即将无用之地退归公所照收,均与公司无涉,不得索取已出之地价年租。业主本管地面,地中之产,如公司开矿,可以不用地面之地,仍许原业主照常耕稼居住,不得逼令迁徙。其所应纳之年租,照阴面所用宽广之数料算,不得因此减少,以利居民。如必须迁徙,除年租外,所有因此损失之禾稼房屋,均照时价赔偿。如业主不愿迁徙,则公司必须设法绕越。"[②]该条反映出矿商使用矿地四个注意事项。第一,矿业公司使用矿地以"足敷掘井盖厂"为限,不得多占。第二,矿商开矿不用的地面,地主可以照常耕稼居住,矿商不得逼令地主迁徙。这是对矿地地主业权的尊重。第三,矿业公司应纳的矿地年租,按照地

① "中研院近代史研究所"编:《矿务档》(第4册),台北,"中研院近代史研究所"1960年版,第2062页。

② "中研院近代史研究所"编:《矿务档》(第6册),台北,"中研院近代史研究所"1960年版,第3257～3258页。

面下采掘的面积估算，不因地主使用地面耕种而减少。第四，若业主不愿迁徙，则矿业公司必须设法绕越。

光绪二十九年(1903年)《四川华英合办金类矿产章程》第7条与之类似："……其地只准足敷掘井盖用各厂，不得多占地段，亦不得自向商民迳行租买，免多交涉不清。至开采之地，如因无利停办，或有利已取，即将无用之地，退归保富公司，以作备用，均与会蜀关系无涉，不得索取已出之地价年租。业主本管地面，地中之产，如公司开矿可以不用地面之地，仍许原业主照常耕稼居住，不得逼令迁徙。其所应纳之年租，照阴面所用宽广之数科算，不得因此减少，以利居民。如必须迁徙，除年租外，所有因此损失之禾稼房屋，均照时价赔偿，如业主不愿迁徙，则会蜀公司必须设法绕越。"[①]

矿地使用范围以租购面积为限，不得多占。矿地之外余地，仍由原地主支配，但禁止采矿。1902年安徽商务总局布政司汤寿铭与英商凯约翰所定开矿合同第4条约定："……每矿峒即造厂路需用之地价，俟有成说，有该公司备款交商务总局购租承受或缴地方官核寔发给，不得私相授受。其地段划定界址，以是敷造厂挖峒所需为限，不得任意多占。该公司厂峒之外余地，未经租购者，与公司无涉，仍应由原业主造屋种植，作各项正用，惟不准在界址内开矿矿质。"[②]实践中，矿商的采矿权与地主地面业权(耕种或居住)已经分离，地主不能擅自在自己的土地内采矿。

矿商使用矿地采矿时与坟地、村落和市镇应保持一定的空间距离。

① "中研院近代史研究所"编：《矿务档》(第5册)，台北，"中研院近代史研究所"1960年版，第2832页。

② "中研院近代史研究所"编：《矿务档》(第4册)，台北，"中研院近代史研究所"1960年版，第2108页。

1901年吉林将军与俄国英真聂而亚乃而脱所订《开采煤斤合同》第4条约定："如遇寻得煤苗之处，相近或房子三五所，或小块坟茔不过十坟之茔地，而其必须应用，则铁路公司可向地主房主商酌遗房遗葬等事，该价值必须两相情愿，而哈尔滨交涉局员均当帮助。"①该条款约定矿地邻近小片民居或小片坟地，矿商应该与地主商量并给予适当的补偿后才能采矿。采矿权的行使受到矿地民居和坟地的限制，不得随意侵害。第5条约定："开挖矿洞，遇有大块坟茔，须离半里外开采。大村庄计十数家往上者，应一里外开作。多大商大户之村镇，当于二里为限矣。"②该条款约定矿地开采遇到大片坟地、村庄和村镇分别应相隔半里、一里和两里的空间距离。可见，当时人们对采矿的危害有一定的认识。为了预防采矿对坟冢以及村落民众生产生活造成不利影响，合同条款特别约定采矿区附近的禁采范围。

又如，1902年黑龙江将军萨所定《现时合同各条》第4条，"如所择挖煤地方临近一带村屯有院落不过五家，或坟墓不过十冢之数，铁路公司可向地主坟主商酌迁移及给价等事，应给价值必须两相议允，并由哈尔滨黑龙江铁路交涉总局此种协助，以资公平定价"。③ 矿商采矿占用小片村落或坟地须与地主商榷，公平给价让其迁移。第5条约定："凡煤矿如有大块坟墓，至近可让华里半里。如遇有村屯有院落十家以上者，至近让出华里一里。如遇商务大镇市，至近让出华里二里。"④煤矿

① "中研院近代史研究所"编：《矿务档》（第6册），台北，"中研院近代史研究所"1960年版，第3456页。

② "中研院近代史研究所"编：《矿务档》（第6册），台北，"中研院近代史研究所"1960年版，第3456页。

③ "中研院近代史研究所"编：《矿务档》（第6册），台北，"中研院近代史研究所"1960年版，第3502页。

④ "中研院近代史研究所"编：《矿务档》（第6册），台北，"中研院近代史研究所"1960年版，第3502页。

与坟地、村落和市镇均应保持一定的空间距离。

此外，地主和土人有获得损害赔偿的权利。打井采矿前，矿商应与地主商议损害田禾的赔偿费用。采矿后因土地塌陷而损害民命房产，由矿商承担抚恤赔偿责任。《山西矿务局与福公司原订合同》第5条规定："勘验矿地或应打钻掘开井，探视矿苗，应先与地主商明，踏损田禾酌量赔偿。至开矿以后，或因矿塌陷，损伤民命房产，应归公司抚恤赔偿。"①这说明，当时人们对矿业开采所致矿地民众损害已有认识，因此约定由矿商承担赔偿责任。又如，光绪二十四年（1898年）《晋丰公司办矿章程底稿》第6条"勘验矿地，或应打钻掘井，探视矿苗，应先与地主商明。损田禾，酌量赔偿"。② 光绪二十五年（1899年）三月初五，四川矿务局设立华益公司与会同公司制定《四川矿务华洋合办章程》，第9条规定："凡勘验矿地或应打钻掘井，探视矿苗，先请华益公司与业户商明。或踏损田禾山粮，应由会同公司照市价赔偿。至开矿后，或因山岩井硐塌陷，损伤民命房屋，自应归会同公司抚恤赔偿。若开矿处遇有坟茔祠屋，原主不愿得钱迁徙者，必须设法绕越，毋得毁掘。"③光绪二十八年（1902年）浙江矿务宝昌公司与惠工公司订立合同章程第5条中也有相同的内容。④

① "中研院近代史研究所"编：《矿务档》（第3册），台北，"中研院近代史研究所"1960年版，第1416页。

② "中研院近代史研究所"编：《矿务档》（第3册），台北，"中研院近代史研究所"1960年版，第1521页。

③ "中研院近代史研究所"编：《矿务档》（第5册），台北，"中研院近代史研究所"1960年版，第2586页。

④ "中研院近代史研究所"编：《矿务档》（第3册），台北，"中研院近代史研究所"1960年版，第1978页。

三、确立排他性的矿业权

福公司是一家在华经营时间最长、活动范围较广、经营项目较多的大型外资企业。该公司主办煤矿，兼营铁矿及特种矿产，[①]其通过一系列不平等条约，取得了在华特定区域的采矿权。福公司在华采矿时竭力争取采矿权"专办"，与清廷进行了多回合交锋。其他地区也出现了矿业权人要求探矿和采矿的"独擅之权"，要求禁止他人侵害。这些方面促进了排他性矿业权的确立。

（一）福公司采矿权"专办"之争

光绪三十一年（1905 年）十一月初一，英国公使萨在对华照会中称，晋省平定州成立了矿产公会，该公会章程仇视洋人，有许多损害福公司合同利益的条款。《平定矿产公会章程十条》第 2 条指出福公司资本雄厚，一旦掘尽矿地矿产，本地人将毫无生路，于是号召本地矿商团结起来，杜绝私售。第 5 条提出，凡属会中公产，永远不准私售外人，违反者严惩。[②] 可见，平定州矿商们打算团结一致，共同抵制将矿地私售于福公司的行为，以防利权外泄。平定州各村多有矿产，该章程第 10 条呼吁各村积极自办，不许外村人擅自勘办。[③] 该公会意识到福公司的开矿合同中有条款规定，"遇到民人先经开采者不得侵占"，如果各村对本村矿地开采在先，就可以遏制福公司对本地矿产的侵占。之所以限定矿产由"各村自办"，一是源于"本地人开本地矿"的传统观念，二是为了防止外村人勾结洋商，造成矿利外泄。不难发现，平定矿产公会章

---

① 薛毅：《英国福公司在中国》，武汉大学出版社 1992 年版，第 1 页。

② "中研院近代史研究所"编：《矿务档》（第 3 册），台北，"中研院近代史研究所"1960 年版，第 1476～1477 页。

③ "中研院近代史研究所"编：《矿务档》（第 3 册），台北，"中研院近代史研究所"1960 年版，第 1478 页。

程确实针对福公司采矿提出了一些应对措施。

福公司主张采矿权为自身专办之权，而中方官员则认为福公司采矿不能侵犯地方的优先开采权。福公司据合同提出，本公司可以禁止其他人开矿。而晋地地方官吏和绅士代表均认为福公司无“专办之权”。福公司与中方就福公司采矿权是否属于“专办之权”相持不下。福公司坚持采矿权的排他性，矿地矿商有心争利，中国官方则主要考虑矿地土人的生计。

十月二十八日，福公司代表到山西太原商务局开会议事。福公司总董哲美森提出首先讨论“专办之权”。商务局总办刘笃敬指出，合同第一条商务局禀奉山西巡抚批准专办，“专办之权”应归商务局，由商务局转请福公司，“专办”二字不能相让。哲美森随即问，“如别国人、中国人愿开新窑，皆可应允否？由此权否？”暗指“专办之权”是排除他人在矿业权人获准矿地开新窑的权利。刘笃敬答道：“商务局不允别国人来开矿，不能不允中国人。”哲美森反问：“（原合同）第十六条民人先经开采者，不准侵占；其未开采者，不准他人再开。若准开新窑，何必多叙已开之矿一层？”刘笃敬答道：“民人开自己之矿，何能禁止？此条系防公司侵占。合同并无不许再开新窑字样。”哲美森坚持认为，“第一条‘专办’即有不准再开之权”。刘笃敬则答，“专办之权，应归商务局，不能给付福公司”。[①] 可见，双方的讨论不在同一个理论层次上，福公司代表认为“专办之权”为排他性的采矿权，中方则认为“专办之权”为商务局授予采矿资格之权，且不能禁止中国民人开自己的矿。

十一月初一，福公司代表来商务局就“专办之权”开会讨论。商务局总办刘笃敬认为，按合同第一条，“专办”二字指山西抚台准许商务局

---

① “中研院近代史研究所”编：《矿务档》（第3册），台北，“中研院近代史研究所”1960年版，第1481～1483页。

专办,并不是准许福公司专办。根据合同第19条,该矿为中国自主之产,矿既为中国自主之产,权即为中国自主之权。除商务局专办外,概不能与别国人专办。福公司总董哲美森则提出,合同第19条指开兵端时而言,与开矿无关。平定州王为干指出,国家并未将专办之权批给福公司。双方就“专办”各持己见,互不相让。[①] 中方混淆了采矿权与批准采矿权之权,因此第二次会议仍未就“专办之权”达成共识。

随后,商务局回复福公司:“惟贵总董所索专办之权,似于合同原文,未免误会。当时批准专办平孟泽潞煤铁矿者,‘专办’二字,不过对他处他国他种矿产而言。本无禁止本国商民自行开采之理。”[②]商务局坚持认为,合同中“专办平孟泽潞煤铁矿”,是英国福公司相对于其他国家在华采矿权而言,中国无禁止本国商民开采平孟泽潞煤铁矿的理由。因此“专办”之排他性是指排除其他国家在此处采矿,并不包括中国人。此外,在商务局看来,矿产是山西民众养命之源,如果福公司禁止矿地民众开矿,将危害矿地民生,因此不能同意此项要求。

福公司以获准采矿权的时间点为界限,提出在本公司获得采矿权之前采矿的矿业可以继续开采,但在此时间点之后本公司有“专办之权”。1905年7月15日,福公司矿路总工程师利德与商务局第一封信中提道:“……前五月间,余路过平定州之时,曾见本地人打井挖煤。该井工无须立即止住。缘光绪二十四年福公司蒙准专办煤铁矿,惟伊时以前所开之矿,准其照旧兴工。此外无论洋人或本地人,概不准在平定

① “中研院近代史研究所”编:《矿务档》(第3册),台北,“中研院近代史研究所”1960年版,第1478~1481页。

② “中研院近代史研究所”编:《矿务档》(第3册),台北,“中研院近代史研究所”1960年版,第1484页。

州境内,及蒙批准章程内所载福公司提出开矿之地,再开新窑。”[①]显然,福公司代表提出,本地人采矿在该公司获准采矿权前的,可继续采矿,除此之外无论洋人或本地人均不得在福公司获准矿地内采矿,即福公司有“专办之权”。

山西商务局认为要考虑本地人生计,无法禁止本地人在福公司获准矿地内私自采矿。在该局看来本地人打井挖煤是本地人自务本业,不能禁止。另外,福公司获准的办矿章程中,并没有不准晋人自行开采的字样。如果商务局现在贸然禁止本地民众开矿,恐怕难以服众,且与合同条款中“联络官民、预息纷争”的职责相悖。该局拒绝照办。[②] 可见,商务局虽是福公司采矿权的批准机关,但以保护本地人生计和维持地方治安为主要任务,并非是矿业权人福公司的权利保护机关。

1905 年 8 月 30 日,福公司利德在寄予商务局的第二封信中指出,原章程批准福公司“专办平定州煤铁矿”之“专办”,即“独办”,意味着他人不得再办。从福公司获准之日起,直到期限届满,山西矿务局应不准附近华人开办新窑。[③] 商务局一口咬定,原章程第一款“山西商务局禀请山西巡抚批准‘专办平定州煤铁等矿’”,“专办”是商务局得专办,他人不得再办。商务局转请福公司办理,非专请福公司,商务局还批准了一些华人开采此处矿地。[④] 因此,“专办之权”为商务局专门批准采矿权之权。

---

① “中研院近代史研究所”编:《矿务档》(第 3 册),台北,“中研院近代史研究所”1960 年版,第 1505 ~ 1506 页。

② “中研院近代史研究所”编:《矿务档》(第 3 册),台北,“中研院近代史研究所”1960 年版,第 1506 页。

③ “中研院近代史研究所”编:《矿务档》(第 3 册),台北,“中研院近代史研究所”1960 年版,第 1506 ~ 1507 页。

④ “中研院近代史研究所”编:《矿务档》(第 3 册),台北,“中研院近代史研究所”1960 年版,第 1509 ~ 1510 页。

地方官揭示出采矿权排他性与矿地土民生计之间的矛盾,拒绝承认福公司的"专办之权"。光绪三十一年十二月十八日山西巡抚向商部奏报,福公司开采山西矿地,禁止本地土人开采。这让本地绅民感到痛失主权,失去生计,纷纷请求废约。合同中的"专办"指商务局专请福公司办理,并非福公司有专办之权。山西本地小煤窑非常多,资本不多,开闭不定。小民以开小窑为生,挖炭用以烧饭取暖。福公司要求专办之权,一概禁止本地土人开采,会直接导致贫民生活没有着落。因此,山西巡抚不赞成给予福公司专办之权,甚至放话万一土民激愤焚厂酿成命案,本地官员未必能保护周全。①

山西矿地绅民代表要求保护地方采矿优先权。十二月十八日,吏部主事李廷扬和学堂举人刘懋当等以山西全省绅民呈文,要求福公司退让,由山西地方遵章自办矿务,以挽回利权而伸张公理。他们考察别国的路矿相关法律后发现,采矿权主要有三种立法原则。第一种是官厅特许采矿权,获得官厅特许者,必有应享之特权与同所负相当之义务。在福公司要求"专办之权"一案中,原章程由巡抚批准,即采取的是地方官厅特许主义。受批准者为商务局,其特权必归商务局,后来商务局之特权,转予福公司。矿物为国家公产,授予商务局以请求开采之权,是为了地方公益。既然是为地方公益,那么禁止地方民众自为开采,不仅在原章程中无此特权,而且各国法律也无此公理。因此,巡抚批准采矿权时,必先查明是否有碍地方。如果地方不能或不愿自行办矿,商务局才能请求开采,否则就是侵害地方之优先开采权。当地方优

① "中研院近代史研究所"编:《矿务档》(第3册),台北,"中研院近代史研究所"1960年版,第1518～1519页。

先权发生时，商务局请求权即消灭。[①] 以此逻辑，采矿权由地方官厅特许，则地方有优先开采权，其他呈请人之请求则在其后。因此，当山西矿地本地人呈请采矿时，商务局无权获得采矿权，更无法转予福公司“专采之权”。

通过福公司与中方多回合的争论，中方不仅开始接触到矿业权人对获批的矿地有“专采之权”的观念，还开始关注采矿权之核准权和矿地民众采矿之优先权等问题。福公司要求采矿权“专办”并非孤掌难鸣，多地采矿合同中均有条款规定矿地之内，他人不得开采。

（二）多地合同主张排他性的矿业权

1901 年俄铁路监工送到吉林所订《开采煤矿合同》第 2 条规定：“采看煤苗，开挖煤斤，铁路公司有独擅之权，先于他项公司，他项人等采看开挖。其独擅之权，如煤在铁路两旁各三十里之内，或华人、或洋人、或华洋同办人欲行开采，无铁路应允，均不得准行。”[②]俄铁路公司要求本公司有“采看开挖”独擅之权，优先于其他公司和其他矿商，即探矿和采矿独擅之权。在铁路两旁各 30 里的范围内，他人未得到矿业权人俄铁路公司允许，不得开采。这份矿务草约中“探矿和采矿独擅之权”条款，为中国近代排他性矿业权之确立提供了一些框架。

1904 年《云南洋务局矿务局与英商立德乐议定合同十三条》第 7 条规定：“该公司自批定合同之日起，所准在云南东川昭通两府属地开采各矿年限，以六十年为限。其他洋公司及华洋各办各公司，不得在该公

① “中研院近代史研究所”编：《矿务档》（第 3 册），台北，“中研院近代史研究所”1960 年版，第 1518 ~ 1511 页。

② “中研院近代史研究所”编：《矿务档》（第 6 册），台北，“中研院近代史研究所”1960 年版，第 3471 页。

司所指境内查开。”[①]该条款保护了立德乐公司在所准矿地的“专办之权”,禁止其他华洋公司在该矿地内开采。由于该合同是中方地方矿业主管部门与英国矿商一同议定的条款,可以看出在该案中中国官方已经开始承认矿商的专办权,即排他性的矿业权。

1905年山西绅商直隶补用遵董崇仁、吏部郎中孙笥经、刑部郎中段振基、户部主事李慎修、翰林院庶吉士梁善济等公立山西同济矿务公司,拟扩充开采山西平盂泽潞平阳等处煤矿。《山西同济矿务公司拟土法试办开采平盂泽潞及平阳等处煤矿条规章程十四则》已报商部注册局查核,其第3条规定:“矿地宜先指明也。本公司以山西绅商先开本省平盂泽潞以及平阳等处煤矿,系将旧废等窑毗连之处,推广开采。每开一矿,纵横三十方里之内,他人不得开采,以杜争端。”[②]该合同中,山西绅商们要求在自身获准的矿地范围内,每开一矿纵横三十方里之内,他人不得开采。这时,排他性的矿业权不仅仅是外商在华办矿的需求,华商采矿也要求对矿业权排他性占有。这意味着确立排他性矿业权的意识已在中华大地上生根。

1907年《四川华英合办煤油煤炭锑砂章程》第3条规定:“他项公司与此六年期内,不得在此六厅州县开采煤油。其他种矿产,听其查勘开采。如其查勘煤油,准予普济公司已查不用之地查勘。”[③]普宁公司对于六矿地煤油的探矿期为6年,在此期限具有排他性,他人不得在此地探煤油矿。

---

① “中研院近代史研究所”编:《矿务档》(第6册),台北,“中研院近代史研究所”1960年版,第3273～3274页。

② “中研院近代史研究所”编:《矿务档》(第3册),台北,“中研院近代史研究所”1960年版,第1512～1514页。

③ “中研院近代史研究所”编:《矿务档》(第5册),台北,“中研院近代史研究所”1960年版,第2753～2754页。

此外,当他人侵入矿地采矿,矿业权人可向官方申请保护。1906 年《安徽全省矿务总局开办章程》第 4 款矿地第 5 条规定:“凡一矿地如已有人禀准开办,即不准他人攘夺。如另有人朦禀抻入在开办之界限内,另开窿口,侵占矿利,准原办商人随时禀请查禁。”[①]即先申请到采矿权的矿业权人,其权利不受他人侵害。如果有他人在矿业权人获准矿地内采矿,矿业权人随时可以禀请查禁。这意味着排他性的采矿权已经获得官方认可,并受到保护。

福公司以不平等条约之条款获得在华特定区域的采矿权,多次与中国官方交涉试图获得“专办之权”,欲排除两类竞争者。其一,矿地土人先前开采的矿业。其二,外国矿商在该地采矿。中方认为,“专办之权”仅能排除他国在此地采矿,而不能禁止矿地土人采矿。双方展开了多回合谈判。福公司多次争辩“专办之权”为排他性的采矿权。而中方坚持认为中国自主之矿产,不能由外国人专办。这实际上是混淆了采矿权与批准采矿权之权。中方的思维中还有传统“照顾矿地土人生计”观念的影响,即矿商采矿时不能禁止土人开采,剥夺土人生活来源。此外,多地华洋采矿合同中都有“专办之权”的条款。最终,在外商与中方的交涉中,“专办之权”不断被阐释与澄清,最终确立了排他性的矿业权。这是矿业“涉外”因素推助矿业观念变迁的又一证明。由此,中外矿业权人逐渐排除他者对其采矿权的分享,独自享受矿业权之利。

四、保护矿地先经开采者权益

清中前期,矿地土人常有就近自行采矿以资糊口的风俗,即私采。例如,乾隆五年(1740 年)湖广总督臣班弟奏:“(湖南桂阳州和郴州)该

① “中研院近代史研究所”编:《矿务档》(第 4 册),台北,“中研院近代史研究所”1960 年版,第 2063 页。

二州山多田少，穷民惟恃刨挖矿砂为业，即未试开之前，往往入山偷挖，地方官朝驱暮聚，终难尽除。”[①]当时，湖南桂阳州和郴州民众因耕地不足，收成很少，只好入山私采矿砂来获得生计。地方官时常打击矿地土人私采，却难以杜绝其私采。又有，乾隆十四年（1749 年）浙江地方官奏称：“浙省温、处各属，界连闽省，山多田少，土瘠民贫，耕作之余，别无生业。向因山麓有铁砂，乡民每年于八月农事既毕之后迄于二月，无不从事采铁，以觅蝇头。”[②]浙江省温州地区情况与之相似，耕地很少且土地贫瘠。该地区乡民于每年秋收之后到次年二月的农闲期间私采铁砂，获得蝇头小利。此风俗一直沿袭至清末。

清末，鉴于矿地土人多以私采营生，地方官审核矿业权时会考察采矿对当地民生可能造成的冲击。例如，候补知州吴牧与宛平县知县曹令叔在调查门头沟等处矿务情形时，重点关注该地若开设煤矿对土民生计是否有碍，并力图保证让土民生活如昔。“西山一带居民，生计维艰，无田可耕，无泽可渔，赖省各矿，养活无数穷黎。一旦夺其利权，操之过急，不免激成变故等。于职等以既设公司，可先于购地时优给地价，使山民不致失业，其不愿领价者，或将地股占价几何作为股本，每年按本给利，较之各窑户自己开采，有盈无绌。如此持平办理，自无纷争阻挠之患。”[③]西山一带土民无田无泽，全靠挖矿糊口。地方官考虑如果急于将该地采矿权准予矿商，土民顿失生计，则可能酿成民变。于是，地方官建议已成立的矿务公司，在购地前就给予山民优厚的地价，或允

---

① 中国人民大学清史研究所、档案系中国政治制度史教研室合编：《清代的矿业》（上册），中华书局 1983 年版，第 229 ~ 230 页。

② 中国人民大学清史研究所、档案系中国政治制度史教研室合编：《清代的矿业》（上册），中华书局 1983 年版，第 67 页。

③ “中研院近代史研究所”编：《矿务档》（第 1 册），台北，“中研院近代史研究所”1960 年版，第 435 页。

许山民以地入股，使山民每年获得红利，比窑户自己采矿的收益更多。这样一来，当地土民则不会与矿务公司发生纷争或阻挠其采矿。显然，在依据矿务章程授予矿业权时，地方官还充分考虑矿地民众的生计，尽量不让其失去生活来源，同时尽可能减少矿务公司采矿的阻力。

曲阳县知县周斯亿经调查后，提出本地土民藉煤以糊口，如果批准英商开采，则土民将无以为生，流离失所。另外，矿地邻近村庄，其间毗连土民的房屋、坟墓和田地，容易滋生纠纷。“今经勘明情节，该处居民似有难免，而钧不肯声明。即原主韩之义意亦无可如何。伏思卑县境辖，惟北乡辽远，避处山坳，地半石填，乡民平日多以人工挖煤打石为生。现就该地周围三里之内。正西正南有挖煤处所，井口五眼，虽出煤无几，而食力穷民藉以活。一旦系禁止歇业，恐均失所。况以四方十里计之，其中村庄居室坟茔土田，逼处其间，诸多未便。非特挖煤苦力，顿绝糊口之资本，即安分居民，亦虞争夺之扰。”[①]随后北洋大臣袁世凯否决了英商宝士承办曲阳县煤矿的呈请。他认为，“今勘明该地周围三里之内，有业经乡民已开煤矿五处，未便令其失业”，且该案“与部定矿章不符，又与地方情形诸多窒碍。英商所请，断难准行”。[②] 这说明官方在审核采矿权呈请时注重考虑矿地民生，对可能会严重影响民生的采矿呈请不予批准。

光绪二十八年(1902 年)，兵部左侍郎松等管理河南矿务时，也非常关注开矿是否有碍地方。“怀庆府知府傅秐禀称，查得老流河左右煤窑鳞次，小民自行开采，藉谋营生。若矿务一开，必致有妨民业。虽矿

① “中研院近代史研究所”编:《矿务档》(第 1 册)，台北，“中研院近代史研究所”1960 年版，第 691 页。

② “中研院近代史研究所”编:《矿务档》(第 1 册)，台北，“中研院近代史研究所”1960 年版，第 692 页。

丁多用豫人,而计工授食,究不若自行开采,足赡身价。且附近祠墓甚多,不无窒碍等情。除由奴才再饬该属体察情形,详细查复,并剀切示谕。"[①]根据该奏报,老河流附近小煤窑很多,官办矿厂一旦开办将妨碍民业。当地百姓从自行开采的窑主变成受雇佣的矿丁,收入要少很多。另外,矿地附近多有祠堂墓地,恣意开矿对民众生活也有不良影响。

有的开矿章程规定矿业权人必须尊重矿地先办之矿的权益,禁止侵占。例如,1902 年云贵总督、云南巡抚及矿务大臣与云南公司所派之总办法国总领事官弥乐石议定《云南隆兴矿务公司章程》,其第 7 款规定"公司勘指矿山道路,凡有碍房屋田地坟墓风俗,及中国国家商民现仍开办原有利益各矿产,公司概不开办侵占,永杜惊扰"。[②]

矿业权人在被批准的矿地内,不得侵占该地先经开采者权益。如果原主自愿租卖矿地或入股,矿业权人协同商务局,须以公道价格租买或给予股份。光绪二十四年(1898 年)四月初二《山西矿务局与福公司原订合同》第 16 条规定:"凡于所准矿地,遇有民人先经开采者,不得侵占。如原主自愿租卖,应由商务局会同公司,秉公给价,但不得稍有抑勒。"[③]矿商除非出资租买,否则难以排除该矿地先经开采者继续采矿,这意味着矿商对被批准矿地的采矿权不是排他性的。1898 年《豫丰公司与福公司议订河南开矿制铁以及转运各色矿产章程》第 16 条[④]与

① "中研院近代史研究所"编:《矿务档》(第 3 册),台北,"中研院近代史研究所"1960 年版,第 1660 页。

② "中研院近代史研究所"编:《矿务档》(第 6 册),台北,"中研院近代史研究所"1960 年版,第 3233～3234 页。

③ "中研院近代史研究所"编:《矿务档》(第 3 册),台北,"中研院近代史研究所"1960 年版,第 1418 页。

④ "中研院近代史研究所"编:《矿务档》(第 3 册),台北,"中研院近代史研究所"1960 年版,第 1633 页。

1902年《浙江矿务宝昌公司与惠工公司订立合同章程》第16条[①]，1902年安徽商务总局布政司汤寿铭与英商凯男爵约翰制定《开矿合同》第11条，[②]也有相似的规定。

有的章程明确了矿商租买先经开采者矿地的条件。矿业权人对于获准的矿地，不能强行停止该地先经开采者的开采权。只有当该地经矿师勘探认定先经开采者之开采阻碍了矿商之采矿，则两方在地方官主持下议价交易。1898年《晋丰公司办矿章程底稿》第16条规定："凡于所准矿地，遇有民人先经开采者，断无强其停采之理。惟矿师勘验，或以该窒碍矿务工程者，则公司原主应请地方秉公商定或租用或购买，务使两不受亏，应昭公允。"[③]"务使两不受亏，应昭公允"显然对该地先经开采者和矿业权人采取了同等保护。

有的章程规定矿业权人对于先经开采者租卖矿地具有"先买权"。1902年《河南禹州试办矿务章程》第5条规定："凡矿地遇有民人先经开采者，不得侵占。如原主自愿租卖，应尽本公司先行合办。设矿地之外，遇有妨碍地方，或购或租，均一律秉公给价，不得稍有抑勒。有愿附股者，即照原值给予股票。"[④]

还有的章程对矿业权人与先经开采者的关系有更明确界定。光绪二十五年（1899年）六月初四，四川矿务总局设立保富公司、招商福安公司与法国驻渝领事哈士订立《四川矿务华洋合办章程》，其第5条规

① "中研院近代史研究所"编：《矿务档》（第3册），台北，"中研院近代史研究所"1960年版，第1980页。

② "中研院近代史研究所"编：《矿务档》（第4册），台北，"中研院近代史研究所"1960年版，第2109～2110页。

③ "中研院近代史研究所"编：《矿务档》（第3册），台北，"中研院近代史研究所"1960年版，第1522页。

④ "中研院近代史研究所"编：《矿务档》（第3册），台北，"中研院近代史研究所"1960年版，第1916页。

定："福安公司欲开之矿地，先有土人在界内开采，如系未经歇业者，准由保富公司向业主商议或愿出卖，或愿附股，各听其便。如实有不能相让之处，福安公司应另择别地，不得勉强抑勒，以顺舆情。至于定界后敢有在界内私挖者，即由地方官禁止"。[①]该条对矿业权人与先经开采者的关系确立了三项规则。其一，矿业权人可与矿地内先经开采且仍未歇业的土人商议，允许土人将矿地出卖或附股。其二，如果先经开采的土人确实不能出让矿地，矿业权人只能另择别地，不得强迫。其三，矿业权人的矿地定界后，由官方禁止其他人在矿界内私挖。这种界定对矿业权人与矿地先经开采者之间可能发生的纠纷有一定的预防作用。

可见，尊重矿地先经开采者之采矿权，主要是为了保护矿地土人的采矿利益。由于这一时期办矿的矿商多为外国矿商或外地人，此措施根本上是为了减少矿地土人对外来者采矿的阻力，以利于矿业权人实现矿业权。

五、雇用矿地土人采矿，以工代赈

当矿业权人获得矿业权在某地采矿时，这也意味着矿地土人耐以生存的私采饭碗被打碎。在清中前期国家未曾严格监管的时代，矿地土人可以凭借一铲一筐挖掘少量的矿产出售而糊口。清末，当获得国家授权的矿业权人进入矿地采矿，这等于是在矿地土人的饭碗里夺食，双方存在激烈的利益冲突。官方处理这个问题时十分明智，直接在各地采矿合同或采矿章程中约定，矿业权人必须雇佣矿区附近民人采矿，而不准召集外地游民。如此一来，矿区土人在矿业权人所开的矿厂内工作，能够获得相对稳定的劳动报酬，以养家糊口。为了保证所雇矿丁

① "中研院近代史研究所"编：《矿务档》（第5册），台北，"中研院近代史研究所"1960年版，第2687页。

全是本地人,官方还要求被雇佣者提供铺户保结或相互连环作保。矿业权人通过雇佣矿区土人为矿丁,使得矿区土人生活有了保障。矿业权人由于获得了被雇佣者的保结,对其知根知底且有一定约束力。矿业权人对于“不遵约束、不安本分”的矿丁可以送官究办。这实际上弱化了矿地土人的“人多势众”的力量,而强化了官方对矿业权人依法采矿的保护。

同治七年(1868 年)英美领事呈请开采江宁府句容县之宝华山一带煤矿,所定《按照西法挖煤章程》第 3 条规定“凡窑厂工匠一切人等,须雇附近及各处有来历民人,取具铺户保结充当,断不准召集闽广游民”。[①]该条限制煤厂所雇工匠一切人等必须为句容县附近各处有来历民人,还要求被雇佣者提供铺户保结。从另一个方面来看,该条实际限制了外地人被矿厂雇佣,因为外地人缺乏人脉很难在矿地求得铺保。由此,该矿厂所雇佣的矿丁基本为本地人。另外,官方禁止煤厂雇佣闽广游民,是担心游民聚集之后容易对地方治安造成危害。

在官员眼中,矿商雇用矿地土人可以使穷民得以糊口。1885 年闽浙总督杨昌浚上奏闽省招商集资开办铅矿,并将福建社会善后总局所拟《试办石竹山铅矿酌拟章程》呈送审核,其中第 6 条规定:“招选附近乡民,充为矿夫,俾穷民得资糊口。当令其各具连环保结,如有不遵约束不安本分者,应准送官究治理。”[②]显然,官员主张铅厂雇佣附近乡民,一是考虑安置穷民,使之“得资糊口”;二是让所雇土人出具连环保结,便于管理。又如,光绪二十八年(1902 年)浙江矿务宝昌公司与意商惠

---

① “中研院近代史研究所”编:《矿务档》(第 3 册),台北,“中研院近代史研究所”1960 年版,第 1944 页。

② “中研院近代史研究所”编:《矿务档》(第 5 册),台北,“中研院近代史研究所”1960 年版,第 2959 页。

工公司订立合同章程，第 11 条规定“无关重大责成者，皆用华人，尤宜多用本地人，以开风气”，第 12 条又规定“矿丁亦宜多用本地人，广开贫民谋食之路，其工价用从公酌定”。①

官督商办矿厂雇佣的也是“本地有家业之人”，附近贫民得以自食其力。1897 年，督办奉天银矿的大臣贵铎拟定《开办奉天东边银铅矿务章程二十二条》。该矿为官督商办，该章程第 10 条规定：“开矿夫匠人等，专用本地有家业之人。俾附近贫民藉得自食其立，且免易聚难散之虞，并取具连环的保，方准入厂工作。工食从厚，而约束从严，免其滋事，仍请地方文武营汛随时弹压照料。”②该条揭示了雇佣本地土人为矿工的目的，一是养活矿地附近贫民，二是本地人出具连环保结，无易聚难散之虞。

有时，采矿合同中将所雇佣的“本地人”的范围扩大至矿地“本省人”，如光绪二十四年（1898 年）《山西矿务局与福公司原订合同》第 12 条规定：“矿丁亦宜多用晋人，其工价应从公酌定，至矿丁受伤，应如何抚恤，与使用数十年后，应如何酌给养老之费。又平日作公，每日若干时刻各节，统俟开矿后，再由商务局会同福公司采择欧美各矿妥善章程，商请巡抚定夺。”③又如，同年《晋丰公司办矿章程底稿》第 12 条规定：“矿丁亦宜多用晋人，其工价用从公酌定。”④同年《豫丰公司与福公司议订河南开矿制铁以及转运各色矿产章程》第 12 条亦规定“矿丁亦

---

① “中研院近代史研究所”编：《矿务档》（第 3 册），台北，“中研院近代史研究所”1960 年版，第 1979～1980 页。

② “中研院近代史研究所”编：《矿务档》（第 6 册），台北，“中研院近代史研究所”1960 年版，第 3402 页。

③ “中研院近代史研究所”编：《矿务档》（第 3 册），台北，“中研院近代史研究所”1960 年版，第 1417～1418 页。

④ “中研院近代史研究所”编：《矿务档》（第 3 册），台北，“中研院近代史研究所”1960 年版，第 1521 页。

宜多用豫人”。[1] 采矿合同条款中将雇佣矿丁的范围扩大到矿地“本省人”的原因在于：第一，这几个公司为华洋合资的大矿业公司，所需矿工人数数以万计，仅雇用矿地本地人不一定能凑够人数；第二，合同均为中方与外方协商而成，外商并无“矿工必须为矿地本州县土人”的观念；第三，清末流动人口的趋势在增强，省内的人口流动成为常态。

更甚者，矿厂雇佣矿地本省人为矿工，人数不足时则补招邻省人。又如 1902 年《云南隆兴矿务公司章程》第 5 款规定：“开矿需用工人，公司应在云南省内觅雇，不敷则由邻省招补。凡招用工人视其勤能，无分民教，如工人为工作受伤，残废殒命，公司可公平偿恤。厂地词讼，命盗争殴等案，均查照约章，分别办理。”[2]该款明确矿务公司必须雇佣云南本省人为工人，人数不够时才能从邻省招集补充。又如，光绪二十九年（1903 年）《四川华英合办金类矿产章程》第 17 条规定：“会蜀公司所办各矿，除矿师办事各项，确系不可少之人外，均宜全用华人。矿丁全用本省之人，不足则取之邻省。薪水工食，一切从厚，以顺民情，而开风气。”[3]可见，传统“矿工必须为矿地本州县土人”的观念被逐渐冲淡，采矿不再限于矿地本州县人，而是扩展到矿地本省人，甚至邻省人。

综上所述，山主通过与矿商之间的契约，将采矿权转让给矿商的局面在清末被打破。清中前期，个人独资或合伙的采矿经营方式限制了矿业发展壮大。当社会需要集约化的大规模矿产生产时，清末矿务局

---

① “中研院近代史研究所”编：《矿务档》（第 3 册），台北，“中研院近代史研究所”1960 年版，第 1632 页。

② “中研院近代史研究所”编：《矿务档》（第 6 册），台北，“中研院近代史研究所”1960 年版，第 3233 页。

③ “中研院近代史研究所”编：《矿务档》（第 5 册），台北，“中研院近代史研究所”1960 年版，第 2853 页。

或矿务公司的经营管理方式更为规范，先后涌现大量的采矿规则和条例。[①]

各地办矿章程和合同的多次修订是中方与洋矿商之间多回合角力的结果。最初中国缺乏矿业权的具体规则，矿商每一次矿业权呈请，不得不经过数年数次交涉，涉及开矿区域、矿产品种类、矿业权期限、权限大小等具体事项。外商与中方总是一再地谈判，办矿章程和合同随之再三地修改。在与列强的矿权交涉中，中国慢慢形成了一些与矿业权相关的具体规则，如明确矿业权期限、缩小地主矿地地权、确立排他性采矿权等。为了限制列强对中国矿利的蚕食，中国不得不让本国的矿业规则慢慢地接近西方矿法标准。与此同时，国家在矿业权中所扮演的角色也越来越重要了，[②]这意味着国家逐渐成为授予矿业权的决定者。

随着国家矿章的颁行，官方行政权力逐渐介入山主与矿商之间。此时，山主和矿商进行矿地议价时，地方官居中主持公平议价，双方的合意自由在行政权“挤压”下不断萎缩。官方不再允许山主和矿商就采矿权私订契约，只能由官方核准矿业权，山主无权准许矿商采矿，仅保有收取矿地租金之权。从社会实践层面，采矿权由“山主管业”开始转变为“国家赋权”。

清末矿业法律的制定并非一蹴而就，也并非直接从外国的矿业法中选择抄汇而成。在矿业发展的过程中，许多华洋办矿章程经过中国官方和外方多回合斡旋与谈判，形成了一些规范。例如，矿业开采期限，在隆兴云南矿务章程中从最初的85年，经多回合谈判后定为60年，

① 中国近代煤矿史编写组：《中国近代煤炭史》，煤炭工业出版社1990年版，第229页。

② Shellen X. Wu, *Mining the Way to Wealth and Power: Late Qing Reform of Mining Law (1895 – 1911)*, 34 The International History Review, 584 (2012).

且可以申请延展。就是一个从特殊条款到一般规则的例子。这些章程与合同不仅具有合约的性质,是特定矿业公司办矿的依据;还由于经过了中国官方的认可,其中一些规范逐渐演进,最终形成了中国近代矿业权的一些基本规则。有些章程与合同在清末矿章颁布之前,有的在清末矿章颁布之后,因此矿业权实践与国家矿章颁布之间出现了有趣的交织。这些章程和合同的不断发展,有些可看作是清末矿章的前期立法准备,有些又可视为清末矿章颁布之后的真切实践,最终影响着我国矿业权规则的生成。因此,我国近代矿业权制度不能简单视为抄袭于西法,其自身也有生成的部分,而且后者更为重要。

第三章　北京政府时期矿业权形成与实践

北京政府时期,官方比较重视发展矿业,致力于构建矿业权制度。一方面,矿业权规范在农商部、地方矿业机关、大理院和平政院的推动下与中国矿业国情不断融合,得以塑型。另一方面,矿业权实践在矿商、官员、矿地山主和土人的共同作用中得以展开。

第一节　矿业权形成的背景

一、财经危机急需矿业开源

清廷和南京临时政府留下的财政烂摊子,让北京政府债台高筑。而且北京政府的统治仰仗武力,军费支出惊人。此外,地方军阀各自为政,与中央政府离心离德,常常截留地方款项,使中央财政更加捉襟见肘。自民元以来,北京政府中央财政除了民国三年(1914 年)和民国五年(1916 年)外,其余年份都是入不敷出。例如,民国八年(1919 年)亏短 5,343,102 元;民国十四年(1925 年)亏短 172,718,617 元。每年中央财政的亏短主要由公债或借款来弥补。[①] 北京政府时期的外债非常惊人，政府所发有确实担保之外债，共有 19 种。外债合计英镑 42,363,981 镑，美金 1100 万元，法金 158,993,000 法郎，日金 93,608,700 元，荷金 5000 万弗洛林，国币 500 万银元。[②] 1912 年至 1927 年，财政借款达到近 10 亿元，共借外债 468 次之多。[③] 这一时期，各省财政收入也普遍不足。民国五年（1916 年）后，由于地方割据，兵连祸结，地方财政都是一笔糊涂账。[④] 当时不论是中央财政还是地方财政均陷入赤字危机，入不敷出。作为中央财政主要收入的关税和盐税都已经成为外债的抵押，偿还外债的利息尚且不够，更没有盈余来缓解财政困难。因此，北京政府只能寻求其他的开源途径。

民国初年，中央政府将兴办矿业视为安定社会秩序，缓解财经困难的救亡之策。“比年以来，生活长度日高，经济艰难日甚，加以天灾流行，富者贫穷，穷者盗贼。迩来抢劫频闻，盗贼繁兴。非尽人之无良，而谋生无术实为利害。若兴办矿厂，不惟裕国家之税源，且内之可以安插失业之人民，外可以杜绝外人之觊觎。所谓办矿谓云南救亡之策也。”[⑤] 地方大员也有兴办矿业，广开利源的主张。“两湖矿产丰富，方驾滇黔，而轮轨四通，运输便利。矿业发展之较易，尤为鄂省天然之富源……兴

---

① 周伯棣：《民元来我国之中央财政》，载银行学会编：《民国经济史》，台北，华文书局 1967 年版，第 167 页。

② 周伯棣：《民元来我国之中央财政》，载银行学会编：《民国经济史》，台北，华文书局 1967 年版，第 170 页。

③ 宓汝成：《近代中国外债》，载《中国经济史论文集》，中国人民大学出版社 1987 年版，第 443 页。

④ 张一凡：《民元来我国之地方财政》，银行学会编：《民国经济史》，台北，华文书局 1967 年版，第 179 页。

⑤ 《实业司呈民政长拟定倡办金银各矿文》，载《云南实业杂志》1913 年第 2 卷第 3 期，第 4 页。

办矿政,一方为人民展拓生计,一方即可为国家涵养税源。"①

民国时人认识到发展矿业不仅是强国之路,还具有战略意义。在张资平看来,欲图强国,当先图物质文明之发展,不能不求备物质文明上应用之材料,即非开发矿源不可。他进而指出,争夺矿源是国际战争的重要目的,我国若不发展矿业,将复演欧洲战争之惨剧。②

从清代到民国,社会生产方式发生巨变,以农业为绝对主导的社会逐渐转变为工业社会。在清末之前,矿业主要是满足造币及农具需求,在整个社会经济中的地位并不显著。清末以后,矿业为工业提供能源、原料,带动整个社会经济的发展,为国家提供可观的税收,地位一跃而上。因此,此时矿业发展需要有专门的法律规定界定矿产勘探和开采权利,需要国家构建矿业权法律制度。

二、设立专门机关规范矿业管理

1912 年南京临时政府设立实业部,内置矿务司,司辖三科,为矿政科、矿业科和地质科。嗣后,北京政府将实业部分为农林及工商两部,工商部下设矿务司,该司下置矿政和矿业两科。1913 年,农林与工商两部合并为农商部,部内设矿政局。虽中央机构变更频繁,但一直设有专门部门专理矿务。

时任农商总长的张謇建议设立专门的矿务监督机关——矿务监督署,以保障《矿业条例》的实施。他指出之前各省矿务隶属于实业司,该司职权范围太广,权限不专,事难独断。矿务监督署作为专门的矿务管

① 《公牍:湖北财政厅提倡矿业之通饬》,载《崇德公报》1915 年第 18 期,第 11 ~ 12 页。

② 张资平:《所争者矿也》,载《学艺》1920 年第 2 卷第 9 期,第 1 ~ 5 页。

理机关，不但能够及时处理矿务案牍，而且还能够展开矿地实地调查。[①]由此，1914 年全国一共成立了八个矿务监督署，每署有一位监督员对北京矿务局直接负责。《矿业条例》的执行首先是委托于这些监督员。[②]署内设有技正和技士，从事矿业调查。

1915 年矿政局再次改为矿政司。1915 年 4 月，这些新成立的机构都被撤销了，矿务管理移交给各省财政厅长，但技术人员仍由中央政府直接指派。各省财政厅内设矿务科以管理各县矿业。在 1912 年至 1915 年，国内矿床之采案日有发现，内外矿商之投资日渐踊跃，各地矿厂之产量年有增加。[③]

1917 年各省实业厅长主管矿务行政，负责审核开矿申请书和请愿书。各省实业厅设矿务科，管理矿业。开矿执照仍由矿务局以农商部名义授予。农商部是管理矿务的最高官署。民众对于农商部所作的决定不服可向行政法院控告。行政法院的裁决为最终的裁决。[④]

1927 年，北京政府再次将农商部分为实业及农工两部，矿政司隶属于实业部。[⑤]

这一时期，政府设立了专门的矿业部门对矿业进行管理。由于政府机构不断调整，中央和地方矿业主管部门也随之变化。矿业主管部

---

① 沈家五编：《张謇农商总长期经济资料选编》，南京大学出版社 1987 年版，第 79 ~ 81 页。

② 沈家五编：《张謇农商总长期经济资料选编》，南京大学出版社 1987 年版，第 81 ~ 86 页。

③ 中央党部国民经济计划委员会主编：《十年来之中国经济建设（1927 ~ 1937）》（上篇），中央党部国民经济计划委员会 1937 年版，第 48 页。

④ ［美］威罗俾：《外人在华特权和利益》，王绍坊译，生活 · 读书 · 新知三联书店 1957 年版，第 547 页。

⑤ 中央党部国民经济计划委员会主编：《十年来之中国经济建设（1927 ~ 1937）》（上篇），中央党部国民经济计划委员会 1937 年版，第 48 页。

门的专门化和任职人员的专业化,让矿业权的审批及矿业纠纷的处理日益规范。

三、军阀割据危害矿业发展

北京政府时期,各地大小军阀各据一方,国家四分五裂。民国肇始至民国六年(1917 年),社会动荡不堪。当时欧洲战事正酣,列强无暇东顾,正是我国调养生息的机会。可惜当权者不顾民瘼,争权夺利,致使政局频繁变动。本来政府设立矿业权的目的在于开拓利源。然而,矿业权人经营矿业时,其矿厂安全深受时局的影响。当时局不稳,法律失其制裁时,矿业发展最容易受治安的不利影响。受辛亥、癸丑两度打击,民间矿业与官营矿业均受重创。当时地方土匪蜂起,人怀惊惧。一方面是矿厂所出产的矿产品滞销,另一方面由于矿工暴动导致许多公司矿厂停办。加之金融市场的紊乱和军队的骚扰,许多经营矿业者不得不暂时停办以避祸。然而,办矿者虽受损害,但国家仍照常对其征收矿产税,甚至为了筹集军饷而变本加厉地征收。丙辰之役虽不到半年,但全国有 20% 以上的矿厂因此而停办。余下的矿厂因土匪、矿工暴动、金融低迷、军队骚扰及矿税重负等原因大半停办,其经营未受影响者极少。①

1922 年至 1926 年军阀割据加剧,内战连连。军阀在各地的混战与掳掠,破坏了正常的社会秩序,让矿业生产难以顺利展开。各地军阀的割据与封锁还严重阻碍了交通运输,影响了矿产品的流通。②

这一时期,政府面临严峻的财经危机,亟须振兴矿业以开拓利源。从中央到地方,专门矿业管理部门之设置规范了矿业管理,有利于发展

① 达夫:《时局影响与矿业》,载《矿业杂志》1917 年第 1 卷第 2 期,第 4 ~ 6 页。

② 陆仰渊、方庆秋主编:《民国社会经济史》,中国经济出版社 1991 年版,第 120 页。

矿业。然而，在军阀割据的乱局之下，矿业发展仍面临许多困难。

第二节 矿业权立法与行政解释

一、矿业权立法

北京政府于1914年颁布的《矿业条例》构建了我国近代矿业权制度的基本框架，而1915年颁布的《小矿业暂行条例》指引了小矿私采之法制化。这些法律规范不断分离土地所有权与矿业权，逐渐弱化矿地山主对采矿权的控制，加强了对矿业权人合法权益的保护。

（一）《矿业条例》构建矿业权基本框架

1912年总统府秘书厅令工商部拟订矿律。在总统看来，中国地大物博，矿产丰富，急宜振兴工政商政“以挽利权”。采矿对于发展工商业至为重要，是“莫大利源”之所在。而制定商事法律是发展商业所必须的。因此，总统令工商部尽快调查中国开矿办法及商事习惯，参考各国矿章商法，草拟民国矿律商律，并挈比古今中外独立权衡制度，拟定划一办法。[①] 可见，《矿业条例》的立法目的在于对内振兴矿业，对外“以挽利权”。

政府一时间难以制定矿法，不得不暂时适用前清矿章。而前清矿章的一些条款对矿商束缚太重，如允许申请的矿区面积过小、矿税过重，阻碍了矿业的发展。矿业联合会恳求国务院将编订的矿法草案先

① 佚名：《大总统府秘书厅交工商部擬订矿律等文》，载《顺天时报》1912年5月16日，第3718期，第5版。

行颁布,作为暂行矿章,以利于矿商办矿。[①] 可见,当时矿业发展亟须适应新时代的新矿法,矿商们甚至等不及矿法草案经国会通过,强烈呼吁将草案先行颁布作为暂行矿章。

1913 年,工商部总长刘揆一拟定修改矿业法意见书,由余焕东、张轶欧、张景光等负责起草工作。起草者不仅是海归的矿业专门人才,还具有矿业管理的实务经验。他们经过一年的努力,于 1914 年将《矿业条例》纂成。该条例的条文和程序多仿照日本矿业法。[②] 矿业权相关规范是该条例最核心的内容,构建了矿业权的基本框架。

1. 主要内容

(1)界定矿业权的内涵和性质

《矿业条例》第 2 条界定了矿业权内涵,"探矿权及采矿权为矿业权"。[③] 该条一扫之前"矿业权"与矿权、采权、开采权等概念混同的状态,明晰地将矿业权分为探矿权和采矿权。

《矿业条例》第 17 条明确了矿业权的排他性:"一矿区内不得设二以上之矿业权。但目的异种之矿质,或有第三十五条之事故时,不在此限。"起草人之一余焕东对该条进行了解释:"矿业权对于特定矿质,在一定矿区内为绝对权,不能再有其他之矿业权相与抵抗。本条规定一矿区内不律设二以上之矿业权之由来也。然本条例采一矿质一矿业权主义。故同一矿区中,如有异种矿质并存,即设数矿业权。彼此仍无妨碍,以区域同而目的各不相同也……由一矿质一矿业权主义论之,彼一矿业执照中常载有数种矿质者,其数种矿质并非同一矿业权,实属数种

① 《工商部致国务院据矿业联合会恳将矿法草案先行颁布作为暂行矿章请核议呈大总统公布施行函》,载《政府公报》1913 年第 476 期,第 13 页。

② 中国近代煤矿史编写组:《中国近代煤炭史》,煤炭工业出版社 1990 年版,第 239 页。

③ 《矿业条例》,载《中国实业杂志》1914 年第 5 卷第 5 期,第 483 页。

矿业权同时设立。不过以同一矿床之关系，故各种手续概从省略耳。”[①]他首先概括了该法条的核心法律概念“矿区内之绝对权”，接着指出矿业权的立法原则为“一矿质一矿业权主义”，然后阐明特殊的法条与该条并不矛盾。最难得的是，该学者还以实践中“一矿业执照中常载有数种矿质”的例子说明这属于“数种矿业权同时设立”。余焕东对该条的解释并未从法律理论上作详细阐释，而是以法条和领取矿业执照的实例来说明何为“一矿质一矿业权”。这种解释绕开了艰深晦涩的法学理论，举以直白的实例，让人们能够清晰地理解矿业权的排他性。

《矿业条例》第19条确定了矿业权的物权属性：“矿业权为物权，准用关于不动产诸法律之规定，但同一矿区内矿业权及其他权同归一人时，其他物物权依然存在。”[②]这一时期虽有《矿业条例》之颁布，但民众对于矿业权理论的认知非常有限。《论矿业权之性质》一文让人们更清楚地了解矿业权的性质。矿业权非原始附属土地，在未经核准以前，其指定之土地区域内本不存在；因呈请核准而设定，而非因核准由国家转移取得者也。该文将矿业权的性质概括为五点。其一，矿权视为物权，即此权利享有对抗一般人之效力。其二，矿权准用关于不动产诸法律之规定。其三，矿业权及其他物权同归于一人时，其他物权依然存在。这也是矿权与其他物权性质的不同点。其他物权往往因同属一人即行消灭，而矿业权不因与土地所有权同属一人而可以合而为一。其四，矿业权不得分割，因为业权性质属于公共公有而非分别公有。矿业权合办人取得此权，应以共同行为享有之而不得分割。其五，矿业权除继承、让与、滞纳处分及强制执行外，不得为权利之目的。[③]

---

① 余焕东：《矿业条例释义》（续），载《矿业》1922年第5卷第2期，第30～31页。

② 《矿业条例》，载《中国实业杂志》1914年第5卷第5期，第484页。

③ 佚名：《论矿业权之性质》，载《矿业联合会季刊》1923年第1期，第1～3页。

(2)三分矿业权呈请之优先权

《矿业条例》明确将矿业权呈请之优先权分为三种类型。第一类常见的、开采量大且经济价值高的矿质之矿业权取得遵行呈请在先主义;第二类矿质矿业权的取得采取地主优先主义;第三类矿质采取地主优先主义,但须经核准。[①] 具体可见表3－1。可见,该条例在矿业优先权立法层面虽采用了西式的呈请在先原则,但同时也兼顾了我国地主优先的习惯。余焕东指出:"(第10条)本条优待地主之意,盖因前清矿务章程行之已久,不易骤更,故特划出亚于第一类之矿质,将优先权附与地主。在实际上,地主以资财与能力之关系,未必尽能经营矿业,而暂时的的优先权利,自不能任其永久保存。"[②]这表明立法者对第二类矿质矿业权取得采取地主优先主义,一是考虑到沿袭旧法优待地主的习惯做法,二是认为即使地主有优先权,他们也未必具有经营矿业的实力。然而,这种立法模式带来了一些的问题。在实践中,地主通常认为矿地是自己的,自己当然具有优先权;而矿商认为自己呈请在先,应具有法定的优先权,双方常常因优先权而起纠纷。[③]

表3－1　1914年《矿业条例》矿业优先权的法律规定

法条序号	矿质类别	优先权取得规则
第9条	第一类矿质:金、银、铜、铁、锡、铅、锑、镍、钴、锰、锌、铝、砒、铋、铂、铱、钼、铬、铀、煤炭类、金刚石、宝石类。	呈请在先者有优先权。 第一类矿质之探矿呈请时,须将土地契约附呈。

① 《矿业条例》,载《中国实业杂志》1914年第5卷第5期,第484页。

② 余焕东编著:《矿业条例释义》,农商部地质调查所图书馆1921年版,第22页。

③ 《宝顺公司萧泽诉文利秋等私采砂石一案反映出地主与矿商之间的优先权纠纷》,载《实业杂志》1925年第891期,第8～9页。

续表

法条序号	矿质类别	优先权取得规则
第10条	第二类矿质：水晶石、云母、钢玉、石膏、磷酸石灰、重晶石、硝酸盐、硫黄、硫化铁、硼砂、弗石、大理石（可做装饰品者）、长石、滑石、笔铅、泥炭、琥珀、土沥青、柏油、浮石、海泡石、磁土、硅藻土、硅藻板、苦土矿、漂白土、颜料石类（如赭石红土等）。	地面业主有优先权，但其声明不愿取得矿业权或注册一年以后尚未开工者，农商总长或矿务监督署长得另准他人取得其矿业权。
第11条	第三类矿质：青石、石灰石、花岗石、斑石、白云石、土灰、灰拟石、黏土、火黏土。	地面业主自行探采或租与他人探采，但须经地方行政长官核准。地方行政长官为前项之核准时须转达矿务监督署长。

矿业权呈请之优先权立法充分尊重了矿地地主的地面业主权。时人睡筠全面分析了尊重地面业主权之利弊，指出尊重地主业主权弊大于利。尊重地面业主权的有利方面表现在以下方面。第一，中国习惯注重地权。矿产属于国家，改变了历朝习惯，将地面业主变为局外人。探采者只谋矿业之权，不顾地面业主之害导致争斗和诉讼。应当承认地面业主有一部分权利，以批山租地作为呈请矿业权的必要手续，矿商先与地面业主协商，然后矿商在官厅办手续。如此沿俗而行，纠纷容易化解，以除去矿权与地权分割之弊。第二，以优先呈请来确定矿业权，发见者未必尽得优先权，而呈请者或以巧窥窃取而呈请，难免出现冒混争执的问题。若呈请者经地面业主之认可购得购山之契约以为根据，则矿权必不知动摇，矿区又易于表明。第三，地面业主多属资本家，如果优先权不属于发见人，地面业主力可自办，必有可观成效。第四，有尊重地面业主之规定，则矿商呈请时有顾虑，会缩小其呈请矿地，不致于让矿业操纵于少数资本家手中。

尊重地面业主权的不利影响表现在以下方面。第一,地面业主取得地权因知其地而据之,或出其力以开之。至于矿之发见,实出意外,地面业主并无据为私有之理由,故矿业权与地权不应属于一人,即矿业权不属于地面业主。现世矿法多不采用属地主义。如果矿业权属于地面业主,就不能鼓励有志探矿者积极探矿。尊重地面业主即是反对奖励矿业。第二,地脉复杂,呈请矿业权时如果要取得各地面业主之同意,地面业主从中作梗则采矿无法进行。第三,地面业主若有优先权可能闲置矿地,不确定何时开采。第四,地面业主还可能将矿地转手投机,矿商开办的成本会大大增加。第五,呈请矿业权若有尊重地面业主之规定,则呈请手续更费时日。第六,若地面业主力争其矿利反抗官厅之管理,则探采事业遥遥无期,征收矿税的希望渺茫。第七,若矿业权不与地面业主脱离,采矿则容易受地面业主任性破坏或借此捣乱。①

此外,Kimio Nishizawa 还提出,三类矿产之呈请并未将石油和盐包含其中。他推测可能是因为这两种矿产由中国政府垄断经营,不允许民众生产经营。盐和石油均为是政府财政中的战略物质。但是,他怀疑由政府垄断盐和石油经营未必是一个有效益的安排。②

(3)明定探矿与采矿分类核准

《矿业条例》规定了将探矿权和采矿权分类核准。③ 矿业权分类核准在推行中带来一些问题。该条例对于矿业权采用国有主义原则,但在条文内尚未明白规定。这导致了厅署商民之间,时而发生争执。地方矿业主管机关甚至因这个问题而擅自变通法律,对于呈请矿业权者,

① 睡筠:《尊重地面业主权之利弊》,载《矿业》1921 年第 4 卷第 1 期,第 1 ~ 6 页。

② Kimio Nishizawa, *The Future of Mining in China*, Journal of the Royal Society of Arts 62, 1914, p. 900.

③ 《矿业条例》,载《中国实业杂志》1914 年第 5 卷第 5 期,第 485 页。

必先令其取得矿区一部分业主权或与业主权有同等效力之契约，随呈文呈送，方为优先。这种变通办法，事实上将非地面业主呈请矿业权的条文完全推翻。[①] 如此一来，矿商呈请矿业权变得更为艰难，他们必须先从矿地地主处先获得矿地业权契约，其采矿呈请才可能得到官厅的批准。

时人芸渠质疑“第一类矿质之探矿呈请时，必须附呈土地契约”的做法。依他之见，矿业权人经政府准许即可探矿采矿，不必购买矿区土地。矿业权人所探采的矿产大都埋藏于地底，不会使矿地地面地主丧失地面土地所有权。矿业权人仅仅给予地主及关系人以相当之偿金即可，地主不得拒绝矿业权人对矿地的使用。而法律规定矿商呈请矿业权手续时必须附呈土地契约，矿商不得不以重金批山，然后才能获得地面业主的同意签订矿地契约。“此举非但助长地面业主把持之习，而且大滋地方土棍藉端攘夺之风。”[②]这一做法容易使矿业权人遭受矿地地主和土人的勒索。

2. 评价

在时人眼中，矿业法律制度与矿业发展关系密切。达夫提出，矿业是挽救中国财政凋敝的生利实业，而且是主要的生利实业。“三年来，吾固日闻官厅以施行矿业条例为言也，然而其实行之程度乃仅尔尔颁布之矿业条例中，不无完备之处。为图奖进矿业起见，非修改之重颁新矿业法不可。新矿业法颁定之后，官厅应切实执行之，然后企业家及劳动家庶几有确实的保证矿业前途，或有起色。”[③]达夫认为中国的《矿业条例》因袭外国矿法，看似完备，推行三年后，该条例对矿业权人和矿工

---

① 虞和寅：《矿业法草案大纲》，载《矿冶》1928 年第 2 卷第 6 期，第 118 页。

② 芸渠：《矿业权之解释》，载《矿业杂志》1917 年第 1 卷第 1 期，第 1 ~ 2 页。

③ 达夫：《余之矿业政策》，载《矿业杂志》1917 年第 1 卷第 1 期，第 11 ~ 12 页。

之权益保障毫无起色。他提出要振兴中国矿业，就要改订矿业法，并加强贯彻实施。

《矿业条例》立法程序不当，其法律效力受质疑。时人王平认为，该条例未经议会决议而以行政上形式公布，其性质是命令。根据《约法》第6条和第15条的规定，非经法律，非经国家出于公益之必要而征收，不得限制人民的财产权。而如今国家根据《矿业条例》无偿取得地面所有人土地中的矿产，不得不视为侵害人民既得之权利。《矿业条例》（性质是行政命令）与《约法》（性质是宪法）相冲突，《矿业条例》即失其效力。[①] 根据当时政体，议会执掌立法权。但由于政局动荡，议会常常遭解散，难以正常运作，甚少立法。另外，民国初年正值社会巨变，传统的采矿权观念受到西方矿业权观念的冲击。如何让移植而来的西方矿业权规范与中国矿业产权结构相融合，促进中国矿业的发展？如何让中国矿商在列强大肆侵占中国矿权的局面下求得生存与发展？这些问题对立法者的立法技术构成不小的挑战。在当时的政治乱局之下，议会难以发挥实效完成矿业立法的重任，而作为矿业主管部门的工商部既有不少矿业专家深谙矿学，自身又有管理矿务的丰富经验，适合肩负矿业立法的重任。

时人多认为《矿业条例》的条文流于形式，其立法宏愿未能完全实行。《矿业条例》及其实施细则，大部分沿袭了前清矿章的法律精神，对其法律条文加以整理；并择译日本矿法，贯彻矿产国有主义。矿产国有主义兴于德国，日本矿法效仿之。当时美洲各国矿法也有采用矿产国有主义的趋势。余焕东认为，矿产国有主义也是中国数千年的习惯，《矿业条例》采取矿产国有正是沿袭了这种习惯。可惜的是，各区矿务监督署设立不久，就被撤销，各省矿务由各省实业厅、财政厅、建设厅等

---

① 王平:《矿业条例观》，载《政法月刊》1921年第1期，第5～6页。

兼理。各厅设备不周，用人甚少，未能完全尽到监督保护的责任，因此法律未被完全实行。[①] 张铁欧曾评价《矿业条例》，“当期堕地之初，本已只存躯壳，而此躯壳又历受宰割，显与抵触之章程，巧立名目，纷然杂出”。[②] 可见，实业部的高级官员对《矿业条例》条文之形式主义及其在施行中屡屡“扭曲”与被迫“变通”的实情深恶痛绝。

《矿业条例》首次设置了矿业权救济制度，涵盖了裁决、诉愿及诉讼等程序。这使得处理不同阶段的矿业权纠纷时能够有法可依，有利于纠纷的解决。该条例的颁行逆转了清末《矿务章程》偏重保护地主权的倾向，而表现出轻地主权、重优先权与矿业权人利益的新倾向。立法者起草该条例时考虑了传统采矿产权习惯，吸收了前法的长处，补充了前法的不足。该条例在确立矿产国有，呈请矿业权，矿山不容地主把持，限制外资等方面的表现可圈可点，但该条例在执行中未能完全依法行事。

（二）《小矿业暂行条例》指引小矿法制化

《矿业条例》第 16 条规定呈请矿区面积必须在 270 亩以上。该条是为了促进矿业集约化生产，限制零星小矿呈请矿业权，希望小矿能组成大矿呈请。但是当时不少产矿地区多为小窑开采，矿地面积很小，远未到达法定呈请的矿区面积。直隶、河南等省纷纷呈文指出《矿业条例》对矿区面积限制过严，小矿无法呈请矿业权。农商部权衡缓急后，暗地里调查了各省小矿情形，认为该条例确实有难以落实之处，必须变通。为解决小矿呈请矿业权难题，农商部于 1915 年特拟定《小矿业暂

---

① 余焕东：《矿法起草后个人之陈述》，载《实业杂志》1929 年第 146 期，第 2 ~ 3 页。

② 实业部、教育部、全国矿冶地质联合展览会编：《全国矿业要览》，全国矿冶地质联合展览会及国立北洋工学院 1936 年刊，第 297 ~ 298 页。

行条例》,[1]对小矿矿区面积、矿业权期限和矿业权人资格审查等方面予以特殊规定。

1. 小矿矿业权的主要内容

其一,界定小矿,“凡在《矿业条例》施行前禀准探采各矿煤矿矿区不满二百七十亩,其他各矿矿区不满五十亩者均称为小矿”。这实际上是为不足《矿业条例》矿区面积的小矿呈请矿业权开辟绿色通道。设立小矿矿业权,正是考虑到了中国矿业发展的实际状况。矿产地小窑甚多,若不准许其依法设权,则小窑经营者的权益得不到保障。

其二,小矿限期禀请注册。“前条小矿之矿业权者应于本条例公布后一年内赴该管财政厅禀请注册换照,前项小矿执照由农商部颁发各财政厅填印转发。”《小矿业暂行条例》体恤小矿商,以一年时间为期,引导小矿商注册换照。“凡与矿业条例施行前取有小矿矿业权者,应于本条例公布后一年期内,赴该管财政厅禀请注册换案例照。”随后,山西矿务总局发现本省小矿商大多资本微小,苦力经营的小矿仅资糊口,自小矿业暂行条例颁布以来呈请矿业权的矿商不多。当法定的一年呈请注册换照期已经届满时,矿地偏僻的矿商大多未注册换照。“在期限已满,所有小矿商业经遵限办理者固不乏人,而地处偏僻者尚多未经注册换照。”该局恳请将注册期限延展一年。[2] 小矿的经营者多为矿地土人,他们依照风俗在本地采矿,并没有依法呈请矿业权的意识。官方一再延展呈请注册换照期限,目的就是引导小矿商依法呈请小矿矿业权,规范矿业管理。

---

① 商务印书馆编译所编:《中华民国法令大全补编》,商务印书馆 1921 年版,第 33 ~ 35 页。

② 《农商总长谷钟秀呈大总统拟延展小矿业暂行条例注册期限文》,载《政府公报》1916 年第 285 期,第 14 页。

其三,小矿矿照的有效期为三年,期满前可以禀请展限。显然,小矿的采矿期限比《矿业条例》所定的矿业权期限要短得多。一方面,大多小矿矿产储量较少,可供开采的年限本身不长。另一方面,一些小矿散布在大矿的周围,若允许小矿长期开采,容易与大矿矿业权人产生纠纷,也不利于矿产集约化生产。

其四,小矿矿商资格审查,由县知事查明其品行端正者为合格。法定的小矿矿业权人的资格门槛不高,只要求查明呈请者的品行是否端正,省去了对呈请者资本、籍贯及保结等方面的审核。小矿面积不大,矿产量有限,且矿业权期限较短,采矿的外部性危害相对不大。因此法律对小矿矿业权人的资格限定较为宽松。

起先《矿业条例》并未太关注小矿问题,希矿商能够将零星小矿合并为大矿予以呈请注册。而施行中,多省出现小矿矿商要求呈请矿业权的案件。小矿问题在矿产集中的地区尤为突出,这些地区亟需新的矿业规范为小矿设权。天津磁县是产煤之区,有数家领照采煤的公司,更多的是贫民借以谋生的小土窑。这些小土窑不明矿业条例,常有侵吞、争夺的纠纷。磁县商会对于本地土窑的这类纠纷,难以解决,已经累积不少案件有待解决。由于前清矿法已经过时,磁县商会希望能从天津总商会处获得新订《矿业条例》及施行细则的文本。[①] 这是磁县商会在解决本地诸多小矿纠纷时,对国家法律规范的急切需求之表现。当然也反映出商会积极有为地处理着当地的小规模土法采煤小窑纠纷。鉴于此,1917 年农矿部作出变通,以《小矿业暂行条例》开辟小矿合法呈请注册的途径,为小窑管理的法制化奠定了基础,是矿业法制的有益尝试。这种尝试回应了矿业法制的实际需求,及时弥补了《矿业条

① 天津市档案馆、天津社会科学院历史研究所、天津市工商业联合会:《天津商会档案汇编(1912~1927)》(第 3 分册),天津人民出版社 1992 年版,第 2872~2873 页。

例》的漏洞。

2. 小矿矿业权的修正

之前各省小矿为数不少，官方既未能严行干涉，亦未便过于放任，于是农商部制定《小矿业暂行条例》。该条例施行以来，旧有土窑各地带贫民得以资生者不少。依据该条例规定，只准有案者继续探采，不得另案呈请开采，限制过严，推行未能尽利。于是，农商部于1924年颁布《修正小矿业暂行条例》。①

其一，补充说明小矿的性质。除了重申小矿的矿区面积外，特别说明小矿为"旧多土窑或不堪经营大矿之地带"。这实际上注明小矿包括旧时土窑和当下矿地面积不足者，扩大了小矿业权的呈请范围，即新呈请小矿者能够获得小矿业权。之前的条例仅限于旧时土窑呈请小矿业权，不准许新呈请者呈请。

其二，完善了小矿业权呈请程序。首先，明确呈请时应具呈文和附呈详载地面、矿地面积、界限和四至基点的矿图。其次，明确受理机关为矿务监督署，随后转呈农商部核准。最后，明确小矿商不适用《审查矿商资格规则》。官方对小矿矿商资格的审查进一步放松，删去了"查明矿商品行端正"的条款。

其三，限制了小矿业权期限的延展，"认为无妨矿利者，得准其于期满前呈请展期"。这意味着当小矿业权期限即将届满，小矿商呈请展限，这时矿业管理机关会进行评估"其继续采矿是否无妨矿利"，然后作出是否准许的决定。小矿有时与大矿相邻。小矿坐落在大矿区内，能否准许小矿矿商取得小矿矿业权？官方通常令大矿收买小矿或小矿自行作股与大矿合办。1919年直隶省实业厅发现有一小矿一任大矿包

① 《修正小矿业暂行条例呈并指令十三年五月农商部呈准》，载《司法公报》1924年第197期，第3～5页。

围，而大矿也听任小开采。当该小矿呈请小矿业权时，才表明其被大矿包围的状态。该厅不得不令该省东区稽征矿税厘局调查二者是否相互影响，劝令大矿收买小矿或合办，以免纠纷。[①] 可见，对小矿商呈请展限的限制应是权衡大矿矿商与小矿矿商的利益后所作的修正。如果一再允许小矿业权展限可能会影响大矿矿业权人扩大矿区规模，妨碍集约化生产。

农商部还颁布了《审查矿商资格规则》《调查矿产规则》《铁矿公司监督权限章程》《蒙旗地内办矿暂行章程》等相关法规。这些法规着重于规制矿业权的取得、使用及转让中的矿业行政管理。国家对矿业公司的组织与经营不再过多干涉，使得矿业权人有了更大的经营自主权。这一时期的矿业权法律制度，较之晚清时期更为缜密，融入了更多的法理，促进了矿业的发展。

二、矿业权规范的行政解释

《矿业条例》由工商部（1913 年并入农商部）主持制定。[②] 农商部既是《矿业条例》的立法机关又是矿业管理的最高机关，由其解释该条例符合法理。《矿业条例》实施中，各地矿业实务部门和普通民众对其中某些条款存有疑问，经呈请，农商部对存疑条款进行了澄清和解释。此外，农商部针对地方矿业管理部门遇到的种种难题，作出了一些矿业行政规范的解释，细化了矿业法律在实施过程中的标准。针对《矿业条例》在实施中容易出现矿业问题的提案，农商部及时决议，填补了《矿业条例》实施中的某些盲区。另外，地方矿业机关也对具体矿业案件所作

① 《直隶实业厅指令：第一六九六号（中华民国八年十二月三日）：令东区稽征矿税厘局：呈报小窑坐落大矿区内之窑户应否准许换照由》，载《直隶公报》1919 年第 5824 期，第 15 页。

② 中国近代煤矿史编写组：《中国近代煤炭史》，煤炭工业出版社 1990 年版，第 239 页。

出了两类批示，一类可视为针对特定案件的法律解释，另一类是对国家矿业权法律规范操作的细化。这些行政解释，不仅补充了《矿业条例》的内容，增强了矿业权规范的适用性，进一步促进了矿业发展。

（一）对下级实务部门所呈法条疑义的解释

通常，法律以简洁的字句来表达深刻的内涵，适用法律时可能出现各种疑义。因此不得不通过法律解释来阐明法律条文的真实含义。《矿业条例》适用中，一些概念和标准的内涵不甚清晰，导致矿业权审核与纠纷处理出现难题，地方矿业机关不得不提请农商部进行解释。

1. 阐明“禁矿区”

《矿业条例》及施行细则条文中未将庐墓附近设为禁矿区。湖南地区不少矿商在矿地坟茔附近采矿，与矿地民众发生冲突，酿成多起械斗重案。矿商和矿地民众纷纷到官署起诉，其纠纷难以预防。1915 年湖南巡按使提请农矿部解释《矿业条例》第 13 条“禁止开矿地域”是否包括庶民田亩、住宅和庐墓三项，以便处理纠纷。

农商部的解释非常详细。第一，指明第 13 条所定各种采矿禁例主要涉及国防、公益等重要事项，而非个人私有物业。因此，不能将田庐邱墓指为列入该条禁矿区的范围。私益与公益之关系，轻重不同。这并非偏重矿权，置人民私益于不顾。第二，强调《矿业条例》已针对采矿的不良影响设置救济条文。“盖土地原有地面与地腹之分，矿商虽奉政府特许开采，要只取得地腹矿权，其需用地面为人所有者，仍应出资租购商允地主或其关系人。倘有损害，亦须任补偿之责，且所拟施工计划更须先经监督官厅审定。其有不照施工计划开采者并得取消其矿权。凡此均与该条例第四十六条及第五十一条以下另有规定，立法不为不密。且从前于浚河、筑路等重要工程遇有绕越之处，向多给价迁让，以资救济。矿产为国家所有，既经特准开采，亦自必须设法令可施工，总期轻重权衡两全兼顾。”第三，阐释若将“民众坟墓”设为禁矿区，则易造成无矿可开，地弃于利。农商部看来，虽然在民众坟墓附近采矿比在田庐附近采矿更容易滋生纠葛，但是民众私人坟墓与古圣及帝王陵寝性质不同，如果能商允通融，民众可以择地迁葬。民众坟墓接壤之处，更非私人所能圈作采矿禁地。矿商虽蒙特许，断不敢发掘他人坟墓轻犯刑章，因开挖而致贻损害亦自不能免赔偿之责。倘若矿商采矿并不无妨矿地民众墓穴，矿地民众仅因风水迷信借口阻挠，这是恶习，应该革新。若因此发生械斗，更为法所不容。私人所有权不能行使于其目的物范围以外。虽然应该对坟墓进行保护，但是不能对坟墓界外邻地禁止采矿。如果矿业开采接近坟墓挖掘，也应该考察采矿是否侵入坟墓界线，是否对冢穴有危害，再定矿商的责任。如果不问公私轻重，一概设为“禁矿区”，则会导致无矿可开，地多弃利。①

农商部主要采用了整体解释和利益权衡解释。首先，将《矿业条例》作为一个整体，认为该条例第46条及第51条中规定了矿业工程施工时遇到绕越之处出价补偿的条款，可以解决坟地附近采矿的补偿问题。其次，权衡矿商采矿和矿地民众坟墓各自的权益。考虑到矿商不敢轻易挖掘他人坟墓，以身试法。矿商使用矿地时可以与地主商量，有损害即补偿，且先经过监督官厅审定。如果禁止坟地附近采矿，那么地主以风水迷信借口阻挠采矿的恶习继续沿袭，导致无矿可开，矿业无法发展。

2. 澄清“契约私自转移矿权无效”

1918年安徽实业厅请农商部解释矿权转移之疑义。农商部解释：“矿权转移须经核准注册，其未经核准而私自转移者遇有纠葛或别经发觉时，其移转契约无效。如果因此而辗转入于外人之手，除适用罚则

---

① 《农商部咨湖南巡按使解释矿业条例第十三条疑义文(中华民国四年四月八日)》，载《政府公报》1915年第1060期，第34～35页。

外,其矿权当然取消,办例早有明文,无庸再另外规定。总之,应以曾否核准为断,其呈请核准与订立契约之先后,尚可无庸过从严格。至第二十条之‘让与’二字,本包含转售一次在内,与第十九条适于贯彻,可无庸疑义。”[①]该解释重申了矿业权不得私自转移,必须经国家机关核准注册后才能转移。这扼制了之前矿地地主凭借私下契约将矿地卖与外国矿商,使外商获取采矿权。该解释再次宣示只有国家才有授予矿业权的权力。

3. 明确矿地租金的标准

矿业权人在使用矿地时,由于缺乏法定的租金标准,容易与矿地地主发生纠葛。一方面矿地地主视矿山为奇货,另一方面矿业权人只有租了矿地才能办矿。有些狡猾的地主常常要价甚高,矿业权人因急于开采,也不惜以重利许之。自从《矿业条例》颁布后,地面难为地主所私有,地底宝藏为国家所公有,业矿者只要依法取得矿业权,即可在所领矿区内自由开探采。而矿地地主不了解矿法的内容,囿于积习,仍将矿产居为奇货,对于矿商所使用的土地任意抬价,常常引起纠纷。审查委员会为了平息矿业权人与地主的地租争端,明定标准,“凡矿场占用地皮,由双方实行测量,地主应得利益,除别有契约外,至多不得起过当地租粿之一倍”。[②] 这个标准与《矿业条例》第 59 条矿业权者使用土地应给地主相当之偿金,其意涵相符。也就是说,地主所获金额最高不得超过地面地租(耕地地租)的一倍。

这个解释让该条例中“矿地相当之偿金”终于有标准可参照,是法

---

① 《农商部训令:令安徽实业厅解释矿权移转疑义由》,载《安徽实业杂志》1918 年续刊第 15 期,第 4 页。

② 《规定各矿使用土地应与地主利益之标准案》,载《河南建设月刊》1928 年第 1 卷第 10 期,第 9 页。

律规范的具体化。通常亩产煤炭的价值远远高于种地地租的1倍，而限定地主矿地所获金额最高不得超过地租的1倍，原因在于以下几点。第一，国家在收取矿区税和矿产税时，以行政许可的形式让矿业权者缴纳费用，实际分享了矿业采掘的利益。第二，国家工矿业正值发展时期，鼓励矿业权者好好经营，则不应让其负担巨大的产生成本。煤矿的利润空间若被不合理挤占，作为理性经济人的矿业权者则会撤资停止采矿。这样一来，不利于国家整个经济发展格局。第三，矿业本身是风险高、投资大、周期长的行业。让非直接生产的矿地地主获得暴利而不让矿业权者获得巨利，是不公平的利益分配。当然，此标准的出台，对于双方均有约束，有利于减少因矿地偿金标准而产生的纠纷。

（二）对公民和组织所呈法条疑义的解释

有时，普通公民和民间组织针对矿业案件中的具体问题，请求农商部作出解释。

1. 厘清“地面业主权”

一座面积五千亩的官山，甲乙丙丁四人在该山四面各报五十亩呈请矿业权。这四人所呈请矿地的四至含糊不清，包套全山。近期戊在该山山顶发现第三类矿质，打算排除甲乙丙丁四人矿地外，就该山将向地方行政长官呈报矿业权。王大成向农商部呈文，请求解释三个问题：第一，对于浮多之官山，其地面业主是否属诸国家？第二，对于戊之报矿，地方行政长官应否核准？第三，戊于甲乙丙丁各人原报五十亩，是否再得甲乙丙丁之允许，方得呈请探矿？

农商部就三个问题，逐一解释。第一，依据法律规定第三类矿质应由地面业主自行探采或租与他人探采，与第一、第二两类纯采优先权主义者不同。官山之地面业主自然是国家。第二，国家有地面业主之资格，于是地方官代表国家核准矿业权。是否准许矿业权，地方行政长官根据不同情况自由裁量，不能于事前悬断。第三，甲、乙、丙、丁原呈请五十亩矿地,须先查明该四人对于原报亩数以内是否已取得地面业主之权。如业经取得地面业主之权,戊对于该四人原报亩数以内当然必须得到该四人允许。若尚未取得地面业主资格,此时准许戊之探采权仍在代表国家的官厅。至甲乙丙丁原报亩数以外,其无得原报人之许可自不待言。①

农商部对王大成三个疑问的解释,援引《矿业条例》的相关条款,结合该案案情逐一阐明。这种解释实际上以个案为例,阐明法条在具体案情下的适用。当然,从法律效力上看,这种解释仅针对这个特定案件有效,不具有一般适用的效力。对于普通民众而言,这种解释却是将法条通俗化的一种有效途径。

2. 阐明矿业权注册受理机关

矿业联合会发现,矿商们呈请同一矿区的矿业权时,却向不同机关递交申请书。有的向县公署呈请,有的向省公署呈请,有的向农矿部呈请,还有的向矿务监督署呈请。由于受理矿业权申请的机关不同,难以确定不同矿商就同一矿区矿业权申请时间的先后顺序,常常发生优先权争议。矿业联合会向农商部咨询,"优先权认定应以哪一层级的矿业主管部门呈请为准"。农商部在复函中解释:"本部虽为矿务行政最高机关,除铁矿外,其余各种矿质依法仍须经由矿务监督署核转,不得径行赴部呈请。此外,省公署县公署等既非矿政主管及核转之机关,其收到此项呈文附件之时日,自不能认为有效。"②农商部阐明一般矿产呈请书由矿物监督署核转农商部,铁矿呈请书直接向农商部呈请,省公署和

---

① 《农商部批第二二九九号(中华民国五年十二月二十九日):原具呈人王大成:呈一件呈请解释矿业条例由》,载《政府公报》1916 年第 355 期,第 33～34 页。

② 《本会文件:函农商部请核示取得矿业优先权之标准由(十二年九月十五日)》,载《矿业联合会季刊》1923 年第 3 期,第 1～2 页。

县公署无权受理矿业呈请书。据此,矿业呈请书的受理机关得以明确,进而有助于确定优先权。

（三）对矿业部门规范的解释

农矿部针对地方矿业管理部门遇到的种种难题,作出了一些矿业部门规范的解释,细化了矿业法律在实施过程中的标准。

1. 要求填报受理矿案日表

矿业呈请案的受理日期关系到矿商是否能够获得矿业优先权。农商部发现当时矿业讼案大多是因为呈请日期不明而导致优先权不明;或是登记时对呈请日期前后挪移,不是真实时间。为此,农商部发布部令,要求地方矿业注册机关根据受理呈请矿案的时间填报日表,逐日照填加封送到农矿部。[①] 地方矿业注册机关规范填报受理矿案日表,并及时上呈,将能从矿业管理层面减少矿业权之优先权争议。

2. 明确优先权核定日期的标准

《矿业条例施行细则》第 5 条规定,各矿业呈请案其呈文图说由邮局寄送者,应即以发送地邮局挂号之时日为呈递之时日。矿商的呈请书达到时间是核定矿业优先权的关键所在。在实践中,送达时间容易引发歧义。农商部阐明,矿业权呈请案核定优先权的时日,如该呈请书是当面送达,呈请日期则为到厅日期;如该呈请书是邮寄送达,呈请日期则以发送地邮递挂号之日为准。[②] 由此,以不同方式送达的呈请书,其送达日期的衡量标准得以澄清。

---

① 《部令:农商部训令第五六四号(中华民国十年五月二十五日):令京兆热河财政厅、各省实业厅、绥远实业筹备处:案照矿业呈请案为各商优先权得丧所关近来讼案纠葛皆因无呈》,载《政府公报》1921 年第 1892 期,第 6 页。

② 《部令:农商部训令第五八〇号(中华民国十年五月二十七日):令绥远实业筹备处、山东山西江苏浙江黑龙江等实业厅、京兆热河财政厅:案照矿业条例施行细则第五条之规定各矿业呈请案其呈文图说由邮局寄送》,载《政府公报》1921 年第 1893 期,第 9～10 页。

3. 细化矿商请领矿区手续

矿商请领矿区时，应该填写详细确切的矿地地址。在实践中，矿商习惯在矿图内仅载地名或某某家山。通常矿地荒僻，人们对矿地所在地的山名村号有不同称谓，容易引起纠葛。农商部审核矿图及汇造各项图表时，也感觉不便。为了让矿地更加明确，农矿部发布训令，令矿商呈请矿区时附上一张位置距离表，将矿地相对于主管县治及著名村镇之位置方向、距离远近，详细填注。[①] 法律条文中原本没有规定矿商请领矿区必须提交位置距离表，而农商部根据矿商呈请时地名不清易生纠纷，不便审核的实际问题，以政令细化呈请矿区程序，弥补了法律的不足。

4. 规范矿图的比例尺

湖南省所送矿图中有所用缩尺不当的情况，有面积不足百亩的矿区而用五千分之一的缩尺绘图，所绘成之图不过一方寸左右（过小），既不便于审查，又容易产生误差。农商部明确要求湖南省呈报矿图不足百亩的矿区适用千分之一的缩尺。为了确定矿业权，预防纠纷，农商部颁布了矿业图表程序，规定："缩尺以千分之一或二千分之一或五千分之一为准。各矿图所用缩尺之大小须依矿区面积以为伸缩，总期图说明了，易于检阅。"[②]这表明农商部针对矿业管理中的实际问题，所作矿业部门规范的解释，具有普遍的适用性。

（四）对矿业提案的回应解释

《矿业条例》实施中遇到不少难题，民众提出了一些提案。农商部

---

① 《矿业新闻：矿商请领矿区之手续》，载《矿业》1920 年第 3 卷第 3 期，第 3～4 页。

② 《部令：农商部训令第六八号（中华民国五年九月二十一日）：令湖南财政厅长袁家普：本部前为确定矿权预防纠纷起见曾颁布矿业图表程序业经通行遵照在案》，载《政府公报》1916 年第 260 期，第 19 页。

不同程度地对这些提案进行了回应，填补了矿业权规范的某些盲区。

1. 为办矿有成效者预留增展区

《矿业条例》第16条规定，煤矿矿区以十方里为限，但农商总长认为必要时得增减之。该条的立法初衷是为了预防无力办矿的商人把持国家地利，妨害他人矿业，因此限制矿商呈请矿区的面积。如果矿商资本雄厚，可由农商部特准，扩展矿区。然而，实践中有一些阴险的矿商看到他人办矿初见成效，潜于其旁呈领矿区或呈递一组矿图，强占优先权，以阻碍他商推广发展。还有一些地棍劣绅庇护私窑，在大矿矿区界限四围任意采掘，煤线错乱，积水横溢，临界矿区稍有一不慎，井下煤道即遭淹没之害。凡此种种均为讹诈勒索之方法，各矿受此害者已数见不鲜。

农商部认为自身有权制定矿业权的实施办法，“地腹之权本属国家官厅，固可斟酌轻重强制施行，以为久远之计”。于是，农商部提议各省广大煤田规定承领办法以杜矿商纠葛而图矿业发展，并提出建议。首先，应设法维护办有成效的矿商，其原领矿区不足开采者，可于四围划出若干方里，由该公司尽先承领以为增展之区。如附近已有呈请者，则查其有无资本及开采之能力，以为准驳。其次，新呈请矿地如与已成立之大矿同一煤槽，日后互相采掘井下工程必致纠纷。官厅亦可酌夺情形，令未开办之家，舍弃此地，划给附近相当之矿区，如此可免两造之争执地利。最后，各大矿周围若干方里以内，不准土窑开挖，避免毁坏煤线。

农商部经会议作出决议，已有成效矿区附近若另有人请领矿区或已领照者，应由农矿部就其施工计划、地面交通、地下水道风道各项严定取缔办法，不得与有成效者有所妨碍。其附近因违法取消之矿区，应就已有成效之矿业权者，由农商饬令优先领办。[①]

---

① 《农商部实案会议关于矿业事项决议之各提案：提议拟将各省广大煤田规定承领办法以杜矿商纠葛而图矿业发展案》，载《矿业联合会季刊》1924年第8卷第8期，第44～46页。

处理过大量的大矿纠纷案件,农商部熟知大矿发展所面临的困难:大矿呈请拓展矿区时,有时被邻近矿商抢先呈请,强占优先权;开采时,矿地地棍劣绅庇护私窑,在大矿界限四围任意采掘破坏。因此,农商部为保护大矿的发展,特拟出为大矿预留增展区、大矿周围邻近小矿呈请另划矿区、严禁土窑破坏煤线的措施。这些措施非常具体,针对性强,弥补了《矿业条例》实施过程中的偏失。

2. 以开放主义原则修正矿业条例

1924 年商界代表北京华侨实业协进会谢复初和中华总商会何属坤等人提出,请政府采用开放主义来修正《矿业条例》。在他们看来,矿业条例限制太严,政府对矿商保护不力,商界将开矿视为畏途。华侨宁愿在异国办矿而不愿在祖国办矿,令人遗憾。他们呼吁:"政府采开放主义修正矿业条例,使吾国办矿者日众,并严禁官吏土豪藉端遏阻摧残,以保矿商之血本,助矿业之成功。即中外合资兴办,如能守我法律,亦一律优待保护之成效卓著者,则依例奖励之,以促发达而期普及。"随后农商部决议,应请政府注意严禁官吏土豪借端遏阻摧残矿商办矿,维护侨商对于祖国企业之意。农商部认为,《矿业条例》的立法原则本就采取的是开放主义。①

农商部的这次决议并未就商界代表提出的种种问题给予实质性的改进措施,亦未就如何修正《矿业条例》给予回应,反而粉饰立法原则本就是开放主义,态度敷衍。可见,农商部对《矿业条例》的修改决议,有其政治立场,并非每一次决议都是利于矿业发展的。

3. 明示地主不得拒绝矿地用地

1925 年,山西多位矿业代表向农商部提议"矿业用地地主不得拒绝

---

① 《农商部实案会议关于矿业事项决议之各提案:拟请政府采开放主义修正矿业条例案》,载《矿业联合会季刊》1924 年第 8 卷第 8 期,第 51 ~ 53 页。

案”。各省地主或因小窑纠葛,或因畛域意见及其他原因,往往拒矿业权人之使用。矿业权人虽出较高地价或地租,地主多置之不理,导致矿业权人已领矿区却无法开工,无法使用矿地。矿业权人开矿时还遭遇村镇土人为难,县长偏袒,缙绅阻抗。这些矿业代表呼吁,“明令各省各县将用地条例实力奉行,虽地价租金可以格外从优,而地主村民决不能无理违抗,如照例协商不能解决,即由官厅评定价值,俾双方遵办”。农商部决议,“查照矿例用地之规定由部通令各实业厅分饬各县出示公告”。①

各方所提议案报至农商部,使其了解到《矿业条例》在施行中遇到的种种困难。该部通过发布一些补充性的解释,弥补了原来法条的盲点或不足。农商部知悉矿业法律规范实施的种种困难,这为日后完善矿业法律奠定了坚实基础。

此外,地方矿业机关针对具体矿业案件所作出的批示,可视为准行政解释。地方官认为为发展矿业自身应对矿商“悉心诱掖”,“条例细则之不易了解者,宜浅说以明之”。② 地方机构有责任对于矿业法律中的疑难之处进行说明解释,使矿商了解其内容。地方矿业机关针对具体矿业案件所作出的批示,可以看作一种针对特定案件的法律解释,还有一种是对法律规范操作的细化。这些批示与农商部所作解释不同,仅仅在本地区有效,下面呈现三例。

重申地面业主并非当然的矿业权人。1916 年具呈人黄璧禀声明地面业主愿得该地矿业权。浙江省长公署批示,“人民请探采矿质,自应

① 常旭春、常振远、杨以俭:《农商部实业会议关于矿业事项之各提案(续):提议矿业用地地主不得拒绝案》,载《矿业联合会季刊》1925 年第 9 期,第 42～43 页。

② 《湖北财政厅提倡矿业之通饬》,载《崇德公报》1915 年第 18 期,第 11 页。

依照矿业条例办理，所请者无庸议”。[①] 该批示回应了《矿业条例》中“矿业权呈请之优先权法定”精神，明示矿地地面业主并非当然的矿业权人，其呈请矿业权应依照矿业条例办理。

督促矿商改探为采。如果矿商在探矿期满未曾改探为采，则依法取消探矿权。湖北境内矿商大多视《矿业条例》为具文，当其探矿权期届满时既未呈请改探为采，又不呈请注销。经年累月，当遇有他人也呈请开采此矿地时，原矿商根据原探矿权希图抵制，虚占矿区。这使得政府损失了大量税源。1925 年，湖北省实业厅下令各县知事，当矿商探矿期满如不改探为采，则依法取消其探矿权，追缴探照，另准他人呈请，不再听其迟延。[②] 此命令是为了让矿商们严格遵照《矿业条例》改探为采的期限，及时采矿，不让矿地闲置。地方矿业管理机关重申严令，利于矿法的实施。

解释《矿业条例》部分法条的文义。1926 年，江苏省长公署对龙潭商会会长屠宜厚不明《矿业条例》的部分条款进行解释：“矿业条例第十一条内所称地方行政长官是县知事。又第八条载明第六条所载各种矿质，并其废矿之滓，非经农商总长或矿物监督署长核准，不得探采，是凡未探矿采矿行为者均须呈请核准。未经呈请核准者均以未得采探矿业权论。第六条第三类之矿质在地面上，故第十一条规定其探矿权属之地面业主，但采探时须经由地方行政长官之核准，如未经核准而探采者亦须受九十四条之罚则也。”[③]江苏省长公署的这个解释属于文义解释，

---

① 《浙江省长公署批第八百八十四号（十一月二十日）：原具呈人黄璧（赞羲）：禀一件据禀声明地面业主愿得该地矿业权由》，载《浙江公报》1916 年第 1687 期，第 28 页。

② 《湖北实业厅训令：第八一号（四月十七日）：令各县知事：案查矿业条例第二十六条载探矿权以二年为期限》，载《湖北实业月刊》1925 年第 2 卷第 14 期，第 10 页。

③ 《省长公署批：批龙潭商会会长屠宜厚（十二月二十八日）呈请解释矿业条例由》，载《江苏实业月志》1926 年第 1 期，第 24～25 页。

即对《矿业条例》某些指代不明的法条予以澄清。

第三节　矿业权的行政执法

在这一时期,发生矿业权纠纷的具体案件中,矿商多为外地人。外地矿商因向官厅呈请矿业权获准后成为矿业权人,得以在矿地采矿。矿地土人中,有的依赖矿地而生活,比如开小窑获得生活燃料或通过卖矿产品获取生活费;有的因矿商之采掘,其耕地、房屋和坟地等可能受到不同程度的影响。因此,矿业权人与矿地土人之间容易滋生纠纷。《矿业条例》的施行后,官方着意对矿商与土人之间的关系进行法制化引导,以缓和双方紧张的态势。

一、处理私采

私采,即采矿者未依法呈请矿业权,无照采矿的行为。官方对私采查明后,通常将私采者送司法官厅依法惩办,同时将私采之窑封禁。江苏吴县曾有人在留存有古迹的禁山私采山石。该省民政厅封禁了私采矿洞,将私采者缉拿后交给司法机关依法判决。1914 年柳景禹等又公然雇佣多名矿工在该禁山私采。当地人揭发了柳商的违法行为。而后,江苏行政公署令吴县知事在军警协助下捉拿柳商,交司法机关从严究办。① 又如,1918 年矿商杨立滨在察哈尔独石县古子坊一带无照开

① 《江苏省行政公署批:原具呈人吴孙公民汪风梁等、文正书院主奉范端信等:内务司案呈据该公民等呈称私采禁山玩法抗令环请》,载《江苏省公报》1914 年第 198 期,第 7 ~ 8 页。

矿,其上中下三窑被主管机关封禁。[①] 1924 年江苏省发禁令严禁私采粘土山石等矿。之前该省各县对于第三类矿质之山石粘土往往未经官厅核准,由民众任意开采。民众违例开采,有的将良田滥挖成渠,有的将名胜古迹损毁殆尽。[②]

官方对于呈请矿业权手续不全而采矿者,从宽处理,引导其依法呈请矿业权。譬如,怡生昌公司曾向官厅呈请在云浮县开采云石之矿业权,办理手续未全。而后矿商金贡之等承办该矿,未依照正当手续呈请矿业权,却在矿厂招收矿工开采云石。该公司无照私采被人举报。矿商金贡之辩称自己接手该矿厂时不明手续,且当下表示愿意依法呈请矿业权。广东实业厅不但撤销了对该矿的封禁,还鼓励矿商金贡之到厅呈请矿业权。[③] 可见,官方对于愿意补办矿照的矿商还是比较宽容的。

特别的是,官方对土人私采给予暂时的宽容,逐渐引导其呈请矿业权。这种举措顾及了矿地土人生计,且为获得矿照的矿商在矿地开采创造了较好的外部环境。这种情况下,土人因生活有着落,与矿商的矛盾相对会缓和一些。

地方矿业主管机构为推行《矿业条例》曾发布告催促。为督促矿商领照注册,1917 年京兆财政厅发布布告“若各省官商各矿再不迅速注册,各该矿既迁延坐误,本部亦不能负保护职责,以 1917 年 12 月 31 日

---

① 《训令:令察哈尔财政厅:第三一号(一月十八日):侯兴请将杨立滨无照私采各窑封禁各节查明办理由》,载《农商公报》1918 年第 4 卷第 7 期,第 5 页。

② 《省长公署训令:令实业厅、五道尹(九月二十九日)令行严禁私采粘土山石等矿质由》,载《江苏实业月志》1926 年第 10 期,第 5 页。

③ 《广东实业厅批:第九一七号(中华民国十五年十一月十七日):云浮县长刘学修,本厅委员徐贵治:呈乙件会呈查复欧庆生举报张子才等私采云石一案查对情形请察核由》,载《广东实业厅公报》1926 年第 1 卷第 6 期,第 61 ~ 62 页。

为限”。[1] 从整体上看，小矿注册的情况似乎并不理想。一位外国学者指出，理论上中国一切矿物所有权应归属于中国国家，必须由国家授予采矿的权利；但事实上该国的矿物所有权并未严格获得尊重，很多时候小矿的开采并未获得北京政府的批准。[2] 这表明，虽然已经颁行《矿业条例》，但官方仍对矿地土人私采比较宽容，小矿继续得以开采。

当时的矿业技术人员也赞成暂时宽容矿地土人以小矿私采，待其开采量较大时再引导他们领照缴税。福建矿务技术员梁津调查闽省各矿地，发现永泰、寿宁、霞浦等地均有未曾领贴、私采多年的本地炉户。如霞浦一县山中溪底多产铁砂，当时概由本地土人私采。这些经营者从其父祖辈就开始经营此业，年代久远，习俗相沿，一直未领矿照。由于此地山中贫瘠，土人以开采铁砂为生活者不下数千人。一旦禁止这些人采矿，他们就会顿失生计。梁津认为不可立即禁止这些土人采矿，应先依据《小矿业条例》办理，使其负担稍轻，等到开采量较大时，再令其呈请矿照缴纳矿税。[3]

官方逐渐引导矿地土人依法呈请矿照，合法采矿。针对大同、怀仁等地多处土人私开煤矿，实业部“宽其既往，免予罚罪”，并未直接依照法律治罪处罚。实业部念及晋北一带，多遭战乱，商民来不及依法呈请办矿；且普通民众不知矿产属于国家所有，冒昧开采致违法，情有可原。实业部下令私开煤矿者按照法律程序呈请矿照。[4] 还有江西地区自

① 中国第二历史档案馆编：《中华民国史档案资料汇编》（第3辑：工矿业），江苏古籍出版社1991年版，第149页。

② ［美］威罗俾：《外人在华特权和利益》，王绍坊译，生活·读书·新知三联书店1957年版，第545页。

③ 中国第二历史档案馆编：《中华民国史档案资料汇编》（第3辑：工矿业），江苏古籍出版社1991年版，第619～623页。

④ 中国第二历史档案馆编：《中华民国史档案资料汇编》（第3辑：工矿业），江苏古籍出版社1991年版，第175页。

1917年发现钨矿后,矿地土民自由采掘、售卖,矿商自由组织公司运销。赣南三十余处钨矿,土民自由采矿者达两万余人。当时正值南北战争时期,北京政府无暇顾及,商人虽然屡次呈请炼开采,而赣南驻军借口钨矿属于军用品,将矿案悬搁,听土民自由挖采,以便获得税捐。至1927年江西钨矿才被收归由省经营,招商承包。后利济公司、合群公司等设权采矿。[①] 可见,有时中央政府因时局动荡对地方的控制力有限,也只能容忍矿地土人私采。

至1928年,官方为树立矿法权威,维护矿政,不再宽容土人私采。太原西安九峪煤矿商代表杨鉴呈报,该县仍有未曾注册的小煤窑,甚至最著名的石门窑也未注册。嗣后,山西农矿厅下令该县一律封禁无照私采煤窑,并将查封窑名、窑主姓名及日期,开单具报备核。[②]

从处理私采的过程来看,官方初期对矿地土人私采比较宽容,随后逐渐引导矿地土人私采依法呈请矿照,合法采矿;最后严格依照矿法处理土人私采,不再宽容。打击矿地土人私采是对矿业权人合法权益的有效保护。这反映出矿业主管部门推行矿业法律规范态度比较务实,立足于我国矿业发展水平较低的实际情况,不求一蹴而就,但求水到渠成。

二、调查矿区是否重复

矿商呈请矿业权时虽然附呈矿图等表件,但其图地是否相符,有无违碍重复纠纷情事,需要矿业主管机关实地查勘弄清真相。矿业主管机关将查明所呈请矿地与他人矿区或呈请在先之呈请地是否有重复纠葛,即"对地方有无纠葛"。若查明所呈请矿地与他人矿区不重复,则矿

① 雄飞:《中国之钨矿业》(续),载《工商半月刊》1935年第7卷第16期,第44~45页。

② 佚名:《严禁私采煤矿一律封禁》,载《矿冶》1928年第2卷第6期,第203页。

商可取得矿业权。外来矿商虽经呈请获得矿业权,却被矿地土人视为侵害其生计的入侵者。有时,土人控诉某矿商所开之矿断送乡民生计且危及治安,以“有地方纠葛”为由,要求矿业主管机关撤销该矿商的矿照。令人惊奇的是,这种无理要求有时却被官方所认可。略举一例,以兹说明。

数百年来,江西丰城县土人除了务农外,一直依赖采煤为生。在秋冬农闲时节,该县土人乘时集资采煤。该县有二三百家矿厂,矿丁多达四五千人,矿丁都是该县本地人。至民国初年,该地才出现数家矿业公司。虽然《矿业条例》已经颁布,但本地人大多不知其法条内容,不清楚应如何取得矿业权。该地读书人“素守儒业,读书尚不及律”,矿商更是不熟悉矿业法律。因此,本地虽合资办矿的人多,但很少有呈请矿业权的。后来,沪商管尚华呈请该地多处煤矿的矿业权。监督署委派主事吴廷枚到该地调查,查明采矿“对地方有无纠葛”。吴主事呈报“地方无纠葛”,经监督署核准,管商取得了探矿权。而后管商在此地兴工采矿时,本地土人“群相惊骇”。该县绅耆李镛等人称,管商兴工之地皆为土著乡人已经开采之地,山上遍地都是井穴,吴主事怎能以“地方无纠葛”呈报。本地以采矿为生者,有数万人之多,管商若在此地持照开矿,则本地人将失去故业,难以生活。赣人性情耿直,本地人尤其剽悍,一旦他们失业则会恃蛮抵抗,寻仇挑衅。这些乡绅认为,《矿业条例》并未限期让前办之矿注册,亦无未注册而丧失矿业权的明文,因此本地土人所采之矿也应在法律保护之下,他人不得侵占。于是,他们联名呈县知事转呈巡按使,尽快将相关情况上呈农商部,将管商探矿权注销,“以重法律,而安民业”。

丰城县知事陈奎龄事后派人调查该处矿山,发现的确如乡绅们所说,该矿区隙地多逼近土人之矿。陈知事揣摩《矿业条例》后,提出:“凡已经开采之矿,均视为所有者之物权,而未经呈准领照之矿,则均视为国家之所有物。准此以推,故为国家之所有物者,农商部及监督署均有处置之权。若为所有者之物权,则约法固明定个人有财产上之自由权,非政府官吏所得有处置之也。坑塘里、夏泽、宗神岭等处煤矿,既为各土商之所有权,自不应受人侵害。"[①]在他眼中,本地土民在《矿业条例》颁布前所开采之矿,具有所有者之物权,属于个人财产,不应由国家矿务机关处置,因此土商所有之矿不应受人侵害。

1917年农商部作出最终的决定。农商部认为,顺济公司(管商所办矿厂)所领矿区远远超过法律限制,又与他人矿区重复,影响小民矿利。江西财政厅可酌定办法令该公司将矿区划让减少。等矿区确定后,即可彼此相安。[②] 地官方和农商部均认为顺济公司所呈请的矿地"有地方纠葛"应予以让步,而保护未领矿照的土人开采,其原因有二。其一,虽然1914年《矿业条例》规定开矿必须呈领矿照。但是该法颁布时间不长,且考虑到普通民众未必知悉了解了法条中的"矿权法定",让土人都呈请矿照,持照开采,恐怕难以落实。其二,土人在本地开采沿袭已久,他们依赖采矿为生且人数众多。若官方准许外地矿业权人骤然介入,禁止土人开采谋生,有悖于习惯。一旦土人失去生计之业,则会寻衅滋事危害地方治安。出于安民的考虑,官方一定程度上宽容了土人无照开采,且让矿业权人作出了一定的让步。

土人本身是无照私采,而矿商是持照开采,最后农商部却作出让持照的矿商让步的决定。在这个过程中,农商部的决定并非以是否依法领矿照作为判断的标准,而是在安抚土人与赋权兴矿两种利益中权衡。

---

① 中国第二历史档案馆编:《中华民国史档案资料汇编》(第3辑:工矿业),江苏古籍出版社1991年版,第862~864页。

② 中国第二历史档案馆编:《中华民国史档案资料汇编》(第3辑:工矿业),江苏古籍出版社1991年版,第867页。

为了安民,农商部在该案中迁就了矿区土人的利益,限制了矿业权人的部分权益。

三、保护矿业权人采矿

中国传统社会奉行重农抑商,视工商为贱业,矿业发展缓慢。在矿产丰富的地区,常常有良莠不齐的土人及无赖聚集扰乱,阻害矿业。由于矿产多在人烟稀少之山林地带,容易被匪徒骚扰,地方当局常感到无法应付。矿地民众还迷信风水之说,认为采矿会破坏风水,导致有心投资矿业者心生畏惧,不敢开办。① 在开办矿厂时,矿商往往面临来自多方的阻力。

其一,矿商办矿容易会受到矿地土人的阻碍。矿商勘探矿脉时,有的矿地土人以有碍风水或祖坟阻止其进行。矿业权人办矿取得成效时,容易被当地有权之人强占矿厂或是被敲诈勒索,甚至有性命之虞。正如当时中国全国商会联合会所描述:"(云南地区)或因调查其附近山脉有矿苗引道者,稍一研究,则土著人必出而阻扰之,不云关于祖脉,即云碍于风水,无理争执,几成普通习惯……又如商家自行开办,稍见利益,则势力大者强占不讳。又如办有起色,则藉事苛求,稍不满意,遂生意外之虞。"②

其二,矿商采矿有时会遭到矿棍的敲诈。广东省矿务官员梁总鼎发现,在矿业办有成效的地方必有一两个无赖周旋于官商之间,或为矿商包揽词讼。如果有新商想在该地开矿,必须先向这种矿棍了解一切

① 叶笑山、董文中编辑:《中国经济年刊》,中外出版社 1936 年版,第 43 页。

② 中国第二历史档案馆编:《中华民国史档案资料汇编》(第 3 辑:工矿业),江苏古籍出版社 1991 年版,第 133 页。

情况，并给予红股或酬金，否则处处受限无法正常开办。[①] 这种矿棍是矿地土人中的无赖，有的垄断矿商的官司，周旋于官商之间；还有的以提供矿地信息为由，敲诈打算在此地开矿的矿商。宣统三年(1911年)，马玉麟和石兆勋取得河北完县寨子村含阳坡铜矿勘矿执照。1912年秋，完县当地流氓垂涎矿商的丰厚利益，施计阻挠矿商探矿。而后矿商们起诉了这些流氓，获得胜诉后，才得以顺利勘矿。[②] 可见，矿棍利用自己作为矿地土人"人地两熟"的优势，常常对"人生地不熟"的外地矿商肆意敲诈、勒索。

其三，矿商采矿还可能受到土匪骚扰。吉林辉南县华阜铁矿公司创立于1895年，曾经是纳税大户。然而，1922年由于遭到土匪骚扰，该公司于不得不停工。直至1927年也未能恢复开采。[③] 在一些案件中，官方回应了矿业权人的保护请求，出动警力打击矿痞匪徒。会昌矿业公司经呈请注册，获得天宝山矿业权。该公司代表周继武禀请查办矿地土人侵害矿权。本地奸人杨德盛、王焱森、康受嘉、叶琮等突然来天宝山大湾厂，抢夺会昌公司铅矿。杨德盛不但支使多人破坏文昌公司大湾厂，而且自己采矿私熬私售，还唆使白果湾奸党偷漏白铅，导致文昌公司收入顿减，资本无着落。四川巡按使表示："窃取矿质，禁令綦严。杨德盛等并未取得矿业权，竟敢于该商等已领矿区以内夺采铅矿，损坏曹尖。如果属实，殊为不法。仰财政厅迅予查明，分别追究，一面

① 中国第二历史档案馆编：《中华民国史档案资料汇编》(第3辑：工矿业)，江苏古籍出版社1991年版，第145页。

② 彭作桢等修，刘玉田等纂：《完县新志》卷七《食货第五》，民国二十三年(1934年)铅印本，第25页。

③ 白纯义修，于凤桐纂：《辉南县志》卷三《人事·矿业》，民国十六年(1927年)铅印本，第8页。

严行示禁,以维护矿业。”[①]会昌矿业公司作为合法的矿业权人,当其矿业权受土人不法侵害时,向官方寻求保护。该地主管机关表示予以严查,以维护矿业。

矿业权人在依法取得矿业权后,其采矿权益受到侵害时,可以向官方请求保护。新化县涌泉里矿商杨尊树设立锑矿矿务公司。该矿苗质兴旺,每日可出锑砂数十石,获利甚巨。本地矿痞龚福高等希图夺利,联络无赖痞徒在该矿山另开一条矿道穿入该矿界内,偷偷挖去锑砂三十余石之多。后经杨商禀报该县知事,饬令封闭盗挖矿洞。而龚福高等勾结匪首王大纲等统率200余人,持有刀械前往该矿山。这些匪徒闯入锑矿矿务公司后将银钱服物约值3000余,全部抄洗一空,最后还放火焚烧矿厂。等到邻近保卫闻信驰救,这些匪徒已经逃匿无迹。锑矿矿务公司被烧毁,成为一片废墟。杨商不光禀报知事下乡勘验,还到省城禀请饬拨军队,会同该县警备队从严剿灭。[②] 该案中,矿痞匪徒见财起心,先盗矿商之矿,盗窃不成后聚众抢劫并破坏矿厂。矿业权人损失惨重,且无力与人多势众的匪徒抗衡,因此向官方请求保护,是明智之举。

当然,矿业主管部门不会一味只袒护矿商利益,在处理矿商与土人纠纷时,通常兼顾矿商的经济利益和矿地民生。例如,吴才元等呈控崇成记公司一案。黄山农民吴才元等无法忍受崇成记公司开采黄山山石对当地造成的损害,呈文农矿部要求明令禁采,以保地权。吴才元等土人认为该公司所采山石沿路堆放,阻碍了交通,淤塞了河道。该公司开采山石的过程中不仅掘毁古代孙王墓及宋石驸马陈国公主坟墓,危及

---

① 《公牍:详会昌矿业公司代表周继武为侵害矿权禀请禁办一案由》,载《四川公报》1915年第43期,第2~3页。

② 佚名:《矿痞烧抢公司》,载《顺天时报》1915年9月5日,第4232期,第4版。

邻近的法云寺和福寿禅院；还毁坏草皮，使乡民平日以趋草为生者难以生活。1927 年 12 月土人曾请吴县公安局布告禁止开挖。之后，崇成记公司故态复萌继续开采山石。乡民担心崇成记公司在省建设厅获准开采，于是联民要求官方禁止其采石。该地乡民认为这次群起争执者，从公益上说是为保全地方名胜，从法律上看是为保护人民地权。允许崇成记公司采石只是涉及矿商一人私利，充其量惠及其雇用的十余人，而一旦开采将危害一乡数百口农民的生计。黄山乡民决心以死相逼，放话若该公司强行开掘处此，难保不酿成事端。农矿部令该省建设厅及县长按照矿业条例办理，批示该公司未获合法手续不得擅自开采。[①] 从利益权衡来看，一方面崇成记公司开采的矿产为一般石材，仅雇用十人开采，开采量不大，经济价值也有限。另一方面该公司开采过程中造成对该地古迹的破坏，交通的阻碍，河道的淤塞，草皮的破坏，山地的侵占，对当地民众的生产和生活造成诸多危害。最终土人的联名上书得到了农矿部的支持。农矿部对崇成记公司的矿业权呈请没有贸然批准，并且严令该公司未得矿业权前不得擅自开采。

当时学者对矿业权行政执法的效果却并不看好。时人达夫认为，《矿业条例》的内容多袭自东西各国之成文，号称完备。但该条例实施三年后，人民仍苦于缺乏保障，矿业权人则受制于地方矿蠹，矿山劳动者则束缚于资本家。官厅却不了解这些情况。矿业权人投资开矿却受制于矿蠹，导致畏缩不前，企业不振。矿山劳动者，村野愚氓大多不知法律，常以正当要求不遂而为越轨之举，遇到官厅执法时则感到痛苦。于是纠纷因此丛生。他呼吁修改该条例并颁布新矿法。[②] 在陈家钧看来，政府对矿业权缺乏保护，主要表现在：其一，政府因借款或筑路与列

---

① 《吴才元等呈控崇成记公司一案》，载《农矿公报》1928 年第 4 期，第 38 ~ 39 页。

② 达夫：《余之矿业政策》，载《矿业杂志》1917 年第 1 卷第 1 期，第 11 ~ 12 页。

强定约，断送了大片矿区；其二，地方官不能对矿业权诉讼作出迅速而公平的判决，甚至还有地方官因收贿赂定曲直，让矿业权人败诉；其三，实业部除了例行文告、科税取盈外，任办矿者（矿业权人）自生自灭。[①]学者所指呈的矿业权之政府保护不足，对督促政府完善矿业行政具有警示作用。

在矿业权的基本框架下，行政机关试图依法管理矿业，审核矿业权，保护矿业权人的合法权益。当然，我们也不宜对矿业权的行政保护作过高的评价。由于当时军阀混战，行政系统本身经费不足且效力低下，行政机关对矿业权人直接的保护难以达到理想的效果。

第四节　矿业权的司法确认与保护

一、矿业权的依法取得

《矿业条例》中矿业优先权立法不仅采用了西式的呈请在先原则，还兼顾了本国地主优先的习惯做法。大理院依据该条例对矿业权纠纷进行处理，试图将矿业权从地主土地业权中剥离出来，让民众扭转地主支配采矿权的固有观念，通过判决强化民众“矿业权必须依法取得”的法律意识。民初大理院所作的判决例逐渐确立采矿者依法呈请，在先者获得矿业权的规则。

（一）山主不当然是矿业权人

清中期以来，国家允许民众在自己的地内采煤；山主可以自己开采，或是出租矿地让矿商开采，或是以地作股与矿商合作开采。山主作

① 陈家钧：《我国矿业不能发达之原因及其补救之方法》，载《矿业》1920年第3卷第4期，第4～5页。

为业主实际上掌握了矿地的开采权。除了国家垄断经营的贵金属矿和硝黄等矿外,矿地的山主只要按时缴税,就拥有在自己矿地采矿的权利。清末多部矿章都试图确立"凡采矿必须向国家呈请,经批准获得矿业权后方可开采"的制度框架,试图区分矿地山主与矿业权人,使得山主不当然具有开采权。改变旧有的"山主管业"规则而代之以"矿业权呈请"之新制度规则并不容易。民国初年,大理院仍然在强化这种区别,使山主不再能"自行采矿"。例如大理院三年上字第 516 号判决例谓:"土地所有人亦须领有执照始为矿业权人。"[①]大理院对于前清修改《矿务正附章程》中的"采矿者"进行了缩小解释,认为根据前后法条文义,"采矿者"(矿业权人)是指依法领有矿照而现实进行采矿者。土地所有人只有率先向官厅呈请领照,才能成为矿业权人;一旦将土地租赁于已经领照的矿业权人,不论是否曾经自行采矿,则仅为业主。

(二)矿业权之优先权属于呈请在先者

除了强化山主与矿业权人的区别,大理院在四年上字第 2319 号判决例中,表示呈请在先者有优先取得矿业权之权,领有矿业执照或呈请核准注册,才属于合法取得矿业权,"锡矿,由呈报在先者取得矿业权"。[②] 对该案大理院详细引用了《矿务正章》和《矿务条例》相关法条,说明两法中锡矿矿业权之取得的规范内核是一致的:未获得矿业权不得开采;呈请在先者优先取得矿业权;经过向官厅呈请,领有办矿执照或获核准注册才能获得矿业权。

其后,大理院又于四年上字第 2424 号判决例中,再度明示"锑矿由

① 郭卫编:《大理院判决例全书》,吴宏耀、郭恒、李娜点校,中国政法大学出版社 2013 年版,第 485 页。

② 郭卫编:《大理院判决例全书》,吴宏耀、郭恒、李娜点校,中国政法大学出版社 2013 年版,第 485 页。

呈报在先者取得矿业权”。大理院认为,《矿务正章》对于山主地权有所照顾,因此其对于某些类别矿质的矿业权之“先请先得”原则有所保留,特别提出“民地若地主愿开则地主优先”。[①] 民初《矿业条例》中将锑矿作为第一类矿质,这类矿质以“呈请在先”作为优先取得矿业权的唯一标准,地主丧失了其基于地权的优势。大理院对此案的处理恰好也明确了“新法优于旧法”,确立《矿业条例》优先于《矿务正章》的适用原则。原审不当地适用《矿务正章》的规定,这反映当时司法机关对于矿业法律的适用尚未形成统一的认识。

（三）地主必须为矿业权人提供矿地

在实践中,矿业权人虽已取得矿业权,但地主不许其使用矿地的案件并不少见。地主或是因丧失成为矿业权人的机会而不快,或是认为矿业权人出价不足,不愿让地供其开采。大理院六年上字第1229号判决例申明了地主提供矿地的义务。“矿业权人有依法使用他人土地之权,在地主即关系人,除要求相当之价金外(参照《矿业条例》第五十一条、第五十二条)不能拒绝其使用。”[②]

从观念上,地主难以接受“自己的矿地让给别人开采”的安排,因为这意味着地主土地业权某种程度上的丧失。国家法强制地主必须为矿业权人提供矿地时,就不得不对地主与矿产的关系作进一步的切割。此后矿业权法制的推行中,国家不断重申矿产所有权与土地所有权的区隔:矿产资源所有权归属于国家,故国家可以依法授予适格的矿业权人矿业权;地主只有土地所有权,提供矿地时可以取得“相当之价金”。

① 郭卫编:《大理院判决例全书》,吴宏耀、郭恒、李娜点校,中国政法大学出版社2013年版,第485～486页。

② 郭卫编:《大理院判决例全书》,吴宏耀、郭恒、李娜点校,中国政法大学出版社2013年版,第486页。

另外,地方矿业主管部门不断协调地主与矿业权人的关系,主持确定矿地“相当之价金”。在国家机器的碾压下,地主不得不退让。

（四）国家授予矿业权,私约无效

清中前期,除国家垄断的有色金属矿产和硝黄等矿,民地矿业开采属于“山主管业”。山主与矿商之间的矿地契约,即为矿商开采权之凭证。清末民初,由于我国受列强侵略,多地矿权外泄、矿利外流。其中原因之一就是外国矿商私自与矿地山主订立契约,获得矿地所有权,借此从外交上向中国政府施压而获取矿业权。鉴于此,大理院十五年上字第1111号判决例明确“矿业权由国家授予,私约无效”,“矿业权关系重大,非外国人所能任意采取。如外国人民与中国人民私定合同,以期朦胧官听,诈取矿业权者,即属不法行为。因此所为给付,自亦不得诉请返还”。[①] 大理院认为,矿业权对国民经济和地方公益均有重大影响,因此不能让外国人任意取得中国的矿业权。外国矿商必须依法呈请矿业权,不能凭借与中国商人的私下合同向中国矿业主管机关诈取矿业权。此项规则确定后,有利于中国政府收回私约中流失的矿业权。例如,辽宁省复县五湖嘴有白泥矿,不但矿区广大,而且出产丰富。该矿屡经土人开采,土人从中获取厚利。后来日本人垂涎该矿。该地劣绅张某,私下与日本人订立契约,拟将矿区出让。经官署查悉后,中国官厅交涉后废止该私约,收回了矿业权。[②]

（五）私采者无优先权,仅纳税者无矿业权

矿商史景武和王振武在山西平遥县史家庄沙沟口开采煤炭。两矿商自开采以来一直缴纳煤厘,但未依法呈请矿业权。嗣后,另一矿商王

---

① 郭卫编:《大理院判决例全书》,吴宏耀、郭恒、李娜点校,中国政法大学出版社2013年版,第486页。

② 《于学忠办复县白泥矿》,载《矿业周报》1929年第54期,第93页。

文昭经呈请官厅，获得该地矿业权。史王二商对此表示不服，提起诉讼。山西高等审判厅将该地矿业权判给王文昭。史王二商对判决不服，继而提起上诉。大理院经审理后认为，矿商史景武和王振武未呈请矿业权而在该地私行采矿，相对于矿商王文昭并无优先权。史王二商虽称开采以来一直缴纳煤厘，但据《矿业条例》第28条规定矿商应具呈文，并附图说经过该管矿务监督署长呈请农商总长核准注册，才能取得矿业权，若仅缴纳煤厘，不能即认其已于采矿之地取得矿业权。煤炭类之矿质依矿业条例第9条规定无论是地面业主还是非地面业主，应以呈请矿业权在先者取得矿业权。史王二商并非矿地业主，王文昭依法取得矿业权，并未侵害史王二商的利益。最终，大理院驳回了史王二商的上诉。①

该案法律关系比较清晰，大理院的判决也很明确。实践中出现这类纠纷主要原因在于，民初不少地区矿业主管部门曾经宽容矿地土人无证私采，有时甚至因矿地土人提出“有碍地方”而撤销矿业权人的矿业权，具体内容见本章第三节所述。鉴于此，本案史王二商认为自身一直在该矿地开采且缴纳煤厘，完全有理由相信官厅未提出异议且一直收取他们缴纳的煤厘，意味着官厅默认了他们具有矿业权。因而，当王文昭作为后来者向官厅呈请并获得矿业权，在史王二商看来是对自身权利的侵害，故提起诉讼。

推行矿业权相关法规时，官方对矿业土人无证私采之宽容和“有碍地方”理由之采信，破坏了“矿业权法定”的统一性，容易引发真正的矿业权人与自认为的矿业权人（私采并缴税的矿商）的权利之争。这类纠

① 《大理院民事第三审判决十二年上字第二六四号（中华民国十二年年三月二日）：私行采矿之人对取得矿业权者无优先权开采煤炭若仅交纳煤厘并未取得矿业权》，载《法律周刊》1924年第51期，第22～23页。

纷是山主管业向国家授权过渡时期,“变通”执法所引发的必然结果。

二、矿业权的优先权标准

民国初期办矿风气渐开,矿商们积极申办矿业权。有时对于同一块矿地有多个矿商呈请开办,如何确定优先领办之权往往是呈请者与矿业权审批机关的争议所在。平政院处理矿业权行政诉讼案件的重点亦在于细化优先权的认定标准。

(一)优先权以禀请时间的先后为断

矿商顾镗诉农商部一案中,两造对于禀请时间点有不同认识。1914年7月24日,矿商顾镗就其承受于郑潘二商的矿区,向第三区矿务监督署禀请换给采照。当时正值《矿业条例》刚刚颁行,顾商所呈请的矿区面积未达到法定面积的下限,监督署限其一个月内依法扩充。同年7月30日,中日实业公司呈请矿业权,其呈请矿区与顾商矿区相重复,矿种相同。这意味着最终只有一方能取得该地矿业权。顾商于8月27日呈请扩充原矿区面积。矿务监督署斟酌后,决定从中日实业公司所呈请的矿区中划出一部分归顾商领办,使其凑足法定面积。这样可以使两矿业公司都能够获得矿业权。顾商对农商部维持矿务监督署的诉愿决定,表示不服。顾商认为自身“以原有矿业权禀请扩充、换给采照,与初次禀请探矿不同”,呈请时间应以7月24日为准,则自身呈请比中日实业公司早。农商部则认为,根据《矿业条例》同时呈请同一矿地,采矿呈请优先于探矿呈请,而本案两方呈请均为采矿,顾商呈请时间在后,并无优先权。而后,平政院认为顾商7月24日所呈请换照的矿区面积不足,不符合矿业权取得的法定要件,其矿业权不能取得。当时矿务监督署就应该驳回顾商的矿业权呈请,而矿务监督署却为了保护顾商矿业权,运用自由裁量权,给予顾商法外之指示,与优先权无关。最终,平政院判定优先权归中日实业公司,认定农商部所作决定正当。[①]

该案暴露出《矿业条例》颁布后所面临的一个棘手问题,先前有些矿商出价买得的矿区面积不大,达不到法定矿区面积的标准,容易失去矿业权。他们不得不在一个月内,依法扩充矿区面积,再次申请注册换照。在本案中原告由于比中日实业公司申请时间迟,又无法扩充自己的原矿区,不仅失去了新矿区,对于面积不足法定最低要求的原矿区矿业权也失去了。另外,顾商为购买原矿区所支付的地价价款也是有去无回。《矿业条例》将矿业权设计为大面积的矿区,小矿区只能呈请小矿业权。但小矿业权的权益显然不如前者。此案中,顾商因之前所领矿区面积不足《矿业条例》法定矿区面积而丧失矿业权。

第三矿务监督署对该案的处理,均衡了效率与公平两种法律价值,比较合理。顾商8月27日呈请扩充原矿区面积是一个新的矿业权呈请(原区面积加上扩充面积),扩充矿区与中日矿务公司7月3日所呈请的矿区是重复的。按照《矿业条例》优先权的规定,中日矿务公司应该获得该区矿业权,顾商则无矿业权。第三矿务监督署似乎是认为这种决定对于顾商而言不够公平,使得其前期所承买的矿区矿地化为乌有。于是该署进行了一种平衡,让中日矿务公司划让出一定面积,使得顾商能在原矿区面积基础上凑足法定最低的面积,得以矿业权。这样两矿务公司都能获得矿业权,均能开矿,既不失效率又保证了公平。从中可以看出,矿务管理机关积极促成矿商呈请矿业权,对于不合条件者,也会协助其满足法定条件,使之获得矿业权。嗣后,农商部严格遵照法律规范,对第三矿务监督署的决定不予支持,认为中日矿务公司呈请在先

---

① 黄源盛纂辑:《平政院裁决录存》,台北,五南图书出版股份有限公司2007年版,第477～484页。

具有优先权，而顾商失去矿业权。平政院的判决支持了农商部的决定，这意味着不承认第三矿务监督署适用矿业法律规范时所作的变通。

第三矿务监督署相对于农商部是更为基层的矿业管理机构，所受理矿业权呈请案数量更多，对矿业经营的实际情况也更为了解。该署通过受理大量矿业权呈请案，深知矿商们办矿不易，对于已经办有成效因法律规范变迁而丧失矿业权的矿商比较同情，才有对该案矿业权的灵活处理。而农商部与平政院的处理更契合法律规范。顾商在法定一个月的宽限期内并未积极呈请，是怠于行使自己的权利，顾商应该自己承担失去矿业权的不利后果。

（二）优先权以开采日起算

《矿业条例》颁布前，各省均存在小窑开采。该条例颁布后，由于小窑面积小，不足法定面积，于是小窑无法呈请矿业权。此外，不少小窑业主也缺乏依法呈请矿业权的意识。而且，有些矿商看中了小窑所在的矿地，依法呈请。此时，农商部遇到了难题，究竟是保护小窑既有的矿业经营还是依法予以后来矿商矿业权？天成公司诉农商部一案的判决，表明农商部倾向于保护已经经营多年的小窑，甚至不惜延展《小矿业条例》中的期限，变通办法，为小窑开通呈请矿业权的绿色通道。

天成公司于 1915 年 7 月 9 日向农商部呈请矿业权。同年 10 月四聚公司禀请合并该地多个小窑，呈请矿业权。农商部派技术员查明后批示，该地系小窑合并而成，查阅旧卷后发现该公司开办时已占优先，考虑到泄水通风等因素，应按法定要件核准，给予四聚公司执照。农商部还另划一片矿区由天成公司禀请开采。天成公司不服农商部决定，提起行政诉讼。两造的争议在于矿业优先权起算是以申请日为准还是以开采日为准。

天成公司提出，自身呈请矿业权早于四聚等小窑，应有优先权。况且天成申请矿区与四聚小窑重复地点不过1/300，不重复的部分仍可以核准。四聚等小窑在1915年10月呈请合并，只能依据小矿业条例办理，不能适用1914年4月2日已失效之通令。农商部称，优先权是对矿区之未开采者而言，若某矿区已经他人开采而后来者蒙混呈请，法律上断无许可之理。经实地测量，天成公司采矿已经超出原地二百余尺。四聚等矿合并矿区呈请矿业权，与领新矿区及推展矿界情形不同。农商部为了保有诸多小矿之生计，不忍强制执行《小矿业条例》，不仅延展期限还变通办法，即使四聚小矿稍逾期限亦不得摧残。四聚公司指出，在《矿业条例》颁布以前，凡禀领矿照者均凭载有矿地四至的红契。该案中的诸多小窑均先领有窑照，具有适用小矿业条例的资格。平政院申明，矿业优先权是对于未经开采者而言。四聚等窑开采确实在天成公司之前，因而优先取得矿业权之权应属四聚。即使不经合并换照手续，依据《小矿业条例》，四聚等小矿矿业权也自然是存在的。于是，平政院作出维持农商部决定的判决。①

可见，农商部的决定和平政院的判决均倾向于保护先前已在矿地开采多年的小窑。一是顾及小窑的生存，更深一层是考虑到矿地众多依赖小窑生活的民众。二是这些小窑窑主本有红契，且在前朝凭红契已经领有窑照，当时已有采矿权。民初矿业条例颁布后，若遽然对这些凭借前朝窑照开采的小窑一概不予保护，不免会严重影响到社会经济秩序的稳定。因此，农商部采取两种化解方法，一是引导小窑合并以扩大矿区面积，按《矿业条例》呈请矿业权；二是引导小窑按《小矿业条例》呈请矿业权。其他矿商对营多年小窑矿区的呈请，农商部则不予理会，准其另划矿地禀请开采，给予小窑业主优先呈请矿业权的资格，并

---

① 黄源盛纂辑：《平政院裁决录存》，台北，五南图书出版股份有限公司2007年版，第511～516页。

一再延长其呈请期限。这类案例既是新法与旧法竞合的问题，又是平衡矿业发展与社会经济秩序稳定关系的问题。

（三）呈请须补充材料时，优先权以首次呈请时间为准

矿商孙鸿猷与常进争执房山县周口店等处煤矿优先权不服农商部决定一案，争议焦点在于矿商呈请矿业权须补充材料时，是以首次呈请还是以提交补偿材料的时间作为其呈请时间点。1917 年 9 月 3 日矿商常进向京兆财政厅呈请扩充矿区。同年 10 月 28 日矿商孙鸿猷呈请矿业权，矿区与常商重复。按照矿业条例施行细则第 38 条第 3 款，孙商第一次呈请手续不完备；而常商呈递时未缴窑照，不符合同条第 11 款之规定，其手续也不完备。从初次呈请的日期来看，常商在先已无疑义。以补缴矿图窑照日期而论，两人同在 10 月 28 日，常商所持财政厅开出的收据是 4201 号，孙商则是 4203 号，经平政院调查，补缴矿图窑照的日期常商仍在孙商之先。原处分官署根据该细则第 1 条第 2 项自由裁量后，命常商将呈请更正补呈，自应依据两商各自第一次呈请日期认定常商取得优先权。平政院作出维持农商部原处分的判决。[①]

平政院认为，当申请者所递交的材料不齐，财政厅命其补正，仍是继续第一次的申请。据此，认定优先权的时间，仍以第一次呈请的日期为准。这种做法似乎与现代矿业权的申请在先不同，现代是以所有法定材料齐备的受理日期为准，再比较哪方的申请时间在先。当代的做法更为合理，避免了有人虽法定要件不足，但抢先申请，随后再慢慢补充材料，最终却以第一次申请的时间较早而获得矿业权。矿业主管部门具有自由裁量权，有权决定是否受理申请人的申请。依据当时的法律，此案的法律关系非常清晰，本不应当存在争议。推测是在办矿巨大

① 黄源盛纂辑：《平政院裁决录存》，台北，五南图书出版股份有限公司 2007 年版，第 521～532 页。

的利益驱动下，申请者们都想获得矿业权，争先呈请矿业权。

为什么本案中矿业主管部门会让材料不足但呈请时间最早者获得矿业权？其原因可能有二。一是为了尽快地让矿地能够得到开采利用，以利于国家财政。二是通常主管机关指令材料不齐者补充材料，应是审核后认为呈请者基本符合法定要件，只是缺漏了少数材料，否则就会直接驳回其呈请。由于该案判决书中未详细说明所缺何种材料，实际情形不得而知。

三、矿业权禁采区的范围

《矿业条例》中有著名古迹四十丈以内不得领作矿区地域的规定。然而，计算四十丈究竟以何种物体为参照物起算，法律并无具体规定。陈炳镛诉农商部取消宛平县石佛村煤矿采矿权一案，体现了平政院“造法”的智慧。

1918 年 11 月矿商陈炳镛请采宛平县石佛村煤矿，经农商部核准，1919 年 2 月获得采矿执照。陈商因建造矿场、开凿坑口需要土地，打算租用地主戒坛寺僧达文的土地。该僧以有碍寺产为由，拒绝出租土地。宛平县知事对两方进行调解，无效。陈商呈诉京兆财政厅，该厅判令陈商可以依照原图开采租用戒坛寺土地二十亩，僧人不得违法阻止。该寺寺僧不服。其主持悟修向农商部陈情，称该寺是京西名胜古迹，陈商所领矿区一旦开工，不光危及其寺基和塔院，还可能造成其寺水道断流，恳请取消陈商矿业权，以保存古迹。之后，农商部取消了陈商的开采执照。

为弄清矿地实情，农商部曾派员履勘地质，发现陈商矿区煤层深入戒坛寺塔院之下，若开采煤炭则可能造成寺内的水井枯涸。陈商采矿的确对该寺有重大影响。显然，批准采矿与保护寺庙难以两全。该寺从唐代流传至今，碑碣塔院足以证明其当属著名古迹无疑。矿业条例

第13条第4款载,“距著名古迹四十丈以内,未经主管官署或所有者及关系人准许者,不得领作矿区”。该条并未明确“四十丈”之起点究以何种物体为参照。陈商提出应以寺庙建筑物为标准,自己所领矿区在寺庙四十丈以外,可以获得矿业权。而农商部认为,应该以寺庙界址为范围,陈商所呈请矿区在寺庙四十丈以内,属于法定的禁矿区范围,不能批准矿业权。

当时法律上并未明确古迹的范围该如何确定。平政院充分发挥了“造法”的功效,其依据有二。一是根据历史碑文的记载确定戒坛寺的范围。平政院采纳了寺僧悟修的意见,赞同将戒坛寺内的崇碑、古松,寺外之浮屠、塔院均应视为古迹。平政院还查明该寺明成化间和清康熙间的碑文载有寺庙界址四至。二是古迹范围获得了古迹主管部门内务府的认定。经内务府认定,戒坛寺界址四至应仍继续有效,属于必须保存的古迹范围。根据这两点,平政院认为建筑物是古迹的一种,但古迹不限于建筑物,因此支持农商部以戒坛寺的四至作为古迹范围,以四至为起点衡量矿区,则矿区在四十丈范围之内。①

古迹界址如何认定是决定陈商申请矿区能否取得矿业权的关键。计算古迹四十丈之起点究以何种物体为参照物,缺乏明文规定。平政院认定时参照了两个方面:其一,寺庙的历史传承。明成化和清康熙碑文可证明该寺界址四至;其二,主管官署认定前朝界址四至继续有效。据此确定陈商申请的矿区有一部分在西山戒坛寺界址的四十丈范围内,故取消其采矿权。可见,所呈请之矿区与古迹保护范围重合时,由于法律缺乏对“古迹四十丈之起点”的明确标准,容易引发争议。另外,民国时期大力发展采矿业虽是时代趋势,但有识之士仍有保护名胜古

① 黄源盛纂辑:《平政院裁决录存》,台北,五南图书出版股份有限公司2007年版,第557~562页。

迹的意识。在本案中，保护古迹的利益诉求胜过采矿权的利益诉求。如果没有内务府和农商部的支持，戒坛寺岌岌可危。

而在另一个邻近古迹的采矿案中，平政院却作出了完全不同的判决。钟兰亭等关于禁采石宕不服浙江省公署禁采决定一案，耐人寻味。浙江杭县上四乡西山出产石灰石，一直以来山主将矿山出租于灰商采烧石灰。光绪三十年王若云等设永安官石栈，禀由浙江农矿厅移行宁、绍两府饬各县示谕各窑户并札钱塘县立案。宣统元年灰商钟兰亭等继续承租开采。民国以来，钟兰亭等一直完纳石捐，并领有杭县公署所发石捐联票及浙江硝黄执照。1919 年，赵寿鸿等认为西山是名胜古迹所在，曾于 1915 年经樊绅恭煦呈请封禁禁采，现禀请浙江省再次封禁禁采。省公署当即令实业厅派杭县知事进行调查。嗣后，该省实业厅认为在西山采矿有碍名胜古迹，且钟兰亭未依法呈准注册给照，令该县一律禁止灰商采烧石灰。钟兰亭不服，提起行政诉讼。

平政院认为，钟商所开采之石宕与慈严寺、风水洞各名胜相距二里之遥，远在四十丈的范围之外。况且经县知事多次查勘，均报明该矿区与西山名胜古迹无碍。又经卷查 1915 年樊绅恭煦呈请禁止碑文，载明禁碑地点不准采石，但西山并不在禁碑地点范围内。商人王若云等于前清获农工商矿总局核准札县立案，宣统元年钟兰亭等承租继续开采，且执有历年完纳石捐联票，自与未呈经官厅私采者不同。平政院取消了浙江省行政官署禁采西山矿区的决定，要求钟兰亭等依法呈请注册换照。①

邻近古迹的矿区并非一律禁止开采，距离远于四十丈的，可以开矿。另外，虽然石商钟兰亭的采石手续不全，但持有前朝矿照，与私采

① 黄源盛纂辑：《平政院裁决录存》，台北，五南图书出版股份有限公司 2007 年版，第 563～568 页。

者不同。这说明矿商获得前朝官厅的核准立案,并一直缴纳“石捐”,不被视为私采者,而且可以作为呈请矿业权的有利条件。

四、矿业权人的权利保护

(一)逾期注册仍不取消其矿区

前朝矿法如何与现行《矿业条例》衔接?农矿部承认了前朝矿业权继续有效。这种策略的优势在于:其一,前朝官方许可的矿业权的数量有限,若一概否认其效力,则容易引发矿业权纠纷危及社会安定。若予以承认,则会减少当前实施新矿业制度的阻力。其二,对于前朝矿权的承认,也是对当下矿业权法定原则的有利宣传。这让民众了解,凡是经政府准许的矿业权均受国家保护,以激发其依法呈领矿业权的积极性。因此,农商部并未以改朝换代“法不溯及既往”为由,直接否定前朝矿权的效力。

矿商王秉钺诉农商部一案中,两造的争议在于明德公司逾期注册,是否应取消其矿业权?明德公司于宣统二年(1910 年)六月间,呈请奉天兴城县夹山金矿,获农工商部颁照开办。《矿业条例》规定,从前业经领照之矿,须于 6 个月内呈请注册。1915 年 3 月,第二区矿务监督署饬各县知事转饬各矿商文,称“注册展限至本年四月十日为止,如再逾限。从前所得矿权即应失去效力”。明德公司迟迟未依法注册,仍继续开采。另一矿商王秉钺于 1915 年 4 月 11 日禀请该处金矿的矿业权。经厅批示,该处金矿明德公司已于 1912 年获得核准,仍由明德公司开采,该公司现在是否停歇未采,待县查复。1915 年 5 月经厅批示准许明德公司再行展限一个月,如该公司仍不注册换照,即将该公司矿业权取消,由大中公司办理。1915 年 7 月 14 日明德公司至奉天财政厅缴款注册换照,被该厅批驳。嗣后,明德公司向农商部陈诉,该部更正了奉天财政厅的批驳。农商部认为,明德公司换照虽迟,较之将矿业权另易他商，不若维持已成之局，仍令该公司换照续办。矿商王秉钺对农商部授予逾期注册的明德公司以矿业权表示不服，提起行政诉讼。

矿商王秉钺认为，《矿业条例》第107条仅有旧矿注册的规定，并无逾限不注册即取消矿业权之明文，据此农商部认定明德公司虽未在时限内注册其矿业权仍存在，是开脱之词。农商部辩称即使明德公司被取消矿业权，按照条例第47条第4项和第48条的规定，准其出售或竞卖。矿商王秉钺反驳农商部，提出矿业权被取消后，不能自行处分，应由财政厅核准第二申请人。再者，《矿业条例》由农商部制定，县知事无权为旧矿之注册期限展限。

农商部坚持认为，参照条例并无注册逾限即取消之规定；又参酌事实，该公司系属前朝核准领照之矿，成立已有数年，经营不易，当经饬知该厅仍准注册换照。奉天财政厅未待农商部批准，遂注销该公司矿案，已经该部驳斥。第二矿区矿务监督署饬文是催促各矿商迅速注册的催告，并非越权为旧矿之注册期限展限。矿业权之优先权是对于新呈请之案或未经核准者而言，对于已经核准给照之案，并无优先权取决之问题。矿业权之取消核准为农商部之权，下级官厅处分违法或不当，上级官厅有命令更正或撤销之权。而明德公司原来的矿照一时遗失，筹备续股更换经理导致其申请注册延迟，其理由正当，已向奉天财政厅陈诉展期。由于明德公司矿照未经农商部明文撤销，且其依旧缴纳矿税，农商部认定其矿业权仍然存在。

最终平政院维持了农商部的决定，认为《矿业条例》中对于矿业权之取消采取的是列举主义，并无逾限注册即须取消之规定。法律上无明文规定，作为矿业主管官署的农商部可以自由裁量，酌情处分。①

① 黄源盛纂辑：《平政院裁决录存》，台北，五南图书出版股份有限公司2007年版，第503～510页。

在该案中,农商部的表现可圈可点。第一,农商部引用《矿业条例》第107条,作严格解释,该条未规定注册逾限即取消矿业权。第二,多次重申对于矿业权的核准及取消之权属于农商部,其余机关无权处分。这既是告知商民矿业权的授权机关,又是警示下级机关不得越权。第三,修正了下级官署的不当行政行为。明德公司的矿权被奉天财政厅取消,这也是引发原告申请该区矿业权的诱因之一。农商部作为上级主管部门,已驳斥该行为。农商部还澄清第二矿区矿务监督署饬文的性质,只是催促各矿商迅速注册的一种催告。这样就修正了监督署的越权解释。第四,对逾期不注册的明德公司酌情裁量。由于法无明文规定,农商部依据"该公司系属核准领照之矿,成立数年,经营匪易,其矿税依旧照纳"等情形,仍旧宽限明德公司可以注册保留其矿业权。一方面,是出于经济的考虑,该公司已经开办多年,经营有效益,又按时纳税,不应该贸然让其停办。从成本效益上分析,若让另一新公司取得矿权,其成本委实不低。另一方面,该公司继续经营且未破坏社会秩序,仍应维持其法律关系的稳定性。第五,对优先权进行更深入的解释。优先权是针对新禀之案或未经核准者而言,已经核准给照之案,无优先权的问题。

农商部对于前朝旧矿的合法转化进行了耐心地引导。其一,矿务监督署发文催促旧矿限期注册。其二,在旧矿逾期未注册且遇到矿业权呈请之竞争者时,仍旧予以宽限,死扣"法条无逾期取消矿权之规定",让旧矿的矿业权继续维持,直至该矿依法注册。农商部的决定未必尽是出于法律方面的考虑,其自由裁量依据的是"该公司系属核准领照之矿,成立数年,经营匪易,其矿税依旧照纳",侧重考虑经济因素。该公司是前朝领办之矿,让其矿业权继续维持,有利于维护矿业权呈请法律制度的稳定性——凡办矿必经准许领照之后才能进行。"该公司已经经营数年,办矿不易",这是政府考虑社会办矿投资不足以支持矿业快速发展,而鼓励旧矿经营者继续经营。“该公司一直照纳矿税”则揭示出民初国家设置矿业权的财税目的。

农商部不仅对于前朝矿业权予以维持,甚至还对曾在前朝呈请过矿业权的事实效力以予以承认。在程宝三因请开采遵化州庙儿沟银矿不服农商部处分一案中尤为明显。吴商曾于清末申请遵化州庙儿沟银矿,因申请地接近清陵,未获准,后于民国元年(1912 年)再次申请,却被一再拖延。之后吴商再次呈请,农商部批准其试探权。而与之竞争呈请矿业权的矿商程宝三提出,吴商呈请在《矿业条例》未公布以前,依据法律不能追溯既往,吴商不能取得优先之权利;且自身是该矿地地面业主,矿业权之呈请却被驳回,认为农商部对于矿业权呈请准驳不均。经查实,该地是王思善卖与吴商和王启麟的。而程商所称于宣统三年(1911 年)向强德福、薛祥(查此二人是王思善的佃户)等出价购买该矿地,属于重叠盗卖,程商并未取得该矿地地面业权。根据矿业条例第 9 条的规定,无论地面业主与非地面业主,以呈请在先者为有优先取得该矿之权。农商部认为,吴商于前清呈请矿业权既无与民国政体抵触之处,断无因国体改革而失其效力。而且程商呈请矿业权的时间亦在吴商二次呈请时间之后。因此,吴商有优先权,应取得矿业执照。平政院最后的判决支持了农商部的决定。[①]

在该案中,农商部根据“前清条例及官厅一切成案,非与民国国体抵触或经政府以明令废除者,均应继续有效”,判定吴商在前清已经申请矿业权可在民国时算作申请在先。将前清时的矿业呈请视为有效,这是一个大胆的决定。由于朝代更迭,前清许多官方文件不一定能保存下来,且前清矿业管理体系不系统,认定“矿商前清时曾呈请矿业权”

① 黄源盛纂辑:《平政院裁决录存》,台北,五南图书出版股份有限公司 2007 年版,第 533～537 页。

这一事实,实际操作上会有难度。当然,这种决定对于维护法制的稳定性是有利的。农商部不如抓住程商的申请材料有瑕疵“地权仍有争议,且在诉讼纠葛中”,不符合法定要件,以此法理说服程商更为合法合理。

(二)已租矿地未获矿业权者予以补偿

有时矿商已经租用矿地,却因种种原因所呈请的矿业权未获批准,当该矿地被其他矿商呈请获得矿业权,那么前者是否能够获得补偿?

矿商吴世勋租下安徽宣城县牛茨山煤矿矿地,曾向安徽省公署呈请备案,却未领有矿照。后来监督署注销吴商呈请案,吴商提起诉愿。旋即吴商自行取消申请,自愿取回偿金,划分租用之地,不再争执。1914 年 7 月农商部将该矿地矿业权批给矿商陈则民,并令其与吴商协商矿地租用偿金。该案历经数年悬而未决。迭经部饬安徽财政厅催缴,陈商以吴商索要偿金太多,未能切实协商。之后,财政厅令陈商补偿吴商租地用款八千余元,陈商不愿如数补偿。农商部提起民事诉讼,将陈商应补交的偿金定为地面损害及有关矿业权成立的两项费用。陈商认为偿金中包含补偿矿业权成立的部分不合理,继续拖延,并不缴款。农商部认为陈商所得矿业权应该受矿地有偿款划让之限制,而陈商既不遵令缴款又拒绝协商,于 1917 年 9 月取消了陈商矿业权,并追缴执照。陈商不服决定,提起行政诉讼。

平政院经审理后认为,吴世勋虽禀请采矿权时间在前,但未领有矿照,该商就不是矿业权人,不存在吴商将矿业权转移给陈商的问题。农商部所称“陈商矿业权由吴商划让”,不能作为吴商请求补偿金的理由。农商部未等先行解决偿金纠纷就将矿照发给陈商,就是表明补偿金争议是陈吴之间私人纠纷,与矿业权许可无关。平政院认为农商部撤销陈商矿业权的处分与《矿业条例》第 46 条所举事项不合,对该处分予以取消。吴商可以提起民事诉讼要求偿金,但偿金也应遵照《矿业条例》以租地关系人实受之损害为限。根据《矿业条例》第 67 条,吴商在陈商未付偿金前，可以拒绝土地之使用，但不得拒绝民事诉讼。

平政院对该案的处理是公允且适当的，指出了农商部的“越位”处理，纠正了其无法律根据撤销矿业权的行为。农商部只能根据《矿业条例》，审核矿商的呈请，决定是否准予矿业权。租用矿地补偿金纠纷不属于农商部职权范围，应由矿商自行提起民事诉讼来处理。①

在该案中，吴商虽曾申请矿业权，但是随后自行取消了申请，并未取得矿业权。尽管吴商已租有矿地，他却不能以“矿业权划让”为由请求矿业权人支付偿金。吴商在呈请矿照之前的租地成本只能以民事诉讼的方式要求陈商偿还，在此期间可以拒绝后者使用其土地。其实这个案件吴商和农商部的处理都过于复杂了。吴商请求的偿金并不是来自于自身具有矿业权，而是来自作为山主（确切地说是二手山主，即矿区土地的承租人）的地面业权。他不但支付了矿地地租，可能还付出了一定采探成本。比较明智的做法是，陈商和吴商可以在当地商会或主管部门的主持下，协商出一个较公道的价格，陈商直接从吴商处转租得到该矿区的土地使用权。如果协商不成，吴商则可以提起民事诉讼，要求陈商补偿自己的损失。从农商部的处理来看，其有调解矿商纠纷的良好初衷，但是行为方式是错误的。其一，吴商未获矿照，就不是矿业权人，不存在矿业权转移的偿金。其二，以撤销矿业权来逼迫矿业权人偿还先前租地却未获矿业权矿商的损失，于法不合。未补偿租地费用并不是法定撤销矿业权的事项。这也表明农商部在审核矿业权时，比较注重利益的平衡，即使对于未领取矿照的呈请人，设法让矿业权人对未获矿照者先期的租地费用予以补充。这也是鼓励矿商呈请矿业权的一种方式：即使呈请矿业权不成功，其租地花费也不会石沉大海，会得

---

① 黄源盛纂辑：《平政院裁决录存》，台北，五南图书出版股份有限公司 2007 年版，第 517～519 页。

到合理的补偿。

（三）为申请矿区经数年未缴费领照者保有矿业权

1914 年 10 月矿商姚贻谋呈请开采怀来县八宝山一带煤矿，经农商部核准填发采照。该商迟迟未缴费注册。另一矿业权竞争者矿商马永泰认为，依据矿业条例施行细则第 29 条和第 40 条，姚商接到通知后未在两个月期限内缴费注册，矿业权即无效。直隶实业厅非但没有不依法取消姚商矿业权，还在逾期数年后进行第二次通知，属于违法。平政院卷查 1915 年 1 月 18 日第一区矿务监督署通知姚商缴费注册，经四年之久姚商仍未遵行，已经逾期。但逾限之制裁，按细则第 39 条规定对于所呈文件应予驳还。只是姚商在被告知逾限后一直未过问，并无所呈文件，致使无法适用驳还手续。综合考虑法律条文，呈请文件之驳还与矿业权之取消，实属两事；不能以文件应予驳还，即谓矿业权亦应取消。实业厅作为接管矿务机关，对于农商部核准的矿业呈请案，矿商已领之矿区，见有他人觊觎，自应尽量予以保护，促其进行。1919 年 1 月 16 日实业厅的通知，属于履行其行政职权，并非违法。时至同年 2 月 14 日姚商遵令缴费，呈请注册领照，此时矿业权已确定，他人不能争得。马商于同年 2 月 17 日向该厅呈请开采，呈请矿区与姚商矿区重复，根据《矿业条例》第 37 条所定，不能核准。由此而论，本案实业厅之处分并无不合，农商部之决定自应维持。①

矿业主管机关对该案的处理不够高明。即使以姚商 1919 年 2 月 14 日缴费呈请注册领照作为呈请时间，其呈请也早于马商同年 2 月 17 日的呈请，前者应享有优先权。至于之前的矿业权是否取消，可以不作考虑。矿务主管部门也可以不用曲意为姚商四年来不缴费领照，仍有

---

① 黄源盛纂辑：《平政院裁决录存》，台北，五南图书出版股份有限公司 2007 年版，第 569～576 页。

矿业权的事实进行辩护。马商认为，矿业主管部门怠于行使职权，迟迟未通知姚商缴费领照。而姚商也持有自己的理由，由于矿匪之患，收缴小煤窑小照费时官厅变更等因素，对于自身已申请的矿区，久久未领矿照注册。当他人想申请该区矿业权时，农商部对于姚商的矿业权尽力予以维护。

总之，民国初期矿业权规范形成及实践的过程，即为矿业权逐渐脱离土地所有权的过程。矿业立法宣告一切矿产资源归国家所有，将国家塑造成矿产资源所有人，由此国家审核授予矿业权。至此，地主无权对其土地的采矿权进行分配，仅获得矿地使用补偿金。国家作为矿产资源所有权人，不仅有分配探矿和采矿资格的权力，还有权设立禁采区域、保留战略矿产和享有国家专有开采权。

在这个塑型的过程中，农商部的作用举足轻重。作为矿业权规范的制定者，农商部不仅制定出《矿业条例》确立了矿业权基本法律制度，还及时颁布《小矿业条例》对传统的小窑小矿进行合法化引导。《矿业登记规则》中矿商资格审核条件由关注籍贯到关注其办矿资本，这是矿业权人资格理性化提升的突出表现。农商部还是矿业权规范的解释者。该部不但多次针对矿业实务部门所呈矿业权法条疑义进行普遍解释；而且对普通民众所呈矿业权个案进行个体解释；还针对地方矿业管理部门遇到的种种难题，作出了一些矿业行政规范化的解释，细化了矿业法律在实施过程中的标准；甚至对《矿业条例》在实施中容易出现矿业问题的提案，及时采纳并决议，填补了矿业权规范的一些空白。此外，地方矿业管理机关常常对疑难矿业案件作出批示，一种是针对特定案件的法律解释，另一种是对法律规范操作的细化。

中央司法机关的典型判决让矿业权法律规范的内容得以落实。为了减少新制度的阻力，中央司法机关一定程度上承认前朝采矿权的效力，并保护小矿采矿的资格，强化了民众依法呈请矿业权的意识。民初大理院所作的判决例，试图将矿业权从地主身上剥离，让民众扭转地主拥有采矿权的固有观念；逐渐确立呈请在先者获得矿业权的原则。平政院对矿业权纠纷的判决则表现出官方的价值倾向：以承认前朝采矿权继续有效来保护既有的矿业经营者，并引导其依新法呈请矿业权；保护已经经营多年的小窑，支持农商部延展《小矿业条例》中的期限，变通办法，为小窑开通呈请矿业权的绿色通道；对于古迹禁采区明确其具体范围，为矿业呈请者扫清障碍。

第四章　南京国民政府时期矿业权发展与实践

南京国民政府注意到地方矿业行政和矿地土人对矿业发展有不良影响,因此比较重视矿业法律的完善。立法机关颁布了多部矿业法律法规,推动了矿业权规范的发展。此间,实业部、经济部先后的行政解释促进了矿业权规范的精细化和适用性。矿业主管机关继续推进矿业权执法,着重调处矿业权人与矿地土人的纠纷。行政法院对矿业权案件的最终判决,加强了国家对于矿业权的确认与保护。

第一节　矿业权发展的背景

一、矿业在国民经济中日益重要

这一时期,政府非常重视矿业的发展,这与孙中山所倡导的实业计划不无关系。孙中山将矿业列为实业计划中之第六计划,曾云:“矿业产原料以供机器,犹农业产食物以供人类。故机器者,实为近代工业之树;而矿业者,又为工业之根。如无矿业,则机器无从成立，如无机器，则近代工业之足以转移人类经济之状况者，亦无从发达。总而言之，矿业者，为物质文明与经济进步之极大主因。"[①]当时官方认为发展矿业是工业之根本，是关系国计民生的重要事业。

随着近代矿业知识的传播与采矿技术的进步，矿业在我国国民经济中的地位越来越重要。当时，我国可开发利用的矿产种类更为丰富，矿产用途更为广泛。煤铁是现代国家工业化机器化最主要的物质基础。许多矿产是工业制造的原料。因此，要发展工业，必须采掘矿产，以提供原料。而当时我国矿业发展仍不充分。以 1930 年为例，我国煤炭的人均消费量是 0.55 吨，远远低于比利时人均消费量 4.7 吨和德国人均消费量 4.1 吨。中国工业不发达，致使煤炭的工业需求量很少。如果发展发矿产，将矿产产量提升至 1931 年矿产总量的 5 倍，那么每年将增加 25 亿元的国家财富。据不完全统计，当时间接依赖矿业为生的人口，至少在百万人以上。[②] 发展矿业不仅直接可以容纳海量的矿业从业人口，且其相关行业，如运输业、矿产冶炼业等也可以吸纳很多的劳动力。因此，矿业发展一方面将为国家提供广阔的劳动力就业市场，另一方面还可以促进本国的进出口贸易。从整体上来看，发展矿业能够为工业提供充足的原料与燃料，能够显著增加政府的财政收入，能够提供海量的就业机会，还能够促进进出口贸易。因此，发展矿业成为当时国家经济发展的迫切任务。

此外，从 1928 年至 1949 年，中国长期处于"战时"，需要大量生产武器装备。而钨矿、铅矿、硫磺矿、石油等是制造武器弹药和提供武器装备燃料不可或缺的原料。因此，这一时期对此类矿产的采掘与生产还具有军事战略意义。

---

① 付润华、汤约生主编：《陪都工商年鉴 · 第十编矿业》，文信书局 1945 年版，第 1 页。

② 葛定华编著：《国民经济建设要论》，正中书局 1937 年版，第 150 ~ 156 页。

矿业发展的重要性日益显著。为了促进矿业高速而健康的发展，南京国民政府继续推进矿业法律制度，特别重视矿业权规范的完善与实施。

二、战乱阻碍矿业发展

南京国民政府成立后，全国渐趋一统，但拥兵割据之省区，尚时有所见。日本侵华战争和后来多年的内战，导致这一时期矿业发展严重受到战乱的阻碍。

时人程尚林曾指出当时矿业发展困难的几个原因，战乱首当其冲。第一，连年混战，政局不稳严重破坏矿业生产秩序。西南地区如四川、贵州、云南和西康等省矿产资源丰富，却因战乱难以采掘矿产。第二，缺乏矿业人才和采矿技术。当时中国学术界，崇尚文法科，而科学技术智识比较缺乏。第三，矿业资本招募困难。发展大规模矿业需要招募雄厚的资本集中于矿地。而当时兵匪混乱多年，游资多集中于城市。第四，外资压迫我国矿业发展。我国矿产开采常为外商所垄断。[①]

南京国民政府时期，矿业发展受外界影响的因素中，战乱最为突出。战乱一再扼杀我国矿业自主发展的生机。譬如，煤矿产业发展最重要的因素是运输与销售；此时若出现军事冲突，则交通阻断，运输梗阻，煤炭产量立刻受到影响。又有矿地当地驻扎军队乘机摊派勒索，暴敛苛捐。因此，煤业深受战乱之害。兵难往往还伴随着土匪横行之乱象，矿地垂危，导致矿工流离星散。1929 年至 1930 年之际，南北各矿深受重创，凋敝万状。情况好一些的矿厂产量减少，经营不佳。差一点的矿厂苟延残喘，亏累不堪。更糟糕的矿厂无法维持，只得停办。作为华

① 程尚林：《经济建设中的中国矿业（附表）》，载《商业月报》1936 年第 16 卷第 9 期，第 2 页。

商唯一雄厚矿业的中兴煤矿，在1922年鼎盛期资本达700万，年产煤炭60万吨，经过数次战乱之后惨遭蹂躏，因不能维持而一度停办。[①] 还有贵州的汞矿同样因为地方战乱而衰落，以前承平时年产1000吨，至1930年年产量只有10吨半。[②] 政府不能保护矿业的正常生产秩序与安全。这足以致使商人不敢投资矿业，从事开采。自抗战军兴以来，作为立国基础的矿业，多被敌人破坏。多地煤铁矿厂有的完全停产，有的被敌方侵占。

蒋介石曾尖锐地指出当时矿业发展的弊病。“中国过去矿业可谓一事无成。地方官吏与人民往往加以阻碍。此后务须采用积极之保护与奖励，首宜考虑矿业条例的改善，以减轻负担，便利开采，保障投资为主要……同时禁止地方政府人员及特殊势力把持矿权，与民争利。”[③]官方已经注意到地方矿业行政与土人对矿业的影响，且认为完善矿业法律应首当其冲。矿业法律的根本目的在于保障矿业投资，减轻矿商负担，促进矿业发展。

三、基本的法律体系已经形成

一个国家的经济立法深刻地影响该国民众和公司的经济生活。法律制度决定了财产权利如何确认，如何转移，发生了纠纷又该如何解决。回望南京国民政府时期的矿业法制状况，我们不难发现这一时期法律制度已渐成体系。立法院先后颁布了一些基本法律，如民法、刑法、民事诉讼法、法院组织法、诉愿与行政诉讼法等，构筑了基本的法律体系。另外，商事法、公司法、商标法等经济法规也相继出台。这一系

---

① 闻玉：《关于中国矿业之我见》，载《实业月刊》1938年第2期，第64页。

② 葛定华编著：《国民经济建设要论》，正中书局1937年版，第160页。

③ 葛定华编著：《国民经济建设要论》，正中书局1937年版，第163页。

列的立法承继了北京政府时期的经济法制成果，为社会经济进一步发展奠定了坚实的基础。随着民法、公司法和土地法的颁行，财产权利逐渐现代化。政府可任意侵占财产的行为被视为非法行为。经济发展的关键在于促进交易效率，加强对财产权、自由契约和自由企业的保护，这些层面的改善将促进分工网络的扩大和生产力的进步。法律制度整体上，“同条而共贯，相扶而成治”。因此，这一时期立法机关构筑的基本法律制度为矿业权规范的推行创造了基础的法制平台。

此外，南京国民政府设立了专门的矿业管理机关。起初，政府在农矿部内设置矿业司，专门管理矿政。1932 年实业部成立，下设矿业署，专理矿务。1938 年 1 月国民政府设立经济部，下设矿业司，执掌矿务。[①] 各省实业厅、建设厅先后成为地方矿业管理的主要机关。中央矿业管理机关为矿业权立法作出了应有的贡献。另外，两级矿业管理机关积极推进矿业权行政执法。

第二节　矿业权立法发展与行政解释优化

一、矿业权立法的发展

《矿业条例》未经规范的立法程序颁布，且内容较简单，地方政府执行不力，各种矿业纠纷层出不穷。这些弊病严重地阻碍着矿业发展，南京国民政府成立后急需一部较完备的矿业法律。[②] 这一时期，政府不仅颁布《中华民国矿业法》及其实施细则作为基本的矿业法律，还制定了

① 李学通主编：《抗日战争》（第 5 卷：国民政府与大后方经济），四川大学出版社 1997 年版，第 231 页。

② 陆仰渊、方庆秋主编：《民国社会经济史》，中国经济出版社 1991 年版，第 351 页。

《矿业登记规则》《矿场法》《矿业监察员规程》等近百种相关的矿业法律法规。由此,矿业权法律制度进一步发展。实业部、经济部先后还颁布了一些单行法令,如1936年《抽签决定矿业优先权暂行办法》、《各省市主管官署核办矿业呈请案件限期暂行规则》及1941年《处理国营矿区内土窑暂行办法》,以辅助矿业权规范的实施。

(一)草案中的三种矿业权主张

为了促进经济发展,振兴矿业,1928年农矿部长易培荃征求各方意见,打算制定矿业法。他委任虞和寅与范柏年为矿业法起草委员,以三个月为期,完成矿业法草案。虞和寅"览古今之成法,审外势,察内情,博采群论,间参管见,因旧条例而损益之,草矿业法,都十章,一百一十有四条"。因时间仓促且工作地点相隔甚远,虞和寅与范柏年两人未就法条内容进行交流,各自独立起草,因此形成虞本和范本两个版本矿业法草案。[①] 不同的矿业法草案为矿业权规范的发展提供了丰富的参考文本。

1. 基本原则

表4－1和表4－2为两个版本矿业法草案的基本原则。

表4－1　虞氏矿业法草案的基本原则

法条序号	基本原则的内容
1	未采矿质,属诸国有,国家与人民均得依法开采。
2	矿业注册满三十年以上,政府有收回办理之权。
3	关系国防国存之矿,得限制开采,为相当之保留。
4	国营矿业与民营矿业应受同等之限制与保护。
5	取得矿业权只限本国人民。
6	取得矿业权专以呈请先后为准,但铁及石油不在此限。

① 虞和寅:《矿业法草案大纲》,载《矿冶》1928年第2卷第6期,第117页。

续表

法条序号	基本原则的内容
7	废止探矿权，许人民自由探矿。
8	限制小矿，奖励大矿，展宽矿区面积限度，以尽矿利。
9	限制领矿区署，厉行开工期限，以防垄断。
10	厘定用地办法，以利矿业进行。
11	改善矿工待遇。
12	矿业保安之规定。
13	技师资格之规定。
14	减轻矿区税、矿产税；用屡进税率直接征收所得税。
15	按年递加税额，以杜矿区虚占之弊。
16	限制各地附加税，以纾商困。
17	矿税应属于特别会计，作为矿业行政及矿业发展诸经费。
18	从前业经注册小矿暂维现状，俟期满消灭，但得展期一次。

表4－2　范氏矿业法草案的基本原则

法条序号	基本原则的内容
1	确定矿质属诸国有。
2	未经私人或法人呈领探采之矿质，由政府经营之。
3	定奖励人民觅矿法。
4	已准私人或法人既得之矿业权，规定保护及取缔办法。
5	矿区面积应以说合与最经济方法之施工开采者为原则，以尽矿利。但已准私人或法人经营之矿，不得增加矿区。
6	厘定土地使用法。
7	厉行矿业监察制度，厘定保安法。
8	规定保障及取缔技术人员。

续表

法条序号	基本原则的内容
9	矿工以提高生活,改善待遇及辅助矿工之合法组织为原则,并制定矿工服务规则。
10	划一矿税,以平等待遇为原则。
11	订定矿税及国营矿业赢利之用途,以尽先施用于发展矿业为原则(实行特别会计制度)。

从两份草案的立法原则来看,虞氏所倡导的立法原则更为激进。如第5条,矿业权只限于本国人民,显然是为了防止列强侵占我国矿业权进行经济侵略;第7条废止探矿权,许人民自由探矿,折射出实业富国的迫切愿望。

此外,余焕东也拟定了一份矿业法草案。1924年农商部任余焕东、翁文灏和张景光为修改矿法委员,对矿业法规进行了一次修改。经农商部大会通过,后因李部长去职,该修正案被搁置。1928年农矿部令各省厅长条陈修改《矿业条例》意见,及设计委员会的意见。1929年春,余焕东基于1924年的矿法修正草案,采纳1928年各省厅长和设计委员会的修改意见,参照国民党政策,对《矿业条例》重新修订,形成矿业法草案123条。其修订矿法的基本原则有:①确立矿产国有;②特定国营矿质;③主设矿业权;④尊重优先权;⑤统一矿业行政;⑥规定私营矿业年限;⑦改定矿区计算法;⑧中外合办矿业由政府主持;⑨增加税额并规定报效金及其分配方法;⑩保护劳动并增进其利益。[①]

2. 矿业权的主要内容

(1)探矿权与采矿权

余焕东主张限制采矿权的期限。经考证,他发现美洲各国矿法均

① 余焕东:《矿法起草后个人之陈述》,载《实业杂志》1929年第146期,第1~8页。

对矿业权附以年限。这是因为：第一，矿业权是一种利源，社会政策不能放任某人独占；第二，设置矿业权人进出机制更有利于促进矿业技术进步；第三，矿业权期限不能太短，否则不能让矿商铺设设备、安心经营。由此，余氏矿法草案将采矿权规定为30年，期满经主管部门许可，可延长至90年。[①] 在余焕东看来，矿业权期限的设置非常重要。矿业权是对社会资源的一种分配，应公平分配，避免某人长期独占。矿业权之设置还影响着矿业技术的进步和矿商投资的积极性。

虞氏草案中将矿业权限定为采矿权，主张废止探矿权。虞和寅认为，前清矿章和《矿业条例》采用了日本独有的探采分立矿业权立法模式，其实施效果并不好。探矿权之核准归于农商部之后，其呈转程序与采矿权无异，失去了立法本意。在实践中，呈请探矿权的矿商是变相呈请采矿权，只不过是为了减轻注册费和矿区税。而取得探矿者，常常占有矿地，拖延时日，使其他矿商不能呈请开采，影响矿业发展。[②] 可见，虞氏理性地反思移植日本矿法的弊病，从中国矿业实际出发，力图改变矿业法律移植中不合国情的立法设置，寻求适合本国矿业发展的法律规范。这对于中国矿业权规范之本土化，是一种非常有益的尝试。

范氏草案在矿业权之外还专门设置一个觅矿权。矿业虽由政府经营，然而寻觅矿质除了中央及各矿地矿务局负有专责外，仍需要依靠民众的力量。该草案规定，中华民国人民均有觅矿权。觅矿者觅矿费用由政府核给，觅得矿质时须将详细情形报告中央或地方矿务局，觅得之矿经检测有价值时政府给以相当酬金。[③] 探矿是采矿的前提。当时中国官方探矿技术力量有限，不得不发动民众积极探矿，以发现矿脉。然

---

① 余焕东：《矿法起草后个人之陈述》，载《实业杂志》1929年第146期，第6页。

② 虞和寅：《矿业法草案大纲》，载《矿冶》1928年第2卷第6期，第121页。

③ 范柏年：《矿业法草案大纲》，载《矿冶》1928年第2卷第6期，第145、149页。

而,从觅矿权和探矿权的本质来看,二者区别不大,都是对矿脉勘测的权利,只是探矿权的权益更为广泛。因此,觅矿权实无单独设置的必要。

(2)矿业权之优先权

余焕东主张尊重矿业权取得之优先权。探矿优先权是为了鼓励民众觅矿。采矿优先权不仅是为了激励民众积极办矿,还能够防止官吏任意予夺采矿权,预防封建势力和各种特殊阶层独占各地矿产。[①]

虞氏草案确立矿业权授予之优先权制度。虞氏考察各国授予矿业权有两种制度,一种是英、法等国适用的特许制,另一种是德、日等国适用的优先制。在他看来优先制更好,“盖以呈请先后,为矿权给予之标准,既可除阶级之谬见,得准驳之平允,又可奖励采矿,促其进行,制莫善于此者”。[②] 优先制不仅可以较公平地分配矿业权,不论呈请人的阶级出身,还可以激励矿商采矿。当然不能仅凭矿商呈请在先就贸然许可,矿业主管机关必须严格审核,否则矿商不适格得到矿业权后无力开采,反而就会影响矿业的发展。此外,虞氏认为授予关系国家命脉的铁矿和石油之矿业权,必须采取特许制。

范氏却主张废除矿业权授予之优先制,力主矿业由政府经营。他认为,我国经济落后,优先取得矿业权者,其资本未必充足以供开采。山西等地有矿业权人持矿地却不采矿。矿商在呈请矿业权时绘具详图、提交保结,申请手续烦琐,可能受到矿业主管机关的层层盘剥、阻碍,还可能遇到矿地地主或豪绅缠讼。矿业由政府经营则可以避免这些问题。[③] 范氏眼见社会中矿业权人采矿的种种弊病,提出由政府取代

---

① 余焕东:《矿法起草后个人之陈述》,载《实业杂志》1929 年第 146 期,第 5 页。

② 虞和寅:《矿业法草案大纲》,载《矿冶》1928 年第 2 卷第 6 期,第 120 页。

③ 范柏年:《矿业法草案大纲》,载《矿冶》1928 年第 2 卷第 6 期,第 143 ~ 144 页。

矿商经营矿业。事实上，当时政府财政赤字，缺乏财力开发全国矿业。另外，民营矿业经营方式灵活，重视效益，具有胜于国营矿业的一些优势。

(3)对外资获取矿业权的限制

余氏主张中外合办矿业必须由中国政府控股。民元以来，中外合办矿业大多由外商投资，中方仅以矿地矿权作股。有些中国商人，在中外合约缔结后，为贪图眼前利益直接将矿股抵押于外商，结果我国良矿大多为外商所操纵。因此，余氏草案规定中外合办矿业，中国政府必须占有51%的股份，外商占49%的股份，且外商必须缴纳股本金75%以上，其超过股份26%的部分无偿交给中国政府，作为公司股本。[①] 该规定不仅是为了防止矿利外流，还能够节制私人资本获取暴利，终将利权归于国家。

尽管虞氏草案确立矿业权只能授予中国人，但是由于当时我国矿业人才有限，资本匮乏，中外合资之矿其权柄操纵在外国人手上。《矿业条例》虽有"外国人所占股份不得逾全股分十分之五"之限，而实践中外国矿商雇佣中国人冒充"华商代表"出资50%，实则外国股份远超出50%，让该条形同虚设。[②] 因此，为预防外资经济侵略，虞氏主张不许外资入股中国矿业。然而，完全禁止外资投资中国矿业在当时是难以实现的。

范氏主张矿业由政府经营。为防止矿业外流，他力斥《矿业条例》允许外国人中国合股取得矿业权的种种弊端：军阀官僚占得矿区借合办虚名，以矿作股，勾引外人；有以采矿权抵外债者，有出口矿产以抵借外债者。这类矿业权人凭借权势，多半不受国家法律制约，压迫同行。

---

① 余焕东：《矿法起草后个人之陈述》，载《实业杂志》1929年第146期，第6～7页。

② 虞和寅：《矿业法草案大纲》，载《矿冶》1928年第2卷第6期，第119～120页。

由此全国人民所公有之矿利被外国人吮吸,被军阀官僚自肥。为避免这些问题,矿业应归国营。① 范氏揭露了当时矿业不振的种种问题。实际上,矿业全部收归国营在当时难以实现,一时间也难以清除军阀官僚的矿务腐败。

3. 矿业权的性质

余焕东草案中将矿业权设置为物权,但禁止矿业权租借。在他看来,矿产所有权无疑是物权,矿业权也应该视为物权。矿山租借不能视作物权。物权在经济上有活动的能力,而租借不能活动。另外,矿山租借重条件不重优先,很难实现矿业自由。如果仿照普鲁士矿法,允许矿山所有权租借,则矿商即变为矿山所有人,仍有经济活动的能力。然而中国矿产已定为国有,若允许矿业权租借,则可能导致损害矿业主权的恶果,不如在矿产所有权基础上设立矿业权。况且矿业权定有期限,到期矿业收回,如果违反法令亦容易取消。矿业权期限的限制,让其实质与租借无异。②

虞氏草案中矿业权"视为物权,准用不动产法"。矿业权不得分割。矿业权除继承、让与、滞纳处分及强制执行外,不得为权利之目的,但得为抵押权之目的。③

三位矿业法草案的起草者对矿业权规范的设想不完全相同。他们从理论层面和实践层面对探矿权与采矿权分立、矿业权之优先权、外资矿业经营权等问题进行了深入研究,为制定更为完善的矿业权规范奠定了基础。

(二)更完善的矿业权规范

1929 年范柏年和虞和寅两位起草员将南京农矿部矿业法规大纲草

---

① 范柏年:《矿业法草案大纲》,载《矿冶》1928 年第 2 卷第 6 期,第 142 页。

② 余焕东:《矿法起草后个人之陈述》,载《实业杂志》1929 年第 146 期,第 4 页。

③ 虞和寅:《矿业法草案大纲》,载《矿冶》1928 年第 2 卷第 6 期,第 130 页。

定后，易部长特派胡博渊、翁文灏、彭耕、萧宽、杨公兆等十四人为审查员，随后召开审查会议。待审查完毕，即着手草拟条文。[①] 农矿部将矿业法草案拟好之后，呈行政院转立法院核议。立法院因该项法规对矿业影响甚大，交法制委员会详密审查，然后提交大会讨论。[②] 从立法程序看，《矿业法》比《矿业条例》更规范，由农矿部拟定的草案经过了立法院的审核，不会再被诟病为"未经立法程序，非有效力的法律"。1930年《矿业法》虽承袭了1914年《矿业条例》矿业权规范的主要内容，但在以下方面作出了完善。

其一，明确矿产资源归国有，矿业权法定。该法对矿产资源所有权采取国有主义立法原则，割断了矿业权与土地所有权的关系，即使身为矿地地主"非依法取得矿业权，不得探采"。[③] 时人赵琛看来，当时矿业权仿照法国采取"特许主义"，将矿物归属于国有是为了将矿物所有权与土地所有权分离，私人或私法人符合法定条件者得国家特许获得矿业权。[④] 这会让矿业权与地主之间的胶着状态逐渐变得泾渭分明：矿商经国家授权获得矿业权；地主持土地所有权，仅能获得矿地地价补偿。

其二，限定采矿权期限不得超过20年，期满后呈请展限由农矿部核准，展限不得过20年。从内容上看，这一条貌似采纳了虞和寅矿业法草案大纲中"矿业注册满三十年以上，政府有收回办理之权"。虞氏将矿业权看作是政府将矿业租与私人办理，期满后，政府有收回办理之权。经过30年采矿，矿业权人如无意外事故，应获得了相当之利益，此

---

① 参见《矿业法规在审查中》，载《矿业周报》1929年第25～48期，第428页。

② 参见《立法院审查矿法草案》，载《矿业周报》1930年第88期，第625页。

③ 参见《矿业法》第1条。傅英主编：《中国矿业法制史》，中国大地出版社2001年版，第241页。

④ 赵琛：《行政法各论》，会文堂新记书局1935年版，第175页。

时收回亦无重大损失。[①] 该法明确采矿期限,其优点有三。一是随着矿产经济价值的提高,必须合理分配矿地的开采资格。若超长期由某一矿商长期把持某矿地的开采,这会造成资本更足、条件更优的竞争者无法获得开采机会。从利用资源来看,这是低效的。二是矿产属于国家,即人民应共享的财富。矿业权是一种能带来巨额财富的权利必须公平分配。这也要求矿业权不能数十年由某一矿业权人独占。三是提升了政府矿业管理的信用。20 年的期限是一个明确的时间段,拘束着政府在这个期限内不得擅自撤销矿业权人的矿业权。较之在传统社会中,官方可随时封闭矿硐,撤销采矿者的采矿权,无疑是一种进步。

其三,确定呈请在先者取得矿业权之优先权。[②] 这意味着不再承认矿地地主有优先权,而将矿地地主归于普通呈请人一类。这样一来,矿地地主不能再凭借矿地业权而要求优先取得矿业权,与其他矿业权呈请人的纠纷也会相应减少。

其四,探矿权人在探矿期间届满 30 日内呈请改探为采具有矿业权之优先权。[③] 这是为了鼓励投资者积极勘探,待勘测出可采之矿时,为防止被其他竞争者恶意抢注,专门给予 30 日缓冲期作为保护。传统社会中,探矿寓于采矿之中,没有独立的探矿权。而民国时期,政府重视矿业发展,鼓励民众积极探矿发现新矿脉,故予探矿权人以优先权。

此外,实业部、经济部先后还颁布了一些单行法令进一步补充矿业权规范。

实业部曾颁以单行法令明确取得优先权程序。1936 年 3 月 23 日,

---

① 虞和寅:《矿业法草案大纲》,载《矿冶》1928 年第 2 卷第 6 期,第 118 页。

② 参见《矿业法》第 15 条。傅英主编:《中国矿业法制史》,中国大地出版社 2001 年版,第 243 页。

③ 参见《矿业法》第 32 条。傅英主编:《中国矿业法制史》,中国大地出版社 2001 年版,第 245 页。

实业部颁行《抽签决定矿业优先权暂行办法》,以明确同日多个矿商呈请矿业权时之抽签程序,以此决定矿业权。[①] 获得矿业权就有机会得到可观的经济利益。民国时期,矿商跃跃欲试。当同时申请某一矿区且符合法定条件的矿商人数众多时,以公开抽签决定矿业权之取得,不失为一种公平的办法。此外,当时许多申请开矿者非富即贵,有的申请者还与政军界有着千丝万缕的联系,实业部作为矿业权的审批部门采用此种方法,也是避免各种利益难以平衡,避免得罪上层的一种解决方法。1936 年,实业部还颁行了《各省市主管官署核办矿业呈请案件限期暂行规则》。[②]

经济部也曾颁布单行法令规定国营矿区内土窑有条件的允许采矿,如 1941 年的《处理国营矿区内土窑暂行办法》。依据该办法,对于国营矿区内未经领有部照的土窑,其原开之窿如果妨碍整个施工计划时,经营或承租机关得予收用或限其停工,但须给予相当偿金。有争执时得请由当地县政府评定,倘有不服,得呈请省主管官署核定,如再不服得呈请经济部核定之。土窑不妨碍整个国营矿区施工计划时,经营或承租机关得与商定条件,准其就原窑开采。在国营矿区划定公告后,新开土窑一律封禁。[③] 对土窑的宽容是从采矿权到矿业权的变迁中,官方对民间传统积习的暂时包容,以减少变革的阻力。另外,该办法的颁行也是考虑到土窑对矿地民众生计有重要影响。

《矿业法》明确将矿业权与土地所有权分离,取消矿地山主对采矿

① 《抽签决定矿业优先权暂行办法(二十五年三月二十三日)实业部训令矿字第一四〇六七号抄发》,载《社会局公报》1936 年第 5 期,第 99 ~ 100 页。

② 《实业部令(公字第二九四八号,二十五年五月六日)公布各省市主管官署核办矿业呈请案件限期暂行规则令》,载《法令周刊》1936 年第 308 期,第 2 页。

③ 《处理国营矿区内土窑暂行办法(三十年一月十五日部令公布)》,载《经济部公报》1941 年第 4 卷第 3 ~ 4 期,第 83 页。

资格的控制，山主仅能获得矿地使用偿金，宣告矿业权人的合法权益受到法律保护。该法不仅规范了外资投资矿业，维护国家矿业主权，还力图厘清矿业主管机关、矿业权人、矿地山主和土人之间的权责关系，有利于解决矿业权纠纷。

二、矿业权行政解释的优化

《矿业法》推行的过程中，实业部、经济部先后对民众和地方矿业机关所提出的法律疑问进行法律解释，加强了矿业权规范的精确性和适用性。

（一）实业部对矿业权的解释

实业部的法律解释通常应两种咨询而作出，一种是地方下级行政机关的咨询，另一种是矿业权争议人就具体矿业法律问题的咨询。实业部的解释权并非源于法定的解释权，而是派生于对下级机关的指示监督权。实业部管理全国实业行政事务，对于各地方最高级行政长官执行本部主管事务，有指示监督之责。实业部矿业司负责处理矿业争议事项。[①] 因此，针对矿业争议案件，实业部可以进行解释。实业部的解释是一种具有法律效力的解释。南京临时政府政府成立初期所设的实业部，掌理农工、商矿、山林、渔猎及度量衡等实业。[②] 农矿部被并入实业部后，实业部吸收了农矿部对于矿业之管理职能，因此实业部对于农矿部所制定的《矿业法》具有解释权。

---

① 《实业部组织法(二十年一月十七日公布)》，载《国民政府公报(南京 1927)》，载 1931 年第 675 期，第 10～14 期。

② 中国经济发展史编写组编：《中国经济发展史(1840～1849)》第 1 卷，上海财经大学出版社 2016 年版，第 80 页。

1. 澄清地主无批准矿业权之权

1932 年实业部解释矿地地主无权以矿地租买契约来批准矿业权。大隆煤矿公司代表赵绍明呈请实业部作解释：未取得矿业权仅持有土地所有人允许开凿井隧之契约，能否探采矿质？持有该项契约者能否阻止已取得矿业权者采矿？实业部解释，矿业国有，非依法取得矿业权任何人不得探采。与地主定有缔约，租买地主土地而未经呈请矿业权者，不是矿业权人。土地所有人无权自己自行探采或批准他人探采矿质。矿业权人经国家授权，土地所有人或占有人自不得因持有私约违法拒绝矿业权人之探采。[①] 该解释阐明矿业权独立于土地所有权，土地所有人并非当然的矿业权人。

1934 年实业部再次强调地主无权出租其地下之矿，即无批准矿业权之权。重庆市矿地地面业主认为自己才是矿藏的所有人，要求与矿商订租矿契约，引起许多难以调解的纠纷。1934 年该市煤业同业公会列举事实，呈请实业部解释。之后，实业部解释，国家矿法明确规定矿属国有，地面业主无矿业权，无权将其土地区域内之矿产租与他人开采。[②] 可见，矿产在地面业主的土地里埋藏，地主似乎比国家更容易控制其地矿产的开采，比如故意对取得开采权矿商的阻挠，或要求矿商与之订租矿契约。地面业主并不认同国家立法层面的土地所有权与矿业权之分离。这反映出国家法中“矿业权法定”与旧有地主支配其地采矿

---

① 《实业部批：矿字第四九七〇号（中华民国二十一年十二月九日）：原具呈人大隆煤矿公司代表赵绍明：为未取得矿业权仅持有土地所有人允许开凿井隧之契约能否探采矿质及持有该项契约者能否阻止已取得矿业权者采矿之处法无明文规定乞明白解释示遵由》，载《实业公报》1932 年第 101 ~ 102 期，第 30 页。

② 《实业部批：矿字第七八六九号（中华民国二十三年一月六日）：原具呈人重庆市煤业同业公会：呈一件：为地面业主向采煤商厂索订租矿契约迭起纠纷无法排解列举事实关系请予分别解释示遵由》，载《实业公报》1934 年第 161 ~ 162 期，第 53 页。

权的习惯存在抵牾。

通过立法和对矿业权的行政解释，国家进一步将矿业权从土地业权中抽离出来，只承认矿地山主拥有地面业权，但不包括矿产。国家作为全国矿产资源的所有人，有权分配矿产开采资格。矿地山主企图继续以矿地租卖契约来批准采矿资格，却被国家所禁止。

2. 具化矿业权之优先权的时间标准

1935 年实业部解释了矿业权呈请书"同时"与"时间先后"到达的标准。李昌郁呈请实业部解释何为矿业权呈请书"同时"达到，何为"时间先后"达到？实业部指出"同时"就是同日的意思，不能作时刻之"时"字解。无论二份以上呈请书到达之时间，是否有同日上午下午之分，应视为同时。如果一份为探矿呈请案，一份为采矿呈请案，两者同日到达，应即依照同法第 26 条之规定办理。① 这意味着同日到达的呈请书，以抽签的结果确定矿业权之优先权。同时到达的一份探矿和一份采矿呈请书，采矿呈请人获得矿业权之优先权。

1936 年实业部还解释了小矿优先权的标准。河南省政府向实业部咨询："近有某甲于某地呈请小矿区。经查明矿质丰富，饬限期改领大矿。复有某乙于某甲大矿区图尚未呈请到时，亦绘具矿图，请与该处呈领大矿业。某甲矿图呈到日期虽在法定期限内，但已在某乙之后。按照矿业优先权以呈请在先者为准则，则某甲之呈请究应以其呈请小矿到达之日期计抑或以其呈请大矿到达之日计？"实业部解释，小矿因呈请案取得之优先权，仅限于原呈请区域。小矿改领大矿，其超出原区域的部分，无优先权。某甲大矿矿图呈到官厅之日，应即作为该案之呈请

① 《实业部批：矿字第一一九二八号（中华民国二十四年六月二十二日）：原具呈人李昌郁：呈一件为对于矿业法第二十五条之规定应以呈请书同时达到为原则如不同时者则仍以时间先后为取舍呈请解释疑义并示遵由》，载《实业公报》1935 年第 236 期，第 50 页。

日期。该案中某乙呈请在先,则某乙应享有优先权。[①] 实业部将小矿的优先权限于其原呈请区域,而不延及超出原区域的部分,这意味着国家限制小矿的发展,而鼓励大矿开采,鼓励规模化的采矿。

3. 阐释矿业用地的概念

1937 年实业部解释"矿业用地"指实在使用地面,与地下开采无关。矿业用地是因开凿井隧必须使用的土地,其范围自仅系限于地面,与地下采矿部分无关。至于井隧之入口已通过地面后,其在地下如何开凿,如果对其他部分地面没有影响,则不属于矿业用地。矿区内外如果因矿业必须使用的地面则属于矿业用地。[②]

4. 补充矿业权呈请的新矿种

1936 年实业部通过解释将白云石设定为必须呈请矿业权的新矿种。人们对于矿产的种类和用途的认识是逐渐加深的。之前矿业法中将白云石作为普通矿石,未设矿业权。后来,白云石成为冶金业重要原料,其经济作用不同以往。实业部据此认为,"嗣后凡采取白云石者,应一律作为矿业法第二条所指之苦土石类,依法呈请设定矿业权"。[③] 因此,实业部将白云石作为第二类矿石,下令对该矿种依法设立矿业权。实业部及时调整了原来矿业法的不当内容,以适应社会变迁及矿业的发展。

---

① 《实业部咨矿字第一三〇〇九号(二十四年十一月八日)咨河南省政府解释矿业优先权》,载《商业月报》1936 年第 16 卷第 2 期,第 20 页。

② 《实业部指令:矿字一七二七〇号(中华民国二十六年三月二日):令广东省建设厅:二十六年二月九日呈一件据琼崖实业局长呈请核示矿业法条文疑义理合转请解释俾便饬遵由》,载《实业公报》1937 年第 322 期,第 22 页。

③ 《实业部训令矿字第一三四三七号(二十五年一月八日)令各省建设厅各市社会局:白云石应依苦土石类呈请设定矿业权》,载《商业月报》1936 年第 16 卷第 3 期,第 17 页。

5. 明确矿业权的主体范围和性质

1936 年实业部解释了矿业权的主体范围。首先,实业部指出“中华民国人”包括自然人,因此个人独资呈请矿业权为法律所允许。其次,矿业法施行细则第二条首句“二人以上共同呈请采矿权”之条件,与公司法之无限公司相符,当然可以用无限公司组织。最后,租赁典质之契约,依矿业法第一百零九条当然无效,并依法处罚,但依司法院解释,其处罚及无效,应由法院判决。[①]《矿业法》以国籍限制矿业权的主体为“中华民国人”,也是为了防范列强攫取我国矿业权。实业部解释矿业权主体包括自然人和公司组织,是为了限制外国矿商和外国公司的攫取在华矿业权,继而损害我国矿业主权。此外,法律禁止矿业权人私自将矿业权租赁或典质于他人原因之一,是为了防范“中华民国人”取得矿业权后,私自转于外国人。

实业部的法律解释法律效力有两种。针对个案的解释仅适用于该案。针对下级地方行政机关咨询的解释,若是普遍问题则普遍适用,若是某地特殊问题则仅适用于该地。

(二)经济部对矿业权的解释

1938 年 1 月国民政府设立经济部,将实业部等八个机关并入该部,实业部原有的矿业署改为矿业司。[②] 作为实业部的继承者,经济部继续对矿业权有关法条的疑问进行解释。经济部对矿业权的解释权属于推定的权力。经济部管理全国经济行政事务,对于各地方最高级行政长官执行本部主管事务有指导监督之责。经济部矿业司负责处理矿业争

---

① 《实业部批:矿字第一六八八九号(中华民国二十六年一月二十五日):原具呈人山东障山县煤矿业同业公会庄树庭:二十五年十二月二十七日呈一件为呈请解释矿业法疑义由》,载《实业公报》1937 年第 317 期,第 22 ~ 23 页。

② 李学通主编:《抗日战争》(第 5 卷:国民政府与大后方经济),四川大学出版社 1997 年版,第 231 页。

议事项。[1]

1. 厘清“合格矿图”的标准

周鼎武对于甲乙两矿商先后呈请事项发生疑义，恳请经济部予以解释。经济部指出，矿业呈请人所指之地域与矿区图所载完全不符者，其呈请案应即公告撤销。如甲商呈请矿图内，其方位道里地名不符情形，与上项条文指定之情形相同，自应由主管官署撤销其呈请案；但如一地本有两名，因而发生地名不符情事，自不包括在上项规定之内。又如乙商呈请矿图，其面积微有参差，但实际完全相符，自应于撤销甲商呈请案后，由主管官署核准乙商继续进行呈请。[2] 经济部以列举的方式解释，哪种情形属于“合格矿图”，哪种属于“不合格矿图”。该解释未运用晦涩的法律概念，而以常见的矿图情形说明，更利于矿商们的理解与接受。

2. 阐明矿业权的性质

邵阳煤矿业公会主席刘主诚呈请经济部解释“矿业权不得分割”之条文疑点。[3] 经济部首先以法理阐明矿业权是一种整体性权利，不能将矿区划分为数段，分割处分。矿业权属于物权。例如，涉及矿业权转移抵押事项时，不得将矿业权所在之矿区分为数段，各别转移或抵押，或为其他之处分。该解释不承认地主有收取矿租的权利，因为此时矿产资源属于国有，只有国家才有收矿税的资格。地主仅能作为矿业权人的合办人，分享一定的红利。

---

① 参见《经济部组织法》第1条、第2条、第8条。《经济部组织法(二十七年一月十四日公布)》，载《国民政府公报(南京1927)》1938年(渝字第14号)，第34~39页。

② 《甲乙两商先后申请发生疑义》，载《经济部公报》1938年第1卷第3期，第120页。

③ 《经济部批：川矿字第六二七八号矿业权不得分割之条文解释》，载《经济部公报》1938年第1卷第11期，第541页。

3. 明晰矿业权撤销的情形

王钧具文请经济部详细解释矿业权之撤销法条中的疑问。经济部针对呈文中的6个疑问，作出如下解释：①所发生之故障，非矿业权者力所能抗，如天灾人祸等，殆为不可抗力之故障。至于不能确定凿坑地点，或不易雇到矿工，尚不能称为不可抗力之故障；②进行探矿或采矿质设备而又实际表现者，即为开工之证明；③某甲领得矿业权后，经过两年不开工，其矿业权是否撤销，以有无不可抗力为断。如某乙在某甲矿业权未撤销之前，请求由彼另行设权，其呈请无效；④前项（原呈三）之某甲应成为矿业权者，并非矿业法实施细则第46条第2项所指之原呈请人；⑤凡对于权利有所争执，即系"为权利之主张"，矿业法施行细则第46条第2项所指之权利，系以矿业呈请为对象；⑥领得矿业权二年后未开工，如因不可抗力之故障，矿业权者（不称为原呈请人），仍可向矿业主管官署呈递理由，请求免予撤销，无所谓对抗。[①]

南京国民政府时期，行政解释权遵行"谁制定，谁解释""谁主管，谁解释"的原则。[②]《矿业法》由农商部制定。农商部先后被并入实业部、经济部，因此实业部和经济部可被视为《矿业法》制定者的继承者。另外，实业部和经济部先后是南京国民政府的中央矿业主管部门。因此实业部和经济部都有权对矿业权规范进行行政解释。两部门针对适用

---

① 《经济部批：（卅一）矿字第一五四九五号（中华民国三十一年九月十七日）：原具呈人王钧：三十一年六月二十四日呈一件呈予请解释矿业法第四十一条第一款及同法施行细则第四十六条第二项各规定由》，载《经济部公报》1942年第5卷第19～20期，第490～491页。

② 李相森：《论南京国民政府时期的行政解释制度》，载吴玉章主编：《中国法律史研究》，社会科学文献出版社2017年版，第80～98页。

矿业权规范的具体疑问予以解释，较之司法解释，[①]数量较多。原因在于矿业权规范的专业性很强，不仅涉及法律问题，还涉及矿学问题。因此，对于具体概念的澄清，规范的细化与补漏，中央矿业主管部门进行解释更为适宜。

第三节　矿业权行政执法的推进

这一时期，矿业主管机关依据矿业法律法规对矿业权进行审核、监督与管理。矿业主管机关在矿业权审核时，侧重于排除地主干扰，进一步实现矿业权与土地所有权的分离；在矿业权保护层面，重点打击私采与盗采，一定程度上回应了矿业权人的保护请求；在处理矿业权纠纷时兼顾采矿利益与矿地民生，尽量调合矿业权人和矿地土人之间的关系。

一、矿业权审核排除地主干扰

（一）重申地主不当然具有矿业权

实业部重申“地矿分离”，否认矿地地主具有矿业权之优先权。辟源公司林翼仁呈请设定小矿业权与矿地地主陈静乙等发生纠纷。广东省建设厅并未对两方的纠纷作出处理。而后，矿地地主陈静乙等呈请将管有地全部设权开采。实业部援引《矿业法》第 1 条，批示陈静乙等

① 笔者所能查找到的司法解释有两个。一个是 1942 年司法院对《矿业法》第 108 条“以欺诈取得矿业权者”的解释，参见《司法院解释要旨——院字第二四零五号（三十一年十月九日）矿业法第一百零八条第一款所谓取得矿业权》，载《法令周报（重庆）》1944 年第 1 卷第 1 期，第 3 页。另一个是 1947 年司法院对甘肃高等法院首席检察官詹世铭呈请案件的个案解释。参见《院解字第三四六五号（三十六年五月二日）关系法条矿业法第一百零八条》，载《法令汇刊》1947 年第 1 卷第 3 期，第 29 ~ 30 页。

如欲在该处设权开采瓷土矿，亦应依法备具矿图书件等项，向主管厅呈请。[①] 对于煤炭等非国家垄断的矿产，清代地面业主可以自行在矿地内开采。北京政府时期地面业主对第二类矿质呈请矿业权时具有优先权。至南京国民政府时期，地面业主与矿业权完全分离，如要在自己矿地内采矿，跟其他矿商一样，必须依法呈请矿业权。实业部的这种处理，实际是让地主认清自己的地权范围，最终让矿业法所确立的"地矿分离"落到实处。

经济部也强调了地面业权人不当然具有矿业权，矿业权必须依法呈请获得。四川省奉节县梅子乡流芳坪一地主有祖遗铁矿一处。许兴谷筹措资金、购置器具后，觅得工人开采该矿。该地主认为左鹏翥、左崇善等强行勘测矿图侵害了自己土地业权，请求注销左鹏翥等呈请矿业权原案，准许自己补呈矿图以得矿业权。经济部批示矿业权与地面业权系属两事，援引《矿业法》第1条，重申地主认为凡有地面业权者即有矿业呈请优先权，殊属误会。该流芳坪铁矿，地主尚未依法呈请设权，自不能阻止他人之呈领。如果该地矿区，已有他人为合法之呈请，则地主对于所已耗去之设备费用，可据实呈请主管官署，饬由领得该矿业权者，酌与补偿。如果尚无他人呈请在先，则地主自可补具图件，请求开采。[②] 通过这类案件一次次的裁决，矿地地主们才能够逐渐纠正"自己的地自己有权开采"的固有观念。可贵的是，经济部对该案的处理还考虑了法益公平，如果地主前期已经购买设备，耗费费用，则要求

---

① 《实业部指令：矿字第一七九四三号（中华民国二十六年五月十一日）：令广东省建设厅：二十六年四月二十一日呈一件为潮安县属独角牛山磁土矿前据辟源公司林翼仁呈请设定小矿业权因与地面业权发生纠葛尚未核定现据该业权人陈静乙等》，载《实业公报》1937年第332期，第20～21页。

② 《矿字第三〇四〇五号：原具呈人许兴谷据呈控左鹏翥等强测矿区侵害》，载《经济部公报》1939年第2卷第14～15期，第402页。

矿业权人酌情补偿。

（二）澄清地主无权决定矿业权

《矿业条例》中矿业用地条款不甚明确，例如，矿地地主不论矿地偿金多寡，均可以阻止矿业权人的使用。多数矿地地主不明法律条文的内涵，有的地主以为地面一经他人使用领作矿区，自身即丧失土地所有权；还有的地主强令矿业权人对于无须使用的土地给予偿金。由此，北京政府时期因矿业用地而引发的纠纷层出不穷。虞和寅将矿业用地界定为国家因公益而收用的土地，不必由矿业权人与地主议价。为了发展矿业，国家牺牲矿地地主的私权，取得其矿地的使用权，将矿地授予适格的矿商开采。因此，对于矿地地主私人所受之损害，应公平补偿。因此虞氏在《矿业法草案》中对矿业用地条款重新厘定。① 按照虞氏的解释，国家将地主矿地授予矿业权人开采，视作征用地主矿地。地主矿地被国家所征用，应公平补偿。矿业权人只须缴纳公平的矿地补偿金，即可使用矿地，地主无权干涉矿业权人对矿地的使用。矿业权从地主土地所有权中剥离后，地主的土地所有权仍存在。地主矿地被矿业权人使用时，才能获得矿地补偿金；不用的矿地不得偿金。

实业部在处理案件时极力阐明矿业权由国家矿业管理机关核准，地主无权决定矿业权。例如，周天柱等向实业部具报矿商张炯等私采牛形岭煤矿。实业部令湖南建设厅饬县查明，依法办理。实业部作出批示，张炯等呈请设定该矿矿业权将来核准与否，以是否合法为断，与地面权无关，地主周天柱等不得借故阻挠。② 实业部澄清矿地地主之地

① 虞和寅：《矿业法草案大纲》，载《矿冶》1928 年第 2 卷第 6 期，第 123 ~ 124 页。

② 《实业部批：矿字第七一四四号（中华民国二十二年九月二十九日）：原具呈人周天柱等呈二件为张炯等私采郴县牛形岭煤矿并蒙请设定矿业权反诬民等私采恳予否准并彻查严究由》，载《实业公报》1933 年第 145 期，第 14 ~ 15 页。

权与矿业权无关,地主无权决定矿业权事项,仍是强调地权与矿业权之分离。

（三）剥夺地主矿地租金议价权

矿业权人采矿时通常需要使用矿脉所经过的地面,依据《矿业法》的规定应给付地面业主相当之对价。采矿所用土地有不同类型,矿业权人与地面业主及关系人就地价补偿金常常难以达成协议。矿业主管部门了解采矿技术及矿地使用需求,由其出面确定矿地补偿金,有利于双方矛盾的解决。当然,由官方制定矿地租金指导价意味着地主已经丧失矿地租金的议价权。

矿业权人邓四箴与矿地地主就“矿地相当偿金”无法达成协议,呈请经济部确定标准。经济部批示,因地方情形习惯各不相同,各省土地物产种类及其价值也不相同,无从规定“矿地相当偿金”。矿业权人或给予一次偿金,或仿照谷租之例按年给予偿金,已包括在法条“相当”二字意义之内。矿业权人应根据实际情况,同土地所有人或关系人公平协商,自可解决。如果土地所有人或关系人,额外苛求,拒绝矿业权使用其矿地,可依照矿业法施行细则第 69 条及第 70 条的规定,呈请省主管官署核定。如果土地所有人或关系人,不服省主管官署之核定时,矿业权人可以先提出偿金或担保,径行使用其土地,自应无须另订租买办法。[①] 土地偿金的标准不确定,由双方协商或主管官署确定仍会存在争议,难以达成一致。经济部的批示显然是倾向于保护矿业权人的利益,经再三商议双方难以达成时,矿业权人可以先提出偿金或担保,径行使用其土地。如此,矿地地主实际上就丧失了矿地偿金的议价权,只能接受省主管官署核定的地价。从该批示的作用来看,官方确定矿地租金

---

① 《经济部批:川矿字第三四九二号邓四箴具呈地主苛限用地阻碍矿业权》,载《经济部公报》1938 年第 1 卷第 7 期,第 370 页。

指导价，缩短了矿地地主与矿业权人就矿地地价“拉锯战”的议价时间，便于矿业权人能尽早采矿，提高了矿地开采的效率。

二、矿业权保护严禁私采和盗采

矿商获得矿业权后，最容易受到矿地土人私采的冲击。矿地土人通常认为自己已经开采数年，且所雇采矿矿丁人数众多，当然具有开采资格，定会得到主管部门的保护。然而，南京国民政府矿业主管部门对私采的态度与民初官方姑息私采的态度已然不同，不再为了安民而牺牲矿业权人的合法权益。私采矿质一则不易监督，容易引发矿难；二则偷漏国税，扰乱市场，为矿业法所禁。① 这一时期，从地方到中央矿业主管机关加强了矿业管理，不但严禁无照私采，而且还打击盗采。

（一）引导私采者呈请矿业权

山西实业厅再三对私采小窑依法呈请矿业权的期限予以延展，督促其依法呈请矿业权。至1933年，晋省已有十之八九县的私采小矿依期呈请小矿业权。而煤窑较多的大同、怀仁和左云等县尚未能肃清私采。矿商呈请矿业权有不少困难。因此，山西实业厅特派科员段士英前往大同、怀仁、左云、浑源和广灵等县办理小窑立案。② 该实业厅以“小矿业权登记手续下乡”的便民之举，来引导私采小窑依法登记。

浙江平阳县有数万人依靠矾矿为生，自由采炼，相沿成习。这些矾矿的经营者一直未依法呈请矿业权。如果官方令民众依法设权操之过急，则易生民变。1933年浙江省建设厅提出由平阳县政府呈请矿业权

① 河南省政府秘书处统计室编：《河南省政府年刊》，河南省政府秘书处1936年版，第293页。

② 《派员催办大同等县小窑立案并解决矿案纠纷》，载《山西省政府二十二年度十一月份行政报告》1933年，第33页。

招商承租开采,或由商人组织公司呈请设权领采。[①] 浙省考虑到平阳县小窑私采积习多年,一时难以令其全部依法设权,于是采取变通做法。无论是由平阳县政府呈请矿业权招商承租开采,还是由商人组织公司呈请设权领采,都是以一定的方式挤占小窑私采的生存空间,逼迫小窑不得不依法呈请矿业权。

江苏省政府严令本省私采矿商按照不同类别呈请矿业权。该省政府发现本省经营瓷土、火黏土等矿商人,有些已经按照法定手续划区设权;还有不少矿商沿习旧习或借口矿产零碎,任意开采,并不按照法定手续呈领矿照。若对此类私采长期放任不加控制,不但损害国家矿利,而且容易引发民众争端,影响矿政前途。于是,该省政府严令矿区域较大、开采有年而无照的矿商,依法呈请矿业权;对于矿区较小、零星采取者也应依法呈请小矿业权,否则依法罚办,取缔私采。[②]

1936 年河南省政府将取缔私采磺矿作为当年矿业行政管理的重要任务。河南新安、博爱两县蕴藏着丰富的磺矿,当地土人多私自采炼。良好矿区,盗采严重,施工受到妨害。土人私采磺矿冶炼不当,导致磺质焚失,成品减低。该省政府拟依照矿法规定严禁土人私自采炼,勒令采矿商人依照法定程序设定矿权,以肃矿政,以便管理。[③] 私采磺矿所引发的种种问题让该省政府取缔私采。

1936 年实业部令广西省建设厅加强矿业权登记审核,减少私采。实业部卷查前北京农矿部核准广西矿商设定矿业权之案仅有 8 件。自国民政府成立后,该省矿业主管官署,迄未依照法律将探采各矿呈请案

---

① 《矿业:议复设权领采矾矿》,载《浙江省建设月刊》1933 年第 7 期,第 42 ~ 44 页。

② 《实业消息:苏省府严限各县设定矿业权》,载《实业部月刊》1936 年第 1 卷第 7 期,第 245 页。

③ 河南省政府秘书处编:《河南省政府民国二十五年度行政计划》,河南省政府秘书处印制 1936 年版,第 40 ~ 41 页。

转部核给执照。该省所谓已领照注册之各大矿业公司，多为该厅临时核准者。广西省建设厅应通知各该公司尽快依照法定手续转呈来部，核换执照，以重矿权而符法令。对于从前经农商部核准设权之矿，应严催其将旧照呈部换领新照。对于土法开掘、无照私采的小矿，亦应限期令其依法呈请设定矿业权。[①] 实业部对广西监督矿业权登记不力的状况，专门发布指令予以催促。

多省虽禁止私采，但并非"一刀切"式的执法，而是根据本地民情以不同的方式引导私采者依法呈请矿业权。

（二）对私采者不予保护

矿商陶闿士在四川私采数年，一直未呈请矿业权。当别的矿商呈请陶商私采之地的矿业权时，陶商声称该地矿业权归属自己，提出抗议。依照矿业法，陶商私采本应受处罚。起初，四川实业厅令陶商不得再继续私采，从宽处理，对其未予以处罚。而后，陶商反而将实业厅对私采未予处罚当作自己已经取得矿业权的证据，抗议他商呈请该地矿业权。最后实业部对陶商的主张予以驳斥，不予保护。[②] 地方矿业主管部门对私采者的一时姑息，却让私采者产生误解。这些私采者认为官方对其"私采多年"未予以处罚即默认其拥有矿业权。私采者甚至妄想以此对抗他人呈请矿业权。可见，只有对私采者统一适用规范，不再法外容情，才能较好地清除私采之弊。

实业部曾核定梁佐才等矿商具有琅琊场等处煤矿优先权。然而，该商未依照法定手续呈请矿业权，却径行开采。而后，实业部令四川建

---

① 《实业部训令：矿字第一三七六三号（二十五年二月十四日）令广西省建设厅开采各矿应向实业部呈准设定矿业权或换领部照令》，载《法令周刊》1936 年第 299 期，第 5 ~ 6 页。

② 《实业部指令：矿字第一五四六号（中华民国二十年八月二十七日）令湖南建设厅呈一件转部给照各矿业呈请案准其先行兴工是否适当请示遵由》，载《实业公报》1931 年第 34 期，第 34 页。

设厅切实查明,梁商等如有私采情事,应即依法处办。[①] 梁商本拥有矿业权之优先权,这是一种期待利益,当该权利未经呈请并被批准时,则此权利不能实现。在该案中,梁商没有依法申请矿业权,因而其开采行为被认定为私采。

又如,衡阳界牌磁商代表汪曙窗等不服湖南省建设厅核准衡一公司呈请之磁矿权一案。汪曙窗等矿地土人认为,该界牌一带磁土历来由当地人民自由采取,制造粗磁。衡一公司呈请设权开采,意在垄断专利,将会危害数千百人之生计。因而,汪曙窗等呈请湖南省建设厅不予核准衡一公司的矿业权。然而,该厅却下令各私采人马上停止采矿。汪曙窗等不服,提起诉愿。湖南省政府的诉愿决定阐明对土人无照私采不予保护。第一,土人无矿业权不得自由采矿,无论其采矿行为是否历经数十年。第二,衡一公司是否取得矿业权,其决定权在于矿业主管机关,土人不得干预。第三,土人不得以"损害其权利或利益"之理由提起诉愿,即不承认矿业权人衡一公司损害了土人采矿利益。[②] 在该案中,争议的焦点是矿业权人排他性的采矿权与矿地土人生存权之间的冲突。官方并未偏袒矿地土人因生存需要而进行的私采。官方在行政裁决中声明私采者不经依法呈请矿业权,即使私采数年,仍旧无矿业权。土人无照私采,不受法律保护。这种裁决比要求私采者呈请矿业权的政令更为有力。当私采者在一个个案件中的利益诉求被驳回,得不到保护时,自然会趋向于依法呈请矿业权。

私采之风未能完全扼制。有时私采的矿产不仅在当地销售,还大批由铁路运往外地出售,影响已设定矿业权的矿业公司。1935 年实业

① 《实业部训令:矿字第一四〇九号》,载《实业公报》1931 年第 31 期,第 33～34 页。

② 《省府处分汪曙窗等为衡一公司请设置磁矿权诉愿案决定书》,载《湖南省政府公报》1937 年第 733 期,第 10～11 页。

部要求各地将矿业权人详细信息列表报送铁道部，对于表外的矿商或公司，一律拒绝代运。以此打击私采私运各矿务公司。[①]

（三）打击盗采

矿业权人取得了矿业权之后，有时盗采者会在矿业权人的矿区疯狂作案。这时，矿业权人的专采之权受到他人侵害，可以请求官方保护。这与清末佃矿商权利显著不同，佃矿商采矿权受侵害时，通常自己直接与侵害者对抗，或是让中人、邻里出面调解，多依赖私力救济。

因所呈领的矿区盗采蜂起，鲁大公司曾经呈请淄川县协同淄川矿业警察所查封盗开之矿。此后，盗采者逃走，购买私采矿质者在县具结。1930 年该矿区再次出现盗采，刚开始是夜间盗采，后来盗采者有恃无恐白天公然采掘。鲁大公司不得不再次请求矿警与淄川县查禁盗开之矿，处罚盗采者。山东农矿厅令公安局派出警力会同淄川矿警和该县警察切实查禁，严缉盗采人犯，将人犯送交该县县长，讯明讯办。[②] 该地盗矿严重，矿业权人不得已请求县政府及公安局出手予以保护。矿业警察查禁私采之矿后，维持了矿业权人矿场的治安。矿业权人鲁大公司两次向官方申请查禁盗采，均得到了官方的保护，这体现了取得了矿业权的矿商，其专采之权受到国家保护。

又如 1930 年 12 月，矿商王毓兰商获得了密云县车棚洞金矿矿业权。王商采矿期间，附近村庄匪棍经常于深夜在其金矿偷采矿产。于是王商呈请河北省农矿厅令密云县火速查禁，否则洞内矿道毁坏不堪，该商将蒙受巨大损失。该商指出这种保护与农矿厅提倡矿业权，维持

① 佚名：《实部整饬矿权》，载《中国实业》1935 年第 1 卷第 7 期，第 1349～1350 页。

② 《山东省政府农矿厅训令第五三七号（十二月十一日）：令淄川县县长、淄川矿业警察所所长：为令遵事案据鲁大公司经理杨源呈称前公司矿区盗采蜂起》，载《山东农矿厅公报》1930 年第 2 卷第 3 期，第 30 页。

矿商的主张相合。后来该厅令密云县核查,如果属实,亟应严禁,以符定章而杜私采。[①] 王商作为合法的矿业权人,当矿产遭匪徒盗采,自己难以应对时,该省矿业主管部门对其予以保护。

从以上两个案例来看,官方打击盗采一是重视矿产产量较高的矿业权人,如鲁大公司;二是重视矿产价值高的矿业权人,如矿商王毓兰的金矿。然而,未获得更充分的史料佐证,我们尚不能认为当时的矿业权人均受到了充分的官方保护。

三、矿业权纠纷处理兼顾采矿利益与矿地民生

矿业权人采矿的过程中,难免对矿地土人的生产生活造成不利的影响。矿地土人常常会请求矿业主管部门撤销矿商的矿业权。矿业主管部门一般先在矿地实地勘察,评估采矿对当地民生造成的实际影响,试图在保护采矿权利和保护矿地民生两种法益中进行平衡,力求兼顾双方。

(一)采矿与农田的冲突

广西钟山矿务公司经呈请获得栗头源岩口矿区的探矿权,该矿区包含了矿地土人少数粮田在内。该公司为避免探矿时发生纠纷,打算先与业主商洽矿地内的粮田地价,再备价买妥。镇长李壮及村长王化香等通知该地农民出具意见,并将意见书交给钟山县政府。而后镇政府准备查勘该矿区时,该镇代表却称,该矿区一经采矿,全镇农民耕地将会陆续变成矿地。即使钟山矿务公司照章补给价值,但金钱易散,田地难寻。该镇代表呈请政府收回成命,否则请政府另划田地给予该镇人民,搬迁别处生聚。地方矿业机关多次出面解释,调解无效。广西建

---

① 《矿商王毓兰呈请查禁偷采》,载《河北省政府公报》1931 年第 972 期,第 9 ~ 10 页。

设厅批示,矿法中规定矿业权人只要获得探矿权就可以探矿,只有探矿才能得知矿地是否有开采价值。矿地民众代表所称,粮田部分须先与业主商妥备价买妥,矿业权人然后才能试探,在矿业法及广西建设厅矿商须知中均无此条。因此,矿业权人在试探期内如有损坏该地粮田种植,则负责赔偿,等到该矿业权人实行开采时,再备价购买该地。这样农矿双方均可得利。[①] 可见,矿地土人对自己的农田十分珍惜,并不情愿让矿业权人出价购买。初期,地方矿业机关的多次调解均以失败告终。这也证明了矿地土人坚信矿商采矿必将损害自己的农田,而自身是以田为生,即使有田地补偿款也不足以弥补自己的损失。广西建设厅通过阐释矿业法中的矿业用地条款表明支持矿业权人之探矿权,同时要求探矿时的损害由矿业权人负责赔偿,矿业权人实行开采时再出钱购买矿地。该厅认为这种处理可让矿业权人与矿地土人均可得利。这个案例也反映出在当时的环境下若没有矿业主管机关的保驾护航,矿地土人对矿业权并不买账,矿业权人使用矿地采矿的权利难以实现。

矿业权人的增区呈请若危及农田,矿业主管部门会顾及矿地民生,不予批准。实践中,有的矿业权人不满足原领矿区,希望扩大采矿范围,呈请增区。这时矿业主管机关比较审慎,一方面听取土人的意见,另一方面多次在矿地实地勘察,以明确增区是否有碍土人的生产生活。例如,有利公司矿商廖衡酌呈请将自己原有矿区扩充至枫树塘塘枥坑矿区。该地七姓公民代表蓝已臣等与有利公司缠讼多年。1928 年 3 月,广东建设厅下令该县调查实情。县长赵文饶回复称,塘枥坑地方距离蓝姓住屋不过咫尺,该山上下田园颇多,实与民生大有关系。同年 8 月县长伍子车回复称,枫树塘在塘枥坑之东山麓上下均有水田,如在该

① 《本府建设厅据钟山矿务公司呈为藉端阻抗防害矿业秘照章切实保护以维矿政批》,载《广西省政府公报》1934 年第 1 期,第 60 页。

处开挖，恐将来农人工人难免发生纠纷，请将枫树塘塘枥坑等处划出，不得承采。为谨慎起见，广东建设厅令梅县宁县两县县长一同前往该矿地详细勘明。两县长查勘后称，该矿区的确有碍农田水利，并附十张影片到厅。据此，该厅批示该矿地扩充地段妨碍公益，于是取消了廖商的扩充呈请案，并下令永远封禁，自后无论何人不准承采。而后，廖商仍诉争不休，要求取消封禁。该厅不予理会。[①] 该厅先后三次派该地县长实地勘察矿地情形，调查的结果都是廖商所呈请扩充的矿区与土人的住房、田园有妨碍，且有十张照片为证。这足以证明呈请扩充的矿地确实妨碍土人农田水利。该厅训斥该商不能“自图私利而置蓝郭等七姓田亩于不顾”，驳回了其请求扩充矿区的无理要求。这说明矿业主管部门并非仅仅考虑矿业的扩大发展而一味地迁就矿业权人，还是会平衡矿业开采与矿地民生的关系，尽量使矿业的发展不危害矿地土人的生产生活，对于矿业权人的过分要求不予批准。

（二）采矿与用水水利的冲突

采矿不仅对矿地的农田有不良影响，对矿地的居民用水、水利也有一定的影响。因此当矿地土人对矿业权人之采矿提出异议时，矿业主管部门会积极介入，兼顾两方利益，尽量化解纠纷。

陈兆修经呈请取得了山东新泰县一矿地矿业权，继而在该地采矿。该矿北界距该县苗圃不远。该苗圃所有人认为陈商采矿妨碍了当地民众汲水，向山东实业厅呈请查禁。该厅派员调处，双方终于和解。山东省政府认为矿商既然取得了矿业权自当受到矿业法之保护，而本地土著的生活也非常重要，处理纠纷时应当兼顾两方的利益，一面使矿商得

---

① 《有利公司增区侵害农田纠纷案》，载《农矿公报》1930 年第 28 期，第 33 ~ 34 页。

享有矿业之保证，同时仍不阻碍本地土著的发展，才能不失公允。[①] 山东省政府的观点表明了官方处理此类纠纷的立场，既保护矿业权人的合法利益，又兼顾矿地民生。

烈山煤矿公司在宿县开采煤炭。矿地百余村民众代表秦均一等向实业部呈文，恳求拆毁烈山煤矿公司的栏河筑坝。对于双方纠纷，安徽省建设厅积极介入，督促宿县从严制止土人拆毁采矿筑坝，以维护矿业。官方作此决定是因为：第一，烈山公司在淮河筑坝虽是为了便于本公司运煤，但是修筑之初得到了该地多数人的同意，即该筑坝是乡民认可的；第二，民国二十年（1931 年）的水患是天灾，与筑坝无关，乡民不得随意影射；第三，乡民意图拆毁筑坝是受人蛊惑，一旦实施会严重影响烈山煤矿生产，不利于经济。[②] 安徽省政府的命令中没有引用任何矿业法律条文，但是其中说理丝丝入扣，能够以理服人。另外，省政府对于可能发生的群体事件之提前介入，并督促地方政府“随时注意，严密防范为要”，不失为未雨绸缪。可见，矿地土人对矿业权人之采矿常有不满，甚至将本地的自然灾害与采矿作因果联系。官方处理此类纠纷时，需要耐心地对民众做思想工作，对其晓之以理。否则土人人多势众与矿业权人矛盾激化时，易酿成群体性事件。

（三）采矿与民众信仰的冲突

湘潭锰矿局开采着该局所辖传仙峰矿场的锰砂。1930 年 2 月，当地民众因迷信该处庙神，聚众阻挠采矿，焚毁该局厂屋，追捉职工。湖南建设厅令委员袁敬贤会同省府卫士队长黄家肃及前湘潭县长王寿昌，前往制止。当地暴众将该处偶像庙宇，一律焚毁，而后闻风先行逃

① 《处理新泰县陈兆修矿案：矿业权与土著》，载《山东省政府十九年度一月份行政报告》1930 年，第 12 页。

② 《烈山煤矿呈请制止乡民拆毁河坝》，载《实业公报》1933 年第 123～124 期，第 24 页。

窜。后来,该地士绅与锰矿局多次向主管机关陈情。双方互相攻讦,各持己见。湘潭县长查明情况后拟具处理办法:传仙峰矿产甚富,仍应照常开采。由锰矿局捐洋 400 元,作为地方公益。湖南省建设厅也同意该处理办法。[①] 地方主管部门对于矿业权人与当地民众的纠纷及时处理,一方面让矿业权人出资办地方公益,另一方面对当地民众中带头闹事者予以惩罚,最后将该案详情以公告广而告之。该案的处理既保护矿业权人依法采矿不受干扰,又注意疗愈矿地民众受伤的宗教情感,让矿业权人出资做地方公益作为弥补。

实业部有时为了预防采矿与矿地民众纠纷,将容易产生纠葛的地域直接划出批准矿区的范围之外。天源公司夏士桓请采临武县甘汉坪砂湖里等处锡矿矿业权。实业部经湖南建设厅派员查明该矿区无违背矿业法及重其复情事,于是批准夏商矿业权。此外,实业部认为该夏商呈请矿区东南部,包有蒋家村房屋甚多,令湖南建设厅将上项房屋连同祠堂一律划出矿区以外,以免将来卅采时有妨害公益情事发生。又矿区内农田,将来如因采矿受有损失时,亦应由矿业权者依照矿业法内用地各规定给予相当之偿金。[②] 可见,实业部在审核矿业权时不仅审查呈请是否符合法定要件,还注重实地考察矿区的相邻关系,以防采矿之后因相邻关系引发纠纷,于是直接令下级将可能引发纠纷的邻近土人房屋及祠堂划出矿区之外。在该案中,实业部对纠纷的处理恰当地运用了行政自由裁量权。

---

① 《矿业消息:湘潭锰矿局纠纷之解决》,载《矿业周报》1930 年第 95 期,第 743 ~ 744 页。

② 《实业部指令:矿字第一八一一〇号(中华民国二十六年五月二十二日):令湖南省建设厅:二十六年五月四日呈一件据天源公司夏士桓请采临武县甘汉坪砂湖里等处锡矿业经派员勘明其矿床分布状况可否准其呈请设权请核示由》,载《实业公报》1937 年第 334 期,第 29 ~ 30 页。

第四节 矿业权司法确认与保护的深化

行政法院(1933～1948年)处理的矿业权纠纷数量并不多,笔者所能搜集到仅为7个案例。这是因为矿业纠纷的处理已经经过了前置的诸多程序:调解—诉愿—再诉愿,最后诉之行政诉讼程序的矿业权纠纷就所剩无几了。无论如何,尽管数量不多,但是行政法院对矿业权纠纷的裁决不仅对本案具有拘束力,其判决理由和判决的结果对民众和矿业主管部门均具有宣示的效果,是矿业法实践的另一种掷地有声。

一、补充矿业权的优先权规则

从行政法院处理矿业权案件的过程中,我们不难发现行政法院对矿业权的优先权规则进行了补充和完善。

(一)矿业权之优先权根据:呈请时附送合格矿区图

矿业权呈请有时会遇到一个难题。一位呈请人呈请某一矿区的矿业权时,呈请时间最早,但其提交的矿区图不合格,被矿业主管部门要求重新准备合格的呈请材料。在此期间,另一呈请人却递交了合格的呈请材料。那么,谁能取得该矿区矿业权之优先权?行政法院在处理下面的案件时,厘清了具体的判断标准,解决了这个难题。

1934年5月21日,马子青向河南省建设厅呈请在荥阳县阴寨村计河村一带试探煤矿。同年8月24日马子青认为所领矿区较小,缺乏大规模经营的价值,于是呈请小矿业权,并附呈矿区图五纸。1935年1月23日马子青又将小矿呈请改为大矿呈请,但未附送大矿矿区图。至同年2月16日河南省建设厅以马商呈请开采小矿，与《矿业法》第59条之规定不合，令其改领大矿，限其在20日内呈送测绘精图。其时，另一矿商韩济之，已于1935年2月11日呈请在阴寨贴沟一带开采大矿，并附矿区图五纸。1935年2月26日马子青呈送矿区图到厅。建设厅认为马子青矿区呈请增加的部分与韩商请领矿区大部分重复，于3月14日令马子青依法将重复部分划出。马子青不服，向河南省政府提起诉愿。河南省政府作出诉愿决定，建设厅1935年3月14日南字第二一五号批示及以后类此批示，一概撤销。韩济之不服，向实业部提起再诉愿。再诉愿决定撤销了诉愿决定，维持原处分。马子青仍不服，提起行政诉讼。

行政法院在判决理由中指出以下两点：其一，矿商马子青呈送矿图时间在韩商之后，没有优先权。两矿商呈请矿地大部分相重复，且两商又是呈请同种矿质之矿业权。按照矿业法的规定，矿区呈请重复部分应以呈请省主管官署在先者有取得矿业权之优先权。1934年5月21日矿商马子青之矿业呈请未经附送矿区图，省主管官署应不受理其呈请，不得作为优先权的根据。而后马商于1934年8月24日呈请开采小矿，并附图五纸。马商又于1935年1月23日根据小矿呈请案拟请改为大矿，未附送矿区图，仅于呈请书内说明即时聘请矿业技师绘制精图。其所呈请之开采小矿案，即因之而自行撤销。1935年2月26日马商呈送矿区图时，已在矿商韩济之1935年2月21日呈请矿业权以后。马商呈请矿业的时间较早，然而当时并未附送矿区图，依据法律规定不能作为优先权的根据。其二，马商指控韩商是呈领矿业权的作伪取巧者（抢注矿业权），不成立。根据实业部第一〇三五一号训令，一般作伪取巧者是指访知有人在某处测量矿区，即任意就目观地形绘成草图，提前呈请官厅，以为取得优先权之地步，故予以取缔。[①] 在本案中韩济之于1935年2月21日所呈矿图，其矿区既经实地测量，并由建设厅审查合格，批示有案。嗣后虽经委员查勘结果，认为该商矿区有第二基点至测点第三号之方位角度及长度有所不符，终究与部令所载任意就目观地形绘成草图者不同。马商1935年2月26日所呈矿图，未经建设厅审查认定为合格，又未经委员查勘，无从断定究竟是否与土地相符。马商以韩商所呈为草图，以自己所呈者为精图，行政法院查阅原卷，认为该论断并无依据，显系空言攻击。[②]

由此，行政法院明确了认定矿业权优先权的两个规则。第一，根据提交合格矿区图的时间先后认定矿业权之优先权。呈请人之矿业呈请应附送合格矿区图；未附合格矿区图者，即使呈请时间在前，也不得作为矿业权优先权的根据。据此，优先权不光意味着呈请时间最早，且呈请时必须提交合格矿图。第二，界定呈请矿业权的"一般作伪取巧者"。一般作伪取巧者是已知他人测量矿区，未经实地测勘仅根据自己目测地形而绘成草图，呈送这种方位颠倒、未注明面积的草图，恶意抢先呈请矿业权的人。如果呈请者所呈请的矿图与矿地只是略有不同，就不是未经测量绘成的草图。因而，这种呈请者就不是作伪取巧者。值得注意的是，行政法院在阐明"一般作伪取巧者"的概念时，引用了实业部

① 实业部训令矿字一〇三五一号（中华民国二十三年十一月七日）："历来呈请探采设权矿案，其附送之矿区图，往往有闻知某处有矿，以意向造图，竟至方位颠倒，面积全未注明；或访知有人在某处测量矿区，即任意就目睹地形，绘成草图，提前呈请官厅，以为取得优先权之地步，似此取巧行为，若不严格取缔，匪特异启纠纷；且令认真办矿者，转致向隅，而各省厅因矿图不合程式，或复勘结果与实际不符，展转令饬更正，经历数年之久，尚未呈转者，亦不知凡几，殊与发展矿业前途，大有妨碍。本部为整饬矿区纠纷计，所有在各厅、局尚在进行呈请各矿案，如所具矿图商有上列各情事者，应由各该厅、局长严予澈查，分别准驳，依法办理，勿得稍加宽假，务使国内热心投资矿商，不为一般作伪取巧者所攘据。"载《实业公报》1934年第203～204期，第29～30页。

② 行政法院编：《行政法院判决汇编》，上海法学编译社1948年版，第90～95页。

第一〇三五一号训令，这也证明了矿业权相关的行政解释是有法律效力的，能够成为行政诉讼判决的法律依据。

（二）以法律推理确定争议矿图是否合格标准

呈请矿业权时必须提交合格的矿图，否则呈请的时间不能以首次提交的时间衡量其是否具有优先权。在实际中，呈请人对合格矿图的标准认识不一，呈请人往往指责与之竞争者所提交的矿图不合格，以此排除呈请时间在先者的优先权。因此，确定合格矿图的标准十分重要。

1937 年 4 月 16 日合众公司向广东省建设厅呈请梅县宝坑乡黄泥塘等处煤矿矿业权。天一公司于同年 3 月 25 日呈请设定梅县松源堡宝坑乡蓝字坑西坑里一带煤矿小矿业权。广东省建设厅认为天一公司所呈矿图不合格，发还更正。该公司旋于 1937 年 3 月 31 日呈请扩大原请领矿区面积，增加黄泥塘一处设定矿业权。该厅仍旧认为天一公司所绘矿图无南北方向，与法定图式不合，发还令其改正。该厅之后派出委员张铸庸会县分别查勘两商所呈请的矿地。张铸庸称合众公司实测图与矿地面积大致尚合，地下略有不符。天一公司实测图的指北针方向错误，角度不符，其基点大致尚合。两方拟领矿区范围内之西坑里黄泥塘虚子坑等地方彼此重复。建设厅以天一公司第一次所发矿图与法定程序不符，第二次更正补送之图无南北方向，第三次补续矿图，复经委员张铸庸勘明指北方向及角度不符，足见迭次所具矿图系属凭空绘画，未经实地测量，依法自不得为优先权的根据，应予撤销。该地矿业权准由合众公司承领。天一公司不服此项处分，向广东省政府提起诉愿被驳回。之后向经济部提起再诉愿，该部决定广东省建设厅批准合众公司开采煤矿之处分及广东省政府所为之决定均撤销之。经济部认为，按矿业法施行细则的规定，未经附送矿区图或所附之图无地名基点及矿区境界线者，不得作为优先权的根据。按照细则规定所指之矿区图，必须经过实地勘测而绘制。如果未经实测，则所谓地面某点及矿区境界线者,均是凭空悬柜,形式上虽或有之,实际上亦等于无。建设厅批示天一公司1937年3月31日呈送之矿图并无南北方向,可知具图内并非无地名基点及矿区界线,理应受理。其呈请日期天一公司在先,合众公司在后。依照《矿业法》第25条之规定,其优先权自应属诸天一公司。合众公司不服经济部所为再诉愿之决定,提起行政诉讼。

合众公司辩称,天一公司1937年3月31日所呈扩大矿区图,距其呈请设定小矿业权日期,不过相隔5天。该矿位于梅县,距离省会辽远,交通不便,5日之内根本无法完成矿图测绘。由此可知,天一公司所呈请的矿图未经实际勘测,是凭空扩大的矿图。既然未经实测,则其矿图五基点及矿区境界线,明显与实际不符。至于地名,原呈请矿图已无方向及境界线,则其所书地名究在何处,实系何地,也充满疑点。天一公司所绘之矿区图,实与矿业法实施细则不合格矿图相符,依法不得为优先权之根据。

行政法院经过案卷调查认为,原处分官署广东省建设厅对于天一公司1937年3月31日改请设定矿业权之批示,仅谓所缴矿区图并无南北方向,与法定图式不符,应发还改正,并未指出有欠缺地面基点及境界线情事。因此,天一公司矿图具有地面基点及境界线,为原处分官署所明认。合众公司认为天一公司未经实地测量,全凭推论,未足为据。①

在这个案件中,原告合众公司与被告经济部在主张诉求时均运用了法律推理,只是推理的基础有所不同。经济部运用的是事实推理,原处分官署广东省建设厅对于天一公司,1937年3月31日改请设定矿业权之批示,并未指出有欠缺地面基点及境界线的情形,因此推论天一公司矿图具有地面基点及境界线。经济部所采取的是对呈请人有利的一种推理,未指出矿图不具有地面基点及境界线即推定矿图是合格的。

① 行政法院编:《行政法院判决汇编》,上海法学编译社1948年版,第103~106页。

合众公司运用的是常识推理，认为梅县距离省城较远，交通不利，在短短五天的时间内天一公司要重新实测矿图是无法办到的。最后行政法院支持了被告经济部的观点。从案件争执的焦点来看，当时矿业呈请案的立案登记制度不够完善。如果原处分官署在受理材料时如果能详细登记该次所呈矿图缺漏要素，或是保留原呈请矿图，则矿图是否合格一阅便知，根本无须推理；对于竞争呈请者中究竟谁最早呈请合格矿图，则一目了然，可以减少这类纠纷。

（三）期满未改探为采优先权灭失

依据矿业法的规定，已取得探矿权的矿商，必须在探矿期间届满30日内呈请改探为采，否则呈请矿业权之优先权将丧失。之后，该矿商对原矿区采矿权的呈请会被矿业主管部门当作一个新呈请案，从其递交合格呈请材料的日期起算。这意味着该矿商将不得不展开与其他呈请该矿区的矿商激烈竞争。矿商的辩词中常常援引实业部矿字第一〇三五一号训令，指责与之竞争的矿商是“取巧攘夺者”，即恶意抢注矿业权者。然而，行政法院的判决未必倾向于保护未及时改探为采的矿商。

裕生公司于1932年8月23日领有湘乡县嘉谟镇煤矿探矿执照。其探矿期间至1934年8月22日届满，裕生公司未在30日有优先权之期间内呈请改探为采。后经湖南省建设厅查明呈实业部注销其矿业权。1934年9月21日起，宝宏公司即就该块区域，迭次呈请开采。裕生公司迟至1935年2月11日才呈送矿区图，时间已在宝宏公司呈送矿区图等件之后。宝宏公司于1935年2月1日呈送矿区图，建设厅就其基点及境界线的等批令更正。可见，其所呈矿图已有地名基点及境界线，当然不在《矿业法施行细则》第45条规定应不受理、不得为优先权之列。裕生公司诉称1934年10月20日宝宏公司所呈之图，与《矿业法施行细则》第45条、第4条、第2条及《矿业法》第19条等规定不合。建设厅对于宝宏更正图件之迭次展限，均由于发还更正或声明故障。

其最后之限期为1935年5月底。宝宏即于1935年5月28日呈送，经厅审查，认为大致合法，亦与施行细则第47条所定应即公告撤销之条件不合。

行政法院经审理作出以下决定。其一，裕生公司在探矿期间届满后迟迟不改探为采，丧失其优先权，属于自行迟误。其二，宝宏公司所呈矿图经湖南建设厅审核为合格。裕生公司援引实业部矿字第一〇三五一号训令指责其为取巧攘夺，不成立。其三，裕生公司所请损害赔偿部分，不合行政诉讼法。依《行政诉讼法》第2条规定，系人民因官署本于行政权作为之违法处分，致损害其权力者，始得提起行政诉讼时附带请求赔偿。宝宏公司既非官署，依法不能成为行政诉讼的被告，无论有无理由，均不在行政诉讼范围。①

矿商的辩词中援引实业部矿字第一〇三五一号训令，表明实业部对矿业法规范所作的行政解释为民众所接受，是法律具体化的表现。该案反映出民国时期已经取得探矿权的矿商有时忽视了法定探矿权的期限，怠于呈请采矿权；当期限届满之后再去呈请采矿权时，往往让其他呈请者捷足先登获得了采矿权。之前，探矿权人在试探时已付出的一定测绘成本并获取矿质分布及矿质质量方面的数据，如果法律未设置探矿权的出让机制，不但前探矿权人丧失了采矿权之优先权；而且对于后来的领采者而言，缺乏探矿资料，又重新探矿，造成浪费。此外，后来的领采者与原探矿权人之间的纠纷，也容易阻碍采矿的正常进行。原探矿权人是希望从后采矿者那里获得一定的补偿，实质是对探矿所耗费成本的弥补，或可看作探矿资料的出让。此案中，法官们比较保守，认为行政诉讼解决的是呈请人（行政相对人）与实业部（行政主体）间的纠纷，呈请人与利害关系人（后获得采矿权人）之间的利益补偿问

---

① 行政法院编：《行政法院判决汇编》，上海法学编译社1948年版，第95～99页。

题不属于行政诉讼的范围。从节省诉讼成本的角度来看,其实是可以一并处理的。

二、澄清矿业权审核的疑义

《矿业法》中有关矿业权审核的法条某些内容不甚明确,行政法院通过处理相关案件,澄清了这些法条的疑义。

(一)矿业呈请无须先取得地面权

合记砒矿公司代表人周芊馨认为自己持有与袁姓签订的契约可供证明,其采矿属于自采自山。而顺利公司谢勋等在别人山地测绘,既未呈请官署许可,又未通知土地所有人,违反了《矿业法》第 68 条所规定,应予以撤销。湖南省建设厅认为,顺利公司测绘矿地手续欠缺与矿业权之取得无关。经诉愿,经济部认为矿业法中并未规定矿商测绘要通知土地所有人,顺利公司虽测绘矿地手续欠缺,但仍能享受呈请优先权。合记砒矿公司则认为苎麻冲等处砒矿矿业权为顺利公司所侵夺,对省建设厅及经济部的决定均不服,提起行政诉讼。

湖南省建设厅提出如下辩解理由。第一,合记公司呈请案虽在顺利公司之前。但该厅已派员测勘,依照前实业部矿字第一八九九号指令所示办法办理,依《修正矿业法》第 20 条的规定,依据第一基点测点者为准。这与《矿业法》第 25 条规定,并不抵触。第二,顺利公司谢勋是否为成记公司之变相,本厅无由查悉。然而,矿业法并未规定一个公司不能兼顾他矿。第三,本厅委员吴家巨等已经查明苎麻冲即为吉家冲之老名。这说明顺利公司并无变更地名,希图朦混情事。第四,《矿业法》并无矿业呈请人如不经过第 68 条之手续即不能取得矿业权之规定。本厅原处分认为这属于手续上的欠缺,驳斥原诉为不成理由,实属适当。第五,矿业权与地面权显然属于两事。《矿业法》并未规定矿业呈请案必须先取得地面权。合记公司以顺利公司未取得矿地之地面使用权,认为本厅不应核准其呈请案,实属不明法规。第六,合记公司原呈请图系以于均量屋西南角为基点一。合记公司在发现错误时,不加更正,即于图上书面盖章,马上将之呈厅。乃又于委员勘测以后,因不能圈占所请领之地域,突然声明异议。显系该公司于呈请设权时,未依照《矿业法施行细则》第 2 条呈请人应依据实地测量记载之规定,托人臆绘矿图,因而实地无法圈占所需要之地域,致生纠纷。[①]

答辩书非常注重对《矿业法》法条的阐释。第一,湖南省建设厅依第一基点测点为准,来判断各呈请人所提交的材料是否合格,进而判断其呈请时间的先后顺序。第二,公司的变更对矿业权无影响,且一个公司经营二个以上矿业权不为法律所禁止。第三,《矿业法》第 68 条规定之手续是矿业权的形式要件,并非实质要件。第四,矿业权与地面权系属两事,呈请矿业权不以获得地面权为前提。这些具体问题的解释,让本案的当事人及社会上的其他人士对呈请矿业权的条件会有更清晰的认识。

（二）撤销有害公益无法补救者矿业权

矿业主管部门在审核矿业呈请案时,除了审查呈文的法定要件外,还会勘察矿地的实际情况,如果认为采矿对矿地农田水利有重大隐患,则不予批准矿业权。有时矿业主管部门在权衡利弊时,对于矿地民众生产生活的考虑重于对采矿经济利益的考虑。行政法院的判决支持了这种注重民生的行政处分。

1939 年 4 月间,国华煤矿公司向广东省建设厅呈请领采梅县梅屏内乡玉水村大坪顶等地煤矿。当时附近居民杨君辅等,以国华煤矿公司请领该处矿区妨害全乡农田水利,请求将其呈请案撤销。经建设厅

---

① 行政法院编:《行政法院判决汇编》,上海法学编译社 1948 年版,第 99 ~ 103 页。

令派技佐雷世莹会同梅县县长查覆,称矿区附近依靠矿区南部坑水灌溉的农田不少。若煤矿公司沿坑闪避开掘窿口,则将来水坑必被沙石壅塞,对农田水利影响颇大。经该矿商同意,建设厅将坑水以东全部及高塅岌外断划出矿区范围,使矿界与坑水有相当的距离,以避免沙石流入水坑内。如果担心仍有沙石冲落坑内,建设厅似应责成该商加筑防沙堤,以资补救。建设厅实地测绘该矿区,发现该地交通不便,与《矿业法》第59条第1款规定尚合。而杨君辅等一再呈电请求建设厅派员复勘,经厅批示"郭商所领矿区,业经派员会县勘明,关于水利方面,并经拟定补救办法在案,即将矿界划与水坑西岸相距约二十公尺以上,并加筑防沙堤"。

1940年6月间,建设厅发给国华煤矿公司小矿业执照一纸,准其先行开采,转呈经济部备案。杨君辅等不服,向广东省政府提起诉愿。粤省政府令行第六区行政督察专员,转派技士前往,国华煤矿公司代表郭乐南等及杨姓代表杨君辅等会同查勘后,呈称:"该矿地方,山脉绵连,炉下坡坑水系发源于此。现国华公司在高塅岌东南距离坑水约二十余公尺处,开有窿孔二穴,未筑有防沙堤。掘出沙土,皆堆积穴外较缓斜坡,未见冲落坑内。惟查该斜坡容土有限,诚恐他日窿孔增加,掘土较多,难免冲落坑内,壅塞溪道。该矿区界线距离坑水二十公尺,若不筑堤,似觉不甚适当。又查该高塅岌,山势西北,颇为崎岖,东南较缓,大坪顶则属崇山峻岭。若沿该山脚筑堤,则因地形关系,颇觉困难。至大坪顶与高塅岌两山交界处,约有面积亩余农田,本可为筑堤之地。若在该处筑堤,则窿口掘出之泥,被堤阻塞,不能渗入坑内,而堆积田中。只能在高山田下筑堤。一遇山洪暴发,仍不免有冲溃之虞。故对于堤身之构造,应大为注意。"省政府据此调查,认为原处分之补救方法,实难为周全之保障,遂决定撤销国华煤矿公司的小矿业权。国华煤矿公司不服,提起再诉愿,经济部决定驳回。该公司仍不服,提起行政诉讼。

原告国华煤矿公司认为,自己承领的矿区已将可能妨害农田灌溉的坑水段全部划出。况且矿界退缩后,矿区已与坑水有相当的距离,使得沙石不易流入坑内,不足以妨害水利,无害公益。周技士查覆文呈,大坪顶与高塅岌两由交界处,约有面积亩余农田,本可为筑堤之地,若在该地筑堤,则窿口挖出之泥,被堤阻塞,不能渗入坑内,而堆积田中。又称“故对于堤身之构造应大为注意”。参照建设厅令县查勘之覆文,应责呈该商筑防沙堤,以资补救之情形。以上种种足见筑堤实有安全办法,不能说采矿妨害公益,没有补救之策。该公司现已开采二年有余。其间,山洪暴发不止一次。不光远隔采矿窿口八十余丈的水坑未添一沙一石,即使接近窿口的水土也无砂石冲溃。国华煤矿公司据此认为本公司采矿未对当地农田水利造成危害。

被告广东省政府却认为,国华煤矿公司所请领的煤矿经厅委员勘明,的确妨害全乡农田水利。该公司缩减矿区和筑堤防沙只是补救办法。不但筑堤防沙工程实施困难,而且一旦遇到山洪暴发,堤坝还有冲溃之虞。本府令饬第六区行政督察专员派员查勘具覆在卷。原拟补救办法显然难以保证周全。诉愿决定将该厅所为准予设定小矿业权之处分撤销,符合《矿业法》第 41 条第 3 款矿业有害公益无法补救者,其矿业权应即撤销之规定。

行政法院支持了矿业主管部门的主张,认为矿业法中明确规定矿业有害公益无法补救者,其矿业权应即撤销。据技士周韬光传集原告及杨姓代表会同查勘后,认为该矿区界限距离坑水约二十余公尺。他日窿口增加,掘土较多,难免冲落坑内,壅塞溪道。若不筑堤,则窿口掘出之泥,被堤阻塞,不能渗入坑内。而堆积田中。如在高山田下筑堤,一遇山洪暴发,仍不免有冲溃之虞等情。足见该厅矿区,即使缩至二十公尺以上,目前尚无沙土流入坑内。然为预防将来计,仍不得不要求国华煤矿公司筑堤。而筑堤则因地形关系,或事实上发生灾害,终难收完满之效果。其有害于该处之农田水利，不能不谓为无法补救。[①]

该案的处理表现出矿业主管部门对于矿业可能危及矿地民生的情况非常重视，多次派出矿业技术人员进行实地查勘，详细汇报矿地附近的地貌情况，以明确开采对民生的危害是否能够避免。广东省建设厅经考察后建议矿商缩小呈请矿区并修筑防沙堤作为预防措施。矿商缩小呈请矿区并取得了小矿业权。然而土民仍呈请派员勘察，恳请撤销其矿业权。技术员再次复查时，认为该矿开采仍有危害农田水利之虞。广东省政府据技术员的勘测结果认为该矿可能对公共安全造成危害，且难以预防。这体现了地方政府对矿地民众生活安全的重视，防患于未然，不能让矿商冒险采矿酿成堤溃田毁的惨剧。

当时的矿业权规范缺乏“有害公益无法补救者”的标准，难以明确“有害公益”和“无法补救”。矿业主管部门主要依据实地勘测来评估采矿可能对矿地造成的危害。由于缺乏可以操作的标准，矿业主管部门“有害公益无法补救”的认定难以得到矿业权人的认可，因而矿业权人提起行政诉讼。

此外，行政法院关于矿业权的一些经典判决，被编纂成矿业权判例。我们可以从矿业权判例要旨中，一窥司法机关对矿业权的确认与保障。1947 年《法律评论（北京）》所载行政法院矿业判例要旨仅为四条。之所以行政法院所出的矿业判例数量不多是因为：其一，之前的行政处分—诉愿—再诉愿的环节中处理了大多数的矿业纠纷，进入到行政诉讼的案件相对较少；其二，实业部、经济部先后对矿业权法律规范进行了多次解释，尽可能弥补着法律漏洞，澄清具体规则，矿业权法律规范中剩下的法律漏洞和模糊规则已经不多。由此，仍需要行政法院以判例进行的“造法”，相对较少。

---

① 行政法院编：《行政法院判决汇编》，上海法学编译社 1948 年版，第 109～112 页。

廿五年七三号判例确定了矿地与矿图不合的标准。[①] 据该要旨，“所呈请地域的土地不符”采取严格解释，指的是“完全不符合”，“部分不符合”则不算。廿六年三号判例排除了开采在先但无照的小窑优先权。[②] 根据该要旨，小矿业者不具有当然的优先权，除非是呈请在先，且经省主管部门核准设定的小矿业权。这个解释排除了在先无照开采的小窑获得优先权的可能，为矿商呈请矿业权扫清了障碍；还引导小矿进行登记注册，完成合法化的转变。卅二年卅三号判例阐明矿业权被错误撤销时，原矿业权人有优先权。[③] 矿业权被错误撤销时，原矿业权人有优先权，这意味着矿务主管部门之前错误的行政处分被纠正，原矿业权人的矿业权得以恢复。这个优先权的变化过程就是有优先权—被错误撤销（丧失权利）—恢复优先权。从未获得矿业权的人不能依据该条获得优先权。卅八年判例廿七号判例明确了矿业权呈请必备书图的项目。[④] 这个判例明确了呈请矿业权时必备书图的项目，以此可以防止矿业主管部门以某些不重要的书图错漏为由，随意驳回矿商的呈请。这不仅利于矿商之呈请，还利于规范矿业行政的审核程序。

总之，南京国民政府倡导实业计划，重视矿业。工业化的加深亟需发展矿业为其提供充足的原料与燃料。1928 年以来，中国长期处于战乱之中，发展矿业还具有军事战略意义。基本法律的颁行和专门矿业管理机关的建立为矿业权规范的推行创造了基础的法制平台。然而，

① 《行政法院判例：第十项矿业》，载《法律评论（北京）》1947 年第 15 卷第 12 期，第 28 页。

② 《行政法院判例：第十项矿业》，载《法律评论（北京）》1947 年第 15 卷第 12 期，第 28 页。

③ 《行政法院判例：第十项矿业》，载《法律评论（北京）》1947 年第 15 卷第 12 期，第 28 页。

④ 《行政法院判例：第十项矿业》，载《法律评论（北京）》1947 年第 15 卷第 12 期，第 28 页。

长期的战乱带来社会秩序的紊乱，土匪横行，交通阻断，矿工流离。南北各地矿厂深受战乱之害。

这一时期，虽深陷战乱泥潭，矿业发展不易，南京国民政府仍在推动矿业权制度的发展。中央和地方颁布的多部矿业法律法规形成了矿业法律体系。1930年《矿业法》的颁布标志着中国已经形成自己的近代矿业权规范。该法宣告矿产归属国有，不但明确矿业权法定，即使身为矿地地主“非依法取得矿业权，不得探采”；而且确定“呈请在先者取得矿业权之优先权”，扫除矿地地主基于矿地业权取得矿业权的积弊。实业部和经济部的行政解释加强了矿业权规范的精确性和适用性，例如澄清“地主无批准矿业权之权”，具化“矿业权优先权的时间标准”，阐释“矿业用地”的概念。矿业主管机关在矿业权审核时，侧重于排除地主干扰，进一步实现矿业权与土地所有权的分离。矿业主管机关继续推进矿业权规范的施行，在矿业权保护层面，重点打击私采与盗采，一定程度上回应了矿业权人的保护请求；在处理矿业权纠纷时兼顾采矿利益与矿地民生。行政法院虽然处理的矿业权案件不多，但进一步补充了矿业权之优先权规则，澄清了矿业权审核时的一些疑义。

第五章　清末民国矿业权变迁的规律和特点

清末，由于列强的侵吞，中国丧失了部分矿业主权，外商大肆在华采矿。清政府不得不借鉴西方矿法，颁布本国矿章，一方面为了抵御外国对我国矿业的侵占，另一方面试图发展本国矿业以挽救财政危机。清末颁布的一系列矿章标志着传统中国人的矿产资源观念开始出现显著的转变。[①] 近代中国矿业权变迁历经清末、北京政府时期和南京国民政府时期，不仅见诸矿业法律制度之嬗变，最终还落实为矿业实践，实现了地矿分离，完成了从山主管业到国家赋权的艰难跨越。

旧有矿业产权制度的不均衡最终引发矿业权之变迁。1917 年 V. K. Ting 曾指出中国推行矿业法制的许多困难源于其社会内部，即中国从古代文明转型后，矿业如何适应于现代环境而寻求发展。中国只能让矿业以渐变的方式克服转型中的种种困难。而立

---

① Shellen X. Wu, *Mining the Way to Wealth and Power：Late Qing Reform of Mining Law* (1895 – 1911), 34 The International History Review, 581 – 599(2012).

法者的任务就是以这种渐进的方式制定规范,用法律框架来架起转型期的桥梁。[①] 此言不虚。除了立法者渐进式地制定法律规范外,矿业管理机关也积极地适用矿业规范,协调着矿业权人与矿地地主及土人的各方关系。行政司法机关还处理了大量的矿业纠纷,创造性地进行了矿业法律的续造。这些方面为中国采矿权突破传统障碍,转变为矿业权,奠定了坚实的基础。日本矿业法制理论及经验为中国矿业权制度的创立提供了重要的参照。社会整体效益的增加成为矿业权变迁的关键。

第一节　清末民国矿业权变迁的原因

有清一代,矿商在旧的山主管业掌控采矿资格的矿产业权安排中难以得到异地大规模采矿的机会。清末,我国社会经济结构发生巨变,急需加快矿业的发展。制度选择集合改变、技术改变、制度服务需求改变及其他制度安排改变能引起制度不均衡,最终带来制度的变迁。[②] 借用制度变迁理论的框架可以剖析我国近代矿业权变迁的原因。

一、深受日本矿业权制度的影响

鸦片战争之后,中国传统社会制度的正当性和合理性受到外来的激烈挑战与冲击。中国人认识到中西之间的巨大差距,开始开眼看世

① V. K. Ting, *Mining Legislation and Development in China*, The North-China Daily News, May 26, 1917, at A23.

② 林毅夫:《关于制度变迁的经济学理论:诱致性变迁与强制性变迁》,[美]罗纳德·H. 科斯等:《财产权利与制度变迁:产权学派与新制度学派译文集》,刘守英等译,格致出版社、上海三联书店、上海人民出版社 2014 年版,第 270 页。

界，开始审视自身存在的缺陷与不足，开始主动向西方学习。西学东渐为中国矿业发展提供了更丰富的专业知识，改变了旧社会制度选择集合。中国能够从可供挑选的制度安排集合中选出合适矿业发展的矿产业权制度，作出新的制度安排。在自然科学方面，如地理勘测、化学采炼、机器挖掘，为矿业的机器化、规模化生产提供了更多可行性以及生产技术。在社会学科方面，国人对政治（采矿行政管理）、法律（西方矿业权法律规范）、经济（矿业公司经营管理）等方面的学习，提高了领会和创造新制度的能力。仅以日本为例，我国不光引入日本矿业法律规范和矿业权法律理论，还效仿日本设立了矿业管理机构。

清末，官派留日学生夏同龢编著的《行政法》，较早地对矿业和矿业权制度进行了介绍与阐释。在参考日本矿业法的基础上，夏氏提出矿物采掘不是土地所有者的天然利益，而是国家特许的权利。这对于扭转中国传统"地矿一体"的采矿权观念具有启发意义。夏氏进一步解释，矿物与深埋该矿的土地之间是分离的，矿物所有权与该土地所有权也是分离的，因此土地所有权人非所出矿物所有人。国家为了发展矿业，将矿物所有权授予最先占有采掘之人，即确定矿业权之先占原则。[①]从立法模式来看，中国近代矿法中"矿业权之取得"所采用的就是国家特许。矿物所有权与土地所有权相分离，土地所有权人（地主）并非矿物所有权人。矿产资源所有权属于国家，因而国家有权特许适格的矿商获得矿业权。

夏氏还介绍了矿业权法定原则。任何人未经向官厅呈请获得试掘权和采掘权，不得采矿。官厅授予矿业权具有自由裁量权，对可能有害

① 参见（清）夏同龢编著：《行政法》，赵青、钟庆编辑校点，贵州人民出版社2012年版，第160页。

于公益的情形或特殊区域,可以拒绝或取消矿业权。[①] 中国近代矿法中探采二分的矿业权构成与日本矿法中试掘权与采掘权二分的矿业权构成基本一致。另外,中国近代矿法中亦有禁采区的相关规定。

中国不仅在近代矿业权立法方面借鉴了日本矿业法律,还翻译了一些日本学者有关矿业权的著作。这些书籍在中国的传播无疑有利于加深国人对矿业权制度的理解。如《公法与私法》一书中对矿业权的双重性质有详尽的阐释。该书指出,矿业权兼有私权与公权双重性质,其公权性质表现为受国家赋予。日本矿法中"尚未采掘之矿物,为国家所有",并非民法意义上所有权,而是公法上之支配权。矿业权许可是国家公权行为,其权利的渊源发于国家,由国家赋予。因此,矿业权者采矿有服从国家特别之监督,依其施业计划完成实业之义务,设于某期间不着手或休业,则其权利有受取消之规定。矿业权之许可与取消之纠纷,由司法裁判所管辖。[②] 近代我国矿业权之取得与撤销,同样受国家矿业主管机关管理。而我国矿业权诉讼制度与日本不同,并非由普通法院裁决,而是先后分别由平政院、行政法院裁决。可见,在矿业法律移植时,我国也有一定的制度创新。

近代中国还效仿日本矿业管理机构,建立了矿务监督署。明治三十八年(1905 年),日本制定《矿业法》,将全国分为东京、大阪、福冈、仙台和札幌五个矿山监督署。这五个矿山监督署"对于矿业之保护及监督之事务,有返接之权"。关系矿业事务由中央及地方分掌之,中央事务以农商部大臣掌之,地方事务以各矿山监督署署长掌之。[③] 1914 年,

---

① 参见(清)夏同龢编著:《行政法》,赵青、钟庆编辑校点,贵州人民出版社 2012 年版,第 160 页。

② [日]美浓布达吉:《公法与私法》,陈正明译,长兴印刷公司 1937 年版,第 193 ~ 194 页。

③ 成吉皆:《日本矿业行政组织之调查》,载《矿业杂志》1918 年第 2 卷第 1 期,第 44 页。

为加强矿务监督与管理,北京国民政府在北京、长春、江宁、汉口、长安、番禺、昆明和成都八地,设立了矿务监督署。这些矿务监督署均隶属于农商部矿政局,它们跨越单一省份范围,通常管辖三至四个省份的矿务。[①] 从这八个矿区监督署设立的目的和权属关系来看,它们与日本矿山监督署如出一辙。

二、矿业技术显著提高

清代中前期,矿产基本上以人工的方式采掘。当时国内矿厂缺乏大型挖掘机器的使用,挖掘进度缓慢,矿产生产效率低下。以当时国内的技术环境,矿工们通常仅能挖掘出矿地浅层矿产。例如,采煤主要靠矿工以简单工具刨掘,煤炭运输出井几乎全部依靠人力肩挑背驮,矿井排水也主要依赖人力,通风凭借窑上开凿的通风口。[②] 如果煤层深厚,需要深层采掘时,一旦发生透水,而低效的人力排水无法迅速地将水泄出,最后只能放弃矿洞。另外,矿洞内通风条件很差,且矿洞内多为竹木支撑,常出现透水、塌陷和瓦斯泄漏等事故。从经营方式上看,当时的矿厂多数规模不大,多由矿地地主、小商人或农户集资开办,资金不多。矿厂所雇矿工基本上是矿地本地农民,他们在农闲时采矿,在农耕时停采。这些矿厂采矿的季节性较强。当时矿厂大多资金有限,缺乏长期的、大量的矿工来扩大生产规模,因此采矿规模较小。[③] 小规模的采矿作业对矿地面积要求不高,又多为本地人自采,各方权利义务关系较为简单,矿产生产与分配的规则主要由矿商与矿地山主以契约约定。

① 沈家五编:《张謇农商总长期经济资料选编》,南京大学出版社 1987 年版,第 81～86 页。

② 朱训主编:《中国矿业史》,地质出版社 2010 年版,第 102 页。

③ 朱训主编:《中国矿业史》,地质出版社 2010 年版,第 102 页。

巴县煤山出佃约和北京门头沟煤窑合同就是此类典型的矿业契约。

清季,西学东渐投射在矿业领域主要表现为西方矿业采掘机器被引入中国。民元以来,因政府指导及营业竞争,原有旧法小矿,改用新法者,日见增多。井陉、开滦、抚顺各大煤矿完全以机械化采掘煤矿,即使日产一二百吨的小矿大都采备有吸水提煤运煤等机械。这时,煤矿大多采用更为先进的采掘技术。① 另外,一些经验丰富的外国矿师也开始在中国各地勘探矿藏。之前,中国没有专门的职业矿师,主要由矿地老矿工凭借经验来寻找矿脉。中国当时矿业人才奇缺,官方不仅派遣多名学生留学海外专门学习矿学,还专门兴办矿务学堂,开设矿学专业,终于培养了第一批近代矿业技术人才。② 鉴于以上原因,中国矿产勘探技术和采掘技术大大提高。正是矿业生产技术的提高,使得矿商减少了采矿技术方面的风险。运用大型采矿机器提高了采矿的效率,矿厂能够对地下深层矿产进行采掘,客观上也提高了矿地的利用率。这些因素让矿商们增加了投资矿业获得高回报的概率。

当然,大型采矿机器的使用,矿师的聘用和先进技术的采用对于采矿者聚集雄厚的采矿资本和扩大矿地面积也提出了更高要求。例如要解决矿商与矿地山主议价不成的问题,否则矿地长期闲置会造成极大的资源浪费。要解决矿地山主背约撤佃,矿商无法继续开采的问题。还要解决矿业开采中,矿商与矿地山主、土人、矿业主管部门的纠纷处理问题。先前矿商与矿地地主一地一契约式约定采矿资格的方式难以满足更复杂的融资和更大规模集约采矿的需求,政府必须对采矿权利

① 中央党部国民经济计划委员会主编:《十年来之中国经济建设(1927～1937)》(上篇),中国国民党中央委员会党史委员会 1937 年版,第 53 页。

② 吴玉伦:《近代矿业工程教育之缘起》,载《山西师大学报(社会科学版)》2006 年第 2 期,第 89～92 页。

作出更为精致的制度安排。因此,矿业技术的显著提升,对矿业产权的明晰与激励,采矿权的分配与规制,矿业行政管理与司法裁决提出了更高的制度要求。

三、矿产社会价值提升

清中前期,社会中要求采矿的呼声很高,经过统治阶层激烈的开禁之争,清廷逐渐开放了矿禁。官方比较重视金银铜铅锌锡等贵金属的开采和冶炼,尤其重视作为造币材料的铜银矿。这些贵金属多为官方垄断开采经营,民间不得自由开采。另外,官方还垄断着硝黄矿的采炼与销售。而对于煤、铁之类的矿产,在当时仅仅视为"农余之附产",在整个国民经济中所占的地位不高。矿地土人采煤以小窑为主,采矿规模小,收益一般也不高。

清晚期,国家对于民众开采煤矿的干涉更少,通常由矿地民众自行开采。如咸同年间,洪杨之乱后,湘军多受裁遣,留在安徽省的军人大多以采煤度日。当时清廷"不知矿政,无领区请照之手续,率皆自由开采,(安徽)煤产仅供本地制造石灰之用,绝无输出,故国内外鲜注意之"。[①] 民国时人陈尚林也曾指出,咸丰同治以前清廷注重金属矿业,将之作为政府专利;不注重煤矿和铁矿,仅将其作为农村副产品而采掘。[②]

清季,清廷不得不调整以农为主的经济结构,逐渐开始走上工业化的发展道路。由于军用和民用工业的发展,整个社会对煤、铁、铜等矿产的需求陡增。道光二十六年(1846 年),我国沿海开始出现外国轮

① 铁道部财务司调查科编:《安徽段经济调查总报告书》,铁道部财务司调查科 1929 年版,第 107 页。

② 程尚林:《经济建设中的中国矿业(附表)》,载《商业月报》1936 年第 16 卷第 9 期,第 1 页。

船,其所用煤炭主要从南威尔士进口。咸丰八年(1858 年)清廷曾允许英使在南方开二、三处煤矿供航海之用,因八国联军入京,未能实施。同治十一年(1872 年)设立的招商轮船局,其煤炭仍来自南威尔士。光绪三年(1877 年)李鸿章提出轮船燃料全靠进口不是长久之计,以明代旧矿址设开平矿务局,从事开采,该局成为新式煤矿业之嚆矢。[①] 可见,最初外国轮船来华,其燃料来自海外,无法由中国提供。而后,洋务运动所设的轮船招商局也需要大量煤炭,不能长期依靠进口。于是,清廷终于开设开平矿务局,开始了近代矿业的发展。之前,民间小矿小窑式的采矿,已经无法满足社会经济对矿产的大量需求,而机器化大生产的矿业开采需要大量资金和规范化的管理。清末矿业发展民间资本力量不足,主要依靠官方投资和外资。在此期间,列强通过不平等条约不仅攫取中国多地矿权,还千方百计向中国矿业注资,获取矿业利益。机器化规模化的矿业经营模式远远比小矿小窑式的经营模式要复杂,需要更有效的规范引导矿产生产和经营,合理地分配矿产利益。因此,如何规范矿业法律关系的问题被提上国家立法议程。

民国时期人们将矿产视为军械独立、交通独立及工业独立的主要物质支持。煤、铁、铜、锌是战备必要物质,用以制造枪炮、弹药、战舰、潜艇、飞机及其他军需用品;铜、铁用以制造铁道、轮船、车辆和桥梁,是国家交通发展所不可或缺的;工业原料及工业机器制造均仰赖矿业产出,为促进工业成长,大力发展矿业必不可少。发展矿业对外可以促进国际经济活动,对内可以开拓物质供给之富源。[②] 可见,较之前朝,民国时期矿产用途更为广泛,其社会价值大大提升,这带来了发展矿业的刚需。

---

① 汪胡桢:《中国煤矿业小史》,载《东方杂志》1921 年第 18 卷第 1 期,第 117 页。

② 皮名振:《矿业独立》,载《矿业》1919 年第 3 卷第 1 期,第 1 ~ 2 页。

矿产经济价值的上升,使矿产品生产要素的独占性使用对商人更具吸引力。矿产品生产要素中最重要的两个要素,一为矿地,二为资本。旧时矿地山主管有矿地,独占矿产开采资格。一个个矿山山主与矿商多回合议价,议价成功后,山主出佃矿地的采矿权。在这种方式下,不但矿地的利用率不高,并且难以激励民众发现和勘探新的矿地。清末以来,国家对矿地使用和矿产开采不得不作出更适于矿业发展的制度安排。即由国家作为全国矿产资源所有人,授予适格矿商以矿业权,让矿地地主取得矿地租金,但禁止矿地地主影响矿业权人采矿。这实际将传统矿业契约中的"一地一议价"变为"政府矿地指导价",减少了矿地使用的交易成本。另外,近代矿业权规范明确了矿业权的期限、范围、权能与救济途径,为矿业开发减少了投资风险,吸引着更多资本投入矿业生产。

四、采矿观念转变

清代矿业不发达原因之一就是民众迷信风水。中国民众迷信风水,通常选择风水佳妙处建造坟茔,不让他人随意挖掘附近的土石,惟恐有伤"龙脉",冒犯祖先,祸及子孙。因此,不少地区以采矿为禁忌,当地一旦出现开矿者,则民众群相阻挠,开矿者往往无功折返。[①] 在统治阶层眼中,维持社会秩序的安定是重中之重。而采矿容易聚集大量矿徒,甚至还有外地"流民",一旦矿厂停工,这些人"易聚难散",极易危害地方安定。鉴于此,统治阶层对于各地的采矿呈请非常谨慎,不肯轻易批准开矿。当时,这两种采矿观念阻碍着矿业的发展与壮大。

清季国家贫弱,不少精英人士主张实业救国,倡导采矿富国的观

① (清)郑观应:《开矿上下》,载杨家骆编:《洋务运动文献汇编》(第1册),世界书局1963年版,第536~544页。

念。在李提摩太看来,矿业与农业同样重要,“煤铁之用几与菽粟同功”。矿业为工业提供原料且有利于民生。列强开采五金之矿,尤其重视煤铁,采炼煤铁为致富的重要途径。他呼吁,为了国家富强,应发展矿业,广开利源。[①] 薛福成揭示当时中国贫弱的主要原因,一是商务不盛,利源外泄,二是矿政未修,让矿产资源白白浪费,进而指出发展矿业可富天下。[②]

由于列强的侵害,中国不少矿地被外国人所攫取并获利。这种现状激发了国人挽救矿业主权的民族危机意识。“云南之各矿百倍于台湾,故外人无不垂涎而希冀也。其此时不开,致启他人之争何如?此时大开,以供各省之用。中国之盛衰,今在此一举。”[③]《兴矿务以开利源论》一文指出,中国开辟利源必须办矿,办矿时不得不用洋人。然而洋人垂涎中国土地与物产。如果中国矿务完全由外国人掌控管理,则矿利尽归外国人。应培养中国自己的矿学人才,自主办矿。[④] 国人逐渐认识到必须奋发图强,自主办矿。

清末,采矿观念发生了重大转变,国家及民众都开始重视矿业的发展。如何规范采矿权的期限、范围及取得程序,如何限制外国人投资我国矿业以保护矿业主权,都有待于政府颁行适宜的矿业权规范。

民国初年长期战乱,民不聊生。官方提出以工代赈的安民策略,即发展矿业,并要求矿业公司雇佣矿地土人为矿工,使当地人获得生计。

---

① ［英］李提摩太:《山西开矿议》,载(清)陈忠倚辑:《皇朝经世文三编》卷六十六～七十,上海书局 1901 年石印版,第 3 页。

② (清)薛福成:《矿政》,载(清)陈忠倚辑:《皇朝经世文三编》卷六十六～七十,上海书局 1901 年石印版,第 3～4 页

③ 佚名:《论亟宜力田开矿以裕财源》,载(清)邵之棠辑:《皇朝经世文统编》卷八十七～八十九,上海宝善斋 1901 年版,矿务第 1 页。

④ 佚名:《兴矿务以开利源论》,载(清)邵之棠辑:《皇朝经世文统编》卷八十七～八十九,上海宝善斋 1901 年版,矿务第 2 页。

在富国安民的诉求下，促进矿业发展，贯彻矿业权相关制度成为矿业主管机关的自觉。1915年湖北财政厅提倡矿业之通饬指出："兴办矿政，一方为人民拓展生计，一方即可为国家涵养税源。各该知事共济时艰，责无旁贷。对于矿产宜如何着手调查；对于矿商宜如何悉心诱掖，条例细则之不易了解者，宜浅说以明地方风气之未尽开通者，宜多以喻之。举凡延界绅商之暇，派员讲演之期，无以非该知事实行提倡之机会。苟年兹再兹而弗释，即随时而可为。其矿商之富有经验者，并随时敦促来厅，但有商会一纸介绍书，本厅长当即延见考询，藉以周知各属矿业之状况。"①可见，湖北财政厅为了富国和安民，要求该省各知事切实负责，加强矿产调查，引导矿商采矿，特别对于矿业法律疑难条文要派员讲解，尽量让矿商熟知法律，兴办矿业。

第二节　清末民国矿业权变迁的规律

当代有学者认为，我国近代矿业权的转变之一是从投资主体单一化到投资主体多元化。他指出，中国传统社会中，矿业由国家垄断，除极少数短暂时期和个别统治者外，矿业经营的主体就是国家，民间被禁止或限制采矿。直到民国时期，国家垄断才开始松动，不再强调国家是从事矿业活动的唯一主体。② 该观点罔顾大量清代矿业契约所展示的民营矿业，值得商榷。从唐代到清末，虽国家控制了矿业命脉，但一直留有民营矿业，只是后者的规模和产量远不及前者。传统中国国家主要垄断金银铜铁锡等造币贵金属矿及硝黄矿的开采，而对于煤炭等居

① 《湖北财政厅提倡矿业之通饬》，载《崇德公报》1915年第18期，第11～12页。

② 范声华主编：《矿业权价格评估》，地质出版社2000年版，第56页。

民日用矿产是允许矿地民众开采的。我国矿业投资主体自古就包括国家和普通商民，因此不能将投资主体单一化到多元化作为近代矿业权的变迁表征。

那么，近代矿业权的变迁主要体现在哪些方面？通过梳理前四章的脉络，笔者认为从清代到民国，矿业权变迁的规律主要表现在以下四个方面。

一、从“地矿一体”的采矿权到“地矿分离”的矿业权

（一）“地矿分离”的前提：立法明确矿产资源所有权归于国家

在中国传统社会中，土地中矿产所有权的界定比较模糊。国家掌握了一些自认为非常重要的特殊矿产。汉中期以降，盐与铁由国家专采专营。国家重视金、银和铜等造币金属及锡、铅、汞等贵金属，其开采及经营为被国家垄断。硝黄矿是炼制火药主要原料的，国家禁止民众私采私售，依照配额官采官办。另外，若某地民众采矿时“有碍风水庐墓”，则国家会封闭矿硐禁止开采，不论该矿地属于官地还是民地。国家尚未禁采的矿产，地主作为矿地业主，既是土地所有者，又是地下矿产的所有者。对于民地，地主支配自己矿地的采矿权，既可以自行开采，又可出租或出售让他人开采，还可以将矿地作股与他人合作开采。而对于官地，国家支配官地的采矿权，采矿者必须向官方呈请矿照后获得开采权。在清末之前，除了国家垄断的特殊矿产外，采矿权附着于土地所有权，“地矿一体”。

1907年《大清矿务章程》开始将“地腹中的矿产”界定为国家所有。1914年《矿业条例》和1915年《小矿业条例》开始分离土地所有权与矿业权，逐渐弱化矿地山主对采矿权的控制。南京国民政府初期，三位矿业法草案的制定者力主“矿产资源归于国家所有”，揭示了“地矿一体”

对矿业发展的种种不利影响。这一立法主张为随后1930年《矿业法》所吸纳，明确了国家掌有全国矿产资源所有权。

范柏年主张“矿质属于国有”。在他眼中，“矿质蕴藏地中，为天然之富源，非私人所应享有”。[①] 回顾先前的矿法实践，清季矿法偏重属地主义，地主持有矿地居奇惜售，还对获得矿权的矿商时时阻挠，影响矿业发展。而民初《矿业条例》虽采取国有主义的矿业权立法模式，但是对于矿业权与土地所有权并无明确划分，对于非金属矿物仍认为矿地地主有优先权，建筑石料的矿业权仍归于矿地地主。这导致矿地地主与矿业权人时而起争执，甚至实践中还有迁就矿地地主而曲法者。范氏明确将矿产资源所有权归于国家的主张，有利于划分矿业权与土地所有权。

虞和寅纵观各国矿法，提出“未采矿质，属诸国有，国家与人民均得依法开采”。[②]当时各国矿法对于矿业权所采用的立法模式有两种，一为属地主义，二为国有主义。若采取属地主义模式来设立矿业权（矿地的所有人同时拥有矿业权），矿业容易被少数人所垄断。而采取国有主义模式设立矿权，则人人有探矿采矿的机会。除了英国沿用租借制外，大多数国家采用的是国有主义，即将矿权从地权分离，将矿权归于国家。反观清末矿章偏重于属地主义，矿商打算办矿必须先就矿地地价和地股分红等事项与地主商议并得其首肯。因而，清末矿地地主对于采矿颇具影响力，而政府对采矿准驳之权反居其次。地主时不时阻挠矿商采矿，纠纷层出不穷。民初的《矿业条例》虽采用国有主义立法原则，但在条文内未明白规定，厅署商民间时起争执。此后的变通办法要求呈请矿业者必须取得矿区一部分的业主权，或是取得与业主权有同等效

① 范柏年：《矿业法草案大纲》，载《矿冶》1928年第2卷第6期，第141页。

② 虞和寅：《矿业法草案大纲》，载《矿冶》1928年第2卷第6期，第118页。

力的契约随呈文呈送。这类变通完全背离了非地面业主呈请矿业权的条文。因此,为了明确地将矿业权与土地所有权分离,虞氏力主将矿质归于国有列入《矿业法》专条。地主非经政府允许,不能同时享有矿业权。未经开采的矿质属于国家。而国家与民众均有经营矿产之权。中国矿产分布范围广,储量丰富,国家难以独力办理。况且当时国家财政困顿,缺乏经营全国矿业的财力。因此,应让国营矿业与民营矿业并行不悖。

余焕东主张"矿业国有主义",其实质也是为了分离矿业权与土地所有权。《矿业条例》颁行十多年来,中国矿业渐臻发达。其原因在于该法编订时采纳了日本远绍夫德奥的主张,即:"将矿产所有权自土地所有权内分离,而归于国有。不但地面业主不能自由占领,而且政府也不能任意予夺。仅让呈请在先者获得优先权。"①在余氏看来,这种矿产国有主义内涵与中国数千年来的习惯相符。中国旧时习惯,采矿者对于开凿井口和堆积土石所用的地面,如果不是公地,则须出资收买或允给地主以矿利,才能使用。经此,矿商在此地面凿井入山之后,无论采掘到何处,其地面业主不能过问。该主义与民生主义建国方略也无违背,因此略加修改后可适于我国矿业法。之前《矿业条例》未曾在条文中明白规定矿产国有主义,导致行政官厅及各省商民常常发生误会,引发地主之争执。可见,余氏所推崇的"矿业国家主义"即国家持有矿产资源所有权,有权授予适格的矿商在特定矿地采矿资格。矿商向国家呈请,在先者获得矿业权,矿商为矿地支付矿地地主价金后即可采矿,地主不得自由采矿。这一点恰好也是我国近代矿业权变迁的关键所在。这意味着国家从立法层面确定矿业权法定,开始从地主管有采矿

---

① 余焕东:《修正矿业条例意见书》,载《农矿公报(南京1928)》1928年创刊号,第210~211页。

权向国家授予矿业权转变,即从“山主管业”到“国家赋权”。

（二）“地矿分离”观念的推进

“地矿一体”逐渐在清末民国时期转化为“地矿分离”。国家通过立法,将矿产从矿地抽离,地主只有地面业权,地腹中矿产悉数归属于国家,于是国家摇身一变成为矿产主,有权决定谁可以在特定矿区采矿。其变迁原因在于以下几个方面。其一,“地矿一体”的采矿权让地主索取过高的矿地租金,严重影响矿商采矿所得利润,不利于矿业本身的发展。其二,“地矿一体”采矿权交易成本较高,一旦地主与矿商议价失败,则容易造成矿地闲置。其三,“地矿一体”采矿权适应于小矿土窑开采。而清季以来,市场急需矿产之大规模开采。“地矿一体”使得矿商不得不与多个山主议价,达成交易愈加困难。其四,国家因财政短绌,又不得不防止矿利外流,必须对矿业生产进行有效管控,因此国家取代山主成为矿产所有人,依法核准矿业权。在清末矿章设置矿业权之后,国家成为矿产资源所有人,以支配全国矿产为基础,将矿业权授予适格的矿商,地主只能收取矿地租金,逐渐出现“地矿分离”,即矿业权与土地所有权分离。

时任工商总长的刘揆一①对“地矿一体”的弊端看得透彻。“我国民智未开,管业之人以为地面、地腹皆为其所有,往往有不经政府准许而私自开采者,或有他人欲开其地方以下之矿,必须购买全山,或将全山地价作股方可开采,否则必出而阻拦。”②受传统“地矿一体”思维的影响,地主认为自己是土地所有人,管有地面和地腹,因此自行采矿或向其他矿商出让采矿权。地价尚贱时,矿商尚且能出价购买。当社会不断发展地价暴涨时,矿商买山之钱必多于开矿之费用,则商人将裹足

① 刘绍唐主编:《民国人物小传》(第6册),上海三联书店2015年版,第409~410页。

② 刘揆一:《修订矿法意见书》,载《法政杂志(上海)》1913年第3卷第3期,第19页。

不前,矿业难以发展。他进而申明矿业权法定。“今于法律之中规定矿产国有,无论何人非经政府准许不得自由探采。一经准许,该地面业主不得抗拒。如工程上有必须使用地面之时,则照土地使用法给予津贴赔偿费。”①这样一来,地面业主不能将其土地的矿产据为私有,同时还可以扫除地面业主居奇垄断造成矿地闲置的弊病。刘揆一强调“地矿分离”,“矿业权得自政府,矿区亦领自政府,原与地面业主无关”。②

民国时期社会精英对矿业权的不断阐释,促进了“地矿一体”到“地矿分离”法律观念的转变。余焕东本是矿学专家又精通法理,曾在滇黔矿务监督署及湖南矿务总局任职,对中国矿政与矿业十分熟悉。余氏既富学识又有经验,编著了《矿业条例释义》一书。他深知自己所作的解释不具有法律上的拘束力,但希图“以学理之证明”为“社会之指导”。③ 可见,他对矿业权的阐释实际上是一种引导民众法律意识转变的自觉。余氏针对《矿业条例》第6条三类矿质矿业权之优先权详细阐释,明确区分矿地地面业主与矿业权人的不同身份,实则让矿业权与土地所有权泾渭分明。“对于第一类之重要矿质,本矿业自由主义,设优先权之规定。欲求富国利民,首在振兴矿业,尤为法律上所最注重之物质。故一方对于土地所有者,排除其处分权;一方对于其矿业权,定为独立之权利。凡希望获得此种矿业权者,无论是否为地面业主,但为适法之呈请,主管官厅不得无故拒绝。”④这意味着,对于第一类重要矿质矿业权必须依法呈请,地面业主不当然具有矿业权,即“地矿分离”。“地主对于第二类矿质虽有优先取得矿业权之权,而核准之权,仍操之

① 刘揆一:《修订矿法意见书》,载《法政杂志(上海)》1913年第3卷第3期,第19页。

② 刘揆一:《修订矿法意见书》,载《法政杂志(上海)》1913年第3卷第3期,第19~22页。

③ 余焕东编著:《矿业条例释义》,农商部地质调查所图书馆1921年版,序及凡例。

④ 余焕东编著:《矿业条例释义》,农商部地质调查所图书馆1921年版,第19页。

政府。况此项核准,对于土地所有者非解除其权利行使上之限制,实欲其于土地所有权之外,重新设立矿业权,与原有矿产国有主义,仍无如何矛盾之处。”[①]地主获得第二类矿质优先取得矿业权之权,同样源于国家授权,非源于其土地所有权孳生之权,再次强调“地矿分离”。余氏还提出:“以攫取矿质为目的之矿业权不得称之为物权,但被视为不动产物权。矿产所有权系由土地所有权分离而出者。”[②]

当时学者阐释矿业权是经政府准许而取得的探矿或采矿的权利,明确区分矿业权与矿区土地所有权。在芸渠看来:“矿业权者,受政府准许探矿或采矿,其探矿或采矿土地区域为矿区。矿商不必将矿区购买后,才有探采之权。非地面业主亦可取矿业优先权。地面业主初无因矿区而丧失其地面土地所有权之义务。故矿业权者,使用他人之土地时,应给予地主及关系人以相当之偿金。又地面业主不得因地面土地所有权之不丧失而可随意拒绝矿业权者之土地使用。迩来矿商不惜以重资批山,意欲杜绝地面业主之口实。其用意虽佳,其资本实属虚掷。然亦有藉资攘夺而求重利者。此种奸商固不足责,所不解者,官厅也。查人民于第一类矿质之探矿呈请时,官厅规定须将土地契约附呈。此举非但助长地面业主把持之习,而且大滋地方土棍藉端攘夺之风。”[③]芸渠指出矿业权由国家授予,非地面业主也可经呈请取得;地面业主不因国家批准矿区而丧失其地面土地所有权,澄清了“地矿分离”。他进一步阐明,矿商获得探采之权无须以购买矿地为前提,只需向地主支付矿地使用偿金。矿业主管机关核查呈请时要求呈请者提供土地契约,这反而有利于地面业主坐地起价,有利于地方土人敲诈勒索,却不利于

① 余焕东编著:《矿业条例释义》,农商部地质调查所图书馆 1921 年版,第 21～22 页。

② 余焕东编著:《矿业条例释义》,农商部地质调查所图书馆 1921 年版,第 36 页。

③ 芸渠:《矿业权之解释》,载《矿业杂志》1917 年第 1 卷第 1 期,第 42～43 页。

矿商获得矿业权。此解释没有引用晦涩的法理,而以通俗易懂的文字说明矿业权呈请的实际操作环节,对民众有较强的指导作用。

还有学者指出:“条例参照东西先进国家之成法,采取国有主义,即将地内矿产完全定为国家所有,与地面主权划分为二。矿业权的取得谁属,以呈请人呈请之先后定之,无论官厅人民,均不得随意变更。(矿地分离与矿权法定)颇与吾国国情相(合),且与总理之民生主义建国方略亦无违背之处。”[①]该观点力图为“地矿分离”寻求三个合理性基础,一是移植于先进国家之成法,二是符合中国国情,三是吻合当时民生主义建国方略。经此解释,将会使更多民众慢慢接受“地矿分离”。

当时社会精英对“地矿分离”的多重阐释,舍弃了晦涩的法理,偏重于矿业权呈请之实践层面,加之这些观点发表于各种报刊中,提高了“地矿分离”观念传播的普及度。“地矿分离”观念的广泛传播,加速了传统附着于土地所有权之采矿权到近代国家授予之矿业权的转变。

此外,“地矿分离”观念随着矿业主管部门对矿业案件的行政处分、诉愿和再诉愿决定以及司法机关所作相关判决而逐渐强化。清季至民国矿业权的变迁,不仅削弱了原来矿地业主的产权,地主不再能自由决定谁有权在自己的矿地上开矿并享受收益,而且所确立的利益格局更有利于对矿商采矿的激励与保护。通过数十年的努力,矿业权由国家矿业法律所确立,并且在实践中被贯彻执行。由此,不但厘清了矿业权与土地所有权的界限,而且潜在的投资者都可以较为自由地参与到矿产的勘探、开采与经营中,并受到国家法律的保护。

二、矿业权主体突破“矿地本地人”的籍贯限制

清代,矿业采掘主要局限于矿地本地人开做。一是国家严格控制

---

① 《矿业条例之研究》,载《农矿季刊(山西)》1929年第2期,第350～355页。

外来商人开矿，防止“矿徒之患”；二是矿地土人抵制外来矿商分取矿地利益。洋务运动期间，英国专栏作家干德利对晚清矿政弊病也有披露：“当局们害怕（他们自己声称害怕）以性格倔强着称的矿工阶级会因此而开矿而集合了起来，所以官厅往往以采矿危害风水为借口而阻挠新矿业的开辟……上谕含蕴着解除这些限制和准许用外国机器进行大规模开矿的意愿。但是各地普遍存在的那些障碍，却一直在阻挡着矿业进步和企业的发展。”①这反映出统治阶层在传统的保守意识支配下对民众采矿心存畏惧，阻挠着新矿业的发展。以此种矿业政策为基础的矿业权利结构更是严重阻碍矿业的发展，必须进行完善。

在清末之前，矿业多由矿地本地人开办，在本书第一章中已有详细论述，在此仅举两例。光绪三十年（1904年）九月，张令之瑞表称：“距（万载县）城百余里，有矿产铁，其质尚佳，惟于湖南浏阳毗连，向止附近居民挖去，以制用器。”②光绪晚期官方对万载县的铁矿开采仅限于本地土人，所采铁矿限于制造普通的铁制器具，这意味着外地矿商不得开采，更谈不上经营式开采。又有《南昌府·矿务》所载：“江省矿产富饶，而尤以煤为多。皆由本地民人，自行开采。”③对于江西南昌地区的煤矿，官方同样只允许矿地土人自行开采。

不但官方通常禁止外来矿商到矿地采矿，而且矿地土人也将本地矿产视为本地人的利益。因此，外来矿商进入矿地采矿常常被当作“入侵者”，容易受到矿地土人控告和侵害。乾隆十九年（1754年），蒙古人

① 中国史学会主编，中国科学院近代史研究所史料编辑室、中央档案馆明清档案部编辑组编：《中国近代史资料丛刊：洋务运动（八）》，上海人民出版社1961年版，第452页。

② （清）傅春官：《江西工商矿纪略》（第2册：万载县·矿务），光绪三十四年（1908年）版，第14～15页。

③ （清）傅春官：《江西工商矿纪略》（第1册：南昌府·矿务），光绪三十四年（1908年）版，第9页。

他尔巴札布领有矿照与阎照禄、赵周合伙在山西采煤。该地土人张成虎原本以耕作为生，眼见外来矿商采矿获利后，他让雇工到该窑界内强行开窑。阎商阻拦不成。后来双方发生械斗，酿成命案。[①] 该案中，矿商已经领有矿照，矿地土人却凭借地利优势强行在矿商界内开窑，侵占煤炭。可见，外来矿商在矿地采矿处境艰难。又如嘉庆十七年（1812年），新会县李兆云呈请开采番禺县柯木岭等十五处煤山，获得官方准许。后来因矿地界内煤矿储量不丰，李商所雇矿工在原承矿区界外采挖煤矿。该矿地附近村民严健升等控告李商越界私采，有碍田园庐墓，请求官方将该矿厂封禁。经查明后，官方认为李商采矿越界，的确对土人的田园和庐墓有影响。官方还担心李商会与旧矿商采矿后所遗留的矿徒勾结。官方最终将该地多处煤矿永远封禁。[②] 从该案不难看出，矿地土人对外来矿商十分警惕，一旦外来矿商采矿有些许过错，譬如本案中越界私采，则土人马上会报官，请求封禁该矿。矿地土人的报案是一个导火索，很快就刺激到官方敏感的神经——外来矿商容易窝藏、勾结矿徒，破坏社会安定。本案中，李商采矿并未实施严重违法行为，但官方却坚决封禁了煤矿。

清末，为防止外地客商来矿地开矿，山西地区矿地绅商与村社之间抱团合作，村社将矿地集体入股本地矿务公司。光绪三十二年（1906年）三月间，山西地区塞鱼等三十三村保长牌头等与本地绅商所办的山西同济矿务公司签订合同，将各村土地集体入股该公司。三十三村保长牌头等将各村庄地亩写明四至亩数，交与矿务公司开矿。该公司根

① 中国人民大学清史研究所、档案系中国政治制度史教研室合编：《清代的矿业》（下册），中华书局1983年版，第449页。

② 杜家骥编：《清嘉庆朝刑科题本社会史料辑刊》（第3册），天津古籍出版社2008年版，第1212页。

据每村土地的多寡给与各村庄数目不一的开矿公股,利益均沾。这些村子遵照商部奏定严禁私卖矿产章程,约定“凡在该村线内之地,不得私自卖与外人,及外州县人,以防流弊,即或自村买卖,必须通知本村保甲乡地会同公司查明,实非外人及州县人,方准出卖”。合同的双方均为山西地区矿区本地人,名义上各村是在奉行国家矿章“严禁私卖矿产”之规定,实则为“本地矿由本地人开”观念支配下的排外开矿策略。

其一,村社重罚将土地私售外人的村民及中人。“矿线内之村人,如有将自己地亩私售外人者,其所得地价,尽数归公,仍由公司合各村保甲乡地公议重罚,并将卖主一家,逐出社外,从中说合一人,亦照此办。”其二,允许土人在旧窑采矿,或开采未卖给矿务公司的矿地。“凡在村庄土人旧有之窑,仍由土人采取。其余公司未经买到之地,亦准土人自己开采,并不禁止。”除了已经出售给矿务公司的矿地外,本地土人可以在旧窑和尚未出售的矿地内采矿。该条充分地保护了本地土人的采矿权。其三,本地绅民公平处理土人与矿务公司矿地掘通之纠纷,将掘通之处作为公地,两方都不得侵占。“公司之窑与土人之窑,设于地内,两家掘通,有本地绅民验明划界,将掘通之处,作为瓯脱公地,东家不得西侵,西家不得东占,以昭公允。”这样,常见的矿地地界纠纷能够得到一定程度的化解。其四,矿地地价由本地绅民公平估价,保障矿务公司与矿地地主交易公平。“线内矿师勘定应用之地,公司不得勒买,地主不得居奇,由本地绅民公平估价,有愿以地作股者,亦由绅民公平作价入股。”其五,明确矿地不同的出让方式下,其赋税钱粮的承担者。“公司出银买到之地,凡内地应出赋税钱粮,由公司完纳。其以地入股之赋税钱粮,仍由地主完纳,招录清册。”[①]

---

① “中研院近代史研究所”编:《矿务档》(第4册),台北,“中研院近代史研究所”1960年版,第1559~1560页。

此后，由于政策逐渐松动，更多的外地矿商进入矿地的投资开采中。正如1912年The North-China Herald所载，大批海外华商归国，积极投资于福建矿业。而此前福建省政府推行了一些措施以鼓励侨商投资，如组织大规模的勘探队在全省范围内勘测矿点，并有步骤地引导一些大型资本充足的矿业公司经营，使之办有成效。[①] 民国矿业权制度的确立及实施让更多的外地矿商获得开采矿地的机会，并且排除本地土人的干扰。由此，矿商不需要落籍为矿地人，却能够依法取得矿产开采及处分的权利，等于是个空降的"业主"忽然获得了矿地的采矿权。土人虽有人多势重的乡土资源，但法定的矿业权为矿商提供了一定的官方保护。

矿地民众对于矿产持有强烈的地方利权意识，排斥外来资本投资矿业。以山西为例，晋人在保矿运动中表现出强烈的地方利权意识。在他们眼中，煤炭是晋人的矿产，并非政府的矿产。他们不仅排斥福公司采矿，而且不轻易接受外省人入股本地矿业的要求。1920年晋省以学生为主体组成"晋矿公有促进会"。1921年晋省议会通过晋矿归公议案书及办法，宣布《矿业条例》在山西无效，晋省矿产归本省人民公有，要求领有矿区的矿业权人自动交出矿区。[②] 这不仅是山西地方政府对中央政府矿业管理的对抗，还是晋人对外来资本的全面排斥。不同于传统的土窑手工采矿，近代矿业发展需要大量的资本和先进的开采技术。通常矿地位于偏僻地带，交通不便，常常缺乏充足的资本和先进技术。为促进矿业迅速发展，国家需要创造更为自由的市场，让

① *Mining Industries in Fukien*, The North-China Herald and Supreme Court & Consular Gazette, Dec. 7, 1912, at A34.

② 马伟：《晋商在发展近代煤矿业中受阻的原因》，载张正明主编：《中国晋商研究史论》，人民出版社2006年版，第173、175页。

资本和先进技术能够流入矿产地，以便进行规模化、机械化大生产。矿业经济发展的这种需求也影响着国家必须对传统矿业权利结构进行变革。

民国时期，国家矿业法律逐渐取消"本地人开本地矿"的限制，允许外地矿商到矿地采矿。不仅是国家矿法，地方法规也体现了这种变化。1932 年颁行的《云南矿业组织及开采法》规定："现在本省矿产，不论何省之人……凡能遵照矿业法，测绘矿区图呈报当地县政府及本省实业厅，并缴纳呈文费、印花税、执照费、矿区税，即可由实业厅呈请实业部发给执照，实行开采，并责成地方官认真保护。"[①]该法规打破籍贯限制，使云南省内矿地不再限于本地人开采。这意味着外地矿商可以经过呈请成为矿业权人，开采云南矿产。

《天津商会档案汇编 1912～1928》中有 1914 年至 1931 年该地矿业权人基本信息的统计表。笔者从中抽取矿业名称及地址、立案年月、创办及合办人和矿业权人籍贯四个子项，通过对矿业地址与矿业权人籍贯进行比较，根据二者是否一致来而判断某一矿业权人是否为本地人，可以考察这一时期外地矿商在此地获得矿业权的情况。兹以表 5－1 矿业权人的籍贯与矿地地址一览表呈现。通过对数据的综合分析，可以测算出该地是本地土人获得矿业权的人多，还是外地矿商到该地获得矿业权的人多。

① 云南省档案馆、云南省经济研究所编：《云南近代矿业档案史料选编(1890～1949 年)》(第 3 辑上)，云南省档案馆、云南省经济研究所 1990 年内部出版，第 406～407 页。

表 5-1　矿业权人的籍贯与矿地地址一览①

序号	矿业名称及地址	立案年月	创办及合办人（矿业权人）	籍贯	是否为矿地本地人
1	宛平县兴业公司煤矿	1914 年	李宝诗(创)	不详	不明
2	达摩元成公司煤矿	不详	杨鲁堂(创)	不详	不明
3	小西天马兰镇煤矿	不详	李振藻(创) 陈彬(创)	不详	不明
4	直隶省大安煤矿	1916 年 7 月 11 日	王樾(创)	天津县	否
5	奉天辽源铜矿	1916 年 7 月	李宣葳(创)	天津县(天津商会具保)	否
6	奉天东边道本溪铁矿	1916 年 7 月	不详	天津县(天津商会具保)	否
7	直隶遵化县煤矿	1917 年 3 月 15 日	程宝三(创)等	广东香山县，合伙人均为广东香山县人	否
8	直隶井陉县石棉矿	1917 年 3 月 10 日	王之华	不详	不明
9	直隶涞源县石棉矿	1917 年 6 月 8 日	汪雨林(创)等	天津县	否

① 参见天津市档案馆、天津社会科学院历史研究所、津市工商业联合会:《天津商会档案汇编(1912～1928)》(第 3 分册),天津人民出版社 1992 年版,第 2908～2924 页。

续表

序号	矿业名称及地址	立案年月	创办及合办人（矿业权人）	籍贯	是否为矿地本地人
10	京兆昌平县石棉矿	1917 年 6 月 25 日	卞善昌（创）	天津县（天津商会具保）	否
11	陕西临榆龙潭沟矿	1917 年 6 月 24 日	黄云樵（创）	不详	不明
12	吉林省桦甸县金矿	1917 年 10 月 15 日	唐宝珪（创）	天津县（天津商会具保）	否
13	京兆宛平县煤矿	1917 年 10 月 25 日	王立仲（创）陈松年（合）	天津县（天津商会具保）	否
14	直隶易州铁矿	1918 年 3 月 22 日	蔡儒楷（创）	不详	不明
15	民兴煤矿有限公司	1918 年 5 月 14 日	高凌霄（创）	天津县（天津商会具保）	否
16	直隶易县煤矿	1918 年 5 月 17 日	陈金坡（创）	买办魏长忠具保	否
17	直隶遵化县煤矿	1918 年 7 月 27 日	任德洋（创）等	广东鹤山县，合伙人籍贯为广东香山县	否
18	井陉县郝家台煤矿	1919 年 1 月 20 日	高策遗（创）等	天津县，合伙人多为天津县或井陉县	是
19	直隶临榆县西北煤矿	1919 年 3 月	赵家升（创）等	奉天锦县，合伙人多为天津县人（天津商会具保）	否

续表

序号	矿业名称及地址	立案年月	创办及合办人（矿业权人）	籍贯	是否为矿地本地人
20	大同泉镇煤矿公司	1919年5月	赵元礼（创）等	天津县（天津工务分会会长）	否
21	山东济南道潘川县煤矿	1919年8月	王兰馨（创）等	直隶宁津县，合伙人为广东、直隶、山东省人	否
22	直隶昌黎县煤矿	不详	姚凤翥（创）	丰润县，合伙人为丰润县或天津县	否
23	京兆宛平县门头沟煤矿	1919年12月19日	宁源祥（创）管铭新（合）	天津县	否
24	直隶沙河煤矿	1920年5月4日	姜万魁（创）蒋鹭行（合）	奉天安东县、直隶阜城县	否
25	热河平泉县银矿	1921年1月	刘恩沛（创）等	直隶天津县，合伙人为江苏、直隶、天津人	是
26	直隶遵化县金矿	1921年1月	秦祥斋（创）等	直隶遵化县，合伙人为直隶遵化县、江苏盐城、天津县人	是
27	京兆宛平县西乡煤矿	不详	吴熙庚（创）叶栋臣（合）	安徽婺源县、江苏吴县	否
28	遵化县硝石峪金矿	1916年1月	程宝三（创）等	广东香山县	否

续表

序号	矿业名称及地址	立案年月	创办及合办人（矿业权人）	籍贯	是否为矿地本地人
29	四川省懋功金矿	1915 年 12 月 4 日	林根耀(创)	福建惠安县	否
30	辽宁省锦西锰矿	1931 年 3 月 23 日	丁麟德(创)	江苏无锡	否
31	河北省宣化县厚丰烟煤矿公司	1928 年 11 月 26 日	朱杞(创)	奉天锦县	否
32	京兆宛平县西第七区煤矿	不详	唐冠英（创）等	山东即墨县，合伙人为天津县	否
33	京兆宛平县煤矿	1922 年 8 月 11 日	李赞臣(合)	天津县	否
34	遵化县金矿	1921 年 2 月	程贤链	广东香山县	否
35	直隶津海道临榆县连家山	1921 年 1 月	王人文等	云南大理县，合伙人分别为京兆通县、京兆大兴县、安徽太平县和直隶高阳县等地	否
36	直隶宣化县玉茂煤矿	1923 年 2 月	贾鑫泉（创）等	青县人，合伙人分别为为青县、唐山、怀来县、沧县、天津、宣化、青县人	是

续表

序号	矿业名称及地址	立案年月	创办及合办人（矿业权人）	籍贯	是否为矿地本地人
37	直隶遵化县马兰峪金矿	1923 年 8 月	符炎(创)等	直隶迁安县，合伙人分别为卢龙县、遵化县、蓟县、北京、清河县人	是
38	京兆宛平县煤矿	1923 年 5 月	丁宏堂(创)	江苏吴（无）锡县	否
39	直隶迁安县金矿	1923 年	秦祥斋（创）等	直隶遵化县，合伙人为直隶清苑县、天津县、直隶遵化县人	否
40	直隶省怀来县世合地煤矿	1922 年	郭永禄(创)	宣化县	否
41	直隶省怀来县煤矿	不详	杨宝惠(创)	天津县	否
42	直隶省遵化县鹰手营煤矿 1925 年 3 月	不详	齐康吉(创)	京兆宛平县	否
43	河北省武安县煤矿	1925 年 7 月 21 日	李燕侯（创）等	天津县，合伙人均为天津县	否
44	京兆宛平县大业煤矿	1925 年 8 月 10 日	张子青（创）等	天津县，合伙人均为天津县	否

续表

序号	矿业名称及地址	立案年月	创办及合办人（矿业权人）	籍贯	是否为矿地本地人
45	直隶津海道临榆县石门寨煤矿	1915年9月14日	蒋馨山（创）	直隶枣强县	否
46	北京宛平县无烟煤矿	1922年	齐康侯（创）丁宏荃	浙江，江苏无锡	否
47	直隶怀来县双合第煤矿	1922年	郭贵（创）	直隶宣化县	否
48	直隶怀来县煤矿	1923年	韦宝山（创）	不详	不明
49	直隶井陉县煤矿	1923年8月	安治堂（创）等	天津县，合伙人分别为四川开县、井陉县、青县、获鹿县人	是
50	直隶省怀来县	1923年	刘守荣（创）	京兆蓟县	否
51	山东胶东道抬远县金矿	1924年2月28日	李家恺	原籍广东寄籍山东历城	否
52	直隶省宣化县煤矿	1925年7月1日	杜秉忠	直隶宣化县	是
53	北京宛平县第六区煤矿谦顺煤矿有限公司	1922年8月	李宝谦（创）	天津县	否

续表

序号	矿业名称及地址	立案年月	创办及合办人（矿业权人）	籍贯	是否为矿地本地人
54	北京宛平县煤矿	1931 年 4 月	张亚平（创）等	河北献县，合伙人分别为广东惠阳县、广东梅县、河北献县人	否
55	宛平第六区煤矿大同煤矿有限公司	1922 年 8 月 7 日	李赞臣（创）	天津县	否

表 5－1 呈现了天津地区从 1914 年至 1931 年所统计的矿业权人的基本信息。通过对矿业地址与矿业权人籍贯进行比较，二者为同一县的，那么矿业权人为本地人；二者非同一县的，那么矿业权人为外地人。创办人中只要有一人籍贯与矿业地址一致，将矿业权人视为本地人。根据这个标准，在这 55 个矿业公司中，除了 7 个公司矿业权人籍贯不详，无法判断外；其中有 7 个公司矿业权人为本地人，剩下的 41 个公司的矿业权人均为外地人。可见，1914 年至 1931 年，天津地区矿业权人多为外地人，这意味着矿业权主体突破了籍贯限制，矿地不再限于本地人开采。由于基本数据均来自于天津商会档案的统计，根据此数据所作的分析与测算，具有一定的代表性。

在传统社会中，国家禁止外地人到矿地采矿，因此矿地小窑通常只有本地土人开采。然而，民国时期矿地小窑经营者虽以本地土人开采为主，但外地矿商也占有了一定的比例。1930 年《陕西省各县小矿业调查统计表》是根据该年陕西 63 县各县上报建设厅之矿业调查表所统计。以该表为例，可一窥外地矿商突破地域限制而到矿地经营小矿业的情况。表 5－2 以《陕西省各县小矿业调查统计表》的数据为基础，从中选出矿区所在县别、经理人姓名和经理人籍贯三项的全部数据，整理而成。因为矿厂经营者的姓名具有唯一性，已使矿厂之间具有区分度，故表5-2省略了矿厂名称及具体地址。笔者通过比对矿厂地址和经营者籍贯是否一致，来判断矿厂的经营者是否为矿地本地人。

表5-2 陕西省各县小矿业厂地与经理人籍贯一览①

序号	经营者姓名	矿厂地址	经营者籍贯	是否为矿地本地人
1	师鼎铭	朝邑县	咸阳县	否
2	高崇华	安定县	安定县	是
3	贺登明	安定县	安定县	是
4	魏树升	安定县	安定县	是
5	杨湖山	安定县	安定县	是
6	郝成功	安定县	安定县	是
7	崔树动	安定县	安定县	是
8	梁国柱	安定县	安定县	是
9	米太	榆林县	榆林县	是
10	杭金元	榆林县	榆林县	是
11	胡华	榆林县	榆林县	是
12	吴三元	榆林县	榆林县	是
13	贺池	榆林县	榆林县	是
14	宣来有	榆林县	榆林县	是
15	吴拉子	榆林县	榆林县	是
16	郭湘汉	韩城县	山西解县	否

① 参见《陕西省各县小矿业调查统计表》，载《陕西建设统计汇刊》1930年第2期，第204~205页。

续表

序号	经营者姓名	矿厂地址	经营者籍贯	是否为矿地本地人
17	田锡瑞	同官县	同官县	是
18	和文良	同官县	同官县	是
19	王根彦	同官县	同官县	是
20	雷得起	同官县	同官县	是
21	梁致基	同官县	同官县	是
22	赵万镒	同官县	富平县	否
23	刘文华	洋县	洋县	是
24	许炳文	洋县	洋县	是
25	唐大义	横山县	横山县	是
26	雷发东	横山县	横山县	是
27	吴生德	横山县	横山县	是
28	马彩凤	横山县	横山县	是
29	曹生业	横山县	横山县	是
30	刘兴旺	澄城县	澄城县	是
31	□增江	澄城县	澄城县	是
32	雷增典	澄城县	澄城县	是
33	田根牛	白水县	白水县	是
34	尤海	雒南县	雒南县	是
35	杨秉易	雒南县	雒南县	是
36	张保善	雒南县	雒南县	是
37	王福寿、张大富	淳化县	淳化县	是
38	杨世考	耀县	耀县	是
39	王小二	耀县	河南	否

续表

序号	经营者姓名	矿厂地址	经营者籍贯	是否为矿地本地人
40	张老大	耀县	商县	否
41	冯应中	神木县	神木县	是
42	乔在在	神木县	神木县	是
43	鲍光子	神木县	神木县	是
44	解东和	神木县	神木县	是
45	赵亲王	神木县	神木县	是
46	孙八	中部县	河南	否
47	吴宗义	肤施县	肤施县	是

在表 5－2 所统计的 47 位小矿业经营者中，有 6 位不是矿地本地人，占 12.8%。这一比例虽不如表 5－1 所示天津地区普通矿业权人跨地域采矿比例那么高，但是也打破了矿地本地人对小矿业的垄断。外地人获得矿地小矿业权比例较低，一是因为小窑通常产量较低，收益不大，外地矿商的投资兴趣相对较弱，二是因为国家设定的小矿业权期限短，权利较少，对外地矿商的吸引力不大。本地人有近水楼台的优势，可以以较少投资获得相对较高的收益，因此呈请小矿业权者较多。

矿业权人籍贯从“本地人”转为“外地人”之变迁，表明矿业权突破了“矿地土人”这种特定身份的限制，使矿产开采的形式、广度和深度都得到了显著发展。从“本地人开本地矿”到越来越多的外地人突破籍贯限制获得矿业权的转变十分不易。在这种转变中，矿地土人“靠山吃山”的意识与矿业权人“依法赋权”的意识存在激烈的冲突。矿业主管部门推行矿业法律及司法机关裁断矿业权纠纷难以断然改变矿地土人和地主的矿产业权观念，即把矿产看成是自己土地的子息或矿地的红利。在这个漫长的转变过程中，反而是矿业权规范之推行不得不向传统观念有所妥协。例如,民国初期官方不仅允许矿地土人小窑继续私采,允许土人从矿商处获利,还将矿地地主收取矿地租金定为法定权利。此时矿业权虽已法定,但其从矿地所有权抽离的过程中,仍然让土人和地主享受到"历史惯性"的红利。随着时代的变迁,至南京国民政府时期,官方开始禁止土人私采,排除地主对矿业权人采矿之干扰。这时矿地土人和地主才逐渐丧失因矿产在矿地(基于矿产与矿地的密切关系)所获得红利,最终他们与采矿利益不再有密切关系。矿业权完全成为由国家赋予适格矿商的权利。

三、矿业权准入由人的担保变为物的担保

清季至民国时期,矿商呈请矿业权不仅要提供申请书,还要提供特定的保证书。清末矿商必须提供的保证书是甘结。北京政府时期,由商会或商铺为矿商出具保结。南京国民政府时期铺保逐渐代替保结。目前,学界对近代矿业权准入担保的研究不多见。而矿业权准入担保却是我们剖析当时矿业权立法与实践的一个重要方面,值得研究。

(一)清季矿业权呈请须出具甘结

清季,矿商在向国家矿业主管部门呈请矿业权时不仅有呈请书,还有甘结。[①]《矿务档》载有多份矿商呈请矿业权甘结,细绎其内容,可以厘清当时矿业权的准入条件。

【甘结 1】　商人显诚芳雄谨禀计呈甘结二纸

批　禀悉。既据声明所报矿产,将来经地方官查出,如有窒碍,遵饬封禁,并限定华股股票不得售与在股俄人。俄人股票在股华人可以

① 甘结是旧时民人向官府出具的保证书,主要有司法类和普通类两种。李鹏年等编著:《清代六部成语词典》,天津人民出版社 1990 年版,第 41 页。

承买，除招中俄道胜银行股本银十五万两，其余均系各省殷实商人，委无洋股影射等情。查该职上所禀各节，核与定章尚无违碍。所有该职上现集股本银二十万两，连添招道胜银行银十五万两，候饬驿巡道分别提验，以昭核实，并拨给官款银五万两，添入该公司股内，以期利益均得。至于开办一切，及纳课章程，仍应悉遵外务部奏定新章办理，不得稍有歧异。候咨呈外务部议覆，再行饬遵，甘结存送。

照录甘结

商人梁显诚、梁芳雄、华俄道胜银行为出具切结事，前商等请开办弓长岭等十二处各项矿产，兹奉札饬。以外务部查讯各节，除另禀声明外，所有承办弓长岭各处矿产，于地方情形并无窒碍。并与陵寝风脉无关。倘有关碍等情，将来查明，情愿遵饬封禁，不敢抗违。至入股华俄应领股票，凡华人股票，只准授与在股华人，不得授与外人，亦不得授与在股俄人。俄人股票，系华俄道胜银行入股，亦不得授与外人。惟在股华人可以承买，其所有华股，均系真正华人。所入股本，并无洋人影射冒名等弊。倘有各情，一经查明，甘愿认咎，听候核办。所具简明公结是实。

光绪二十八年十二月　日　梁显诚押　梁芳雄押

俄历一千九百零二年十二月　日　华俄道胜银行押[①]

在光绪二十八年（1902 年）《矿务章程十九条》中并无限制洋商出资采矿的条款，仅要求办矿者“先行禀明外务部”，依照中国法律处理争

① “中研院近代史研究所”编：《矿务档》（第 6 册），台北，“中研院近代史研究所”1960 年版，第 3529 ~ 3530 页。

议。[1] 这说明清廷对列强有所忌惮,不敢在矿章中明文排斥外商投资我国矿业。梁显诚、梁芳雄和华俄道胜银行在采矿权呈请书中详细说明了采矿资金来源及各方出资金额,一再表明其资本符合新章中的规定。这反映出矿商深谙官方忌讳洋资在华采矿的思维,故而在呈请时,极力撇清自身与洋商的关系,以求得顺利获得官方授予矿业权。

在出具的甘结中,矿商作出了两点承诺。其一,承诺所有承办的各处矿产对矿地民众不造成危害,并且与陵寝风水无关。倘若将来官方一旦查明采矿有碍地方或有碍陵寝风水,则可以封禁矿商所开之矿。其二,承诺所有华股的出资人为真正的华人,没有洋人影射冒名。如果将来官方查明矿商实际出资情况与呈请时所述出资情况不相符,则矿商甘愿认罚。可见,甘结是矿商表明自己所承办的矿业没有违反国家矿章的一种保证书。

【甘结 2】

商人梁芳雄,今于与甘结事。现在商人承办半拉岭金矿,蒙军督部堂增咨行外务部核议饬遵办理,并奉示谕,饬先取具甘结,所有开采矿地,不得授与外人等因。奉此,自应遵照出具切实甘结。除原有股友之外,其矿地票据,并不私相出售外人,如有此情,一经查出,甘愿认咎。所出是实,须至甘结者。

光绪二十八年七月　　日　梁芳雄[2]

① 参见第 1 条和第 5 条。"中研院近代史研究所"编:《矿务档》(第 1 册),台北,"中研院近代史研究所"1960 年版,第 87 ~ 90 页。

② "中研院近代史研究所"编:《矿务档》(第 6 册),台北,"中研院近代史研究所"1960 年版,第 3577 页。

矿商梁芳雄出具甘结，保证自己不会将矿地票据私下出售给外商，如有违背，一经查出，甘愿认罚。这份甘结是为了保证矿商所获得的矿业权不会卖与外国人，造成矿权外泄，矿利外流。

【甘结3】

花翎分省适用同知林长植、蓝翎五品顶戴候选府经历张秀奎今于与甘结事。依奉押结得卑职等现禀请开办与京海龙交界金厂岭，海龙府界香炉碗子，柳河县大林子、稗子沟，共位金矿四处。自准开办之后，只有卑职等认领承办，永远不得授与外人。倘有私售情事，甘领重处，所具押结是实。

光绪二十八年九月　日　甘结①

具有官方任职经历的林长植和张秀奎禀请开办四处金矿，出具保结，保证其所取得的矿业权“永远不授与外人”，若有“私售情事”，甘愿受重罚。这则甘结表明两位矿商曾经担任公职的经历还不足以证明其办矿可靠。他们只能以甘结为誓，保证其获得矿业权后亲自办矿，决不会卖给外商。这种甘结以矿商违背“永远不授与外人”即受重罚为规范，约束着矿商以华资自办矿业，以防止矿权外泄。

【甘结4】

蓝翎五品顶戴候补府经历金杜葆、花翎思品衔署掌管图记骁骑校锡绶等今于蓝翎记名御示骁骑校时尚范与甘结，遵奉结托。职等现在承办黑瞎子沟一带矿务案。蒙军督部堂增咨行外务部核准饬办理，并

① “中研院近代史研究所”编：《矿务档》（第6册），台北，“中研院近代史研究所”1960年版，第3592页。

奉谕饬先取具甘结。所有开采矿地，不得售与外人等因。奉此。自应遵照出具切实甘结。除原有股友之外，其矿地票据，并不私相出售外人。如有此情，一经查出，愿甘认咎，所具甘结是实。

候选府经理金杜葆押

光绪二十八年　月　日　具甘结骁骑锡绶押①

甘结4也是曾任公职的金杜葆和锡绶两位矿商承诺除原有股友之外，决不将其矿地票据私下出售于外国人。"如有此情，一经查出，愿甘认咎"。这意味着矿业权人只能自行集资采矿，不得擅自将矿地转让给外商。

【甘结5】　光绪二十八年(1902年)

花翎分省试用同知林长植、蓝翎五品顶戴候选府经理张秀奎今于与甘结事。依奉结得卑职等现禀请呈办海龙府界杉松冈地方煤炭。四至界址，图内绘清，自准呈办之后，只有卑职等认领承办。永不得售与外人。倘有私售情事，甘领重处。所具押结是实。照录图说。②

甘结3是林长植和张秀奎禀请开办四处金矿时所具，甘结5是此二人禀请呈办海龙府界杉松冈地方煤炭所具。这说明每一份甘结是与某一特定矿地的矿业权对应的，甘结是呈请矿业权必备的书面保证。同一矿商呈请不同矿地不同矿种的矿业权时，也应一一出具甘结。甘结

① "中研院近代史研究所"编:《矿务档》(第6册)，台北，"中研院近代史研究所"1960年版，第3593～3594页。

② "中研院近代史研究所"编:《矿务档》(第6册)，台北，"中研院近代史研究所"1960年版，第3595页。

中所承诺的主要内容是相同的，均为获得矿业权后矿商自己办矿，决不私自售与外商，否则甘愿受重罚。

【甘结6】

候选知县丁如骞、候补员外郎魏丰兆、候选巡检严德昌、笔帖式阎襄泰、佟福公今于与甘结事。依奉结得盛京将军承准大部咨开，赏准与属营盘地方之石门寨煤厂。东至新屯岭，西至石门寨岭、南至洼浑北岭，即土口子相连之岭，北至本山后，即驿马寨、石灰窑、沟掌，总明大排子，责成职商等承办，永不售与外人，理合出具甘结，所结是实。

光绪二十八年十二月　日

笔帖式阎襄泰　押

候选知县丁汝昌　押

候补院外朗魏丰兆　押

候选巡检严德昌　押

佟福公　押①

甘结6是多位具有公职身份的矿商为了获得石门寨煤厂的办矿资格，于是出具甘结承诺“永不授与外人”。这份甘结是矿商们在获得矿业权之后所出具的，说明甘结是获得矿业权的必备要件，无论是呈请矿业权时还是已经获得矿业权后，都必须出具的书面保证。

【甘结7】　光绪二十九年（1903年）正月十八日

矿商吴建英、赵国恩为出具甘结事。窃以禀请开采杨木林子东山

① “中研院近代史研究所”编：《矿务档》（第6册），台北，“中研院近代史研究所”1960年版，第3598～3599页。

铁矿一处,自应遵章试办,永远不能售与外人,以保利权而免纠葛,所具甘结是实,须至甘结者。①

甘结7不光表明矿商吴建英和赵国恩承诺依据矿章办矿,且不会将矿业权售与外商,还说明了出具此甘结的目的是“以保利权而免纠葛”。由此可见,甘结的目的是防止外资渗入后损害我国矿业利权。华洋商人合办矿业容易滋生纠纷,有时会将一个小小的商业案件上升为中外两国的外交事件。而中国在外交中势单力薄,难以维护自身的矿业利益。这也是中国政府竭力避免我国商人将矿业权售与外商的重要原因。

【甘结8】　光绪二十九年(1903年)五月二十七日

花翎分省补用知府林长植 押今于与甘结事,依奉押结得,职商承办西安县界柳树泉眼等处煤铁矿务,所有界址,绘图指明。自准开办之后,只有职商呈领采做办理,永远不得售与外人。倘有私售情形,若为查明实在,甘领重处,所出具押结是实。②

【甘结9】

商人郭宝华、五品顶戴候选检陈延森为出具甘结事。依奉结得,职等合股开办通化县界内之候选府经历毕映辰、商人吴春华四道江旧有煤铁矿务,共集股本银三万两。矿厂四至,仍照旧址声明立案,东至五

① “中研院近代史研究所”编:《矿务档》(第6册),台北,“中研院近代史研究所”1960年版,第3602页。

② “中研院近代史研究所”编:《矿务档》(第6册),台北,“中研院近代史研究所”1960年版,第3607页。

道江，西至小罗全沟，南至南山头，北至河沟。一切均愿遵照矿务新章办理，绝不敢售与外人。如有私售之处，甘领重咎，为此出具甘结是实。

光绪二十八年十二月初三日

具甘结郭宝华、毕映辰、陈廷森、吴春华①

【甘结10】 光绪二十九年(1903年)闰五月二十七日

花翎分省补用知府林长植，今于与甘结事，依奉押结得，职商现禀请开办与京民界章丹地方煤铁矿产。所有四至界址，绘图注明，自准开办之后，只有职商认领承办，永远不准售与外人，倘有私售情事，若被举发，或为查出，甘领重咎，所具押结是实。②

在这十则甘结中，其中一份甘结是矿商承诺自身采矿无碍地方且资本无外资掺入，其余九份甘结是矿商承诺不会将矿业权证私售于洋人。从出具者的身份来看，其中六则为具有公职身份的矿商所出具。这说明矿商的公职身份不足作为依法办矿的保证，只有矿商出具甘结，承诺绝不将采矿权售与外商，否则甘愿受重罚，才能得到矿业主管部门的信任，核准其矿业权。这表明清廷对于矿业权的授予是十分谨慎的，严密防范外国资本投资我国矿业，并非放任自流。虽然在当时国家所颁布的矿章中没有明文禁止外商在华办矿，却以矿商呈请时必需出具甘结从而进行“软性”限制。说明这一时期，矿业主权问题颇受清廷关注。

① “中研院近代史研究所”编：《矿务档》(第6册)，台北，“中研院近代史研究所”1960年版，第3608页。

② “中研院近代史研究所”编：《矿务档》(第6册)，台北，“中研院近代史研究所”1960年版，第3610页。

要求矿商出具甘结是为了保护矿业主权，限制外资外股的注入我国矿业。这类甘结反映出当时清廷对于矿业主权与矿业权并没有明确区分。外商来华合资开矿，虽在国家矿章中未明文予以限制，然而矿商呈请矿业权时矿业管理部门却是严格予以审核。为了防止外商借用中商的外壳呈请矿业权，于是让中国矿商提供甘结，保证其资本全系华资，没有外资的成分。在甘结中，矿商还必须承诺不会将矿业权售与外商。

1905 年袁世凯曾上奏，国家必须严格控制华人将土地卖于外人的商业活动。由于矿产与土地相连，将矿产卖与外国人就是将土地卖与外国人。中国贫弱，周围列强虎视眈眈。倘若官民都擅自将土地卖与外国人，则后患无穷。之前遵化州也出现过赵文荣卖地一案，与临城矿产一案相仿。如果不严加控制，则以后越来越多的人效仿于此。① 清廷要员忧虑外资采矿会让中国丧失本国土地，因此对于华洋合资办矿审核严格，通常要审核矿业公司的合同，这并非干涉矿业公司的生产经营。当时有矿地商民与洋商合办矿业，将中国的矿产及土地均卖与外商，严重损害我国矿业主权。鉴于此，官方才不得不将出具保结作为呈请矿业权的要件之一。

（二）北京政府时期商会或商铺为矿商出具保结

北京政府虽然对列强矿业经济侵略仍旧不满，却难以对矿业吸收外国资本严格限制。日本专家 Kimio Nishizawa 曾指出《矿业条例》规定中外合资办矿，其外资股份不得超过总股份的一半。该条是为了保护中国矿业不被外资所控制，但其实施效果是值得怀疑的。许多矿业公司的中方实际是外资的代理人。例如，中美合资的石油公司，美方持

① “中研院近代史研究所”编：《矿务档》（第 1 册），台北，“中研院近代史研究所”1960 年版，第 518 页。

有55%的石油股份,美方的出资占到62.5%。[①] 又如《清华周刊》登载的消息:“日人又获城厂沟炭矿开采权。长春北方三十里二城厂沟炭山,矿区虽不广大,炭质极良。1923年3月太仓公司与中国矿山主缔结草约,将次着手开采。此炭开采时,石炭业必大受影响。”[②]官方难以限制外资投资中国矿业不外乎两点。其一,列强凭借不平等条约所获得势力范围内的采矿权,北京政府不得不继续承认。其二,中国本国资本不足,不得不依靠外资发展矿业。正如当时《实业杂志》所载:“滇省实业家,集资开采者,虽不乏人,惟每因用费过巨大,抑或办理不良,遂致收效寥寥。故一般资本家,闻而裹足。近有英国资本团已有资本港银千万元,打算在滇组织煤矿有限公司,冀攫开采滇省各地之煤矿专权,并欲订立合同九十年为期。”[③]

当时矿商良莠不齐,有的矿商藉矿招摇撞骗,并不真正采矿;而有的矿商缺乏资金,不敢采矿;有诚信的矿商踌躇不定,影响矿业发展。农商部1915年颁布的《审查矿商资格规则》规定,矿商必须获得商会或注册公司出具的“保结书”,以证明其依法呈请矿业权且履历属实。各地商会正、副会长或资本在3万元以上的注册公司或商店的董事、代表或经理才有资格出具保结书。[④]

1. 商会作保结人的担保效力

矿商在寻求保结人时,常常会选择出生地商会。例如,奉天省法库

① Kimio Nishizawa, *The Future of Mining in China*, *Journal of the Royal Society of Arts* 62, 1914, p. 900.

② 《国情述要:日人又获城厂沟炭矿开采权》,载《清华周刊》1924年第312期,第81页。

③ 《英人觊觎滇矿权:向省当局运动费一百万元》,载《实业杂志(张家口)》1926年第1卷第4期,第1页。

④ 中国第二历史档案馆编:《中华民国史档案资料汇编》(第3辑:工矿业),江苏古籍出版社1991年版,第86~88页。

县矿商杨宇霆,呈请开采直隶宛平县门头沟处煤矿,请得奉天总商会为其出具保结。杨商先后曾担任过奉天督军署参谋长和奉军总司令部参谋长,①这意味着他长期在奉天省生活。因此杨宇霆出生地奉天总商会为其出具的保结具有较强的保证效力。

1917 年矿商俞浚明向农商部递交的采矿呈请书澄清了以下几点。第一,所呈请的矿区面积约为 72 亩,并不妨碍国家官矿计划。第二,用于采矿的资本纯粹为华资,不危害国家矿业主权。第三,国家将矿地授予矿商开采,不但国家新开税源,而且矿商也获得利润,两方均受益。该呈请书还附有履历保结。俞商呈请开采湖北江汉樊口村雷山地方铁矿,让其出生地浙江吴兴商务分会出具保结。摘录如下:

为出具保结事:今结得矿商俞浚明,愿遵矿业条例及其关系诸法律,禀采湖北省江汉道寿昌县樊口村雷山地方铁矿,必无藉矿招摇情事,所具履历是实。须至保结者。

浙江吴兴商务分会经理　王树枬

中华民国六年四月　日②

本来,法律规定矿商寻求出生地的商会出具保结是考虑出生地商会对于矿商的信用、历办事业和资金等情况都比较了解。这种立法设置的事实基础是,矿商在其出生地长期生活,基本上没有离开家乡。然而,中国近代社会人口的流动性大大增强,人们常常是生于一地,长于

---

① 中国第二历史档案馆编:《中华民国史档案资料汇编》(第 3 辑:工矿业),江苏古籍出版社 1991 年版,第 738 页。

② 中国第二历史档案馆编:《中华民国史档案资料汇编》(第 3 辑:工矿业),江苏古籍出版社 1991 年版,第 624 ~ 635 页。

一地，生活于一地。这时某人与其出生地的社会联系有限，出生地商会未必了解他后来发展的情况。矿商俞浚明的矿业权呈请书恰好就反映出这个问题。矿商俞浚明系浙江吴兴县人士，早年曾在日本留学，以采矿冶金专业毕业。他于 1915 年担任过江南制造局的技师。该商于 1917 年呈请矿业权时，在北京和上海两地都有住处，所呈请的开矿地又远在湖北寿昌县。其出生地吴兴县所出具的保结事项，有多少出自于对俞商的了解，不难想见。矿商出生地商会为矿商出具保结的担保效力会因矿商疏远家乡多年的实际情况而打折扣。那么矿地所在地商会为矿商出具保结，也会面临类似的问题，矿商作为外来者，其不为矿地商会所熟悉，后者所出具的保结其担保效力也很有限。

矿商张文志所出具的保结，其担保的效力就较强。矿商张文志系京兆大兴县人，是醇亲王府里的头等护卫。另外两位合办矿业人分为总管内务府大臣和步军统领，身居要职。张商等人呈请开采的是京兆昌平县附近铅矿。矿商的保结人是京师总商会。[①] 矿商张文志为京城中的要员，有一定的社会知名度，而矿商合伙人出生地大兴县和采矿地昌平县，均属于京师总商会所涉范围。京师总商会对矿商的情况比较了解，因此其出具的保结书具有较强的担保效力。

2. 商铺充任保结人的担保效力

除了选择出生地商会作为保结人，矿商有时也会选择商铺作保结人。例如，1920 年山东矿商陈翰轩与张莀侯等商合伙，呈请开采山东济南道博山县黑山前根煤矿，其保结人为大东草帽公司。[②] 虽然商铺也可

---

① 中国第二历史档案馆编：《中华民国史档案资料汇编》（第 3 辑：工矿业），江苏古籍出版社 1991 年版，第 708 ~ 709 页。

② 中国第二历史档案馆编：《中华民国史档案资料汇编》（第 3 辑：工矿业），江苏古籍出版社 1991 年版，第 815 页。

以充任保结人,但其担保效力却比商会充任保结人弱。

1919年众议院议长王揖唐、参议院议长李木龛、税务处督办孙孟晋等政军界要员呈请开办江西九江城门山铁矿,依法出具履历保结呈江西实业厅。在履历书中,详细列举了各商姓名、年龄、籍贯、住址和职业及历办事业。其保结由广兴有限公司出具。其保结摘录如下:

为出具保结事:今结得矿商王揖唐等,愿遵矿业条例及其关系诸法律,禀探江西省浔阳道九江县城门山铁矿,必无藉矿招摇情事。所具履历是实。须至保结者。

公司经理　张蓉生

铺保　广兴有限公司

(寓前门外小马神庙广兴公司)①

广兴有限公司充任铺保出具保结。商铺作铺保,由该公司经理签章,其担保的基础是商铺的资本及信誉。该保结中的内容与上一则保结基本雷同,都是保证矿商遵守矿业法律和履历属实,没有借矿招摇情事。

通常,矿业主管部门会对担任铺保的商铺自身资产是否殷实进行核查。1912年矿商张起富、佟寿、王廷瓒集资开办宝兴煤矿。第二年该矿因资金不足停工。后来宝兴煤矿改组,召集新股东张铭石、解桂芬等。之前王廷瓒、佟寿等矿商办矿不但无效,还有吞款舞弊的问题,受到其他股东的指责。王、佟两矿商则控告宝兴煤矿向洋人举借外债,一会儿与其余股东和解,一会儿缠讼。经过多次审讯,宝兴煤矿声称并无

① 中国第二历史档案馆编:《中华民国史档案资料汇编》(第3辑:工矿业),江苏古籍出版社1991年版,第583~585页。

举借洋人外债情节。宝兴煤矿不得不提供一份由新保结人出具的保结书,由直隶全省商务联合会证明该矿确实没有洋股外债。直隶天津县行政公署所获矿商张铭石等呈送的保状一张,保结人为恒聚花店。1916年8月5日该公署为了弄清恒聚花店的经营状况和资本是否殷实,特委托天津商务总会进行核查。① 从该案中不难发现,其一,不仅矿商在申请矿业权时需要提供履历保结,当其营业状况、商誉及资金来源被人指控可能存在重大风险时也必须重新提供新的保结人。这意味着原来所提供的保结已经失效。其二,当矿商所提供的保结人为商铺时(铺保),则该商铺的经营状况和资金充盈与否会受到矿业主管机关的审核。其三,矿业主管机关通常委托当地商会进行调查,以完成对铺保的审核。可见,商铺作为保结人时其担保能力要弱于商会。

时人认为《审查矿商资格》要求矿商呈请矿业权时提供保结,其立法目的是为了审查矿商的资本是否充实。其一,矿商从未经商而初次经营矿业,其资本是否充足,是否有办矿的能力需要查验。矿商的家乡(生长地)的商会、公司或商店知悉矿商的详细情况,由其出具切结书,必能保证矿商的资本和能力,不至于妄保。其二,矿商先前经商而现今开办矿业,则矿商现在营业所在地的商会、公司或商店非常了解矿商的底细,不会为资本不足又能力不及的矿商出具保结,其出具保结能够保证矿商资本充足且具有开矿能力。②

要求矿商出具保结主要是为了防止外资渗入我国矿业和预防矿商不法经营。如察哈尔省揭示其制定《本省矿业呈请人觅保结暂行办法》

① 天津市档案馆、天津社会科学院历史研究所、天津市工商业联合会:《天津商会档案汇编(1912~1928)》(第3分册),天津人民出版社1992年版,第2871~2872页。

② 中国第二历史档案馆编:《中华民国史档案资料汇编》(第3辑:工矿业),江苏古籍出版社1991年版,第589~590页。

的目的，一是防止外国资本渗透察省小矿业权，二是为防止矿业呈请人藉矿招摇，即外国人收购中国矿商股份、矿商将矿业权移转或抵押与外国人、矿商获得矿业登记后不开工、矿商中途停工或不纳税等情形。①

履历保结还可以作为联系矿商的途径，以督促其缴纳矿税。征收矿税时，收税机关必然要能够有效地通知到矿商。矿商常以未接到通知为借口，推卸逃税之责。而矿商呈请矿照时，履历保结书中有保人，保人理应知道矿商的地址。当矿业管理机关无法获得矿商地址时，可以限期让保人通知矿商，视为通知到达。矿商就不能以未接到通知为借口逃税了。②

要求矿商呈请矿业权提供保结不仅操作有困难，还容易滋生不法交易。梁宗鼎作为广东矿务技术员兼任全省化分矿质局局长，十分了解矿业权呈请时提供保结的弊病。第一，要求担任铺保的商铺自身应具备 3 万元，金额过高，致使有资格作保结的商铺数量太少，难以满足矿商呈请出具保结的实际需求。第二，即使有注册资本在 3 万元以上的适格商铺，有时矿商可能与之没有交情，无法请这些商铺出具保结。第三，各地商会中，有些不法商会在为矿商出具保结时，向矿商索要三五千元，这笔不菲的费用对于矿商而言负担太重。他建议变通《审查矿商资格规则》，不能让一张保结限制了民众的办矿热忱。③

（三）南京国民政府时期铺保逐渐代替保结

1932 年广东省将保结人资格限制为商会或在广州市营业领有商业

---

① 《察哈尔省矿业申请人觅具保结暂行办法》，载《实业公报》1933 年第 115 ~ 116 期，第 42 页。

② 中国第二历史档案馆编：《中华民国史档案资料汇编》（第 3 辑：工矿业），江苏古籍出版社 1991 年版，第 152 页。

③ 中国第二历史档案馆编：《中华民国史档案资料汇编》（第 3 辑：工矿业），江苏古籍出版社 1991 年版，第 134 ~ 136 页。

牌照、有5000元资本额的商店。粤省建设厅在审核矿商保结时发现，不少矿商觅保困难，以致耽误了获取矿业权的时间，阻碍了矿业发展。该厅为变通办理，便利矿商，另外制定一个补充办法，以期救济：如有矿商未能觅具相当保护店出具保结者，限核准矿权6个月内，检验资本，应将集股情形，或股票息折，或工程设备之购机合约等有效凭证，呈缴本厅核验。① 这个保结补充办法体现了矿商资格由保证人担保向资本担保的过渡。从基于担保人信用的保结转为基于矿商本人财产的财产出保，一则解决了矿商因难寻觅担保人而拖延申请矿业权进度的问题，二则以集股之股票息折或购买机器设备的合约作为人保的代替，实为一种进步。这些材料证明了该矿有充足资金(具有好的投资开采前景)且有马上开工的准备。此变通不失为一种好办法，不但解决了矿业权申请者的难题，而且增加了审批机关对矿商经营信息的掌控，有效地控制了核准矿业权的风险。

该变通办法对于保结人如何承担担保责任并没有具体规定。某地一个商会可为多个矿商出具保结，似乎审核机构并不认为该商会作为保结人的资格有任何贬损。由此可见商会并不是以自身财产作保而是以其信用作保。笔者推测当商会作为保结人时，若矿商有不法情形可以联合商会成员对所担保的矿商施加压力，甚至将矿商名字从本地商会名册中删除，排斥其进入本地商人圈。当殷实商铺作为保结人时，矿商逃税、拖欠罚款或负债经营，商铺可能承担一定的赔偿责任。但是当时的法规对于担保责任的金额、比例和支付方式均缺乏明确说明，主要由矿业主管部门裁量。目前未能搜集到最终由铺保来承担赔偿责任的案件，难以作出判断。

① 《变通矿商出具保结办法广东省政府建设厅布告第七七号》，载《广东省政府公报》1932年第207期，第113页。

1936 年广西省《广西矿务局审查矿商资格规则》将保结人资格限定为两类。一是商会主席。商会以在矿商代表人生长地,或其现在营业地,或其矿区所在地为限。二是领有《营业调查证》,资本五千元以上之商店,或商店董事代表,或总经理。如果一店资本不足定额,可以二三店联保凑足之。商店以在县治及重要市镇营业者为限。保结内除出具保结人亲笔签名该之外,须盖用其所属商会公司或商店之图记。[①] 商会主席充当保结人时,限定为矿商代表人生长地或矿区所在地的商会。这两地商会有接近矿商的地利优势,能够比较清楚地了解矿商的基本情况,方便对矿商经营矿业进行监管,其担保也主要是以商会的信誉作为担保。商会属于商人自发组成的组织,本身不是盈利机构,无丰厚的独立资产,其执行力主要靠该商会商人联合的力量。商铺充当保结人时,其资格限定主要在于商铺的资本是否殷实——“资本五千元以上”。当一个商铺资本不足时可以由二三店联保凑足,更凸显了保结人“资本殷实”的实质条件。

从法律性质上看,这类保结是人的担保。即以商会或殷实商铺作为保证人,以保证人的信誉和财产来担保矿商的确是正经开办矿业,无“藉矿招摇情事”。这种担保使得矿商呈请矿业权的情况受到本地商会或所托殷实商铺的监督,如果不了解情况,保证人不会轻易出保。这种方式减少了矿业主管部门对矿商采矿资格审查的烦琐,降低了行政成本,也方便了矿商的呈请程序。然而,在实践中,保证人的信用和财产可能会有变化,保证责任难以落实。当遭遇矿商借矿招摇,不守矿业法律时,若保证人自身被撤销或缺乏被执行的财产,则保证人也难以落实担保责任。各地商会本身是商人自发组织的,资金和执行力都是有限

① 《广西省政府审查矿商资格规则》,载《广西省政府公报》1936 年第 126 期,第 60 ~ 61 页。

的。铺保可能面临着商铺自身经营不善濒临破产,该商铺对于矿商的监督就变得微弱了。保证人的担保责任并非是代矿商清偿债务,仅是对被保矿商予以监督。不难看出,保结作为人的担保对矿商资格保障不是万无一失的,可能存在难以保证的困境。

近代商会或殷实商铺对矿商的履历及办矿情况的保证,有一个显著的优点,那就是能够缓解矿商的资金压力。由于办矿需要持续地投入大量资本,而当时中国矿商大都缺乏资金。许多矿商大量举借外债,吸收洋股。因而独资矿企少,而合股矿企多。当时一些报刊所登载的矿业公司招股启示,久久不能筹得充足的股份。如果国家矿业法律规定矿商资格审查时必须提交一笔较大金额的保证金,则矿商实际可以支配用于办矿的资金就更加捉襟见肘。换言之,如果在清末民初近代矿业发展的起步阶段,矿业法律要求矿商缴纳一定的注册资本才能获得矿业权,则会抑制矿商的办矿热情,不利于兴办矿业。当时虽然国家矿业法律未限定矿商的注册资本,并不意味着矿商可以随意呈请矿业权。因为矿商开办矿业时必须采购挖掘机器并雇佣大量的矿工,这些都将花费不少资本。一方面发起人是否能筹集到足够的资本是不确定的,而另一方面采矿风险较高,是否能采到矿产、矿产的含量是否较高也是不确定的。作为理性的经济人,巨额的风险投资不一定有回报,矿商会慎重决定是否呈请矿业权采矿。

矿业法对矿商资格设立了一定的门槛,要求提供保结,是为了维持良好的矿业秩序,保障有限的矿产资源由适格矿商开发,不至于资源闲置。采矿可能引发一些外部性问题:其一,矿商因采矿对矿地周边环境造成一定的侵害,如环境污染、对房屋农田造成损害,与矿地土人、地主发生矛盾。其二,有的矿商并非是真心办矿,获得矿业权后与外商私下交易,交由外商办矿,让我国矿利外流。其三,矿业资源有限,诸多的竞争者都想获得矿业权,能够提供保结的矿商势力相对较强,将矿业权授予之,能够使矿产资源得到优化配置。

让呈请者提供保结,矿业主管部门可以不必经常性地对矿业权人的经营状况进行查验。保结人对矿业权人的软性督促,使大多数的矿业权人能够诚实合法地经营。所谓软性监督,即保结人与被担保的矿商之间往往有一定的社会纽带,或为亲戚,或为生意伙伴,凭此可以对矿业权人的实际情况进行监督。有时,保结人提供铺保时,要求被担保的矿商提供一定的保证金,二者形成反担保,一旦矿商经营出现问题,保结人也可以反向制约。另外,由于当时的政局不稳,战乱连年,矿业主管部门要对矿业权人定期有效的检查监督也是难以实现的。

而商会或殷实商铺作为保证人,主要是以信誉来担保矿商之依法办矿,让矿商不必承担巨额的保证金。虽然矿商托付保证人时也有一定的代价,如自身的社会地位或直接支付好处费(出场费),但较之自己承担巨额的担保金更为合算,代价较小而所获保证较大。最重要的是,矿商借此取得了矿业主管部门的信任,通过了审核,最终获得矿业权,可以合法开采获利。一方面,没有注册资本的限制,矿商可以充分利用不甚充足的资本投资矿业,在公司成立募集招股环节拥有更大的自主权。另一方面,铺保对矿业权人也是一种监督,铺保之担保降低了国家核准矿业权的风险,让有志于采矿的矿商获得更多机会。

1936 年 1 月 24 日,实业部发布训令取消了矿业权呈请"出具保结"的手续。[①] 由此,矿商呈请矿业权时不必再出具履历保结。恒兴公司代表人吴余三呈请领采文登县泽库村瓷土矿。丁瑞五呈请领采同县泽库村墩滑石矿。有人向实业部呈控吴余三和丁瑞五等均非正当商人,缺乏信用,办矿资本不足,现在照未领到,已有勾结卖矿嫌疑,为地方人士

① 《在令知矿业法公布施行后商人呈请设权毋须再具履历保结》,载《广东省政府公报》1936 年第 324 期,第 90 ~ 91 期。

所反对，致起纠纷。实业部令山东省主管官厅除了审核法定材料外，还必须查明两矿商等是否有能力和信用开矿，是否有借矿招摇情事。在1936年实业部下令矿商呈请采矿无须递交履历保结后，地方官厅审核矿商信用能力和"有无藉矿招摇情事(勾结外资)"，不得不派员勘察时。[①] 原来对保结的书面审查转变为地方矿业主管机关派员去矿地实地走访调查。不难发现，官方调查的结果很大程度上依赖于当地人的舆论，如果当地人强烈反对开矿，则审核的结果可能不利于呈请人。判断矿商信用能力的标准比较主观，而判断矿商注册资本情况则比较客观，可由第三方(银行)审核注册资本的实际情况，受到矿区当地人的主观判断影响较小。

四、矿业纠纷处理从不甚规范到规范有序

在近代以前，矿业纠纷的处理不甚规范。矿业契约缺乏外部约束机制，有时会出现单方违约。契约双方可能约定协商解决纠纷，当出现纠纷时，若一方诉诸暴力后，协商则无法实现。如果矿业纠纷诉诸官厅，由于缺乏统一的矿业法律，有的地方官员在处理采矿争议时，以矿业契约作为判定争议双方权责的依据。有的地方官为化解本地矿业纠纷提出了一些可行性办法，以弥补国家矿业规范的不足。

传统矿业契约对采矿权具体事项的约定存在一定的模糊性，而契约的履行又缺乏外部约束机制，这些方面都不利于纠纷的解决。佃矿商秦国瑞借债投资采矿，所花成工本不菲，采矿时又意外遇到两大困难。一是矿洞坍塌，秦商只能另掘矿洞，无疑又增加了采矿工本。二是

① 《咨山东省政府：矿字第一六〇二六号(中华民国二十五年十月二十七日)：鲁省矿业时起纠纷矿商办矿是否实有能力信用并有无藉矿招摇情事应由主管厅于核转矿业呈请案时先行调查并于核转文内叙明》，载《实业公报》1936年第304期，第37页。

秦商挖掘时与另一矿商谢开芳矿洞毗连，两方书面协议两不侵占，各挖各界，实际上限制了秦商原先的采掘范围。道光二年（1822 年），山主陈朝简从秦商煤厂挑出多担煤炭，却不肯按照之前煤山出佃约的约定支付炭价。① 显然，山主凭借自己的优势违反契约的约定，无偿占有佃矿商的煤炭。而后山主又将矿洞封塞，不许佃矿商挖炭，并撤佃。山主单方无故毁约，造成佃矿商血本无归。这反映出，山主与佃矿商之间靠契约约定的采矿权事项，缺乏有效的外部监督机制来保证履行。在身为本地土著的山主面前，佃矿商是较弱势的一方，当契约被撕毁不能继续采矿时，佃矿商率多人与山主打斗，以暴力维护自己的利益。

从山主的角度看，佃矿商秦国瑞单方破坏了以协商说理来解决纠纷的初衷。嘉庆二十一年（1816 年），秦国瑞佃得山主陈朝简家的煤炭洞，开始挖炭营业。后来，山主认为秦国瑞"乘佃年久，视如己业"。矿洞离山主住家比较远，山主在佃矿商开采六年之后才发现其雇用多名外地矿工采矿，滋扰地方。山主声称秦商放任其矿工在矿厂聚集赌博、酗酒，滋扰当地人，于是将该矿商退佃，并封闭矿洞。不料，矿商秦国瑞却再次在原矿洞采掘煤炭。山主与该商约定道光三年（1823 年）一月十九日在龙凤场碰面讲理。十九日矿商秦国瑞父子却带着多人，当场殴打山主一方人等，断送了协商解决的机会。后来，山主的弟弟被打伤。② 可见，以协商讲理的方式来处理矿业纠纷依赖于纠纷双方的配合与自觉，如果一方直接诉诸暴力而不讲理，那么这种处理方式立即失效。

---

① 四川省档案馆、四川大学历史系主编：《清代乾嘉道巴县档案选编》，四川大学出版社 1989 年版，第 281 页。

② 四川省档案馆、四川大学历史系主编：《清代乾嘉道巴县档案选编》，四川大学出版社 1989 年版，第 281 页。

有的地方官在处理采矿争议时，以矿地典契作为判定争议双方权责的依据。道光十二年(1832年)九月初三，洛阳府李钧审结了一件争窑地的案件。[①] 道光七年，米振世与李如秀等合伙在在董村开采煤窑。该窑与上官申的矿地毗连。道光八年(1828年)四月，经张绳武说合，米振世等人用价一千，典得上官申名下六十亩地。双方所立契约载明，米商等可以从窑底横穿上官申六十亩地取煤，期限为三年。该村村民董秉礼觊觎米商等采煤得利，于是联合上官略(上官申已经分家的哥哥)直接在米振世所典地内另外开了煤窑口。米商发现后，在渑池县起诉了董秉礼和上官略二人。王县令未经讯问就认为上官申将其矿地重复出典，于是将窑口封禁。上官略拿钱希望赎回上官申典出的六十亩矿地。但王县令认为典契所约定的三年期限未满，不准其赎回。董秉礼等人将窑口的封条揭开后，私自采煤。该地之前已被凿空，董秉礼等人继续开凿导致窑口崩裂。董秉礼以己方煤窑损害且亏本为由控诉到县，还指控米振世等所采煤炭是窝藏的，应予没收。县令没有支持董秉礼的诉求，暂时将两窑封闭。后来经县查明，米振世采煤没有违法情形，县令仍准予其开采。而后，米振世因为旧窑透水不能开采，于是在所典地内另外开了一口新窑。光绪十年(1884年)，董秉礼以陈词控诉到洛阳府。经查讯后，洛阳府尹判米振世给董秉礼窑费钱一百千。董秉礼仍不服，再次到洛阳府呈控。洛阳府府尹李钧查明案情后指出，董秉礼勾结上官略恃强占用米振世典得的矿地属于豪霸。李钧指出，渑池王县令作出判决后，董秉礼等“不候年限，遽往回赎，不遵封禁，擅行开采”属于藐法。后来董秉礼等煤窑塌陷，经营亏本，属于咎由自取，却诬告米振世采矿为盗采。李钧认为，渑池县令判令米振世赔偿的一百

---

① (清)李钧：《判语录存·卷四·争窑地事》，载杨一凡、徐立志主编：《历代判例判牍》(第10册)，中国社会科学出版社2005年版，第113~114页。

千是没有合理依据的。至于所典出的矿地经打窑采煤被损害,以后不便耕种,出典者上官申并无异议,他人自无权干预。最终,董秉礼受罚。米振世等被放回安业,李钧交还其典契。

该案以下几点值得关注。其一,在该案中李钧作出判决的依据是米振世手中的矿地典契。根据这份典契,山主上官申典出自己六十亩地给米振世,在三年期限内米振世可以在该矿地内采煤。董秉礼勾结上官略在已经出典的矿地内另外开窑口采煤,显然是对米振世业权的直接侵害。遭控诉后,董秉礼与上官略又生一计,要求赎回典出的矿地,由于典契期限未满,判官不予支持。其二,董秉礼与上官略要求赎回矿地可能凭借的依据。由于上官略是典主上官申的胞兄,因此有"亲族先买权"。上官申将土地典予外人米振世前,应先问其胞兄是否要该地。在缠讼中,上官略既然未以其弟未遵行"亲族先买权"为由诉该典约无效,可以推断上官申在出典前已经告知其兄。后来董秉礼等私采致煤窑塌陷亏损,再次起诉米振世。渑池县王县令为了缓和双方的紧张关系,令米振世象征性地补偿董秉礼等,给董秉礼窑费钱一百千。其三,矿地损坏是否必须赔偿。典契中并无矿地损害赔偿的约定。另外,矿地损害赔偿请求权人应为矿地山主,其他人无权干涉。

李钧对该案的判决非常精彩。虽然当时并无矿业法,但是李钧依据山主与矿商所立的矿地典契来判定各自的权利与责任。这反映出矿地典契的效力得到了官方的认可,并且作为审判矿业纠纷案件的有力依据。该案中,还可以看出矿商采矿很容易受到矿地土人的骚扰。比如此案中土人以山主亲族的身份盗采,后又向矿商施压企图赎回矿地,即废除矿地典契的效力。有的地方官在处理这类纠纷时,为了缓和矛盾,以息事宁人的方式让获得利润的矿商"放一点血"使利益相关者获得一定补偿,而不重视对于真正的采矿权人的实质保障。有的地方官却非常公允,以矿地典约来评判双方的权责。

咸丰十一年(1861 年),地方官处理陈祝三与夏松柏佃炭窑纠纷时,也是依照争议双方之前的契约来处理的。地方官判令夏松柏如果打算继续采矿,则必须按照先前契约交给陈祝三两个月的租金;如果不打算继续采矿,则必须从十两佃银中扣除之前的租金。具体内容可见下则结状。

陈祝三为遵断夏松柏交租开挖炭山事结状　十一年十二月廿一日

结　监生陈祝三

今于结状事情。夏松柏以霸凶毁控生一案。沐恩讯明缘夏松柏佃炭窑开挖煤炭,佃银十两,每月租钱六千。因租未给,致讼。谕令夏松柏如仍照前开挖,恁生两月租钱,始行挖炭。如不开挖着生,将夏松柏佃银十两扣除租钱,两不相补。各结备案。今生遵断中间不虚具结是实。

准结

咸丰十一年十二月廿一日

结状监生陈祝三①

有的地方官针对本地矿商们越界采掘纠纷,提出了一些处理的规则。乾隆年间,直隶总督方观承在办理西山门头沟地区矿务时,发现该地矿业存在一个严重的问题:已开办的煤窑,如果其左右上下都有煤线可采,官方准许其鳞次续开。然而,有些狡猾的矿商虽然在自己的煤窑外已开矿洞,却在自己的煤窑内又偷偷穿凿邻近矿商的矿洞,偷采邻煤,由此滋生了不少斗讼。多年的纠纷影响了双方各自的采煤进度。

① 四川省档案局(馆)编:《清代四川巴县衙门咸丰朝档案选编》(第 9 册),上海古籍出版社 2011 年版,第 276 页。

由于当时国家法律对矿商采矿未划定采矿区域,对钻井方式也未严格限定,当不同矿商开掘的矿洞在地面以下相遇时,容易引发争议。乾隆二十八年(1763 年),方观承针对此弊提出建议。当两窑相遇时,首先旧窑具有优先开采的权利,新开者只能朝相反的方向采掘;其次惩处暗自侵入他人煤窑采矿的矿商,将其获益全部补偿被侵害的窑户。[①] 方观承的建议不失为一种化解矿商们越界采掘纠纷的良策。当时国家无专门矿业法律来规范矿业产权,造成矿商常因采矿区域不明而斗讼。可见,国家规范矿业产权十分重要。

又如乾隆二十四年(1759 年),四川布政使吴士端奏请设定法定休采期限,以尽地利。该官发现乐山县附近新开的铜厂因矿商资本短绌,数月后即停止采矿。后来有其他矿商想在该地开采,但是原先停采的矿商却出面阻止,致使资本充足的矿商无法开采。吴士端建议"请嗣后无力停歇者,以三月为期,原商不准复开,听厂员募殷商顶挖,挠阻滋衅者,杖八十,枷号一月,递籍收管"。[②] 吴士端建议设定 3 个月的法定休矿期,超出此期限的矿商其开采权将被新矿商顶替。这主要是为了避免因矿商长期停工而导致矿地闲置。可见,当国家矿业规范不足时,官员针对采矿权的一些有效建议成为些许弥补。

巴县档案中诸多矿场斗殴死伤事件反映出矿业契约和矿产开采习俗调控纠纷存在一定的局限性。矿商与地主、矿地土人之间复杂的矿业利益关系难以得到较好的分配与调控。另外,私力救济的成本高且效率低下,最终未必能完全化解矿业纠纷。

---

① 中国人民大学清史研究所、档案系中国政治制度史教研室合编:《清代的矿业》(下册),中华书局 1983 年版,第 403 ~ 404 页。

② 中国人民大学清史研究所、档案系中国政治制度史教研室合编:《清代的矿业》(下册),中华书局 1983 年版,第 218 ~ 219 页。

民元以来,国家颁布了多部矿业法律,还大力推行矿业权规范,使得矿业纠纷有法可依。此外,国家还设置了专门的矿业管理机构,依照法定程序处理矿业纠纷。由此,矿业纠纷得到规范有序地处理。

民元以来,矿商与矿地土人的矛盾开始据法化解。湖南醴陵县富有瓷土矿和煤矿。可惜该地乡民惑于风水之说,禁人开采。这常常引发矿商与土人间的诉讼,导致该地矿产得不到开采。傅熊湘指出,按《矿业条例》的规定,除距古贤坟墓40丈以内应设法绕越外,矿业权人均可以出资使土人迁徙。这是因为矿产属于国家,政府有权授予矿商采矿权,无须获得地面业主的允许。[①] 可见,矿地乡绅以法为依据,设法清除矿商开矿的障碍——本地土人因风水观念对采矿的拦阻。

矿区附近民地受损害,土人据法获得赔偿。唐山开滦五矿开掘区域广泛,所占民地也越来越多。矿区土地表面虽无明显变化,但是采矿后的水汽多被土壤吸收,对地面耕种极为不利。另外,采矿后矿地上原有民房容易倾倒。因此,矿地附近民众屡次向矿务局要求赔偿损失,一直未果。土人多次要求之后,矿业权人终于同意赔偿,并出具赔偿办法:即凡矿区占及民地下层者,每亩赔偿洋60元。民之房屋,是否拆毁,庄地是否继续耕种,悉听地主自愿。自赔偿后,所有民房因矿区关系倾倒,庄地有何不利情形,矿方不负责任。现矿局方面,已测量矿区及各民地,俾照决定办法实行。[②] 矿地附近民众要求损害赔偿的胜利其实是矿业权法律规范的胜利。因为矿业法律规定了矿业权人对矿地损害赔偿的义务,受损害的矿地民众在要求赔偿时才能"据法力争",更容

---

① 傅熊湘编:《醴陵乡土志·第六章实业·十矿产》,民国十五年(1926年)铅印本,第35页。

② 《矿业消息:请看开滦煤矿对所占民地之赔偿》,载《矿业周报》1930年第105期,第141页。

易达到目的。在清代,此类损害赔偿往往是双方私下角力的结果,容易激化成流血冲突,最终利益受损的一方也未必能得到赔偿。

民国时期,矿商与土人双方逐渐倾向于将纠纷交与矿业主管部门处理。自认为权益受损害的一方将争议诉之矿业主管官署,让其“为自己作主”。例如,1930 年河北省开平镇陡河庄土人代表陈景春等向该省农矿厅呈文称,本地有一条大道南北往来通衢,车马行人络绎不绝。自从马家沟开滦煤矿开办以来,该矿井下之水放归改道,日夜奔流,大道变成河,两旁壤地迁轧为道。不但交通断绝,且沿流至庐墓田园均被损毁。土人代表强烈谴责该矿以邻为壑,妨害矿地民生。该地土人也曾尝试着与该矿方交涉,可是对方置若罔闻。土人希望再次与之交涉,又忌惮矿方保安队的肆意妄为。而后土人选择向省农矿厅陈情,希望能平治道途开塞水路,避免全村受水患。该厅立即令滦县县长查明马家沟矿井水滥流情形。[①] 可见,矿地土人虽然人多,但与矿商的较量中未必总是占有优势。矿商有自己的私人武装,矿地土人赤手空拳,这让双方的平等协商变得艰难。最终,矿地土人引入官方力量,改变了自己的“弱势”地位,让官方作为裁断者,公平地处理纠纷。

当遭遇地位特殊的矿商——国营矿务局,矿地土民势单力薄,只有依靠矿业主管部门的力量来改变“弱势”地位,争取自己的权益。例如,1930 年周怡亭请求处理开滦矿务局矿挖煤致周宅塌陷赔偿一案。1929 年春季,因开滦县国营矿务局采煤导致周怡亭的房屋开裂。该矿局答应按周宅房屋间数发给临时修补费,正房每间 35 元,厢房每间 25 元,院墙厂棚及猪圈马厩等概不补偿。拖延至六月,该局仅支付了一半的补偿金。正当周怡亭修补房屋之际,忽然房塌地陷,地面出现许多孔穴,

① 《农矿厅令滦县县长查明马家沟矿井水滥流情形核办具报由》,载《河北省政府公报》1930 年第 764 期,第 12 ~ 13 页。

探不及底。八月间，该县白县长邀同开平商会会长孙墨琴和矿地处总管张辅臣莅乡查验明白。县长批示周氏房屋实不堪居住，静候处理办法。之后，矿务局毫无表示。周怡亭找矿务局总管张辅臣请示办法，屡遭拖延，对方甚至出言威胁。无奈之下，周怡亭向河北农矿厅呈文，请求处理。该厅最终下令开滦矿务局查明相关情况。[①] 矿区小民周怡亭曾经尝试过自己与开滦矿务局协商，也试图让县政府联合商会处理，均以失败而告终。本案中，周怡亭房屋塌陷，明明当地县政府及矿务局已实地查明，矿务局却一再推诿拖延，不予正面回应。周怡亭具有强烈的维权意识，直到忍无可忍时向省农矿厅呈请鉴察提向交涉。农矿厅批示开滦矿务局查明周怡亭住宅因挖煤塌陷情况，照章秉公办理。没有上级机关的主持公道，想必开滦矿局不会理会周怡亭的赔偿诉求。

民国时期，国家设置了专门机构依照法定程序处理矿业纠纷。矿业纠纷出现后，经当事人提起可能会过调解—诉愿—再诉愿—行政诉讼多个法定程序的处理。多数纠纷首先经矿业管理机关的调解处理；调解不成，当事人会提起诉愿，对诉愿决定不满，还可以提再诉愿；极少数的纠纷最后诉之行政诉讼。矿业主管机关处理着大多数的矿业权纠纷。无论如何，尽管行政法院处理矿业纠纷案件数量不多，但是其裁决不仅对个案具有拘束力，其判决理由和判决的结果对民众和矿业主管部门均具有宣示的效果。正如 V. K. Ting 所言，《矿业条例》实施以前，矿商的矿业权缺乏安全性，随时可能在没有任何原因或警告的情形下被取消。而《矿业条例》施行后，977 件矿业诉愿被提起。矿业行政管理变得更规范有序，民众不再害怕矿业纠纷。任何人只要符合矿业法

① 《农矿厅函开滦矿务局查明周怡亭住宅因挖煤塌陷照章秉公办理由》，载《河北省政府公报》1930 年第 624 期，第 16 ~ 17 页。

律的要求，不用大费周章，就能捍卫自己的矿业权。[①]

民国时期，矿业权人取得法定的矿业权，不仅意味着可以开矿，排除矿地山主和土人的干扰；还意味着政府对其采矿的保护。甚至日本在全面侵华前，首选的在华采矿策略并非以不平等条约为要挟，而是大肆行贿勾结民国政府矿政要员以法定形式申请矿业权，考虑的就是这种方式可以减少矿地土民的排斥与冲击，必要时还能获得中国地方政府的保护与支持。采矿准许权由矿地山主转移到国家手中，既减少了来自地方的干预和盘剥，又增加了权利的确定性和有效性。矿商随时被封闭矿厂或被当地土人骚扰的状况得到扭转。矿业权的法律化与规范化成为矿业权人的有力保护。此时，矿业权人的权利不仅是通过探矿权或采矿权证的形式表现出来，还以官方派军队或警力镇压土匪对矿厂的骚扰，及司法机关对矿业权确认与保护的判决形式表现出来。这时，矿业权已成为现代法的主体性权利，而非由山主管业临时允许的采矿资格。

第三节　清末民国矿业权变迁的特点

基于政府掌控社会经济的传统，中国近代矿业权变迁是在政府主导下，自上而下的一场变革。在变迁的过程中，政府利益与矿业相关群体利益无可避免进行着激烈的博弈，政府所主导的利益与矿业相关群体的利益达成均衡，最终才能实现矿业权的变迁，即建立国家授予适格矿商矿业权并保护其合法权益的制度。

① V. K. Ting, *Mining Legislation and Development in China*, The North-China Daily News, May 26, 1917, at A23.

一、政府主导下的法制近代化

从清末到民国，政府先后颁布多部矿业法律并对矿业权规范予以行政解释，实施矿业行政管理与监督，设置并运行处理矿业纠纷的司法程序，成为近代矿业权变迁的主导者。国家为矿业发展提供了明晰的矿业利益分配：国家作为全国矿产资源的所有人，掌管着授予矿业权的权力，并收取矿税；矿业权人依法获得探矿、采矿的权利，开采并出售矿产品；矿地地主丧失其矿地的自主采矿权，但能够获得矿地租金；矿地土人被本地矿厂雇佣，并享受矿商所提供的地方公益，如学校、医院及公共交通设施。传统的采矿权转变为近代矿业权，实为政府主导下的矿业法制近代化。

（一）变迁的障碍

采矿所衍生的首个法律问题就是谁有权在一定的地域内采矿，即开采资格如何确定。在欧洲早期主要有两种方式确定开采资格。一种是将开采权作为土地的一部分，土地所有人即为其地下矿产所有人。另一种是将一切矿产归于“王权”，未经“王权”许可，即使是土地所有者也不得在自己的土地开采。而后出现的第三种方式是采矿自由，即任何人都有权在法定条件下探矿，发现矿脉者且领有特许证，只要赔偿所造成的损害，甚至没有土地所有人的许可，就可以采矿。欧洲各国国王和封建土地所有人为采矿权进行了激烈的斗争。在英国，矿产归于地主（矿地所有人）所有。在德国推行勘探自由，封建主将开采权租给同意纳税的申请人。[①]

大陆法系国家多采用矿业权体系，如德国和日本，其特点是矿产所

---

① ［德］马克斯·韦伯：《经济通史》，姚曾廙译，上海三联书店2006年版，第112～115页。

有权与土地所有权相分离。任何人如果没有向政府申请特别权利(矿业权),无权对矿产进行勘探和采掘。政府审核矿商资格后,授予适格的矿商以探矿权或采矿权。矿业权人对矿产的所有权是通过采矿将矿产与土地分离后被确认的。① 这种国家许可式的矿业权逐渐形成了以下基本内核。其一,采矿权与矿地所有权分离。这样,矿地所有人不得阻碍其他人在自己的矿地内探矿采矿。其二,探矿权与采矿权分离。单独设立探矿权是为了鼓励更多的人勘探矿产,并对矿脉的发现者予以的一种奖励。探矿权人在法定的范围内有获得采矿权之优先权。其三,采矿本身投入需要大量的资本和人工,仅限于矿地有限的地域未必能同时聚集这两个因素,而允许潜在的投资者自由申请矿业权,可以冲破地域局限,让足够的资本和充足的人工集中于矿地,创造开采的条件。可见,大陆法系国家矿业权体系的主要要素为:(1)地矿分离;(2)探采分离;(3)矿商能够打破地域限制自由投资矿地。

大陆法系国家许可式的矿业权体系被《矿业条例》和《矿业法》所采纳。国家许可式的矿业权体系兴于德国,后来为日本矿法效仿。20世纪30年代美洲各国也逐渐采用该矿业权体系。余焕东认为该矿业权体系不仅是矿业立法的趋势,也是中国数千年的传统习惯,因此《矿业条例》采纳了国家许可式的矿业权体系。该条例虽无矿产国有的明文,但对于第一类矿质,以呈请在先者授予矿业权即为矿产国有(国家许可式)的表征。《矿业条例》对于第三类矿质,依照习惯由地主全权处理,源于前清矿章所订地股分红等办法深入人心,一时难以骤变,只能将矿产国有主义隐寓于条文间,分别规定。该条例推行十多年后,已经历一定的考验。因此,在矿业法草案中,余焕东主张将矿产国有,即任

① 钱阔、陈绍志主编:《自然资源资产化管理:可持续发展的理想选择》,经济管理出版社1996年版,第371页。

何人经营矿业必须依法向国家申请，获准后才能探矿和采矿。[①]《矿业法》第1条明确规定，中华民国领域内之矿均为国有，非依本法取得矿业权不得探采。

当时，中国移植西方国家许可式的矿业权体系，有几个方面的障碍。第一，如何将山主管业的采矿权转变为由国家授予的矿业权？清前中期，除了五种贵金属矿和硝黄等矿开采由国家垄断外，煤、铁通常由山主自行开采。当时归山主私有的矿地，其采矿资格由山主支配。山主由此享受矿地带来的收益。受习惯的影响和利益的驱动，矿地山主不愿轻易放弃自己对采矿权的支配。那么国家如何能够取得授予矿业权的权力？第二，如何改变“本地人开本地矿”的局面。即矿商如何突破地域限制到矿地开矿。进言之，就是国家应该破除采矿资格“本地人”之籍贯限制，且保证矿地土人不阻碍外地矿商在矿地采矿。第三，如何化解矿业权人与矿地地主、矿地土人之间的矛盾。传统社会中，矿地地主将采矿视为自己的业权，而矿地土人“靠山吃山”，将挖窑开矿作为生活的来源。当矿商获国家授予矿业权后，如何让矿业权人采矿权利与从矿地地主及土人的利益不相冲突？

（二）以法的续造突破变迁的障碍

有学者认为《大清矿务章程》、《矿业条例》和《矿业法》过分仿照外国矿法，甚至聘请外国律师为起草员，矿法出自外人之手笔，颇有不合中国制度和国情之处。[②] 笔者认为，这一评价不够公允。近代这三部代表性的矿业法律，除了第一部曾聘请外国律师参与起草，后两部均由中国人自己起草并修改。清末的矿务章程难免有外国矿业法律的烙印。民国时期的这两部矿业法颁布后，先后历经矿业行政机关农商部、农矿

---

① 余焕东：《矿法起草后个人之陈述》，载《实业杂志》1929年第146期，第2～4页。

② 中国近代煤矿史编写组：《中国近代煤炭史》，煤炭工业出版社1990年版，第245页。

部、实业部和经济部多次结合我国矿业国情进行法律解释，使之不断调适，并非完全照搬西法。另外，大理院、平政院、最高法院和行政法院先后对矿业权纠纷进行裁判，使矿业权规范不断完善，逐渐本土化。矿业权法律制度的运行并非由这三部法律单独支撑，也并非由立法者独立完成的。可以说，当时的矿业权规范是粗线条，许多具体规则不够明确，而行政机关和司法机关起到了重要的造法作用。

近代矿业权的变迁中，立法机关先后仿照西方矿业法律颁行了多部矿业法律，从立法上向西方矿业制度靠拢，让矿业权运行有法可依。更重要的是，行政机关针对个案中适用矿业权规范的疑问进行了解释，且明确了矿业权管理的操作规范，使立法中的缺漏和模糊得到一定程度的弥补，让民众逐渐了解并熟悉矿业权制度。还有矿业权救济层面，国家设置诉愿和行政诉讼程序，规范了矿业权纠纷的处理。行政机关和司法机关通过矿业权纠纷的裁决，进一步厘清矿业权法律关系。矿业权之变迁攻克了三个方面的障碍，让移植而来的矿业权规范与中国国情相集合，成为“中国化”的矿业权制度。

其一，矿业立法将全国矿产归于国有，使国家掌握了授予采矿资格的权力。由此，立法将山主管业的采矿权转变为由国家授予的矿业权。清中前期，官方主要垄断贵金属和硝黄矿的开采，通常民地中的煤、铁由矿地山主自行开采。当时矿地归山主私有，采矿权由山主掌握。至清季，军用工业和民用工业对矿产的需求量陡增，这意味着必须更有效地利用矿地，更大规模地开采矿产。然而，在山主管有采矿权的模式下，矿地山主与矿商“拉锯战”式的议价显然难以实现这种目标。因此，国家不得不对原有的矿业产权结构作出变革。民国矿业法律确立了矿产国有的原则，使矿地山主丧失了自己矿地中矿产的所有权，继而丧失了对采矿权的掌控。矿业主管部门作为矿产所有人的执行者，按照法定要件核准、挑选适格的矿商，授予矿业权。实际上，国家并不直接占有矿产，只是掌握了分配“采矿权”的权力。而矿地所有人——山主（或地主）只能按照国家的安排享受到矿地租金，地中的矿产与他们无关了。山主作为利益被剥夺者，起初并不愿意接受国家法律的安排。因此，山主拒绝矿业权人使用其矿地采矿的纠纷层出不穷，但是矿业行政主管部门和司法部门的裁决都倾向于保护矿业权人的采矿权，而将山主在自己地内的采掘定性为“私采”。国家通过三种途径，让山主慢慢妥协。一是民元以来国家矿业管理机构更为完备，对矿地的监管更为密切。山主如果自忖“山高皇帝远”，不予理会国家矿业权规范，最终也难以逃出监管的范围。矿业管理专门派人勘测、登记矿地，山主的矿地很难成为“漏网之鱼”。山主若是自己不呈请矿业权，该矿地很可能会被依法获批的矿业权人开采。二是处理矿业纠纷的程序进一步规范化和体系化，从行政处分到诉愿，到再诉愿，直至行政诉讼。如果山主拒绝合作，阻挠矿业权人采矿，则会成为被诉的对象，将被追究法律责任。三是山主获得矿地租金的权利受到法律的保护，这样免去了向矿商追讨矿地地租的麻烦。另外，不少地方矿业机构负责勘测矿地，将山主矿地的情况公之于众，矿地信息能有效地为矿商们知悉，这使得矿地被开采利用的周期缩短，机会增加。如此一来，山主可以更快地获得自己的地租，所谓“赊三不如现二”，这才是山主愿意接受国家制度安排的根本原因。

其二，破除采矿资格“本地人”之籍贯限制。一是官方意识形态发生了变化，积极发展矿业的热望远远盖过了“矿徒为患”的忧思。况且清末至民国由于战乱、灾荒等因素影响，人口的流动性远胜于前朝。二是受近代商业意识的影响，官方更注重对矿业经营的关键因素进行考核，如矿商的信用和资本，而不是关注矿商的籍贯。三是矿业的机器化、规模化开采本身需要将大量资本引入矿地。我国的矿地多在边远地区如云南、两广，而不是商业资本集中的地区如江南、京沪等地。这客观上需要将外地富商的资金引入矿地开采，若再固守“本地人开本地之矿”，矿业难以发展壮大。

其三，化解矿业权人与矿地地主、矿地土人的矛盾。一是官方采取渐进的方式变革小窑私采，从开始的宽容私采到后来引导其登记注册，向合法化转变。二是让矿业权人投资矿地公益，修桥铺路，开办医院学校。最关键的是，要求矿业权人所办的矿业公司必须优先雇佣当地土人。由此，土人虽然丧失了“私采”矿产的利益，但被矿业公司雇佣后有了更为稳定的收入。有的地区土人还有无偿获得家用煤炭的好处。此外，土人还能够享受矿业权人出资改善公共交通、卫生和教育等方面的福利。土人被裹挟进入矿业权制度的利益安排中，最终因有更多获利，他们也接受了这种转变。

清季开始，中国仿照西方矿业法律，制定本国最初的矿业权规范。首先从法律条文上贴近，接着改造本国原有矿业产权的一些因素，调节适用新矿业权规范时的种种不适，使之符合中国的实际情况，逐渐改变中国传统的矿业产权结构，最终生成“中国化”的矿业权制度。

（三）突破旧有采矿权习惯的局限

矿业产权某些时候依靠民间习惯调整存在一些局限。近代建立的矿业权制度提供了较为系统、较为规范的规则，突破了旧有采矿权习惯的局限。

1. 矿业契约提供有限的矿业产权框架

除了巴县煤山出佃约和门头沟合伙采煤煤窑合同外，其他地区也有煤窑契约。这些契约为明晰矿业产权提供了一定的框架，但未明确约定某些权利要件。

山西中阳县矿商租开煤窑有使用狗牙文约的习惯。[1] 此狗牙文约

---

① 南京国民政府司法行政部编：《民事习惯调查报告录》（下册），胡旭晟、夏新华、李交发点校，中国政法大学出版社 2000 年版，第 488 页。

颇具特色。其一，这种文约具有防伪的功能。文约拦腰剪成狗牙形，双方各持半张，难以伪造。其二，该约从“开出煤炭之日始行起租”，将交易双方的风险尽量降低，鼓励交易。承租矿商不必担心投资采矿却不出煤的风险，若煤窑不出煤则不用付租金，采矿风险较小。山主也不怕租金低，因为只要矿商能在煤窑开采出煤炭，就得按月纳租金或煤炭，山主可以长期获得地租。这种出炭后按月交租的支付方式避免了山主因煤矿储量的不可知而在一次性的交易中只能获得较低租金的不利后果。然而，这种文约也有局限。一是每一处煤窑开采，都需要承租矿商与山主进行议价。双方议价不成时，煤窑有闲置之虞。二是该文约未约定处理双方纠纷的方式。一旦出现争议，又协商不成，不但煤窑不能顺利开采，双方还可能械斗导致流血冲突。

山西高平县有使用兴窑合同的习惯。[①] 兴窑合同明确地约定了各方的权利义务，“如其生意赚钱，按股均分，倘或赔累，亦应按股分认”。按股分认的责任承担方式，与其按股分认红利是相呼应的，权利与义务成正相关，较为公平，有利于开窑采矿业务的有效展开。这种书面形式的合同能够此为日后纠纷提供有力证据，从而有利于纠纷的解决。然而，兴窑合同中没有约定采矿期限和采矿范围，容易滋生纠纷。

河南义马县也有煤窑立契的民俗。当地人开办煤窑前，首先矿商向矿地山主租地，双方订立契约。契约中包含租地范围和期限、凿井办法、通行道路和地价等事项。山主为防止窑主破产赖账，要求矿商在租地时先付清地租或支付部分地租，拖欠部分待卖煤后偿还，数额加倍。也有以土地入股，立契兴窑的。[②] 可见，该地矿商承担了大部分的采矿

---

① 南京国民政府司法行政部编：《民事习惯调查报告录》（下册），胡旭晟、夏新华、李交发点校，中国政法大学出版社2000年版，第490～491页。

② 戴景琥主编：《义马民俗志》，中州古籍出版社1991年版，第2页。

风险,矿地地主却能够坐享矿地租金收益。这种缺乏公平性的煤窑契约不利于矿业的长远发展。

在山主管业时代不仅北京门头沟、四川地区以契约约定矿商与山主各自的权利义务,山西中阳县、高平县、河南义马县也是如此。当时山主以土地业主的身份,将地下的煤炭开采权或出租,或以股份合作的方式转于矿商。各地矿业契约所呈现的成熟度不一。每一次矿地出让都不得不经过双方长时间磋商,订立一次契约,交易成本较高。这些契约虽为采矿权提供了某些基本框架,但其规则不够完善,亦未能形成较统一且能广泛适用的规范,难以满足近代矿业规模化发展的新需求。

2. 山主红利成为矿商采矿的软肋

山东福山县有矿地山主享有"山主股"的习惯。[①] 该地区矿地山主基于土地所有权,并不参与采矿,却能够坐享采矿红利中几成的"山主股"。"山主股"可视为山主将矿地租给矿商,允许其开采的租金。该租金属于分成租金,让山主与矿商形成了经营风险共担、红利共享的关系。确切地说,山主的风险远低于矿商的风险。因为山主出租矿地,若矿商开采不成,则会将矿地返还山主;而矿商投资开采,若开采不成,则其所投入的资金、工具和人工则血本无归。当然,红利"几成"主要取决于山主与矿商双方议价的情况。"山主股"的习惯让矿商承担了更高的交易风险,可能会抑制其投资兴趣,不利于矿业的发展。

山东临沂县有干股窑和批地窑的习惯。[②] 山东临沂县是产煤之区,煤矿地主若同矿商集股采煤,则得"干股窑","听挣不听赔"。地主若

---

① 南京国民政府司法行政部编:《民事习惯调查报告录》(下册),胡旭晟、夏新华、李交发点校,中国政法大学出版社2000年版,第136、488页。

② 南京国民政府司法行政部编:《民事习惯调查报告录》(下册),胡旭晟、夏新华、李交发点校,中国政法大学出版社2000年版,第138页。

将矿地批典与矿商，则得“批地窑”，矿商出典价，矿商亏折时将原地返还地主。在这两种采矿方式下，煤矿地主都是出让煤矿地的采掘权，获得稳赚不赔的对价。当时国家对煤炭开采未过多干涉，地主凭借土地所有权而掌控采矿权。矿地具有稀缺性，因而地主与矿商的交易中，地主具有定价权，让自己只赚不赔。地主可以对自己的矿地“待价而沽”，矿商欲采矿，却只能接受不公平的对价。“干股窑”和“批地窑”习惯容易打击矿商的投资热情，不利于矿地的有效开发。

山西省怀仁县有干窑日的习惯。[①] 矿商在使用他人矿地开采时，不必预先支付矿地租金，“约定于出炭后，每若干日内提出若干日归地主取炭，以为酬偿”。这种约定缓解了矿商的资本难题，而且降低了矿商的采矿风险，避免了开采无果却不得不支付矿地租金的亏折。另外，地主不必自行筹款开采，等出炭后按日分利即可。这实际上是让地主与矿商一起承担煤矿在开采时遇到矿产储藏量少、不敷长期开采的风险。这种地租方式较为合理，有利于矿业的发展。

山东淄川县有地主炭的习惯。该地矿商“采煤出井，安放之处须占用他人地亩，故须与地主订立合同，按煤之斤数给予报酬”。[②] 地主的该项收益是来自于矿商出炭时对其土地的临时占用，而非矿地开采。

“山主股”、干股窑和批地窑、干窑日都是山主出让采矿权而获得的红利，地主炭是矿商出煤占地的使用费，这些费用可能比采掘工本费还要高。这容易形成一个怪圈，花费巨大工本的矿商最后获利却比“管有”矿地的山主要少得多。显然，让出巨资，承担各种风险的矿商为他

---

① 南京国民政府司法行政部编：《民事习惯调查报告录》（下册），胡旭晟、夏新华、李交发点校，中国政法大学出版社 2000 年版，第 474 ~ 475 页。

② 南京国民政府司法行政部编：《民事习惯调查报告录》（下册），胡旭晟、夏新华、李交发点校，中国政法大学出版社 2000 年版，第 138 ~ 139 页。

人做嫁衣,采矿时又缺乏官方的保护,很难让矿商有投资矿业的积极性。

3. 一些矿业产权习惯的不确定性易生纠纷

清代,一些民间矿业产权习惯因其规则的不确定性容易滋生纠纷。乾隆年间,山西直隶保德州有乡间俗例,“别人来窑里打煤烧,原不要典窑钱;若打煤去卖,不论多寡,每日抽煤半驮,算典窑钱”。乾隆五年(1740年),本地人王二汉子与王建其合伙开办煤窑。后来,同村亲戚王宏前之子王和在该窑打煤四日,窑主取用了三驮煤炭,王和将余下的煤卖出。窑主打算依照乡例让王和支付典窑钱。王宏前称自己家里穷,与窑主又是亲戚,不愿出典窑钱,还向窑主讨要三驮煤价。几日后,窑主王建其向王宏前索要佃窑钱,禁止其以后到窑采煤。双方争持不下,打斗时致人死亡。[①] 在该案中,王和到别人窑里打煤出售,按照乡间俗例是要支付典窑钱的。王宏前却辩称自家贫困,且与窑主是亲戚,不愿支付典窑钱,坚持要收窑主的三驮煤价。推测窑主原本应是将三驮煤炭当作是四日典窑钱的,但王宏前不仅不愿支付典窑钱,还坚持要收窑主的三驮煤价,让双方的关系顿时恶化。王宏前父子以“家贫”和“与窑主是亲戚”的理由,企图规避“在他人煤窑打煤出售,必须支付典窑钱”的乡间俗例。而窑主坚持要求王宏前父子遵行这一乡间俗例。双方矛盾激化后,终酿成命案。乡民们对该乡村俗例的内容有不同解读时,又缺乏强制力保障其执行,利益双方终因这种不确定性而发生流血冲突。

不同采矿者之间的“争尖头夺底”的矿产归属纠纷由有经验者处理。当时采矿区域范围界定不甚明晰,常常引发采矿权纠纷。“两硐

① 中国人民大学清史研究所、档案系中国政治制度史教研室合编:《清代的矿业》(下册),中华书局1983年版,第444～445页。

(矿洞)相通,并取一矿,曰争尖;此硐在上,而彼硐从下截之,曰夺底;厂所常有之事也。”[①]矿厂内部所推举的客长,对“争尖”矿产的归属进行处断。“……每厂众推老成一人为客长,立规最严,犯者受其责辱,不敢怨。常有东西异线打入共得一碶,必争,经客长下视,定其左右,两比遵约释竞,名曰争尖子、品尖子,合录与记而互明之。”[②]可见,客长首先亲临矿硐视察“争尖”地况,然后决定其归属。这种处置全凭客长经验,无任何规范可言,因此不具有确定性和可预测性。客长处置纠纷的权威源于矿厂内部矿工们对其信任。

江苏地区,民众挖水晶有“见眼有一份”和“挖份子”的习惯。这两种习惯让矿产归属充满不确定性。“见眼有一份”,即有人挖到水晶时,当时旁观者形式上帮点小忙,就可以分到一份钱。挖到水晶的人当然不愿轻易让他人“分一杯羹”,“见眼者”却根据这个习惯想平白分得利益。这时,一方执意不给,另一方坚持“见眼有一份”分利,矿产归属充满不确定,容易引发纷争。“挖份子”习俗,即穷人在荒地挖水晶,谁挖谁得;若在别人的耕地里挖水晶,则地主与挖掘者二八分成。[③]“挖份子”习俗认可先占原则。在荒地上挖水晶谁挖谁得。在庄稼地里挖水晶,地主与挖掘者二八分成。地主所得的二成分红可以视为矿地租金。可见,国家未明确列出的矿物,采掘者和土地主人分享矿产收益,国家不干涉,不收税。习惯的推行全凭民众对习俗规则的认可,并自觉遵从,并无外在的强制力贯彻。在这个过程中,如果民众对于某一习俗规则认识不一或某些行为有悖于习俗,则容易滋生纠纷。

---

① 中国人民大学清史研究所、档案系中国政治制度史教研室合编:《清代的矿业》(下册),中华书局1983年版,第84页。

② (清)檀萃辑:《滇海虞衡志·卷二·志金石》,中华书局1985年版,第12页。

③ 江苏省地方志编纂委员会编:《江苏省志:民俗志》,江苏古籍出版社2002年版,第78~79页。

当然,不能断言所有的矿业习惯都是落后的,有的习惯也具有进步性。山西灵石县将矿师开山确定为“开山窑户”,采矿时给予特殊奖励。矿师开山有特殊股俸:“凡新开煤窑,聘请一开窑熟手之人为之经营擘画,俟该窑开成,无论开至何时,或经理、股东易人,须为其立以股俸,始终有效,以为功劳在先,当然酬谢,俗称之为‘开山窑户’。”[①]在中国传统社会中,没有专门的矿业学校培养矿师。但是有些开窑熟手累积了丰富的经验,其能够“对新开煤窑经营擘画”,可将其视为“矿师”。矿师因“开山窑户”的功劳,不论该窑经营者如何变换,始终享有煤窑股份。这种特殊股俸是对矿师率先开采之“首创精神”的奖励,也是对开采技术的激励,有利于矿业的发展。

在中国传统社会中,国家法律缺乏对矿产权属关系的界定,涉及采矿的立法比较零散,缺乏体系性。[②] 民间矿业产权主要由采矿权习惯规则调整,但是某些习惯规则存在局限性,影响着矿业的发展壮大。

从更深的层面看,近代以来,国家对矿业权法律创制及推行的重视,不仅反映了国家自身经济发展的需要,而且反映了新兴的社会阶层对国家法律的基本要求。民族资本家希望为手中的资本寻求一个稳健且相对自由的矿业投资市场,还希望经营矿业时能够排除旧有矿业势力的干扰,所取得的权益有可靠的保障。因此,民族资本家也是推动矿业权近代转型的主要力量之一。北京政府时期到南京国民政府时期,立法机关中不乏资本家,民间还有不少资本家撰写矿业制度相关论文,影响着矿业立法的进程。另外,投资矿业的资本家因矿业权纠纷提起诉愿、再诉愿和行政诉讼,在案件的处理中,矿业权法律关系一再地被

① 南京国民政府司法行政部编:《民事习惯调查报告录》(下册),胡旭晟、夏新华、李交发点校,中国政法大学出版社 2000 年版,第 497 页。

② 吕铁贞等:《近代外商来华投资法律制度》,法律出版社 2009 年版,第 155 页。

阐释、澄清，助推了矿业权规范实施的进程。

二、矿业权变迁形成更高效益的利益格局

制度创新源于人们希望制度变迁后将带来旧有安排无法得到的利益，且预期所获得净收益超过成本。[①] 从传统采矿权到近代矿业权的转变是一种产权制度的变迁。因此，我们可以借用制度变迁理论的框架来分析近代矿业权变迁影响的社会收益变化。之所以会出现矿业权的变迁，是旧有采矿权安排存在种种弊病，人们希望矿业权推行后能够获得一些有效的改变。近代矿业权变迁最终优化了矿业产权结构。矿商、矿地山主、矿地土人和国家之间形成了具有更高效益的利益格局。

（一）旧有采矿权安排的弊病

第一，国家禁止外地商人到矿地办矿，采矿资本不足，容易造成事实上的矿地闲置，即“利弃于地”。清廷在中前期，为防止出现类似明末的矿徒之乱，一直禁止外地商人来矿地办矿。在统治者眼中，采矿通常人数众多，一旦允许外来商人招募大量外地矿工采矿，等到硐老山空、矿产枯竭时，这些外地矿工难以糊口，就会沦为矿徒。矿徒在矿地为非作歹，不仅容易与本地土人之间发生冲突，还会对封建王权构成威胁。禁止外地商人来矿地办矿，则外来的资本无法流入矿地。矿地多为偏僻地区，当本地采矿资金不足又得不到外来资本的补充时，矿脉将得不到充分地开发，某些矿地将会闲置。

第二，矿地山主与矿商间矿地交易的成本非常高。首先矿地山主与矿商就矿地议价时，山主往往居奇，企图以高价出租矿地。矿商采矿

---

① 参见[美]兰斯·E. 戴维斯、[美]道格拉斯·C. 诺思：《制度变迁的理论：概念与原因》，载[美]罗纳德·H. 科斯等：《财产权利与制度变迁：产权学派与新制度学派译文集》，格致出版社、上海三联书店、上海人民出版社 2014 年版，第 191 页。

工本不菲,非常希望能以较低价格租得矿地。因而矿商要与山主就矿地租金达成合意并不容易。再者,矿商即使租得山主矿地,获得开采资格,但矿商还承担着采矿过程中的多种风险。矿商在采矿时可能会遭遇矿产储量有限而无法长期开采,或因开采技术水平不高而遇到透水、塌陷等事故,或因国家政策不稳定而忽然被封禁矿硐,或因山主变卦而被收回矿地开采资格。这些还不包括采矿经营中其他商业风险。因此,愿意出资投资采矿的商人数量比较有限。这可能造成山主持有矿地但难以觅得佃矿商的尴尬局面。由此,山主将矿地租于矿商采矿而获得租金的交易难以达成。

第三,采矿纠纷多由纠纷双方私下解决,处理纠纷的公平性和有效性难以保障。有时,采矿纠纷甚至会引发严重的流血冲突。矿商即使从山主处获得矿地的采矿资格,其采矿仍是举步维艰。采掘时难免会影响到当地土人的房屋、田地和坟冢,特别是危及矿地土人私自采矿的生计,双方的矛盾难以自行协商化解。传统中国人抱有浓厚的风水观念。矿区常常邻近矿地土人坟冢,一旦矿商开始采掘,容易出现矿商与土人之间的纠纷。另外,在“靠山吃山”观念支配下,土人将自己视为矿地的利益关系人,因此认为矿商采矿直接危害到自身的利益。如果矿商不对土人的利益作适当的弥补,矿商采矿将无法顺利进行。土人人多势众,开价时可能会狮子大开口。而矿商已经向山主支付了不菲的矿地租金,难以负荷额外对土人的利益补偿。因此,双方纠纷通过私力救济难以达到理想效果,需要一种更具权威性的力量公平而有效地居间处理。

第四,矿商采矿及自身安全得不到官方保护。光绪初年,矿商张德隆在广西融县设厂开采铁矿,该铁厂产量颇丰。后来,矿产运输费用高昂,市场上又遭遇洋铁倾销的冲击,铁厂还受到当地土匪侵害却得不到保护，该厂最终因亏折而被废弃。[①] 又如，叙州多处矿厂因匪患而歇业。道光十一年（1831 年），厂民刘正顺等禀请开采凤凰沟铜矿，后因夷匪滋事歇业。同治六年（1867 年），王义泰等禀请采办的建昌铜厂已办三年，能够煎炼铜斤，因夷匪滋事而废弃。龙头山铅厂在咸丰年间，因夷匪大乱，商民逃走。道光二十三年（1843 年）刘长泰采办的梅子冈铅厂因夷匪扰乱歇业。二坪自铅厂因夷乱歇业。还有嘉庆初年开办的东林乡铁厂，初期厂务繁盛，商民汇集；至同治六年（1867 年），夷匪大股出扰，东林乡居民数千家悉心逃散，各厂亦焚毁净尽，商民逃亡。[②] 可见，清代矿商当受到土匪侵扰时，难以得到来自官方的保护，所办矿业毁于一旦。

采矿需要长期投入巨资，如果不能获得稳定的采矿权，那么矿商对矿地投资的驱动力就会弱化。因此，在这种旧有矿产产权的安排下，矿商投资矿业的热情不高。即便投资采矿，矿商们遇到的种种障碍也使其难以获利。

（二）矿业权制度推行后的有效改变

矿业权规范聚焦于矿业权人、土地所有权人和国家三者的关系，即矿产开采权归谁所有，矿业权和土地所有权的关系及国家对于矿业行政的作用。

第一，矿业权制度的推行让矿商采矿突破籍贯限制，实现了外地矿业资本到矿地的流动。矿产资源归于国家所有之后，由国家授予采矿资格。这时采矿资格不再以籍贯为限制，而代之以合格矿业呈请书和

---

① 黄志勋修，龙泰任纂：《融县志》第三编《政治 · 实业》，民国二十五年（1936 年）铅印本，第 139 页。

② 彭泽益：《中国近代手工业史资料（1840 ~ 1949）》第 1 卷，三联书店 1957 年版，第 606 页。

采矿资本。这种转变使矿商们能够突破地域限制,得以呈请开采外地矿山。

第二,矿商与矿地山主就矿地租金的议价成本大大降低。首先,议价成本降低。矿地山主不再能坐地起价。只要矿商取得了矿业权人的资格,则地方政府负责协调双方矿地价格。当协商不成时,矿业权人出具担保后可以直接开采。这意味着矿地地主丧失了矿地议价的主动权,只能被动接受政府赋予矿业权人开采其矿地的结果和政府的矿地指导价。这样一来,减少了双方议价的拉锯战,使矿地议价成本大大降低。

第三,国家提供有效的矿业纠纷解决渠道,使矿商采矿的经营成本显著降低。国家提供了一整套公力救济的途径:行政处分—诉愿—再诉愿—行政诉讼。矿商与矿地山主的纠纷、与矿地土人的纠纷、与其他竞争者的纠纷及与矿业主管部门的纠纷通常能够得到有效地处理与化解。

第四,国家出面保护矿业矿业人不受土人侵害。矿商取得了矿业权人资格后,其合法开采受到国家保护。当土匪侵害或土人滋扰时,矿业权人可以呈请国家派警察、军队对其采矿进行保护。这无疑减少了矿商采矿的风险,使矿商们乐于投资矿业。

新矿业权制度的创立与规范的实施为矿商采矿扫清了旧有安排的重重障碍,优化了矿业产权结构,促进了矿业开发自由。确定的矿业权才能让矿商有利可图。稳定的矿业权制度不断强化矿商的投资意愿,推动了矿业的发展。

（三）矿业权变迁带来社会整体收益增长

清末民国时期,山主与矿商以契约约定采矿权逐渐转化为由政府授予适格的矿商以矿业权。在政府主导下,矿商、山主和土人遵从了矿业权法律规范,当然并非完全的遵从,而是大体上的遵从。政府看似强制性地推行矿业权规范,实际上是矿商、山主和土人逐渐自愿接受了这些规范。这是因为矿业权变迁带来了社会整体收益的增长。

第一,矿地山主的收益增加。清代矿地的地权结构是分层的,分为地面种植和地下采掘。一块蕴藏矿产的土地,按照使用方式的不同被分解为地面耕种权和地下采矿权,各自具有独立性,能分别出佃。山主不仅可以在地面土壤正常耕作或让人耕作,而且还可以佃出地下采掘权获得更多的土地收益。这实际上让土地有了更高的价值,超过了土地耕种的单一价值。况且以土壤地质观之,产矿之地多为不毛之地,难以从地面农作物耕种中获得丰厚的利润回报,而地下采矿权的出佃或以地作股合伙经营,让山主土地的经济效益得到最大化。有时山主自身或资本不足,或缺乏勘矿技术,不具备采矿的条件,矿商的投资恰好弥补了这种不利。清代矿地业主曾经将土地业权分为地面种植与地下采矿,土地权利的空间区隔是采矿权从土地所有权抽离的前提。

近代以来,国家通过矿业立法将矿产资源所有权归于国家,地主仅有矿地租金。这样授予采矿权的权力就从矿地所有权中抽离出来了。在抽离过程中,国家着意对矿地山主进行安抚。虽然山主主丧失了授予矿业开采资格的权利,他们也未必能够取得矿业权在自己的矿地上开采。但是,矿业法律确定了矿商在使用矿地时,必须给予矿地租金,且必须对地主造成的损害进行补偿。这时地主与矿商之间的议价不再是一对一的漫长价格“拉锯战”,官方作为中间人会出具相对公平的“指导价”,大大降低了双方议价的交易成本。这使矿地租金的谈判不再成为矿业发展的主要障碍。这种转变是政府利用其强制力,实现了一个由任何自愿的谈判(指矿商与矿地地主议价)都不可能实现的方案。[①]

---

① 参见[美]兰斯·E. 戴维斯、[美]道格拉斯·C. 诺思:《制度变迁的理论:概念与原因》,载[美]罗纳德·H. 科斯等:《财产权利与制度变迁:产权学派与新制度学派译文集》,格致出版社、上海三联书店、上海人民出版社 2014 年版,第 192 页。

在此之后,矿商组织开矿,自主经营,山主收获地租,一般也不干预采矿。

第二,矿地开采效率的提升。民元以来,行政机关和司法机关对矿业权纠纷的处理,让地主丧失矿业权呈请之优先权,实现了矿地分离。也就是说地主不能凭借其对占有矿地进而优先获得矿业权。通过大量案件的裁判,确立了矿业权法定原则,谁最先依法呈请谁获得矿业权。优先权的设置是一种预设的矿业开采竞争机制,使矿商们不得不积极地争取最先呈请某地域某矿种的矿业权,提高了矿地开采的效率。

第三,矿地土人利益的整体性提升。获得矿业权的外地矿商在矿地采矿,依赖挖矿而生的土人不仅在情感上难以接受,更不愿在经济利益上妥协。为此,国家采取了多种措施,甚至要求矿业权人做矿地公益,以此安抚土人。

其一,要求办矿者雇佣本地土人为矿工。矿业权人开办矿业公司时,为土人提供了许多就业机会。土人可以凭借在矿业公司挖矿来获得工资,以维系生活。相对于季节性较强、风险较高的土窑私采私挖,土人在矿业公司上班可取得相对稳定的收入。比如民国初年,大同煤矿除了雇用当地农民充任技术工外,还从外地招募背炭工。该矿所雇用的矿人大多是附近农村穷苦农民、手工业者和城市贫民。[①] 又如《1921 年浙江社会经济调查》所载,浙江一家大型矿业公司雇用了大量矿工采矿,且铺设了轻便铁路便于运输矿产。当时浙江地区水灾和旱灾频发,该矿业公司为这些无业灾民提供了就业机会,使他们生活有

① 张月琴:《民国时期大同矿工的来源及管理》,载《山西农业大学学报(社会科学版)》2012 年第 5 期,第 507 页。

着。[1] 1921年，王含章在向山西实业厅呈送的关于大同县粮代仓煤矿业施工计划书中提到的矿工，27名来自大同县本地，5名来自附近的左云、怀仁县。“冬春之时，天寒需煤，而田家事少，农民相率盗矿，暂作窑工。”据1926年5月调查，山西平定县保晋煤矿矿工共2208人，其中山西人为1955人，仅平定县本地人就有1371人。[2] 奉天本溪煤矿开办时，采煤、炼焦等事，悉用本地工人，后来随着矿业不断发展，招募了山东新邱、唐山、烟台、复州等地矿工。[3] 奉天大沟窑煤矿所用矿工，本地人约占7/10，直隶人占2/10，其他各地人占1/10。[4]

其二，矿地土人能够分享到矿业公司所采矿产的一部分红利。例如，煤矿公司通常允许矿地土人以低价买煤或无偿获得一定量的渣煤。鲁大公司在淄川县持照开采煤矿。该地民众代表张殿甲等向第二矿务局提出当地民众缺乏饮食，请求照例挖取煤末以资救济。第二矿务局提出，让鲁大矿务公司按照德人以前办法每年提出落地炭若干吨贱售或分给民众作为赔偿损害，并令该公司添设水管或令钻水井为该地民众补充饮水。第二矿务局督促鲁大公司迅速解决附近居民用水及廉价出售露头炭的问题。以该矿附近各村的实际需要为标准，山东实业厅督促鲁大公司增掘竖坑，包做小井，廉价供给民众露头矿，且钻水井保证地方民众饮水无缺。[5] 可见，地方矿务主管部门对于矿地土人的要求全部予以答应，让在矿地获得巨额利润的矿业权人鲁大公司从自身的

---

① 丁贤勇、陈浩编译：《1921年浙江社会经济调查》，北京图书馆出版社2008年版，第104页。

② 虞和寅：《矿业报告：第1册平定阳泉附近保晋煤矿报告》，农商部矿政司1926年版，第54页。

③ 虞和寅：《矿业报告：第4册本溪湖煤铁公司报告》，农商部矿政司1926年版，第77页。

④ 虞和寅：《矿业报告：第5册锦西大窑沟煤业报告》，农商部矿政司1926年版，第29页。

⑤ 《鲁大公司解决用水及廉价供给当地居民露头炭》，载《山东省政府二十年度八月份行政报告》1931年，第12页。

利益中取出一部分做地方公益,作为对矿地民众所失利益(不能私采)的弥补。鲁大公司廉价出售露头炭和开凿水井,不失为平衡矿业权人与矿地土人利益的好办法。

其三,矿业权人出资在矿区所在地兴办矿业学校,培养人才。这个策略不光对矿业公司有利,由于主要选拔的是当地的青年人,对于提高土人文化素质,提升其攀升社会阶层的能力是非常有利的。

其四,矿业权权人拿出一定的红利修桥铺路、建立医院,促进矿地土人生产生活条件的改善。矿商自费修桥铺路。矿商采矿时,为了运输矿产而修桥铺路,其花费自费,不得申请公款。矿商采矿时不得不筹办一些矿地基础交通项目,矿地民众正好可以享受搭便车之利。如《晋丰公司办矿章程底稿》第 17 条规定:“各矿附近之处,遇有垫路修桥挑河等事,以便道路通行者,均归各矿自备款项修理,不得禀请公款。其须用民地之处,亦照各局已定章程收买,不得少占民地,仍求地方官代为格外保护。”①

第四,国家获得可观的税收,且矿业拉动社会整体经济的发展。清季,由于列强的掠夺及清廷本身的腐朽,财政亏空,白银外流,大量外债让国家不堪重负,为维持国家机器的运转必须开辟税源。国家采纳“实业富国”“矿业兴邦”的策略,开始鼓励商人们投资矿业,开拓矿业市场。从北洋时期到南京国民政府时期,先是军阀混战,后是日本侵华战争和内战,多年的战乱让当时的政府财政捉襟见肘,不得不扶植工商业者,大力发展矿业。通过发展矿业,国家不仅获得了极为可观的矿业税收,而且矿业的发展带动了相关工业的发展。在这个过程中,政府必须以较为规范的法律对矿业生产进行监督与管理,因此矿业权法律制度的

① “中研院近代史研究所”编:《矿务档》(第 3 册),台北,“中研院近代史研究所”1960 年版,第 1522 页。

设置与实施被正式提上日程。除了《矿业条例》《矿业法》先后颁布并施行，国家还相继制定和实施《矿商登记规则》《矿场法》等百余种矿业法律规范。正因如此，一个近代矿业权法律制度逐渐成长和发展起来。

三、矿业权规范的实施效果有限

（一）整体上有助于矿业发展

清中前期，国家缺乏专门的矿业管理规范，这让矿商难以依法获得稳定的采矿资格。广西来宾县北山地区铁矿资源丰富。当时矿禁森严，国家禁止民众私采，而矿商呈请采矿也得不到批准。然而，为了获得可观的矿利，该地土豪私下贿赂地方官垄断开采。时至清末，该县有采矿打算的矿商，有的资本不充足，有的缺乏采矿信息。再加上矿地之官荒与私产争议迟迟不决，乡民迷信开采有害风水加以拦阻，当地矿业难以得到发展。[①] 又如，在清光绪朝以前，安徽宿松县当地土人大多将采矿视为畏途。他们以风水之说百般阻挠矿商采矿。该地采矿经界纠纷层出不穷。动工开采的矿厂，不但其开采量小，而且一会儿开一会儿停开，难以持续地生产。[②]

清末，矿业受当时社会革命的影响遭到重创，其发展几乎是停滞不前的。在帝制之下，民众缺乏探矿的新技术，也缺乏协调矿业生产的管理经验。[③] 可见，社会动荡、采矿技术欠发达及管理水平低下是制约矿业发展的重要社会因素。如果追溯制度层面的因素，矿业权规范推行不善，应是首当其冲。

---

① 翟富文纂修：《来宾县志》（上篇）《县之物产三 · 矿务》，民国二十五年（1936 年）铅印本，第 254 ~ 255 页。

② 俞庆澜、刘昂修、张灿奎等：《宿松县志》卷十八《实业志 · 矿业》，民国十年（1921 年）活字本，第 1 ~ 2 页。

③ *Mining in China*，The North-China Daily News，Oct. 20，1911，at A5.

丁文江和翁文灏曾指出:“欲谋矿业之发展,首须有良善之矿法。前清之矿务章程以矿业权半属于地主,业矿者往往为其阻挠。故章程颁布数年,而照章领照者寥寥无几。自民国三年《矿业条例》颁布以来,地面权始于矿业权分,加以时世推移,矿业渐盛。自《矿业条例》公布后,自民国八年底止,采矿注册者已达一百七十余万亩之多。探矿矿区,尤未计入。未始非民国以来矿政之成绩也。”①从经济增殖的角度看,矿业权法定和优先权的取得,实际上是引入了一种矿地开发的竞争机制,即让最积极(呈请在先)、最具实力(呈请符合法定要件)的矿商得到矿业权。矿业权呈请案和矿产产量的增加从侧面反映出这种矿业权规范是有利于矿业发展的。

从矿业权的呈请量来看,山东地区除了受战乱影响的年份外,几乎都是逐年增加。1927 年至 1928 年,因受时局影响,矿商裹足不前,呈请矿业权的人很少。从 1929 年时局基本稳定后,矿业呈请案即逐年增加。就山东全省总呈请案而论,1929 年共 26 件,1930 年 36 件,1931 年 129 件,1932 年 60 件,1933 年 130 件,1934 年 174 件,1935 年 146 件。从 1931 年之后,山东地区各种矿产并行发展,不限于煤矿一种。② 从时间节点来看,山东地区矿业权呈请案恰好也是在 1930 年《矿业法》之颁行后逐年增加的。这也反映了民众逐渐接受矿业权规范,依法呈请矿业权。

从全国范围来看,至 1935 年 12 月,全国探矿权、采矿权及小矿业权

① 丁文江、翁文灏:《欲谋矿业之发展首须有良善之矿法》,载《地质专报》1921 年(丙种),第 10 页。

② 山东省政府建设厅编:《山东矿业报告:民国二十三年及二十四年第 5 次》,山东省政府建设厅 1936 年版,第 36 页。

呈领区数分别为33件、994件和366件。[①] 至1941年，全国已经设矿业权之矿区为四千二百余区，面积六千余万公亩。[②]

虽然难以直接获得矿地增殖的数据，但是我们可以从民初以来矿产产量的变化，间接知悉矿业权制度对于矿业发展的作用。以安徽省为例，从安徽省1912年至1949年煤产量统计表中可以看出，1912年至1915年煤产量是17,000吨，之后呈总体上升趋势，至1936年达到最高产量1,010,514吨，1938年至1944年受战乱影响产量急遽下降，跌至20,000吨；至1947年煤产量为400,000吨。[③] 从民初《矿业条例》颁行到1930年《矿业法》推行后，1915年至1947年安徽省煤炭产量增长了约23.5倍。这一期间虽有军阀割据、政局动荡、战争连连和自然灾害等多种不利因素的影响，但是皖省煤矿产量仍有显著的增长，矿业权促进矿地开发和协调矿业利益分配应是一个重要因素。

从宏观上看我国矿产产量，1912年铁砂的产量为221,280吨，净出口为204,579吨，至1937年铁砂的产量增为3,409,991吨，净出口为586,530吨。1912年锡锭块的产量为9695吨，净出口为5351吨，至1937年锡锭块的产量增为13,004吨，净出口为13,077吨。此外，钨砂、纯锑和汞的产量和净出口也均有不同程度的增长。[④] 1912年至1937年，在矿业权规范颁行后，全国范围主要金属矿的产量和净出口量显著增加，反映出矿业权规范之施行有利于矿产开采与矿业经营。

---

① “中央党部国民经济计划委员会”主编：《十年来之中国经济建设（1927～1937）》（上篇），“中国国民党中央委员会党史委员会”1976年版，第53～54页。

② 李春昱等：《中国矿业纪要：民国二十四年至三十一年第七次》，经济部中央地质调查所、国立北平研究院地质学研究所1945年版，第2～3页。

③ 王鹤鸣、施立业：《近代经济轨迹》，安徽人民出版社1991年版，第405～406页。

④ 参见严中平、徐义生、姚贤镐等编：《中国近代经济史统计资料选辑》（第一种），科学出版社1955年版，第139～140页。

（二）外方干扰我国矿业权规范的推行

近代矿业法律的制定及实施均受到了列强的干涉。1913 年 5 月外国代表团提出，希望北京政府对矿业法律的某些缺陷作出一些修订，以保证外国投资者的安全。随后，《矿业条例》中排斥外资投资矿业的条款限制了外资的流入。显然外国外表团对北洋政府矿业立法的干涉并未奏效。[①] 该条例颁行后，俄国和日本等国领事纷纷表示对该法不予承认。1915 年农商部严正申明，《矿业条例》是中华民国国家规定的法律。矿业权之准驳，以是否遵守该条例为断，不需要外人承认。自该条例颁布后，各外商必须遵照该法请办矿业。农商部咨文外交部，外商对《矿业条例》疑虑之处，请交涉员详细解释，避免误会。[②] 1923 年英国部长罗纳德·麦考利先生建议中国立法院的法律专家研习美国矿业法，以发现一些改进中国矿业法的方法。[③]

清末以来，中国矿业主权之沦丧严重阻碍矿业权规范的推行。清末矿业权规范均规定必须依法呈请矿业权，且对外资在华采矿予以一定的限制。北京政府时期，列强对我国矿业的经济侵略仍在继续。例如，日本凭借“二十一条”不但将旅顺、大连及南满安奉两铁道之期限延长至 99 年，而且获得南满土地之租借权、居住营业自由权、新开矿山权、建筑铁道优越权。[④] 列强对中国矿业这种直接掠夺变得艰难后，逐渐改变了对华矿业的掠夺方式，使用种种伎俩规避法律。

---

① *Our Own Correspondent: Mining Regulations in China-An Unsatisfactory Answer*, The North-China Herald, Jul. 18, 1914, at A64.

② 中国第二历史档案馆编：《中华民国史档案资料汇编》（第三辑：工矿业），江苏古籍出版社 1991 年版，第 118 页。

③ *China's Mining Laws-The Great Need of Alteration*, The North-China Daily News, Dec. 28, 1923, at A13.

④ 《新权利之范围与活用方法：南满洲之富源与农业矿业》，载《日本潮》1915 年第 1 期，第 47 ~ 48 页。

有的外商假借中国人之名，化名领照。比利时人林甫臣和林阿德千方百计营谋兰州哈什滩铜矿开采权，多年未得手。1911 年林阿德假托华人彭英甲代为呈请，终获开采权。林阿德自己则做后台老板。[①] 1915 年，日人串通福州人林某筹集股本 50 万元，由林某出面向农商部呈请建宁、邵武等处矿业权。获准后，日人派多名矿师分途勘察矿地，前往开采。后来，该日商之化名领照被人举报。[②]

有的外商与中国某省政府或矿山主签订私约，私采矿产。外商常常与一些私借外债的省份订立矿务合同，造成中国矿权外流。农商部为保护本国矿权，下令各省实业厅对本地区矿业严加调查，并宣布未经农商部核准中外合资矿务合同无效。[③] 张敬尧时代的矿务局长张荣楣携官印逃走之后，私自以湘省矿业权向美商太平公司抵押 8 万美元。该公司责成湘省矿局归偿。湘省矿局认为该债务为张荣楣个人债务，湘省不予负责。[④] 1918 年美国商人李察纯借款给财政困窘的广东省政府，获得在广东全省与中国人合办各种矿物的采掘权。[⑤]

日商在华私采无视中国矿法之"矿业法定"原则。日商直接绕开矿业管理部门，与矿山主订立私约，随即采矿，属于私采。1923 年日本太仓在公司派技师在长春二城厂沟炭山勘测，发现此地炭质极为优良。于是 1924 年 3 月间太仓公司与中国矿山主缔结草约，着手开采。[⑥]

外商以贿赂中国官员换取矿业权。1919 年英国人聂三以高额"运

---

① 佚名：《哈什滩矿权之归比》，载《顺天时报》1911 年 5 月 15 日，第 2798 期，第 7 版。

② 《闽中实业界之近闻：保守矿权》，载《云南实业杂志》1915 年第 3 卷第 3 期，第 2 页。

③ 《农商部力保矿权之公牍》，载《实业杂志》1921 年第 2 卷第 2 期，第 8 页。

④ 《张荣楣盗押湘矿案》，载《矿业》1922 年第 5 卷第 4 期，第 147 页。

⑤ 佚名：《美商在粤省之大活动：以十万元而获全粤矿权》，载《顺天时报》1919 年 2 月 19 日，第 5426 期，第 2 版。

⑥ 《日人又获城厂沟炭矿开采权》，载《清华周刊》1924 年第 312 期，第 81 页。

动费"获得晋省督军许可,获得大同、左云和怀仁三县二百方里煤矿采掘权。① 又如,1920 年 4 月前广东政府与英国商人缔结契约,即以资本金一千万元组织广东煤矿有限公司,该公司获得今后 90 年间在广东全省煤炭采掘权。而前督军莫荣新及张锦芳有赠与百万元之约,且已受领十万元。② 英国为了攫取中国矿业利益,罔顾中国的矿业权规范,直接贿赂中国官员,破坏了法律的施行。不难发现,英国商人以重金所买的煤矿采掘权是一种采矿特权,其采矿范围非常广,远远超过我国矿法对采矿范围的限定;其采矿期限厂至 90 年,更是超出采矿期的限定。

1936 年《中国经济年刊》揭示了南京国民政府时期我国矿业仍受外资支配。当时中国规模较大的矿业公司,多为外国人经营或与外国资本及企业家有关系,完全由国人经营者,殊属少见。即使与矿商有关系的矿业公司,如果是华人掌控其指挥监督权,则该公司业绩多半不优良。矿业法律规定对于主要矿业必须以本国资本经营,禁止外国人经营。即使不得已要借用外国资本,却不能放弃矿业主权。这是为了清除过去丧失矿业主权的积弊。③ 当时我国最大的煤矿开滦煤矿为英商经营,门头沟煤矿为中英合办,山东鲁大本溪湖煤矿、抚顺南昌煤矿和热河新邨煤矿为中日合办,井陉煤矿为中德合办,河南六合沟煤矿为中比合办。

(三)地方割据影响矿业权规范统一适用

1911 年至 1927 年,国家政权尚未统一,北京政府颁行的《矿业条例》难以在全国范围内适用。川、晋、云贵、桂等省军阀拥兵自重,割据

① 佚名:《英人某得山西矿权消息》,载《顺天时报》1919 年 12 月 20 日,第 5722 期,第 2 版。

② 佚名:《英人攫取粤省矿权》,载《顺天时报》1920 年 12 月 27 日,第 6075 期,第 3 版。

③ 叶笑山、董文中编:《中国经济年刊》,中外出版社 1936 年版,第 43 ~ 44 页。

一方。而象征统一的北京政府，首脑政要也在不断更迭。这种乱局投射在矿业法律适用方面，就是一些地方军阀无视《矿业条例》，直接变通或改变其中的一些规则，有的甚至在辖区颁行地方矿法。

1919 年四川颁布了《修正矿业条例》。四川省公署第一六号布告指出，四川省矿业幼稚，资本薄弱，采掘熔冶囿于土法，开办之初查勘筹备事业艰巨。该布告还指出之前国家所颁行矿法的诸多弊病。前清矿章对矿业束缚过严且难以修改。民国新矿业条例例替换了旧矿章，划领矿地有探矿采矿之区分，呈请矿业权有图式资格之限制，但是办理采矿手续极其繁重，且呈文注册征费过多，这些方面阻碍了矿业的发展。民众不熟悉矿业法令又缺乏学识，呈请矿业权时往往欠确完备图式，一经驳回再补充材料需要很长时间，呈请探矿或采矿均要缴费，这些让民众负担不轻。矿业条例颁行以来，呈请者虽多，但真正获得矿业权继而办矿者很少。若不及时补救，矿业法令将等同于具文。地下矿产关系到国家主权，办矿得当则利益可观，措施失当则贻害无穷。该文继而指出《矿业条例》中各种注册费过于繁重。对于矿业发达之省份，矿商获得大片矿区的矿业权，缴纳各项注册费，是应尽的义务。而对于四川省而言，地方偏远且矿业欠发达，注册费用过于繁重。因而，该省特修正《矿业条例实施细则》第 37 条和《矿业注册条例》第 10 条，以纾商困，以洽民情。①

笔者将《修正矿业条例施行细则》第 37 条与 1914 年《矿业条例实施细则》第 37 条②比较之后，发现前者修改的主要是将不同的矿业呈文费用银元二元、十二元、二十元、四元、六元、十元全部统一为二元，大大降低了矿商呈请矿业权的费用，而对于矿业权的性质、期限、呈请程序

① 《四川省长布告修正矿业条例》，载《实业旬报》1919 年第 1 卷第 2 ~ 3 期，第 25 ~ 26 页。

② 《矿业条例施行细则》，载《中国实业杂志》1914 年第 5 卷第 5 期，第 497 ~ 498 页。

等主要内容未作修改。可见,四川的《修正矿业条例》主要是为本省矿商呈请矿业权减轻注册费用,以鼓励本省的矿业发展。

1922年云南变通《矿业条例》。云南地方政府认为,滇省矿产资源丰富,却有广阔的矿地未经开采。一是因为《矿业条例》限制太多,矿商难以获得矿业权办矿。二是因为开矿需要大量资本,资本不足者不能经营矿业。这不仅导致矿产"利弃于地",反而还滋生偷掘私采。因此,实业研究会拟定滇省小矿业条例,以资不同办理,而便利小资本家开采矿业。[①] 可见,云南省也是认为《矿业条例》对呈请矿业权的限制太多,导致本省矿业不振,于是予以变通。

1924年5月10日山西省《山西省矿业法》经省议会三读通过。[②]《山西省矿业法》第1条阐明该法在山西境内适用:"凡山西境内各矿不论已领未领,一律归省公有,关于矿业上一切事宜,均适用本法之规定。"这意味着国家颁布的《矿业条例》在山西省是无效的。第2条阐明矿业管理机构及产生方式:"凡山西境内各矿均有晋矿管理处管理。晋矿管理处董事由省议会选举,直接收省议会之监督,其章程另定之。"[③]在总共26条条文中,第4条、第10条、第11条、第20条和第23条涉及矿业权呈请费用及矿税的缴纳。可见,该法立法侧重点在于使山西省政府自已掌握山西地方矿业税收。其中第10条对于土民小窑的矿税规定比较特别:"凡人民纯用劳力开采各矿以为其生活之资料者,认为小窑户得由晋矿管理处察酌情形,减免其租金及红利之抽收。"[④]这意味

---

① 《云南变通矿业条例》,载《钱业月报》1922年第2卷第1期,第146~147页。

② 《省议会议决之矿业法》,载《来复》1924年第297期,第2页。

③ 《本省公文:山西省矿业法(中华民国十三年五月十日议决)》,载《山西公报》1924年第4254期,第1~2页。

④ 《本省公文:山西省矿业法(中华民国十三年五月十日议决)》,载《山西公报》1924年第4254期,第5页。

这山西地区以人力开采、仅供生活所需的土民小窑能够得到减免地租及税金。这一规定减轻了晋地土民小窑的税收负担，使得该法能够得到民众的广泛支持。

众所周知，山西的矿业资源丰富，因此该地军阀为了获得巨额的财政收入，专门制定本地的矿业法，征收本地的矿税和相关费用，而罔顾国家的矿业条例。由于本地一直有土民小窑开采谋生的民情，因此山西矿业法对这种情况减免矿税，是为政者因地制宜、顾及民生的一种表现。

广西政府于 1928 年摘录并变通国家矿业法律中的重要条文，汇编成《矿商须知》。为了让矿商熟悉当时呈领矿业权章程和《矿业条例》的内容，能够依照法定手续呈请矿业权，广西政府将《矿商须知》分发各属，让商民通晓。《矿商须知》对国家矿业权法条的内容进行了不少改变。例如，国家法规定探矿权的期限是二年，而《矿商须知》中探矿权的期限是一年。其第 2 条规定，"呈请人应先注意所呈请之矿区是否违犯《广西省请领矿业权暂行章程》"。[①] 广西省绕开国家法中矿业权的一些规定，在本地区内遵行本省颁布的矿业法规。1928 年 11 月 14 日，广西省建设厅电令梧州华侨实业协进会，领采锡矿手续除富贺钟丹池五县及接近该五县产锡区域，应照公布开放锡区专章承领外，其余各区准按照本省请领矿业权暂行章程办理。[②] 可见，当时广西地区的矿业权呈请及核准是按照本地法规施行，未适用国家法。

1924 年农商部重申自身是统辖全国矿业的最高机关，所制定的《矿业条例》经总统令明令颁布，举国皆应遵行。通令各省严格遵守《矿业

---

① 《矿商须知》，载《广西建设月刊》1928 年第 1 期，第 108 页。

② 《令覆梧州华侨实业协进会令知请领矿业权应按本省请领矿业权暂行章程办理电（十一月十四日）》，载《广西建设月刊》1928 年第 1 卷第 7 期，第 235 页。

条例》,不得妄订抵触单行章程,以滋纷扰。[①] 农商部对于各省矿法自立的乱象不是不知,只是无法控制。当然,北京政府所控制的区域适用《矿业条例》。例如,1917 年湖南省公署向全省发布《告地主及矿商文》,重申了《矿业条例》中矿业权和矿业用地相关规定。[②]

当代有学者认为,由于当时政府更迭频繁和社会动荡,1930 年《矿业法》中的矿业权制度并没有发挥其应有的作用,只能代表矿业权管理理念的进步。[③] 这种观点未以研究当时矿业权实施情况为基础,其结论值得商榷。当时非中央控制区和中央控制区对矿业权规范推行是不一样的。当时某些地方政府不受中央控制,如东北、山西、云贵、两广等地军阀割据一方,与中央政府不断争斗,这些地区不同程度地"偏离"或"变通"国家《矿业法》,而国家矿业权规范在中央控制区得到贯彻与执行。

(1)依据国家矿法处理矿案。浙江省奉行国家矿业法,提出:"总理实业计划开采之权当属国家所有。前北京政府本部之修正特准探采矿暂行办法显与党义抵牾,不得再行拨用。"登报通告各县县长知晓。矿商潘献姑领铁矿采矿执照却迟迟不开工,积欠巨额矿区税,浙江省政府建设厅依据《矿业条例》相关条款取消了潘商的矿业权。[④] 吴秉钧、周庆云、陆伯鸿、潘献廷等矿商各呈领铁矿区,经前北京政府发照注册,但既无正当理由久未开工,又多次逾期积欠矿区税屡催不缴,按《矿业条例》

---

① 《农商部实案会议关于矿业事项决议之各提案:提议请通饬京外严格遵守矿业条例不得忘事变更》,载《矿业联合会季刊》1924 年第 8 期,第 48 ~ 49 页。

② 周正云、周炜编著:《湖南近现代法律制度》(第 1 册),湖南人民出版社 2012 年版,第 534 页。

③ 骆云、李文渊、武永江:《论我国矿业权法制化建设的历史演变》,载《生态经济》2012 年第 11 期,第 112 ~ 113 页。

④ 《命令:浙江省政府建设厅训令第一八二九号(中华民国十八年七月):令建德县县长:为取销矿商潘献廷矿业权由》,载《浙江省政府公报》1929 年第 661 期,第 5 ~ 6 页。

第46条的规定，浙江省政府建设厅取消了他们的矿业权。[①] 可见，毗邻南京中央政府的浙江省，严格依据国家矿法处理矿案。

(2)重申国家法的规范要求。江西建设厅发布告，重申矿图必须使用矾水鲜明纸，以符合国家法的规范要求。依据矿业呈文图表程序的十四号的规定，矿商请领矿区矿图图纸应选用矾水鲜明纸，以免颜色经久退脱。江西地区有矿商不熟悉矿例，任意改用蜡光等纸，一经折皱便模糊不清。[②] 这是江西针对本地矿业呈文图的问题，重申国家矿业规范的权威性。

(3)细化国家法未明事项。广东省建设厅根据勘矿委员的多次报告，规定勘矿期间不得超过20天。由于商人不了解当地情形，而测绘员的测绘费由商人支付，为了预防测绘员故意拖延，致使费用过高，该厅将查勘矿区期间限定为从出发之日起，至多不得过20天。[③]《矿业法》中对查勘矿区期限的起算日无明确规定，而粤省建设厅予以明确，加强了法律的适用性。从其倾向来看，是为了减轻商人呈请矿业权的成本，鼓励其从事矿业。

(4)明令严格遵行矿业法。四川省政府命令严格遵行矿业法，指出不守法度之害。四川省曾战乱频繁，政令不一，地方政府未严格遵行矿业法。这导致四川各地土人任意窃采，目无法纪。这种私采若不严加取缔，不但损害国家矿利，而且将矿业法令束之高阁，影响已经领照的

---

① 《浙江省政府建设厅呈省政府文：(中华民国十八年八月)：为呈报依照法令取消浙省各铁矿商矿业权仰祈鉴核备案并恳转咨农矿部备案由》，载《浙江省政府公报》1929年第676期，第14～15页。

② 《江西省政府建设厅布告：字第一八九号(中华国民十八年一月十二日)：各矿商嗣后请领矿区所有绘图纸衹应遵矿业呈文图表程序之规定由》，载《江西省政府公报》1929年第1～2期，第4页。

③ 《矿政：粤建厅规定勘矿期间》，载《矿业周报》1929年第56期，第128页。

矿商。甚至种种争讼,由此而起。如今川政既经总一,自应严格遵行矿业法。对于各地违法探采的矿窑,除有本部临时派员密查外,当地政府亦应切实调查,并饬各县区村镇当事受人,临时密探具报,勒令于最短期间,遵照现行矿业法,及其关系诸法令规定手续,径向本府呈请设定矿业权,登记给照,再凭采掘矿质。如敢借词违延,即将所营私厂严加封禁,并予其负责人以应得之处罚。①

(5)厘清矿业权审核机关。安徽省发文厘清矿业权审核机关,强调县政府无权颁发采矿执照。安徽矿商周友文在霍邱县西二区发现煤苗及水晶石矿,呈请霍邱县政府发给护照,该商向安徽省政府呈请备案。安徽省政府回复,依据《矿业条例》人民请求开矿,必须申请执照,如呈厅领区,转部发照等。法律规定非常完善,县政府无权颁发采矿执照。②由于多年战乱,民众缺乏守法之习惯,常常出现无照窃采、假名盗开等事。安徽省发文重申法定的矿业权审核机关就是为了拨乱反正,引导民众依法办矿。

(6)因势利导,激励私采者依法注册。山西省因势利导,激励私采者依法注册。山西怀仁县矿商彭国栋控诉矿商谷五辛蒙上欺下,霸夺营业。该县矿业管理机关经实地勘查后,发现两方所争之窑口均未注册图照,难以判断该地矿业权究竟属于哪一方。该省农矿厅下令禁止两方探采,并期许哪一方依法呈请取得矿业权将可以按矿图开采。③该厅的处理是一种激励,不合法者均不受法律保护,哪方先依法呈请获得

---

① 《省府推行矿业法》,载《四川月报》1935年第7卷第6期,第151～152页。

② 《饬严查盗采矿产案:训令各县县政府令饬严查奸商盗采及藉矿招摇等事仰即饬属密访呈报以凭核办由(训令号一五四九号,十八年十一月二日)》,载《安徽建设》1929年第11期,第30～31页。

③ 《训令矿商彭国栋控诉谷五辛矿业一案情形文》,载《农矿季刊》1930年第6期,第12页。

矿业权就能获得保护。现实中,就同一矿业的开采纷争层出不穷,地方官厅以法律保护为激励,将促进矿商积极主动地呈请矿业权。

不仅地方自觉遵行国家矿法,中央也批示地方必须以国家矿法处理纠纷。例如,1929 年农矿部对湖北李荆铸与郑伯权矿区纠葛案作出指令:“《矿业条例》第 39 条第 3 项并无驳还字样。如系引用同条实施细则,则该项必须矿图所载地域与是在地域不相符合,方能适用郑商矿图。该厅既然已经查明地形及主要地点大致尚合,自不在驳还之例。其各测点间之距离、方向及面积不符之处,应准更正优先权,不因之消灭。”①该案即为中央主管部门训令地方农矿厅依据《矿业条例》处理矿业纠葛的实例。

非中央控制区颁行本地区矿法。1936 年 5 月 27 日,广西公布《广西省呈请矿业权章程》。该章程确立“发现矿苗者有矿业优先权”。第 3 条规定:“凡发现矿苗之中华民国人民最初呈报省政府备案者,方有取得该矿区探矿或采矿之优先权。”②当时勘测技术及勘测力量有限,如此则可以鼓励广西本地民众积极探矿,以发现矿苗。然而,矿业权之优先权经过这种变通,因增加“发现矿苗者之优先权”,矿地地主、呈请矿业权之矿商及矿苗发现者争夺矿业权之纷争将更加复杂。1936 年 5 月 28 日广西公布的《广西省政府矿业取缔规则》偏重保护矿地地主的权利,偏离了国家矿业法对矿业权人权利保护的原旨。该规则第 6 条规定,“各矿场内土地非与业主协商清楚,不得施工”。矿业权人与矿地业主的矿地议价本就难以达成合意,若按此规定,则矿业权人的探矿与采矿

---

① 《令:国民政府农矿部指令字第一五六五号:令湖北农矿厅:令据请示李荆铸与郑伯权矿案纠葛引用矿业条例各节核令遵照文》,载《农矿月刊》1929 年第 5 期,第 4 ~ 5 页。

② 《广西省呈请矿业权章程(二十五年五月二十七日广西省政府委员会第二百三十次会议决议通过,同日公布)》,载《建设汇刊》1937 年第 1 期,第 57 页。

则容易被搁置。而依照国家矿业法律的规定,矿业权是经国家审核授予的,地主没有决定权。该规则第7条规定,“凡矿场施工或淘洗水尾及弃置砂石有与公路民居农田水利及附近居民卫生发生妨碍时,悉照矿业办法办理,并由政府派员随时查勘取缔之”。[①] 广西政府还重视矿区周围居民的相邻权。该规则第9条规定,“各矿业公司不遵照本规则及其有关系之法令办理或不服指导纠正时,得勒令其停工或取消其矿业权”。广西政府所颁布的地方法规破坏了国家矿法的统一性,多处规定与国家矿业法相悖。

此外,清末民国时期,社会长期动荡不安,执法环境不佳。自“九一八”事变以来,匪患不靖,矿业发展困难,地方治安维持不易。在这种法制环境下,推行矿业权规范困难重重。

（四）矿业权规范自身的不成熟

矿业权成为新兴资本家的法权要求。清末国家对大型煤矿开采控制得较为严格,以官方创办为开端,逐渐允许商办。从1876年至1910年我国大型煤矿的的性质和创办人身份来看,清末煤矿业创办者多为官员。在43个大型煤矿中,官办煤矿10个,官督商办煤矿8个,官商合办煤矿2个,20个煤矿的创办人均为清廷官员,[②]其中不乏张之洞、盛宣怀、沈葆桢这样的大员。另外,23个商办煤矿的创始人中,其中8人有

① 广西壮族自治区地方志编纂委员会编:《广西通志:煤炭工业志》,广东人民出版社1997年版,第461～462页。

② 原表中注明了19个创办人均为清廷官员,对于吉林缸窑煤矿公司的创办人陈树勋的身份未予标注。经查,陈树勋当时为翰林院庶吉士,也是清廷官员。参见中国人民政治协商会议梧州市委员会文史资料组编:《梧州文史资料选辑》[第12辑:人物专辑(一)],1987年内部发行,第61页。

科举背景,或为官员或为举人。[1] 可见,清末大型煤矿的采矿权多半控制在官僚手中。

民国时期,士绅纷纷反对矿山官办。例如,1921 年《矿业杂志》所载矿业新闻:直隶全省矿山,由省署收归官有。全省士绅联名反对,称省财政穷乏,若勉强收归官有,则最终等于拱手让与外资。他们还引用直隶英公司之例子,竭力反对官办。[2] 反对官办,这意味着民间资本家对获取矿业权充满期待。民国时人对当时以矿业权自肥的权贵强烈谴责:"自民三北京政府颁布《矿业条例》后,有特殊势力者,化公为私,勾结洋人,运用矿权以自肥者日益多而术日益巧。于矿产之开发,利一而害百。行之十年,山西一省,始有单独截发私营矿照之举"。[3] 这反映出新兴资产阶级对权贵把持矿业权,勾结洋人的行径非常不满,希望自身能够顺利获得矿业权,开发矿产。还有陈家钧指出官矿发展的弊病,采矿获利直接被抽收"朝提军饷,夕拨政费。"当权者几乎将官矿获利榨干,予取予求,毫不体恤主持矿务者。[4]

时人潘文琦认为,民初矿业法律已经可以保护矿商,呼吁矿商投资矿业。他指出,之前的法律不能保护资本家,因此人们将投资矿业视为畏途。而《矿业条例》和《审查矿商资格规则》颁行后,资本家将受到保护,可以安心投资矿业。[5] 虽然从表面上看是由国家依据矿业法律来认定矿商的开采资格并保护其相关权益,但事实上国家矿业法律的制定

---

① 参见《表 3 民族资本主义发生和初步发展时期的中国煤矿工业(1876 ~ 1910)》,载严中平、徐义生、姚贤镐等编:《中国近代经济史统计资料选辑》(第一种),科学出版社 1955 年版,第 96 ~ 97 页。

② 《矿业新闻:反对矿山官办》,载《矿业杂志》1921 年第 4 卷第 2 期,第 1 页。

③ 立芝:《矿业公营与私营》,载《矿业周报》1929 年第 51 期,第 33 页。

④ 陈家钧:《矿业独立》,载《矿业》1921 年第 4 卷第 2 期,第 1 页。

⑤ 潘文琦:《矿业引言》,载《实业浅说》1918 年第 137 期,第 3 ~ 4 页。

者中不少就是民族资本家的代表。获得矿业权，是民族资本家从地主（山主）手中变相夺取社会资源的一种反映。

这一时期，矿业权规范本身不够成熟，存在一些问题。一些规范与“鼓励矿商积极采矿，提高矿地的利用效力，大力发展矿业”的立法目的相悖，实施之后反而阻碍了矿业发展。

其一，矿业权准入门槛过高，导致社会权贵比普通商人更容易获得矿业权。《审查矿商资格规则》规定矿商呈请矿业权必须提交保结。普通矿商很难获得保结，社会权贵却容易获得保结，因此矿业权多为社会权贵所攫取。例如，1919年众议院议长王揖唐、参议院议长李木盦、税务处督办孙孟晋等政军界要员呈请开办江西九江城门山铁矿。[①] 1919年边防军第一师师长曲同丰（段祺瑞爱将）请热河阜新煤矿，1个月内获得探矿权。[②] 又如，时任山西督军公署参谋长的赵载文与山西省议会议长崔廷献合办矿业，于1920年1月20日呈请晋省左云县9方里454亩煤矿采矿权，2个月后获批。孔祥熙于1920年12月7日呈请晋省大同县9方里60余亩煤矿探矿权，仅20天就获得了农商部的批准。[③]

军阀政客大肆攫取矿业权，并不办矿，却辗转将所获矿业权卖与他人，从中谋取暴利。有的社会权贵借矿业权为名，谋取铁路运输的特许减价专利，结果自己不开矿，却让其他矿商连用特许专利运载矿产，赚取运费。[④] 自北京政府颁布《矿业条例》后，有特殊势力者化公为私，勾

---

① 中国第二历史档案馆编：《中华民国史档案资料汇编》（第3辑：工矿业），江苏古籍出版社1991年版，第582～585页。

② 中国第二历史档案馆编：《中华民国史档案资料汇编》（第3辑：工矿业），江苏古籍出版社1991年版，第753～754页。

③ 中国第二历史档案馆编：《中华民国史档案资料汇编》（第3辑：工矿业），江苏古籍出版社1991年版，第807～809页。

④ 《矿业法令问题》，载《矿业周报》1929年第1～24期，第28页。

结洋人,倒卖矿业权以自肥者越来越多,技术越来越精巧。这对于矿产开采,利一而害百。① 赵春江指出"官僚权贵把持矿区,转卖矿业权,不事开采"的弊病,呼吁"矿业权呈请应一律实行公开,无论官营民营都能够公平对待,妥善保护",建议"奸商权贵呈请矿业权时,受理机关最好调查其真实情况、内幕实情,不可根据一方理由,即批准其矿业权"。②

正如1928年《矿业周报》所揭示民办矿业的种种困难。③ 在政治上无特殊势力的矿商难以通过呈请获得矿业权。即使获得了矿业权,矿商又常因资本不足或遇到强大的竞争者而失去矿业权。如果矿商有幸获得矿业权,有的因为资本不足,设备不够完备,而导致投资大而收益小,有的因交通不便、繁重的苛捐杂税和矿地土人的阻挠而不得不停工,还有矿商因侵占矿区或租用矿地而官司缠身,纠纷数年得不到处理。

其二,《矿业法》赋予县市政府矿业优先权,积弊不少。首先,县市政府矿业优先权与第1条"矿产国有"是相互矛盾的。矿产属于公有利益,应由全国人民共享,不能由一县市垄断资源。其次,一般县市政府财政困难,缺乏专门的矿业人才,难以组织管理矿业生产。再次,根据《矿业法》第5条和第20条的规定,矿产所在地县市政府有矿业优先权,可在矿商呈报6个月内享有优先权。这意味着当一矿商呈请矿业权,在半年之内,矿地县市政府可凭借一张申请,即可将该矿区据为地方所有。赋予县市政府矿业优先权之法条,不仅大开官员贪黩舞文弄

---

① 立芝:《矿业公营与私营》,载《矿业周报》1929年第51期,第33页。

② 赵春江:《整理河北矿业之管见(续)》,载《河北建设公报》1929年第7期,第11~12页。

③ 《本社于对制定矿法之意见》,载《矿业周报》1928年第16期,第3页。

法之途，而且对矿商危害不小。[①] 该条的出现，不但表明当时尚未理顺矿产利益分配中中央与地方的关系，而且还反映出立法者对矿业权法律关系的认识仍不够成熟。

其三，普通商人取得矿业权后，其权益难以得到充分的保护。民初新兴资本家提出新的法权要求，他们投资矿业呈请采矿资格，迫切希望其经营得到国家法律的保护。1919 年黑河商会会长白良栋向农商部呈文，呈请大开矿业。白良栋指出，黑龙江省矿产资源丰富，但是在清代一直被禁止开采。民国《矿业条例》条文太密，限制太严，边氓学识尚浅，呈领矿业权的手续与法律稍有不合，不是呈文遭驳斥就是矿厂被解散，矿业前途堪忧。为振兴矿业，该会长呈请修改矿法，对于黑龙江沿岸煤油矿与各矿一律列入特定专条，“民有矿业，不得收归国有”，永著为令。[②] 可见，资本家代表迫切要求官方减少对矿业权呈领的诸多限制，以利于矿商合法获取矿业权，且要求保护民有矿业，不得随意收归国有。

普通商人呈请矿业权首先得经过烦琐的手续，获得矿业权后，他们还得承受矿区税、矿产税、土地税、关税和厘金等层层重负。政府又不为他们提供运输矿产的便利。另外，受《矿业条例》第 46 条的限制，普通商人已取得的矿业权容易被取消。与之相反，社会权贵容易获取任意矿区的矿业权，有时还可以夺取普通商人已经获得的矿业权。他们常以矿业权作股，与外商合办。在生产经营中，他们尽占优势，既不受矿地土豪劣绅把持的影响，又不受贪官污吏的剥削，还在运输上占便

---

① 史维新、孙昌克：《矿业法县市政府有矿业优先权平议》，载《矿冶》1930 年第 4 卷第 13 期，第 1 ~ 4 页。

② 《省长公署训令：第一七一一号（八年十月十五日）：令本厅：为准农商部咨前据黑河商会会长白良栋呈请大开矿业收纳游民业经留备采择照录原批令查照由》，载《黑龙江实业公报》1920 年第 3 ~ 5 期，第 16 ~ 17 页。

宜。他们的中外合办矿业公司即使超期不开工，或是逾期不纳税，也不会被取消矿业权。[①]

虽政府已经构建了基本的矿业权制度，但对矿业权人的保护并不充分。1935 年广东省陈辩惑等议员曾提出奖励保护华侨投资开发矿务办法：(1)凡呈准开设之矿务公司，当地军警应切实保护，不得借端骚扰为难；(2)凡呈准领取之矿区，应切实保障其矿权，不得任意取消及收归公营；(3)华侨回国投资者，尤应特别优待。经粤省议会公决，该省建设厅批准了这个提议。[②] (1)(2)两项具体措施旨在保护矿业生产的外部安全环境及国家对于已许之矿权不得任意取消及收归公营。这些只是矿业权人的基本权益，根本看不出是对华侨的"特别优待"。如果官方将矿业权人的基本权益视为"特别优待"，恰好反证了普通矿业权人常常遭受生产经营环境不安全和政府政策多变的不利影响。

另外，传统矿业积弊也是影响矿业权规范实施效果的重要方面原因，如矿地地主认为自己是矿业权人的固有观念，矿地土人对矿业权人采矿的阻碍与纠缠。山东章丘、莱芜、临朐和莱阳等地"民地以地主为窑户"。[③] 地主基于土地所有权而具有采煤窑户的资格。前文已有专门分析，不再赘述。

---

① 范柏年：《吾国矿业法律，应如何规定，纔适合国情？》，载《矿业周报》1929 年第 1 ~ 24 期，第 48 页。

② 《广东省政府训令：建字第壹壹零二号(廿四，四，十)：令广东省建设厅厅长何启澧：通令切实保障呈准开发之矿权》，载《广东建设厅》1936 年第 2 期，第 500 页。

③ 张海鹏、张海瀛：《山东矿业中国十大商帮》，黄山书社 1993 年版，第 198 页。

结　论

从清末到南京国民政府时期,在半个世纪的光景里,传统"地矿一体"的采矿权转变为"地矿分离"的矿业权,完成了从"山主管业"到"国家赋权"的跨越。此间,历任政府颁布了多部矿业法律,构建了我国近代矿业权制度的基本框架。农商部、农矿部、实业部、经济部先后对矿业权规范的疑义进行解释,弥补了矿业权规范中的缺漏,明确了矿业权管理的操作规范。此间,矿业主管机关在矿业权审核时,侧重于排除地主干扰,进一步实现矿业权与土地所有权的分离;在矿业权保护层面,重点打击私采与盗采,一定程度上回应了矿业权人的保护请求;在处理矿业权纠纷时兼顾采矿利益与矿地民生,尽量弥合矿业权人和矿地土人之间的关系。通过诉愿机关、大理院、平政院、行政法院对矿业权纠纷的裁决,矿业权规范得到较好地落实,矿业权人的合法权益得到了一定的保护。在多重合力之下,移植于西方的矿业权制度终于实现了"本土化",同时也重塑着中国人的矿业产权观念,并影响着他们的行为方式。通过对清末民国矿业权变迁过程的考察,可以得出以下结论:

清末以降的社会巨变是近代矿业权变迁的基础。首先,从清末到民国,社会生产方式发生巨变,农业占绝对主导的社会逐渐转变为工业社会。工业社会急需矿业迅速发展为工业提供能源、原料,并带动整个社会经济。而矿业的发展需要有专门的法律规定界定矿业产权,合理分配矿业利益,这就需要国家来构建矿业权制度。其次,矿业的发展需要创造更为自由的市场,让资本和先进技术能够流入矿产地,以进行规模化、机械化大生产。传统矿业推行"本地人采本地矿",阻碍了资本和先进技术流入矿产地,必须予以变革。再次,传统矿业产权规范调控存在一定的局限。清末以前,一方面缺乏统一的国家矿业产权规范,另一方面民间矿业契约缺乏清晰的采矿期限、采矿范围及纠纷解决方式等要素,且采矿权交易的议价成本较高,这些方面都阻碍了矿业的规模化生产。最后,新兴资本家提出新的法权要求,他们投资矿业,呈请矿业权并经营矿业,迫切希望得到国家矿业法律的有力保护。

近代矿业权变迁的规律主要表现在四个方面。其一,"地矿一体"的采矿权转变为"地矿分离"的矿业权。清中前期,除了国家垄断的特定矿种外,官地采矿者必须持有官方所颁发的照票开采,民地"悉听地主自采"。民地采矿权附着于土地所有权,呈现"地矿一体",即矿地地主支配自己矿地的采矿权。清末以降,国家设置矿业权规范之后,国家成为矿产资源所有人,由此将矿业权授予适格的矿商,地主只能收取矿地租金,最终实现"地矿分离",即矿业权与土地所有权分离。其二,矿业权主体突破"矿地本地人"的籍贯限制。清中前期,民矿多由矿地本地人开办,奉行"本地人采本地矿"。民国时期矿业法律逐渐取消籍贯限制,允许外地矿商到矿地采矿。矿业权主体突破了"矿地土人"这种特定的身份限制,不仅使充足的资本和先进的技术能够汇聚于矿地,还使矿产开采的形式、广度和深度都得到了发展。其三,矿业权准入担保由人的担保转变为物的担保。清季,矿商呈请采矿权必须出具甘结,承诺自身采矿无碍地方且资本无外资掺入。北京政府时期,矿商呈请采矿权必须提供商会或商铺出具的保结,以保证其合法采矿。南京国民政府时期,铺保逐渐代替保结,降低了矿业权准入的门槛。其四,矿业纠纷的处理从不甚规范到规范有序。在近代以前,由于缺乏统一的矿业法律和专门矿业管理机关、司法机关,矿业纠纷常依赖于私力处理,即使纠纷诉诸官方,其处理也不甚规范。民元以来,国家设置了专门矿业管理机关和司法机关,依照矿业权规范和法定程序处理矿业纠纷。由此,矿业纠纷得到规范有序地处理。

近代矿业权变迁是政府主导下的法制近代化。制度变迁并非完全依赖于产生了社会科学和相关专业新知识的正规研究。制度变迁也可能是由于政治家、官僚、企业家及其他人指导他们的日常生活时所实施的创新努力的结果。[①] 近代矿业权的变迁亦是如此。不光有立法机关颁行矿业权法律规范,还有行政机关和司法机关不断调试着矿业权的一些具体规则,使之不断地为民众所熟悉和接受。政府推行矿业权制度采取了渐进式的策略:清季的矿业权设置保留了矿地山主的部分特权;北京政府时期暂时宽容矿地土人小窑生产,甚至是无证私采,逐渐引导其依法持证开采;直至南京国民政府时期彻底贯彻矿业权法定,以实现地矿分离。渐进式的策略让民众对矿业权新制度的了解与接受有了一个缓冲期。此间,官员与学者注重对西方矿业权制度的学习,不断思考该制度如何与中国矿业国情相融合,他们的研习推助了矿业权法律规范的“下渗”。其间,地方政府、矿商、矿地山主及矿地土人、外商的激烈冲突与良性互动是矿业权确立过程中的必要试错与调适。矿业权

① [美]V. W. 拉坦:《诱致性制度变迁理论》,载[美]罗纳德·H. 科斯等:《财产权利与制度变迁:产权学派与新制度学派译文集》,格致出版社、上海三联书店、上海人民出版社 2014 年版,第 336 页。

制度的推行使国家、地方政府、矿商、矿地山主及矿地土人各方利益达到了一定的均衡,最终才实现了从采矿权到矿业权的跨越。

近代矿业权变迁优化了矿业产权结构,促进了矿业开发自由。矿商、矿地山主、矿地土人和国家之间形成了具有更高效益的利益格局。矿业法律明确规定矿地山主能够获得矿地租金及损害补偿,且由官方提供政府指导价,这降低了山主与矿商的议价成本,使得山主收益增加。矿业权之优先权的设置是一种矿业开采竞争机制,使矿商们力争"最先呈请"某地域某矿种的矿业权,提高了矿地开采的效率。矿地土人不但能够被矿业公司雇佣,而且享有一定的采矿红利和地方公共福利,其利益得到整体性提升。国家获得可观的税收,并且矿业拉动社会整体经济的发展。从清末到民国,由于外方的干扰,地方割据破坏矿业规范统一适用以及矿业权规范自身的不成熟,矿业权规范的实施效果不尽如人意,不宜过高评价。

参考文献

一、古代文献

[1]崔记维校点:《周礼》,辽宁教育出版社 2000 年版。

[2](西汉)司马迁:《史记》,中华书局 1982 年版。

[3](汉)班固:《汉书》,(唐)颜师古注,中州古籍出版社 1991 年版。

[4](唐)李林甫等:《唐六典》,陈仲夫点校,中华书局 1992 年版。

[5](后晋)刘昫等:《旧唐书》,中华书局 1975 年版。

[6](宋)欧阳修、宋祁:《新唐书》,中华书局 1975 年版。

[7](元)脱脱:《宋史》(第 13 册)卷一七三~一八六,中华书局 1977 年版。

[8](明)孙继宗等:《明英宗实录》卷二,台北,"中研院历史语言研究所"1962 年版。

[9](清)张廷玉等:《明史》卷二二九~二三三,湖北崇文书局光绪三年(1877 年)版。

［10］（清）徐松：《宋会要辑稿》，中华书局 1957 年版。

［11］（清）席裕福：《皇朝政典类纂》卷一三三，台北，成文出版社 1969 年版。

［12］（清）承启、英杰等：《钦定户部则例》（第 7 册），台北，成文出版社 1968 年版。

［13］《钦定吏部则例》，台北，成文出版社 1966 年版。

［14］故宫博物院编：《钦定工部则例三种》（第 1 册），海南出版社 2000 年版。

［15］赵尔巽等：《清史稿》（第 13 册），中华书局 1976 年版。

［16］《大清律例》，田涛、郑秦点校，法律出版社 1999 年版。

［17］（清）沈之奇：《大清律辑注》（上），怀效锋、李俊点校，法律出版社 2000 年版。

［18］《大清五朝会典》（第 1 册）《康熙会典》，线装书局 2006 年版。

［19］《大清五朝会典》（第 4 册）《雍正会典》，线装书局 2006 年版。

［20］《大清五朝会典》（第 10 册）《乾隆会典》，线装书局 2006 年版。

［21］沈云龙主编、（清）盛康辑：《近代中国史料丛刊》第 84 辑，载《皇朝经世文编续编》，台北，文海出版社 1973 年版。

［22］（清）麦仲华辑：《皇朝经世文新编》卷八，上海书局 1901 年石印版。

［23］（清）陈忠倚辑：《皇朝经世文三编》卷六六～七〇，上海书局 1901 年石印版。

［24］（清）邵之棠辑：《皇朝经世文统编》卷八七～八九，上海宝善斋 1901 年版。

［25］（清）刘坤一、张之洞：《江楚会奏变法三折》，光绪辛丑年（1901 年）两湖书院刊本。

二、档案

[1]“中研院近代史研究所”编:《矿务档》(第1~8册),台北,“中研院近代史研究所”1960年版。

[2]中国第一历史档案馆编:《康熙朝汉文朱批奏折汇编》(第1册),档案出版社1984年版。

[3]中国第一历史档案馆编:《康熙朝汉文朱批奏折汇编》(第4册),档案出版社1985年版。

[4]中国第一历史档案馆编:《康熙朝汉文朱批奏折汇编》(第8册),档案出版社1985年版。

[5]中国第一历史档案馆编:《雍正朝汉文朱批奏折汇编》(第22册),江苏古籍出版社1986年版。

[6]四川省档案局(馆)编:《清代四川巴县衙门咸丰朝档案选编》(第5册),上海古籍出版社2011年版。

[7]四川省档案局(馆)编:《清代四川巴县衙门咸丰朝档案选编》(第6册),上海古籍出版社2011年版。

[8]四川省档案局(馆)编:《清代四川巴县衙门咸丰朝档案选编》(第15册),上海古籍出版社2011年版。

[9]四川省档案局(馆)编:《清代四川巴县衙门咸丰朝档案选编》(第9册)上海古籍出版社2011年版。

[10]四川省档案馆、四川大学历史系主编:《清代乾嘉道巴县档案选编》,四川大学出版社1989年版。

[11]杜家骥编:《嘉庆朝刑科题本社会史料辑刊》(第3册),天津古籍出版社2008年版。

[12]杨一凡、徐立志主编:《历代判例判牍》(第10册),中国社会科学出版社2005年版。

[13]首都博物馆编:《窑契与经济合同文书》,中华书局2014年版。

[14]南京国民政府司法行政部编:《民事习惯调查报告录》(下册),胡旭晟、夏新华、李交发点校,中国政法大学出版社2000年版。

[15]天津市档案馆、天津社会科学院历史研究所、天津市工商业联合会:《天津商会档案汇编(1912~1927)》(第3分册),天津人民出版社1992年版。

[16]中国第二历史档案馆编:《中华民国史档案资料汇编》(第3辑)《工矿业》,江苏古籍出版社1991年版。

[17]郭卫编:《大理院判决例全书》,吴宏耀、郭恒、李娜点校,中国政法大学出版社2013年版。

[18]黄源盛纂辑:《平政院裁决录存》,台北,五南图书出版股份有限公司2007年版。

[19]行政法院编:《行政法院判决汇编》,上海法学编译社1948年版。

[20]沈家五编:《张謇农商总长任期经济资料选编》,南京大学出版社1987年版。

[21]陈真、姚洛编:《中国近代工业史资料》(第1辑:民族资本创办和经营的工业),生活·读书·新知三联书店1957年版。

[22]陈真编:《中国近代工业史资料》(第4辑:中国工业的特点、资本、结构和工业中各行业概况),生活·读书·新知三联书店1961年版。

[23]彭泽益:《中国近代手工业史资料(1840~1949)》第1卷,三联书店1957年版。

[24]杨家骆编:《洋务运动文献汇编》(第1册),世界书局1963年版。

[25]中国史学会主编,中国科学院近代史研究所史料编辑室、中央

档案馆明清档案部编辑组编:《中国近代史资料丛刊:洋务运动(八)》,上海人民出版社 1961 年版。

[26]严中平、徐义生、姚贤镐等编:《中国近代经济史统计资料选辑》(第一种),科学出版社 1955 年版。

[27]中国人民大学清史研究所、档案系中国政治制度史教研室合编:《清代的矿业》(上、下册)中华书局 1983 年版。

[28]祁守华、钟晓钟编:《中国地方志煤炭史料选辑》,煤炭工业出版社 1990 年版。

[29]王铁崖编:《中外旧约章汇编》(第 1 册),生活·读书·新知三联书店 1957 年版。

[30]王铁崖编:《中外旧约章汇编》(第 2 册),生活·读书·新知三联书店 1959 年版。

三、政府公报

[1]《司法公报》,1924 年。

[2]《政府公报》,1913 年、1915 年、1916 年和 1921 年。

[3]《直隶公报》,1919 年。

[4]《浙江公报》,1916 年。

[5]《湖北实业月刊》,1925 年。

[6]《江苏实业月志》,1926 年。

[7]《安徽实业杂志》,1918 年。

[8]《江苏省公报》,1914 年。

[9]《农商公报》,1918 年。

[10]《农矿公报》,1928 年和 1930 年。

[11]《广东实业厅公报》,1926 年。

[12]《四川公报》,1915 年。

[13]《社会局公报》,1936 年。

[14]《经济部公报》,1938 年、1939 年、1941 年和 1942 年.

[15]《国民政府公报(南京 1927)》,1931 年和 1938 年。

[16]《实业公报》,1931 年至 1937 年。

[17]《实业部月刊》,1936 年。

[18]《山东农矿厅公报》,1930 年。

[19]《湖南省政府公报》,1937 年。

[20]《河北省政府公报》,1930 年和 1931 年。

[21]《广西省政府公报》,1934 年。

[22]《黑龙江实业公报》,1920 年。

[23]《陕西建设统计汇刊》,1930 年。

[24]《山西公报》,1924 年。

[25]《广东省政府公报》,1932 年和 1936 年。

[26]《浙江省政府公报》,1929 年。

[27]《江西省政府公报》,1929 年。

[28]《商务官报》,1906 年第 9 期。

四、地方志

[1](清)王恩溥修,(清)李树藩纂:《上饶县志》,南昌文化服务站 1960 年版。

[2](清)葛元昶、张本纂,(清)王文焘修:《重修蓬莱县志》,道光十九年(1839 年)刻本。

[3](清)檀萃辑:《滇海虞衡志》,中华书局 1985 年版。

[4](清)冯兰森等纂修:《重修上高县志》,同治九年(1870 年)刻本。

[5]冯庆澜修,高书官等纂:《房山县志》,民国十七年(1928 年)铅

印本。

[6]黄志勋修,龙泰任纂:《融县志》,民国二十五年(1936 年)铅印本。

[7]程廷恒修,张素等纂:《复县志略》,台北,成文出版社 1969 年版。

[8]彭作桢等修,刘玉田等纂:《完县新志》,民国二十三年(1934 年)铅印本。

[9]白纯义修,于凤桐纂:《辉南县志》,民国十六年(1927 年)铅印本。

[10]翟富文纂修:《来宾县志》,民国二十五年(1936 年)铅印本。

[11]俞庆澜、刘昂修、张灿奎等纂:《宿松县志》,民国十年(1921 年)活字本。

[12]傅熊湘编:《醴陵乡土志》,民国十五年(1936 年)铅印本。

[13]戴景琥主编:《义马民俗志》,中州古籍出版社 1991 年版。

[14]江苏省地方志编纂委员会编:《江苏省志:民俗志》,江苏古籍出版社 2002 年版。

[15]广西壮族自治区地方志编纂委员会编:《广西通志:煤炭工业志》,广东人民出版社 1997 年版。

五、报纸

[1]朱楚辛:《中国煤矿和矿业会》,载《申报周刊》1936 年 6 月 14 日,第 3 版。

[2]佚名:《矿痞烧抢公司》,载《顺天时报》1915 年 9 月 15 日,第 4232 期,第 4 版。

[3]佚名:《英人攫取粤省矿权》,载《顺天时报》1920 年 12 月 27 日,第 6075 期,第 3 版。

[4]佚名:《英人某得山西矿权消息》,载《顺天时报》1919年12月20日,第5722期,第2版。

[5]佚名:《美商在粤省之大活动:以十万元而获全粤矿权》,载《顺天时报》1919年2月19日,第5426期,第2版。

[6]佚名:《闽请收回矿权》,载《顺天时报》1907年11月27日,第1732期,第7版。

[7]佚名:《哈什滩矿权之归比》,载《顺天时报》1911年5月15日,第2798期,第7版。

[8]佚名:《大总统府秘书厅交工商部拟订矿律等文》,载《顺天时报》1912年5月16日,第3718期,第5版。

[9] V. K. Ting, *Mining Legislation and Development in China*, The North-China Daily News, May 26, 1917, at A23.

[10] *Mining Industries in Fukien*, The North-China Herald and Supreme Court & Consular Gazette, Dec. 7, 1912, at A34.

[11] *Mining in China*, The North-China Daily News, Oct. 20, 1911, at A5.

[12] *China's Mining Laws-The Great Need of Alteration*, The North-China Daily News, Dec. 28, 1923, at A13.

[13] *Our Own Correspondent: Mining Regulations in China-An Unsatisfactory Answer*, The North-China Herald, Jul. 18, 1914, at A64.

六、调查报告

[1]虞和寅:《奉天抚顺煤矿报告》,农商部矿政司1926年版。

[2]《处理新泰县陈兆修矿案:矿业权与土著》,载《山东省政府十九年度一月份行政报告》1930年。

[3]《派员催办大同等县小窑立案并解决矿案纠纷》,载《山西省政

府二十二年度十一月份行政报告》1933 年。

[4]铁道部财务司调查科编:《安徽段经济调查总报告书》,铁道部财务司调查科 1929 年版。

[5]丁贤勇、陈浩编译:《1921 年浙江社会经济调查》,北京图书馆出版社 2008 年版。

[6]虞和寅:《矿业报告》(第 1 册:平定阳泉附近保晋煤矿报告),农商部矿政司 1926 年版。

[7]虞和寅:《矿业报告》(第 4 册:本溪湖煤铁公司报告),农商部矿政司 1926 年版。

[8]虞和寅:《矿业报告》(第 5 册:锦西大窑沟煤业报告),农商部矿政司 1926 年版。

[9]《鲁大公司解决用水及廉价供给当地居民露头炭》,载《山东省政府二十年度八月份行政报告》1931 年版。

[10]李春昱等:《中国矿业纪要:民国二十四年至三十一年第七次》,经济部中央地质调查所、国立北平研究院地质学研究所 1945 年版。

七、著作

[1]傅英主编:《中国矿业法制史》,中国大地出版社 2001 年版。

[2]朱训主编:《中国矿业史》,地质出版社 2010 年版。

[3]骆云:《中国近代矿产资源法律制度研究》,法律出版社 2015 年版。

[4]何小平:《清代习惯法:墓地所有权研究》,人民出版社 2012 年版。

[5]王守谦:《煤炭与政治:晚晴民国福公司矿案件研究》,社会科学文献出版社 2009 年版。

[6]熊性美、阎光华主编:《开滦煤矿矿权史料》,南开大学出版社 2004 年版。

[7]中国近代煤矿史编写组:《中国近代煤炭史》,煤炭工业出版社 1990 年版。

[8]薛毅:《国民政府资源委员会研究》,社会科学文献出版社 2005 年版。

[9]韩延龙等:《中国近代警察制度》,中国人民公安大学出版社 1993 年版。

[10]章开沅、林增平主编:《辛亥革命运动史稿》,中国人民大学出版社 1988 年版。

[11]祝慈寿:《中国近代工业史》,重庆出版社 1989 年版。

[12]祝慈寿:《中国古代工业史》,学林出版社 1988 年版。

[13]康纪田:《矿业法论》,中国法制出版社 2011 年版。

[14]唐凌:《开发与掠夺:抗战时期的中国矿业》,广西师范大学出版社 2000 年版。

[15]吴晓煜:《矿业史事杂俎》,齐鲁书社 2003 年版。

[16]梁太济、包伟民:《宋史食货志补正》,杭州大学出版社 1994 年版。

[17]白寿彝总主编:《中国通史》(第 7 卷:中古时代 五代辽宋夏金时期)(上册),上海人民出版社 2004 年版。

[18]马寅初:《马寅初全集》第 8 卷,浙江人民出版社 1999 年版。

[19]蓝以琼编著:《揭开帝国主义在中国投资的黑幕》,上海人民出版社 1962 年版。

[20]隆武华:《外债两重性:引擎? 桎梏?》,中国财政经济出版社 2001 年版。

[21]张晓辉:《民国时期广东社会经济史》,广东人民出版社 2005

年版。

[22]袁为鹏:《聚集与扩散:中国近代工业布局》,上海财经大学出版社2007年版。

[23]史若民、牛白琳编著:《平、祁、太经济社会史料与研究》,山西古籍出版社2002年版。

[24]刘兴豪:《1912~1937年湖南经济现代化研究》,中国戏剧出版社2008年版。

[25] 当代中国的黄金工业编委会编:《中国古近代黄金史稿:〈当代中国的黄金工业〉(附录)》,冶金工业出版社1989年版。

[26]于海涌、丁南主编:《民法物权》,中山大学出版社2002年版。

[27]管欧:《行政法各论》,商务印书馆1936年版。

[28](清)夏同龢编著:《行政法》,赵青、钟庆编辑校点,贵州人民出版社2012年版。

[29]滕显间:《中国历代经济管理反思》,海洋出版社1988年版。

[30]王菱菱:《宋代矿冶业研究》,河北大学出版社2005年版。

[31]漆侠:《漆侠全集》第4卷,河北大学出版社2009年版。

[32]段渝主编:《治蜀要览》,巴蜀书社2007年版。

[33]黄海云:《清代广西汉文化传播研究》,民族出版社2009年版。

[34]魏林:《艰难的蜕变:中国近代商人资本向产业资的转化》,华夏出版社2009年版。

[35]王锡彤:《抑斋自述》,郑永福,吕美颐点注,河南大学出版社2001年版。

[36]程念祺:《国家力量与中国经济的历史变迁》,新星出版社2006年版。

[37]孙翊刚、李渭清编:《中国财政史》,中国广播电视大学出版社1984年版。

[38]汪敬虞主编:《中国近代经济史(1895～1927)》(上、中、下册),经济管理出版社2007年版。

[39]汪敬虞:《中国资本主义的发展与不发展》,经济管理出版社2007年版。

[40]中国经济发展史编写组:《中国经济发展史(1849～1949)》(第1、2卷),上海财经大学出版社2016年版。

[41]薛毅:《英国福公司在中国》,武汉大学出版社1992年版。

[42]吕铁贞等:《近代外商来华投资法律制度》,法律出版社2009年版。

[43]陆仰渊、方庆秋主编:《民国社会经济史》,中国经济出版社1991年版。

[44]张晋藩:《中国法律的传统与近代转型》,法律出版社2009年版。

[45]李学通主编:《抗日战争》(第5卷:国民政府与大后方经济),四川大学出版社1997年版。

[46]范声华主编:《矿业权价格评估》,地质出版社2000年版。

[47]李显东主编:《中国矿业立法研究》,中共人民公安大学出版社2006年版。

[48]江平主编:《中国矿业权法律制度研究》,中国政法大学出版社1991年版。

[49]于海涌、丁南主编:《民法物权》,中山大学出版社2002年版。

[50]钱阔、陈绍志主编:《自然资源资产化管理:可持续发展的理想选择》,经济管理出版社1996年版。

[51]王鹤鸣、施立业:《近代经济轨迹》,安徽人民出版社1991年版。

[52]周正云、周炜编著:《湖南近现代法律制度》(第1册),湖南人

民出版社 2012 年版。

[53]张海鹏、张海瀛:《山东矿业中国十大商帮》,黄山书社 1993 年版。

[54]上海商务印书馆编译所编纂:《大清新法令(1901 ~ 1911)》(第 4 卷)(点校本),洪佳期等点校,商务印书馆 2011 年版。

[55]赵琛:《行政法各论》,会文堂新记书局 1935 年版。

[56]"中央党部国民经济计划委员会"主编:《十年来之中国经济建设(1927 ~ 1937)》(上篇),"中央党部国民经济计划委员会"1937 年版。

[57]龚骏编:《中国新工业史发展大纲》,商务印书馆 1933 年版。

[58]实业部、教育部、全国矿冶地质联合展览会编:《全国矿业要览》,全国矿冶地质联合展览会及国立北洋工学院刊 1936 年版。

[59]葛定华编著:《国民经济建设要论》,正中书局 1937 年版。

[60]付润华、汤约生主编:《陪都工商年鉴》,文信书局 1945 年版。

[61]叶笑山、董文中编辑:《中国经济年刊》,中外出版社 1936 年版。

[62]河南省政府秘书处统计室编:《河南省政府年刊》,河南省政府秘书处 1936 年版。

[63][日]森田成满:《清代中国土地法研究》,牛杰译,法律出版社 2012 年版。

[64][美]孟泽思:《清代森林与土地管理》,赵珍译,中国人民大学出版社 2009 年版。

[65][日]樋口弘:《日本对华投资》,北京编译社译,商务印书馆 1959 年版。

[66][美]郝延平:《十九世纪的中国买办:东西间桥梁》,李荣昌等译,上海社会科学院出版社 1989 年版。

[67][美]费正清、费维恺:《剑桥中华民国史(1912～1949年)》(上、下卷),刘敬坤、杨品泉等译,中国社会科学出版社1994年版。

[68][德]马克斯·韦伯:《经济通史》,姚曾廙译,上海三联书店2006年版。

[69][美]威罗俾:《外人在华特权和利益》,王绍坊译,生活·读书·新知三联书店1957年版。

[70][日]吉田定雄编纂:《西安矿业所十年史》,满洲炭矿株式会社西安矿业所昭和17年(1942年)版。

[71][日]南满洲铁道株式会社矿业部矿务课编:《南滿洲ニ於ケル帝國ノ鑛業權》,南满洲铁道株式会社矿业部矿务课大正三年(1914年)版。

[72][日]美浓布达吉:《公法与私法》,陈正明译,长兴印刷公司1937年版。

[73] Wright Tim, *Coal Mining in China's Economy and Society* (1895－1937), Cambridge, Cambridge University Press, 1984.

八、论文

[1]芸渠:《矿业权之解释》,载《矿业杂志》1917年第1卷第1期。

[2]佚名:《矿业条例之研究》,载《农矿季刊(山西)》1929年第2期。

[3]佚名:《论矿业权之性质》,载《矿业联合会季刊》1923年第1期。

[4]佚名:《矿业法令问题》,载《矿业周报》1929年第1～24期。

[5]康小民:《论矿业条例与山西矿务之前途》,载《政法月刊》1921年第1期。

[6]王平:《矿业条例观》,载《政法月刊》1921年第1期。

[7]史维新、孙昌克:《矿业法县市政府有矿业优先权平议》,载《矿冶》1930 年第 4 卷第 13 期。

[8]范柏年:《吾国矿业法律,应如何规定,纔适合国情》,载《矿业周报》1929 年第 1 ~ 24 期。

[9]范柏年、黄伯逵、王德森:《本社于对制定矿法之意见》,载《矿业周报》1928 年第 16 期。

[10]唐凌:《论国民政府资源委员会在广西的矿业经营活动》,载《广西社会科学》1996 年第 5 期。

[11]佚名:《修改矿业条例之因果谈》,载《欧战实报》1915 年第 14 期。

[12]陈延龄译:《各国矿律》,载《实业杂志》1912 年第 6 期。

[13]半六:《矿政系统》,载《矿业周报》1928 年第 14 期。

[14]顾琅:《北平设立矿务署》,载《矿冶》1928 年第 1 卷第 4 期。

[15]迂生:《收回开滦煤矿问题》,载《矿冶》1927 年第 1 卷第 1 期。

[16]佚名:《中法修约中之采矿权问题》,载《矿业周报》1929 年第 25 ~ 48 期。

[17]张孝庭:《东北矿业权处理问题之研讨》,载《辽北月刊》1947 年创刊号。

[18]佚名:《部省争持益华铁矿管理权》,载《矿业周报》1929 年第 1 ~ 24 期。

[19]达夫:《矿业行政改革论》,载《矿业杂志》1918 年第 2 卷第 3 期。

[20]勃盦:《矿业行政人员不宜以矿业出身者充任耶:湖南官营矿业之怪现状》,载《矿业》1921 年第 4 卷第 2 期。

[21]朱鼎忱:《日俄在东三省矿业权》,载《矿冶》1927 年第 1 卷第 1 期。

[22]王宠佑:《中国矿业历史》,载《东方杂志》1919 年第 16 卷第 5 期。

[23]汪胡桢:《中国煤矿业小史》,载《河海月刊》1921 年第 3 卷第 6 期。

[24]陶希圣:《矿的史略:明朝的采金狂》,载《矿业周报》1935 年第 328 期。

[25]胡寄馨:《明代的矿贼与盐盗》,载《社会科学(福建永安)》1947 年第 3 卷第 12 期。

[26]张资平:《所争者矿也》,载《学艺》1920 年第 2 卷第 9 期。

[27]达夫:《时局影响与矿业》,载《矿业杂志》1917 年第 1 卷第 2 期。

[28]余焕东:《矿业条例释义(续)》,载《矿业》1922 年第 5 卷第 2 期。

[29]睡筠:《尊重地面业主权之利弊》,载《矿业》1921 年第 4 卷第 1 期。

[30]余焕东:《矿法起草后个人之陈述》,载《实业杂志》1929 年第 146 期。

[31]雄飞:《中国之钨矿业》(续),载《工商半月刊》1935 年第 7 卷第 16 期。

[32]达夫:《余之矿业政策》,载《矿业杂志》1917 年第 1 卷第 1 期。

[33]陈家钧:《我国矿业不能发达之原因及其补救之方法》,载《矿业》1920 年第 3 卷第 4 期。

[34]程尚林:《经济建设中的中国矿业》,载《商业月报》1936 年第 16 卷第 9 期。

[35]闻玉:《关于中国矿业之我见》,载《实业月刊》1938 年第 2 期。

[36]成吉皆:《日本矿业行政组织之调查》,载《矿业杂志》1918 年

第 2 卷第 1 期。

[37]皮名振:《矿业独立》,载《矿业》1919 年第 3 卷第 1 期。

[38]丁文江、翁文灏:《欲谋矿业之发展首须有良善之矿法》,载《地质专报》1921 年(丙种)。

[39]Charles H. Benre Jr. 等:《中国之矿富》,丁雨山译,载《民主与科学》1945 年第 1 卷第 4 期。

[40][英]科灵斯:《论中国之矿业行政》,章锡琛译,载《东方杂志》1916 年第 13 卷第 12 期。

[41]佚名:《矿业:议复设权领采矾矿》,载《浙江省建设月刊》1933 年第 7 期。

[42]佚名:《议订矿律》,载《联勤学术研究季刊》1902 年第 17 期。

[43]蒋朝常:《晚清时期中国近代矿业法规述评(1840 ~ 1911)》,载《中国矿业大学学报(社会科学版)》2009 年第 2 期。

[44]骆云、李文渊:《论晚清矿产资源法律制度变革》,载《北方论丛》2012 年第 6 期。

[45]骆云、李文渊、武永江:《论晚清矿业用地制度的变革及其经验教训》,载《干旱区资源与环境》2015 年第 2 期。

[46]骆云、李文渊、武永江:《论我国矿业权法制化建设的历史演变》,载《生态经济》2012 年第 11 期。

[47]李玉:《论晚清矿章关于办矿洋商的规定及其效果》,载《南京大学学报(哲学·人文科学·社会科学)》2002 年第 4 期。

[48]康纪田:《矿业用地当继承清朝的股份合作制》,载《中国国土资源经济》2011 年第 5 期。

[49]韦庆远、鲁素:《清代前期矿业政策的演变》(上),载《中国社会经济史研究》1983 年第 3 期。

[50]杨余练:《康雍时期矿业政策的演变》,载《社会科学辑刊》

1983 年第 2 期。

[51]高王凌:《关于清代矿政的几个问题》,载《清史研究》1993 年第 1 期。

[52]王凯旋:《清代矿政述论》,载《辽宁大学学报(哲学社会科学版》2000 年第 1 期。

[53]常建华:《康熙朝开矿问题新探》,载《史学月刊》2012 年第 6 期。

[54]梁诸英:《风水观念与基层秩序:对明清皖南禁矿事件的考察》,载《中国矿业大学学报(社会科学版)》2011 年第 4 期。

[55]贺喜:《乾隆时期矿政中的寻租角逐:以湘东南为例》,载《清史研究》2011 年第 2 期。

[56]王晓飞、张朝阳:《利益、治安与风水:清代巴县档案中的采矿纠纷》,载《西华师范大学学报(哲学社会科学版)》2017 年第 5 期。

[57]郭海芳、陈沙金:《从鹦鹉山钨矿矿业权争端看民国初年宪政实践》,载《沈阳大学学报(社会科学版)》2013 年第 6 期。

[58]王守谦、周舟:《民国初年的矿务监督署》,载《河南理工大学学报(社会科学版)》2015 年第 3 期。

[59]曹晓凡、程伯仕、周黎:《矿业权制度的历史沿革》,载《资源环境与工程》2006 年第 4 期。

[60]纪乃旺:《中华民国矿业法及其当代价值》,载《经济研究导刊》2011 年第 28 期。

[61]孟子寻、李雪:《北洋政府时期中国矿业法规评述》,载《沧桑》2014 年第 4 期。

[62]臧胜远:《中国矿产资源法规的历史发展沿革:清朝末年与民国初年的矿业法》,载《中国地质》1987 年第 8 期。

[63]臧胜远:《中国矿产资源法规的历史发展沿革:封建时期中国

的矿业发展特点》,载《中国地质》1987 年第 7 期。

[64]李柏林、李英龙、李文瑶:《采矿权制度概况》,载《金属矿山》2002 年第 3 期。

[65]骆云、李文渊:《晚清与民国时期矿业制度比较研究》,载《青海民族大学学报(社会科学版)》2013 年第 4 期。

[66]康纪田:《中华民国矿场安全与健康立法的价值》,载《行政与法》2010 年第 3 期。

[67]春雨:《解放前民主政权的矿业立法:介绍〈晋冀鲁豫边区政府太行区采矿暂行条例〉》,载《当代矿工》2002 年第 8 期。

[68]黄启臣:《明代钢铁生产的发展》,载《学术论坛》1979 年第 2 期。

[69]李祝环:《中国传统民事契约成立的要件》,载《政法论坛(中国政法大学学报)》1997 年第 6 期。

[70]刘昕杰:《民国民法中的佃传统制度的现代法律实践:以新繁县民国司法档案为佐证》,载《南京大学法律评论》2010 年第 1 期。

[71]王燕霞:《土地分层利用中的法律问题研究》,载《河北法学》2012 年第 7 期。

[72]王云红:《传统契约文书与中国人的契约观念》,载《学术探索》2017 年第 5 期。

[73]王日根:《清代地权转移中的非经济因素》,载《中国经济史研究》1996 年第 2 期。

[74]彭凯翔:《清代司法实践中的产权制度:若干评议》,载《经济资料译丛》2016 年第 3 期。

[75]吴玉伦:《近代矿业工程教育之缘起》,载《山西师大学报(社会科学版)》2006 年第 2 期。

[76]张月琴:《民国时期大同矿工的来源及管理》,载《山西农业大

学学报(社会科学版)》2012 年第 5 期。

[77]许章润:《中国近代法制的世俗理性主义》,载《清华法学》2013 年第 6 期。

[78]张晋藩:《“变”与“不变”:20 世纪上半期中国法律近代化转型的趋向问题》,载《史学月刊》2004 年第 7 期。

[79]王兰萍:《大清矿务章程之行政法解读》,载何勤华主编:《法律文化史研究》第 4 卷,商务印书馆 2009 年版。

[80]张侃:《晚清民初福建潘田铁矿开发的资本博弈与政治角力》,载武力主编:《产业与科技史研究》第 2 辑,科学出版社 2017 年版。

[81]唐立宗:《采矿助饷:18 世纪初期山东的开矿热潮与督矿调查》,载《思与言》第 52 卷第 2 期,台北,思与言杂志社 2014 年版。

[82]唐凌:《论国民时期国民政府的矿业政策》,载张海鹏主编:《抗日战争研究》1993 年第 4 期,近代史研究杂志社 1993 年版。

[83]苏迅、张慧君:《我国探矿权采矿权发展简史》,载《资源·环境·产业:中国地质矿产经济学会 2003 年学术年会论文集》,中国大地出版社 2003 年版。

[84]马伟:《晋商在发展近代煤矿业中受阻的原因》,载张正明主编:《中国晋商研究史论》,人民出版社 2006 年版。

[85]宓汝成:《近代中国外债》,载《中国经济史论文集》,中国人民大学出版社 1987 年版。

[86]鲍文熙:《民元以来我国之矿业》,载银行学会编:《民国经济史》,台北,华文书局 1967 年版。

[87]周伯棣:《民元来我国之中央财政》,载银行学会编:《民国经济史》,台北,华文书局 1967 年版。

[88]张一凡:《民元来我国之地方财政》,载银行学会编:《民国经济史》,台北,华文书局 1967 年版。

[89]黄秉维:《五十年来中国之工矿业》,载周开庆主编:《五十年来之中国经济》,台北,华文书局 1967 年版。

[90]张五常:《交易费用、风险规避与合约安排的选择》,载[美]罗纳德 · H. 科斯等:《财产权利与制度变迁:产权学派与新制度学派译文集》,格致出版社、上海三联书店、上海人民出版社 2014 年版。

[91]林毅夫:《关于制度变迁的经济学理论:诱致性变迁与强制性变迁》,载[美]罗纳德 · H. 科斯等:《财产权利与制度变迁:产权学派与新制度学派译文集》,格致出版社、上海三联书店、上海人民出版社 2014 年版。

[92][美]兰斯 · E. 戴维斯,[美]道格拉斯 · C. 诺思:《制度变迁的理论:概念与原因》,载[美]罗纳德 · H. 科斯等:《财产权利与制度变迁:产权学派与新制度学派译文集》,格致出版社、上海三联书店、上海人民出版社 2014 年版。

[93][美]V. W. 拉坦:《诱致性制度变迁理论》,载[美]罗纳德 · H. 科斯等:《财产权利与制度变迁:产权学派与新制度学派译文集》,格致出版社、上海三联书店、上海人民出版社 2014 年版。

[94]Shellen X. Wu, "Mining the Way to Wealth and Power: Late Qing Reform of Mining Law (1895 – 1911)", *The International History Review* 34, 2012.

[95] Kimio Nishizawa, "Mines in the Yangtze Valley, China", *Journal of the Royal Society of Arts* 58, 1910.

[96]Kimio Nishizawa. "The Future of Mining in China", *Journal of the Royal Society of Art* 62, 1914.